©

KIESSLING ET Cie, LIBRAIRES ÉDITEURS, A BRUXELLES,
26, MONTAGNE DE LA COUR.

LA GALERIE
DU PALAIS-ROYAL

GRAVÉE

D'APRÈS LES TABLEAUX DES DIFFÉRENTES ÉCOLES QUI LA COMPOSENT

PAR J. COUCHÉ

OU SOUS SA DIRECTION

PAR J. ALIAMET, A. L. ROMANET, R. DE LAUNAY, N. LEMIRE, ETC., ETC.

NOUVELLE ÉDITION
Publiée par H. HEIMS.

La galerie du Palais-Royal, formée par le duc d'Orléans Régent, était regardée, avec raison, comme une des plus belles collections de tableaux que l'on connût en Europe. En effet, ce qui constituait la partie la plus considérable de ce cabinet, consistait en divers morceaux du premier ordre, qui tous étaient des productions du pinceau des plus célèbres artistes qu'avait vus fleurir l'Italie : c'étaient les ouvrages de Léonard de Vinci, de Raphaël, d'André del Sarte, du Corrége, du Titien, de Paul Véronèse, du Carache, du Guide, du Dominiquin, en un mot, de tous ces illustres héros de l'art italien, qui ont conquis notre admiration à force de prouesses. Cependant l'école d'Italie n'était pas la seule qui eût fourni des chefs-d'œuvre à la galerie du Palais-Royal : on y voyait dans l'école des Pays-Bas un grand nombre de peintures d'une qualité supérieure et d'un fort bon choix. Rubens, Van Dyck, Rembrandt, y brillaient avec éclat, ainsi que Teniers, Van Ostade, Gérard Dow, Mieris, Netscher, Wouwerman et autres petits maîtres flamands et hollandais. Enfin, l'école française y était représentée par quelques œuvres capitales de ses plus grands peintres, le Claude, le Poussin et Lesueur.

Cette magnifique collection a disparu : elle est passée en Angleterre, et les riches amateurs de ce pays en conservent précieusement les débris épars dans leurs cabinets. La dispersion des tableaux du Palais-Royal est assurément la perte la plus irréparable que la France ait faite en ce genre. On en trouve une preuve frappante dans le recueil qu'a fait graver J. Couché sous le titre de Galerie du Palais-Royal, en 3 volumes in-folio publiés de 1786 à 1808. Nous n'avons rien à apprendre au public sur l'importance de cet ouvrage, destiné à reproduire le célèbre cabinet de tableaux du duc d'Orléans Régent.

La première édition de la Galerie du Palais-Royal est épuisée depuis longtemps ; elle n'a été tirée du reste qu'à un petit nombre d'exemplaires, de sorte qu'elle se rencontre rarement, même dans les ventes publiques, et qu'elle y atteint toujours un prix élevé qui la rend inaccessible à la plupart des acheteurs. Nous croyons donc entreprendre une chose aussi utile aux arts qu'agréable aux amateurs en publiant aujourd'hui une nouvelle édition de ce recueil, que la modicité du prix pourra faire entrer dans toutes les bibliothèques particulières.

La nouvelle édition de la Galerie du Palais-Royal, accompagnée d'un texte nouveau, contiendra 340 planches. Elle sera publiée par souscription et par livraisons paraissant de mois en mois. Chaque livraison se composera de cinq planches in-quarto et d'une feuille de texte du même format. L'ouvrage paraîtra en 68 livraisons.

Prix de chaque livraison : 3 francs.

(La première livraison vient de paraître.)

Nous communiquerons la 1re livraison aux personnes qui nous manifesteront le désir de l'examiner avant de souscrire.

On souscrit chez KIESSLING et Cie, libraires-éditeurs, à Bruxelles, 26, Montagne de la Cour,

Et chez les principaux libraires et marchands de gravures du pays.

TEXTE EXPLICATIF

RAPHAËL (RAFFAELLO SANZIO, DIT)

(ÉCOLE ROMAINE)

Cet illustre artiste, dont le nom seul porte avec lui l'idée de la perfection de la peinture, était fils de Giovanni Santi, peintre d'Urbin, où il naquit le vendredi-saint, 28 mars 1483. Ayant perdu son père dès l'âge de douze ans, il entra à l'atelier de Pierre Pérugin, maître habile établi à Pérouse, et qui y jouissait alors d'une grande réputation. Le jeune disciple, en étudiant la manière de son maître, l'imitait à un tel point qu'on ne distinguait plus leurs ouvrages. Dans les années de 1504 à 1508, il séjourna plusieurs fois à Florence ; il y étudia les œuvres de Masaccio et celles de Léonard de Vinci, et s'y lia d'amitié avec Fra Bartolommeo, qui lui enseigna la science du coloris. A la suite des études qu'il fit à Florence, Raphaël quitta la manière qu'il avait contractée chez le Pérugin, son premier maître, et s'en forma dès lors une particulière qui lui devint propre. Il avait terminé quelques tableaux à Pérouse et à Florence, lorsqu'en 1508, le Bramante, célèbre architecte et son parent, l'appela à Rome et le présenta à Jules II. Ce Pape, déjà prévenu en sa faveur par la duchesse d'Urbin, Isabelle de Gonzague, l'employa à décorer les salles du Vatican. Raphaël jusque-là n'avait point fait d'aussi grand ouvrage que le tableau de la *Dispute du Saint-Sacrement*, le premier qu'il peignit à fresque sur un des murs de la salle appelée *de la Signature*, et quoiqu'il n'eût pas encore reçu la liberté de pinceau que demandent des morceaux de cette étendue, la beauté de celui-ci engagea le Pape à faire détruire presque toutes les peintures exécutées antérieurement au Vatican. Le second ouvrage qu'il produisit fut *l'École d'Athènes* ; il y parut dans toute sa supériorité, et tous ceux qui suivirent eurent le même succès. Il travaillait à la deuxième pièce des quatre salles connues sous le nom des *Stances*, lorsque Léon X, succédant à Jules II, le 11 mars 1513, lui ordonna de continuer ces travaux, et lui fit peindre ensuite les galeries nommées les *Loges*. Il décora à peu près à la même époque le vestibule du palais Chigi, appelé aujourd'hui la *Farnésine*, de fresques représentant l'histoire de l'Amour et de Psyché. En 1515, il eut la conduite des constructions de l'église de Saint-Pierre, et en 1516, il fut nommé surintendant des édifices antiques de Rome. Chargé d'exécuter et de diriger tout ce qu'il n'exécutait pas, sous le pontificat de Léon X, Raphaël altéra sa santé par un travail forcé et par les excès où l'entraînait son goût pour les femmes. Il mourut dans la trente-septième année de son âge, à pareil jour qu'il était né, le vendredi-saint 6 avril 1520.

Raphaël a eu trois manières bien différentes l'une de l'autre. La première, qu'on appelle communément *péruginesque*, est celle qu'il tenait de Pérugin, et qui se ressent encore de la sécheresse des vieux maîtres ; la seconde, dite *florentine*, celle qu'il se forma pendant son séjour à Florence ; et la troisième, celle qu'il adopta à Rome. Un génie heureux, une imagination féconde, une composition simple et en même temps sublime, un beau choix, beaucoup de correction dans le dessin, de grâce et de noblesse dans les figures, de finesse dans les pensées, de naturel et d'expression dans les attitudes : tels sont les traits auxquels on peut reconnaître la plupart de ses ouvrages.

LA SAINTE FAMILLE

Connue sous le nom de la VIERGE AU PALMIER.

Tableau primitivement peint sur un panneau de bois, et transporté depuis sur une toile de forme ronde, ayant trois pieds de diamètre. Figures demi-nature.

La Sainte-Vierge assise tient l'Enfant Jésus, qui se penche pour prendre les fleurs que lui présente saint Joseph ayant un genou en terre et la main droite appuyée sur un bâton. Le fond est un paysage où s'élève un palmier. L'accessoire de ce palmier est ce qui a fait nommer ce tableau la *Vierge au Palmier*. On sait qu'il est assez ordinaire de donner aux tableaux des dénominations tirées des choses particulières qu'on y remarque : ainsi une *Sainte Famille* de Raphaël, où ce peintre a mis deux poissons, est appelée la *Vierge aux poissons*; une autre du Titien, où se voit un lapin, est connue sous le nom de la *Vierge au Lapin*; une troisième de l'Albane où la Vierge lave du linge, s'appelle la *Laveuse*, etc.

Le tableau de la *Vierge au Palmier* est de la seconde manière de Raphaël. M. Passavant croit que c'est une des deux vierges que Raphaël peignit à Florence, en 1506, pour son ami Taddeo Taddei. M. Félibien assure que ce tableau appartenait autrefois à M. le comte de Chiverni, que Mme la marquise d'Aumont le vendit à M. de la Noue 5,000 livres, et l'obligea en même temps de lui en donner une copie pour être mise dans l'église de Port-Royal, et que cette copie fut faite par Philippe de Champaigne. L'original a passé depuis dans le cabinet de M. le président Tambonneau et dans celui de M. de Vanolles, de qui le duc d'Orléans l'acheta. A l'exposition des tableaux de la galerie d'Orléans, faite à Londres en 1798, il fut acquis par le duc de Bridgewater, au prix de 1,200 livres sterling. Il fait aujourd'hui partie de la collection de lord Francis Egerton, connue sous le nom de la *Galerie de Bridgewater*, à Londres.

Suivant une tradition transmise à la famille d'Orléans, et rapportée au duc de Sutherland par le feu roi Louis-Philippe, à son premier voyage de Londres, le tableau de la *Vierge au Palmier* échut, dans une succession, à deux vieilles filles, lesquelles, n'ayant pas réussi à se mettre d'accord sur la possession de cet objet précieux, le firent partager en deux, afin que chacune des deux héritières en eût une moitié. Il survécut à l'exécution de ce jugement à la Salomon, grâce à un curieux qui fit réunir les deux planches, dont un insigne bonheur l'avait rendu possesseur. Selon une autre version, ce tableau appartenait jadis au roi de France ; la planche sur laquelle il était peint ayant été séparée en deux, un curieux en acheta une moitié, et l'autre partie fut trouvée dans la cuisine d'une hôtellerie de la Suisse, où elle servait de table à hacher les herbes. Quoiqu'il paraisse que ce tableau a été anciennement divisé, il faut une foi plus que robuste pour croire à ces histoires merveilleuses.

LIBRAIRIE DE **E. GLAESER,** 9 RUE JACOB, A PARIS

GALERIE
DU
PALAIS-ROYAL

D'APRÈS LES TABLEAUX ORIGINAUX DES PLUS GRANDS MAÎTRES

GRAVÉE

PAR COUCHÉ

OU SOUS SA DIRECTION PAR

ALIAMEL, BELJAMBE, BERLEAUX, BOUILLARD, ETC.

L'ouvrage entier, *dont la première livraison vient de paraître*, consistera, indépendamment d'une Esquisse historique de chaque tableau et la Notice historique du Maître, en 343 planches de cuivre, et sera continué par livraisons mensuelles, comprenant chacune cinq gravures et le texte qui s'y rapporte.

Le prix de souscription est fixé à 2 francs 50 cent. par livraison.

L'ancienne collection, dite *Galerie du Palais-Royal*, est connue de tous les amateurs. Elle passait à bon droit pour l'une des plus belles de l'Europe, et sa disparition est une perte réelle et irréparable pour la France et pour les beaux-arts.

Cette Galerie, recueillie vers le milieu du dernier siècle par le régent de France, duc d'Orléans, consistait en 485 tableaux que le prince, ami des arts, avait fait acheter à grands frais pendant une période de vingt-cinq années. Des noms tels que Léonard da Vinci, Van-Dyck, Poussin, le Corrège, Titien, Raphaël, Rubens, Guido-Reni, Paul Véronèse, D. Teniers, Rembrandt, Gérard Dow, C. Netscher, Roos, etc., en disent assez sur la valeur et l'importance d'une collection qu'on dit avoir coûté plus de quatre millions.

Déjà, de 1787 à 1788, sous Louis d'Orléans, fils du régent, cette belle collection avait été dispersée en partie; sous Philippe d'Orléans, son successeur, elle le fut tout à fait. Les tableaux avaient été vendus l'un après l'autre de tous côtés, mais particulièrement à Londres. On en retrouve quelques-uns au Musée des Beaux-Arts de Londres, d'autres chez lord Ellesmere, et le reste en Allemagne, en Hollande, en Belgique ou en Italie.

Heureusement, le célèbre Couché, graveur du

1857

duc d'Orléans, guidé par un pressentiment indéfinissable des catastrophes à venir, s'était empressé de graver lui-même et de faire graver sous sa direction les principales toiles, au nombre de 343, dont la première collection parut en 1786.

Toutes les planches de cette œuvre d'art, importante à tant d'égards, sont entre nos mains, et grâce au procédé ingénieux de M. Heims, nous sommes à même de les offrir à bon marché aux artistes et aux amateurs. Son invention a cela de remarquable, qu'elle permet non seulement de faire ressortir toutes les finesses de la gravure, mais encore de rendre aux planches de cuivre, qui peuvent avoir souffert des nombreux tirages, toute leur fraîcheur et leur pureté primitives.

Ainsi, tout en rajeunissant ce chef-d'œuvre au point d'en faire une œuvre d'art égale à la première édition, nous croyons rendre un véritable service au public; car, en l'offrant pour un prix si modique, nous mettons à la portée de tout le monde les trésors et les beautés de la *Galerie du Palais-Royal*.

L'œuvre de Couché, que son prix élevé ne rendait accessible qu'à un très-petit nombre d'amateurs, et qui maintenant est épuisée, se trouvait accompagnée d'un texte explicatif. Celui que nous joindrons à notre reproduction sera complétement remanié et augmenté de toutes les modifications nécessaires. Il paraîtra en français et en allemand.

Nous faisons principalement remarquer que l'épreuve jointe à ce prospectus n'est destinée qu'à donner le plan du format, et nullement l'expression des gravures. L'ouvrage paraîtra in-folio, sur papier-carton glacé, et satisfera à toutes les exigences du luxe et de l'élégance.

Toute personne qui placera 12 exemplaires aura droit gratuitement à un treizième.

PARIS.   E. GLAESER, ÉDITEUR.

Je, soussigné, souscris

à la librairie de **E. GLAESER**, 9 RUE JACOB, *à Paris*

Exemplaires de la **GALERIE DU PALAIS-ROYAL**, texte français

—   —   —   texte allemand

à écrire très-lisiblement.   { NOM :   DOMICILE :

PARIS. — IMPRIMERIE DE J. CLAYE, RUE SAINT-BENOIT, 7.

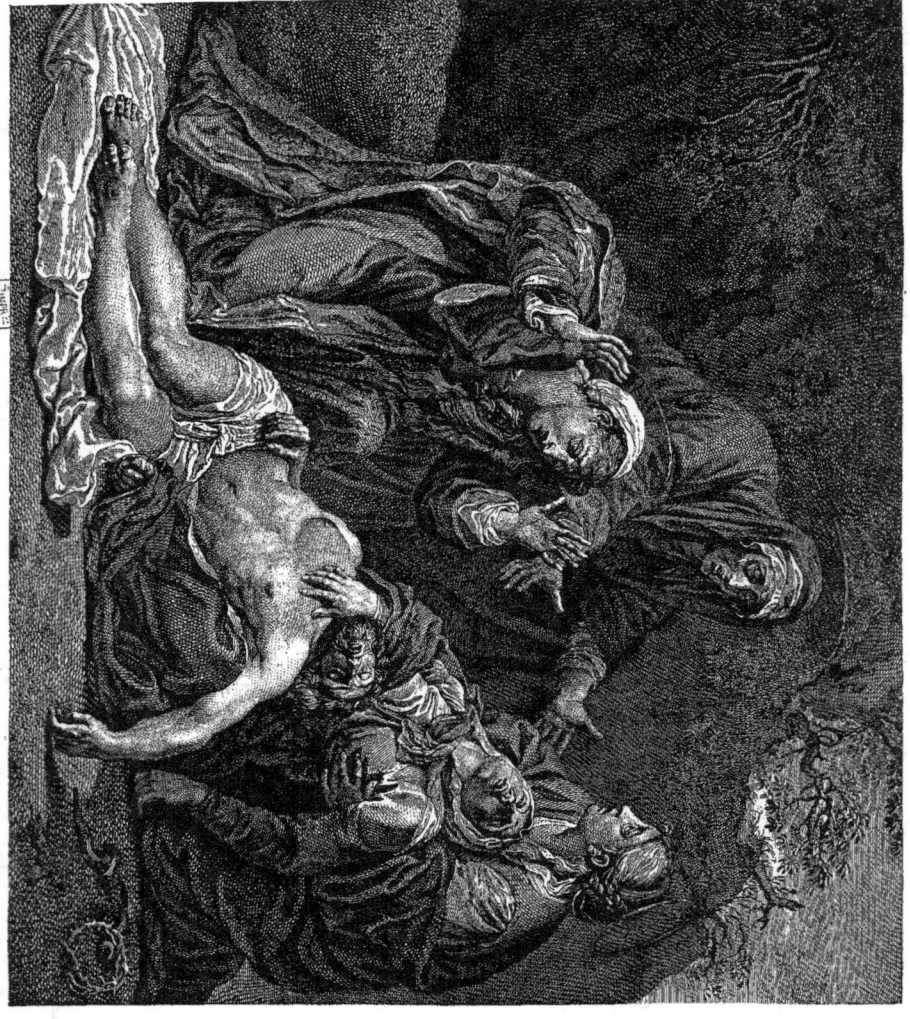

DESCENTE DE CROIX.

Peint par Annibal Carrocci.

Grav. en relief par H Heim.

Bei **E. Glaeser**, in Paris

Erscheint, und ist durch alle soliden Buch- und Kunsthandlungen zu beziehen:

Gallerie des Palais-Royal

nach den Originalgemälden der berühmtesten Meister

gestochen von

Couché

oder unter seiner Leitung von

Aliamel, Beljambe, Berteaux, Bouillard, etc.

Das ganze Werk, mit der jedesmaligen biographischen Skizze des betreffenden Malers und der historischen Notiz eines jeden Bildes, besteht aus 343 Kupferplatten, und wird in monatlichen Lieferungen, die Lieferung zu 3 Platten mit dem dazu gehörenden Text erscheinen. Der Subscriptions-Preis einer jeden Lieferung ist auf 22 1/2 Sgr. festgesetzt.

Die ehemalige sogenannte „Galerie du Palais-Royal" ist allen Kunstkennern bekannt. Sie hieß mit Recht eine der schönsten Gemäldesammlungen Europa's, und ihr Verlust ist unersetzlich für Frankreich und für die gesammte Kunst.

Die Gallerie, welche um die Mitte des vorigen Jahrhunderts von dem Herzoge von Orléans, dem damaligen Regenten Frankreichs, angelegt wurde, bestand aus 485 Gemälden, die der kunstliebende Fürst 25 Jahre lang in allen Weltgegenden, oft für ungeheure Summen hatte aufkaufen lassen. Die Namen L. da Vinci, Van Dyk, Poussin, Coreggio, Titian, Raphael, Rubens, Guido Reni, P. Veronese, D. Tenier, Rembrandt, G. Dow, C. Netscher, Roos u. s. w., sprechen genügend für den Werth und die Bedeutung dieser Gallerie, die über vier Millionen gekostet haben soll.

Schon unter Louis d'Orléans, dem Sohne des Regenten, wurde die schöne Sammlung um 1787 und 1788 theilweise zerstückelt, bis sie denn von dessen Nachfolger Philipp d'Orléans gänzlich zersplittert ward. Die Gemälde wurden im Jahre 1790 nach allen Ländern hin einzeln verkauft; die meisten gingen freilich nach London und befinden sich noch jetzt im englischen Kunstmuseum; andere sind im Besitz des Lord Ellesmere; noch andere gingen nach Deutschland, Holland, Belgien und Italien.

Glücklicherweise hatte der Kupferstecher des Herzogs, der erwähnte Couché, wie von einer trüben Vorahnung geleitet, im Laufe der Jahre die bedeutendsten Gemälde der Gallerie, 343 an der Zahl, theils selbst gestochen, theils unter seiner besondern Aufsicht stechen lassen, die im Jahre 1786 zuerst erschienen.

Die sämmtlichen Platten dieses in mehr als einer Hinsicht bedeutsamen Kunstwerkes sind in unsern Händen, und wir sind im Stande, durch den von Herrn Heims erfundenen Reproductionsproceß, Künstlern und Kunstfreunden die ganze Sammlung zu einem Preise vorzulegen, wie derselbe eben nur durch die Vortheile des Hochdrucks möglich ist; denn es ist dem Herrn Heims nicht nur gelungen, gestochene Platten für den Hochdruck dergestalt zu präpariren, daß sie die größten Feinheiten der Zeichnung wiedergeben, sondern derselbe hat auch das Mittel gefunden, diejenigen Platten, welche durch viele Abzüge gelitten haben, in ihrer ursprünglichen Reinheit wieder herzustellen.

Indem wir hiemit dieses Meisterwerk, auf solche Weise verjüngt, in einem gleichen Kunstwerth wie die Originalausgabe dem Publikum anbieten, glauben wir zugleich der Kunst selbst einen nicht geringen Dienst zu leisten, wenn wir durch einen überaus mäßigen Preis Jeden in den Stand setzen, sich mit den wirklich großartigen Kunstschätzen und Schönheiten der Gallerie des Palais-Royal bekannt zu machen.

Dem Werke Couché's, das wegen seines hohen Preises nur Wenigen zugänglich war, und jetzt längst aus dem Handel verschwunden ist, war ein erklärender Text angefügt; auch wir werden einen solchen in neuer Bearbeitung und mit den nöthigen Modificationen beigeben, der sowohl in deutscher als in französischer Sprache bezogen werden kann.

Wir bemerken noch ausdrücklich, daß der beifolgende Probedruck nur einen Begriff von der Größe der Kupferplatten und keineswegs von der Güte der Abdrücke geben soll. Das Werk selbst wird in-folio auf glacirtem Cartonpapier in elegantester Ausstattung erscheinen.

Wer sich der Mühe des Subscribentensammelns unterzieht, dem wird auf 12 bestellte Exemplare das dreizehnte gratis geliefert.

Paris.   Die Verlagshandlung von E. Glaeser.

Der Unterzeichnete bestellt hiermit

bei

Expl. **Gallerie des Palais-Royal**, Mit deutschem Texte.
                                                                           — franz. —

Ort :   Name

Paris. — Buchdruckerei von J. Claye, rue Saint-Benoît, 7.

LA GALERIE

DU

PALAIS ROYAL

GRAVÉE

D'APRÈS LES TABLEAUX DES DIFFÉRENTES ÉCOLES QUI LA COMPOSENT

PAR

J. COUCHÉ

OU

SOUS SA DIRECTION PAR J. ALIAMET, R. DE LAUNAY, N. LEMIRE, A.-L. ROMANET

ET AUTRES

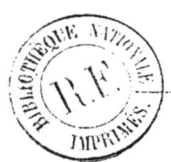

NOUVELLE ÉDITION

PUBLIÉE PAR

HENRI HEIMS

AVEC TEXTE NOUVEAU

PARIS

CHEZ L'ÉDITEUR | CHEZ WINTER
RUE D'ENFER, 103, PRÈS LE LUXEMBOURG | RUE SAINT-HONORÉ, 154, PRÈS L'ORATOIRE

1858

PARIS. — IMPRIMERIE RENOU ET MAULDE,
RUE DE RIVOLI, 144.

NOTICE HISTORIQUE

DE LA

GALERIE DU PALAIS ROYAL

A PARIS

On distingue dans l'histoire de l'art trois galeries dites du Palais-Royal, et plus ou moins célèbres par les tableaux qu'elles renfermaient. La première date de l'époque du cardinal de Richelieu, qui la fit construire par Jacques Lemercier : elle s'appelle plus spécialement la *Galerie des Hommes illustres*. Cette galerie avait été décorée avec bien de la dépense et bien du soin; mais complétement négligée par la suite, elle tomba en ruine, et fut détruite en 1727. On y voyait les portraits des plus illustres personnages de la nation française, depuis l'abbé Suger jusqu'au maréchal de Turenne. Ces grands portraits, peints par Philippe de Champaigne et par Simon Vouet, étaient accompagnés de différents bustes de marbre noir et blanc, tant antiques que modernes, et de plusieurs petits tableaux qui représentaient les principales actions de ces héros et leurs devises. On en trouve les gravures dans un recueil imprimé sous ce titre : *Les Hommes illustres et grands capitaines françois qui sont peints dans la galerie du Palais-Royal. Dessignez et gravez par les sieurs Heince et Bignon, peintres et graveurs du Roi.* Paris, 1690, in-fol.

La seconde galerie, bâtie par Jules-Hardouin Mansard, en 1702, est connue sous le nom de *Galerie d'Énée*. Le duc Philippe d'Orléans, plus tard Régent, y fit peindre, par Antoine Coypel, l'histoire du héros troyen, en quatorze tableaux, placés dans le lambris opposé aux croisées et dans la voûte formée en berceau. S'il faut en croire la tradition, le duc d'Orléans, qui s'appliquait alors à l'étude de la peinture, sous la direction de Coypel, mit lui-même la main à ces travaux, disant qu'il était juste que le disciple aidât son maître. Toutes les peintures de cette galerie ont été gravées dans le temps par *L. Desplaces, H. Simon Thomassin* le fils; *G. Duchange, J.-B. de Poilly,* et d'autres; ces estampes forment une suite, dite l'*Histoire d'Énée*.

La troisième galerie, enfin, est la collection de tableaux anciens des différentes écoles, qu'on désigne le plus souvent sous le nom de *Galerie d'Orléans*. Philippe, duc d'Orléans, frère unique de Louis XIV, a commencé cette collection, accrue considérablement et portée à un haut degré de splendeur par le duc d'Orléans, Régent : ce prince, en succédant à son père, en 1701, se trouva possesseur d'une trentaine de tableaux au plus ; à sa mort, en 1727, on en compta quatre cent quatre-vingt-huit.

Le duc d'Orléans, Régent, devenu premier prince du sang à vingt-six ans à peine, avait des connaissances en peinture supérieures à celles d'un simple amateur, et pour s'instruire plus parfaitement, il avait bien voulu descendre quelquefois jusqu'à la pratique de l'art qu'il chérissait. Son dessein étant de se former un cabinet de tableaux qui répondît à l'idée de sa magnificence et aux exigences de son goût, il exécuta ce projet avec d'autant plus de vivacité, qu'il suivait sa propre inclination et ses inspirations personnelles. Il commença par réunir les tableaux qui avaient été achetés par son père à la vente du cardinal Richelieu et à celle du cardinal Mazarin : il en fit la base de son cabinet qu'il eut soin d'agrandir. L'étendue de sa fortune le mit à même de sacrifier à son amour pour les tableaux des sommes immenses, et l'importance de sa position lui donna de grandes facilités pour arriver à la possession de certains chefs-d'œuvre qui seraient demeurés inaccessibles à tout autre curieux. Les chanoines de Narbonne cédèrent au désir que témoignait le Régent du royaume de voir entrer dans son cabinet le célèbre tableau de la *Résurrection du Lazare*, de Sébastien del Piombo, qui faisait un des principaux ornements de la cathédrale de cette ville : ils reçurent en échange une copie de l'original et un don de vingt mille livres. La même somme fut donnée aux marguilliers de Saint-Eustache de Paris, pour avoir mis le duc d'Orléans en la possession du *Saint Roch* d'Annibal Carrache, qui se voyait dans une chapelle auprès du chœur de cette église.

Lorsqu'un tableau était connu pour être du plus beau choix et de la plus grande réputation, le Régent en faisait l'acquisition et le payait en souverain. Il acheta vingt mille livres de M. du Harlay de Beaumont, conseiller d'État, le *Saint Jean-Baptiste dans le désert* de Raphaël, venant de la succession du premier président du Harlay, à qui le président de Maisons en avait fait présent. Les *Sept Sacrements*, peints par le Poussin pour son ami M. de Chantelou, étaient sortis de France et se trouvaient à vendre en Hollande ; le Régent y envoya un homme de confiance ayant commission de les acheter à tout prix. Ces sept chefs-d'œuvre de l'école française lui coûtèrent 120,000 livres, somme énorme pour ce temps.

La plus riche et la plus heureuse acquisition faite par le duc d'Orléans, fut celle de cinquante-sept tableaux du cabinet de la reine Christine de Suède, parmi lesquels il y avait onze toiles du Corrége, la Sainte Famille connue sous le nom de la *Belle Vierge*, de Raphaël, et des œuvres capitales du Titien, de Paul Veronèse et de quelques autres grands maîtres italiens. Ces tableaux venaient pour la plupart du cabinet de l'empereur Rodolphe II, et avaient été apportés à Stockholm, après la prise de Prague par les Suédois, en 1648. Ils furent portés à Rome, lorsque la reine Christine s'y retira ; à sa mort, en 1689, don Livio Odeschalchi, duc de Bracciano et neveu d'Innocent XI, eut les peintures et les raretés du cabinet de la reine de Suède pour cent cinquante-trois mille écus romains, c'est-à-dire pour très-peu de chose. C'est des héritiers d'Odeschalchi que le duc d'Orléans acquit les cinquante-sept tableaux dont il enrichit la collection du Palais-Royal. Il acheta encore du duc de Modène, du prince de Condé et duc de Bourbon, quelques autres productions du Guide, de Paul Veronèse, et d'autres grands peintres italiens. Enfin, secondé par Antoine Coypel et Roger Depiles, il fit un choix dans les plus belles ventes du temps, au nombre desquelles on doit citer celles des ducs de Grammont, de Noailles et de Vendôme, de milord Melfort, de MM. de Bretonvilliers, de la Chataigneraye, de la Ravois, de la Vrillière, de Launay, de Liancourt, de Menars, de Nancré, de Nocey et de Seignelay, du chevalier de Lorraine, des abbés d'Estrées, de Merainville et de Camps, de MM. Amelot, Biberon, Chatillon, Corberon, Dorigny, Forest, Paillot, tous amateurs connus par des cabinets formés avec mesure et discernement dans le dix-septième siècle.

Telles furent les sources qui contribuèrent à grossir la réunion des tableaux du Palais-Royal. C'est à bon droit que le cabinet du duc d'Orléans passait pour un des plus riches que l'on connût en Europe, et tenait le premier rang en France, après celui du Roi. En effet, ce qui constituait la partie la plus considérable et la plus importante de ce cabinet, consistait en divers morceaux de premier ordre, qui tous étaient des productions du pinceau des plus célèbres artistes qu'avait vus fleurir l'Italie : c'étaient les ouvrages de Léonard de Vinci, de Raphaël, de Jules Romain, du Corrége, d'André del Sarte, du Titien, de Paul Véronèse, du Carache, du Guide, du Dominiquin, en un mot, de tous ces héros de la peinture italienne qui ont conquis notre admiration à force de prouesses. Cependant l'école d'Italie n'était pas la seule qui eût fourni des chefs-d'œuvre à la collection du duc d'Orléans : on y voyait dans l'école des Pays-Bas un assez grand nombre de morceaux d'une qualité supérieure et d'un fort bon choix : Rubens, Van Dyck, Rembrandt y brillaient avec éclat, ainsi que Van Ostade, Teniers, Gérard Dou, Miéris, Netscher, Wouwermans, et autres *petits maîtres* flamands et hollandais. Quant à l'école française, on y rencontrait quelques œuvres de ses plus grands maîtres, le Claude, le Poussin et Lesueur.

La plupart des tableaux qui composaient le cabinet du duc d'Orléans étaient d'un mérite reconnu ; leur originalité était depuis longtemps constatée par les plus célèbres connaisseurs, qui avaient eu occasion de les admirer dans les fameux cabinets où ils avaient passé successivement. Dubois de Saint-Gelais en a publié un catalogue raisonné, sous ce titre : *Description des tableaux du Palais-Royal*. Cette description avait été commencée par l'ordre du Régent ; mais elle ne fut imprimée que pendant la minorité de son fils Louis, duc d'Orléans, en 1727. C'est cette même année qu'on fit paraître le *Catalogue des tableaux flamands du cabinet de feu S. A. R. Monseigneur le duc d'Orléans*. En tête de ce catologue, qui est devenu rare, on lit l'avertissement suivant : « Ceux qui voudront acquérir les tableaux flamands de « feu S. A. R. Monseigneur le duc d'Orléans, s'adresseront à « M. d'Argenson, conseiller d'Estat et chancelier de Monseigneur « le duc d'Orléans, qui les fera montrer ; il recevra leurs offres « jusqu'à la fin du mois de may; et s'il ne s'en fait point de raison- « nable qu'il puisse accepter, la vente en détail s'ouvrira le lundi « neuf juin 1727. » Mais les amateurs disposés à acheter la totalité des tableaux semblent avoir fait défaut, et il ne paraît pas non plus que la vente en détail ait eu lieu : les quatre-vingt-dix tableaux portés sur ce catalogue se retrouvent presque tous dans la seconde édition de la *Description des tableaux du Palais-Royal*, publiée en 1737, ainsi que dans le catalogue des tableaux flamands et hollandais de la galerie d'Orléans, vendus à Londres, en 1793.

Nous avons donc lieu de croire que la collection formée par le Régent est restée intacte jusqu'au moment où Louis, duc d'Orléans, devenu majeur, et poussé par un excès de zèle religieux, fit à cette collection un tort immense, en portant une main iconoclaste sur quelques-uns de ses chefs-d'œuvre qui représentaient les amours des dieux de l'antiquité. L'*Io* et la *Léda*, du Corrége, furent ses plus illustres victimes. Ces deux tableaux, aussi célèbres par leur beauté merveilleuse que par les destinées singulières qu'ils ont eues, et qu'ils ne méritaient guère, avaient été donnés par Frédéric, duc de Mantoue, à Charles V, venu à Bologne, en 1530, pour se faire couronner empereur. Placés à Prague avec d'autres chefs-d'œuvre de peinture composant le cabinet de l'Empereur, ils en furent enlevés en 1648, lors de la prise de cette ville par les Suédois, et portés à Stockholm, où ils servaient, suivant Mengs, à boucher les jours d'une écurie. Il est plus vraisemblable cependant qu'ils restèrent roulés jusqu'en 1652, que Sébastien Bourdon, attiré en Suède par la reine Christine, en vanta le mérite à cette princesse, qui, n'en connaissant pas la valeur, voulait en faire présent à ce peintre ; mais le Bourdon lui représenta que c'étaient des plus beaux tableaux du Corrége, et qu'elle ne devait pas s'en dessaisir. La reine les conserva dès lors précieusement et les emporta avec elle à Rome, lorsqu'après avoir abdiqué la couronne, elle y alla fixer sa demeure. Après sa mort, ils vinrent, ainsi que nous l'avons dit, en la puissance de Don Livio Odeschalchi, et furent vendus par les héritiers de ce seigneur, avec d'autres tableaux, au duc d'Orléans, Régent. Son fils Louis, duc d'Orléans, prince d'une piété heureusement rare, voyant à la fois un danger et un scandale dans le sujet trop lascif du tableau d'*Io recevant les embrassements de Jupiter transformé en nue*, prit la résolution de le détruire. D'un autre côté, son amour pour la peinture, réclamant à grands cris un ouvrage dont la perte lui devait être infiniment préjudiciable, le fit hésiter à accomplir cette résolution impitoyable. Dans un premier mouvement, il avait supprimé la tête d'Io. Il en demeura là, et fit présent du tableau ainsi dégradé à Charles Coypel, son premier peintre. Devenu possesseur d'un morceau si rare, Coypel obtint du duc d'Orléans la permission de le réparer, avec des changements essentiels. Son premier soin fut de rétablir la tête de la fille d'Inachus, qui n'était plus, et de lui chercher une autre tournure et un autre caractère. Il acheva de faire disparaître cette tête et cette main du dieu qui, quoique enveloppées dans la nue, ne se faisaient que trop distinguer; il fit tenir à sa figure une marotte, pour masquer davantage le sujet; et, laissant subsister toutes les autres parties du tableau qui étaient demeurées pures, il en fit un morceau représentant la *Folie*. C'est sous ce titre que l'*Io* du Corrége est indiquée dans le *Catalogue des tableaux, dessins, etc., etc., du cabinet de feu M. Charles Coypel* (Paris, 1753, IX et 101 pp. in-8°). Ce catalogue a été rédigé par Mariette, et nous y avons puisé les détails intéressants qu'il contient sur l'état où se trouvaient les deux célèbres tableaux du Corrége à l'époque de la vente de Charles Coypel, faite à Paris, en 1753. Adjugé alors à M. Calabre pour 5,602 livres, le tableau d'*Io* fut restauré par Colins père, peintre et marchand de tableaux, et vendu au roi de Prusse.

Le tableau des *Amours de Léda et de Jupiter métamorphosé en cygne*, éprouva un sort encore plus malheureux que celui qu'avait eu le tableau d'*Io*. Le duc d'Orléans le coupa en quatre morceaux, enleva la tête de la femme de Tyndare et donna le reste à Charles Coypel. Ce dernier, si l'on excepte la tête de femme qu'il rétablit, et le cygne dont il réforma l'attitude, de manière qu'elle ne présentait plus rien que de fort innocent, laissa le tableau tel qu'il l'avait reçu des mains du duc d'Orléans, c'est-à-dire divisé en quatre morceaux, mais cependant assez entier pour en pouvoir former quatre tableaux qui, pris séparément, donnaient chacun un sujet complet. A la vente de Charles Coypel, M. Pasquier, député du commerce de Rouen, s'en rendit adjudicataire au prix de 16,050 livres. Ce curieux fit réunir les quatre fragments, et restaurer le tout par le peintre Jean Delyen, élève de Largillière. Après la mort de M. Pasquier, le tableau fut remis en vente publique, à Paris, 1755, et acheté alors 21,060 livres pour le roi de Prusse. Le prince, devenu ainsi l'heureux possesseur de l'*Io* et de la *Léda* du Corrége, en fit l'ornement de la galerie de Sans-Souci. Ramenés à Paris, avec les objets curieux conquis par la grande armée dans les années 1806 et 1807, ces deux tableaux furent soumis à une nouvelle restauration, dirigée par Denon, et à cette occasion, Prud'hon refit la tête d'Io. De 1810 à 1814, ils ont appartenu au Musée Napoléon, et dans l'inventaire de ce Musée, ils sont estimés, le tableau d'*Io*, 15,000 fr. et celui de *Léda*, 120,000 fr. A la suite des événements de 1815, ils furent restitués à la Prusse, et rapportés à Sans-Souci, où ils sont restés jusqu'en 1830. Depuis cette époque, ils font partie du Musée Royal de Berlin; ils ont été restaurés une troisième fois par M. Schlesinger, peintre berlinois, et malgré les nombreuses vicissitudes qu'ils ont subies, ils sont aujourd'hui dans un état de conservation plus que suffisant, pour pouvoir être encore reçus dans les plus riches galeries et y occuper une place auprès de ce qu'il y a de plus rare et de plus exquis.

Telle est l'histoire curieuse et lamentable de deux des plus fameux tableaux qui soient au monde. Nous n'avons pas à excuser le duc Louis d'Orléans, qui cultivait et aimait les arts, d'une action puérile au fond, mais qui devient odieuse par l'importance des chefs-d'œuvre auxquels elle s'est attachée. L'esprit de dévotion à outrance fit encore oublier à ce prince le sentiment de piété filiale, au point qu'il brûla les compositions de son père, entre autres une suite de dessins, qui avaient servi pour l'édition illustrée du roman des *Amours pastorales de Daphnis et de Chloé*; édition dite du *Régent*.

Le duc Louis d'Orléans étant mort en moine dans une des cellules de l'abbaye de Sainte-Geneviève, son fils Philippe lui succéda. Sous ce prince, la collection du Palais-Royal se maintint sans augmentation, mais sans perte aucune, et continua à être ouverte aux amateurs et aux artistes qui venaient y étudier.

Il serait difficile de dire les raisons qui déterminèrent son successeur Philippe duc d'Orléans, connu sous le nom de *Philippe-Égalité*, à se défaire de son cabinet: sa fortune était immense, et le prix qu'il devait tirer de la vente des tableaux, minime en comparaison; toujours est-il qu'en 1791, les tableaux des écoles italienne et française furent vendus à Édouard Walkers, banquier de Bruxelles, pour la somme de 750,000 livres. Un peu plus tard, vers la fin de 1792, un Anglais, nommé Thomas Moore Slade, acheta la partie flamande et hollandaise au prix de 350,000 livres. Lord Kinnaird, MM. Morland et Hammersley furent les associés de M. Slade dans cette négociation. Les tableaux furent transportés en Angleterre, et placés provisoirement dans la maison que M. Slade avait à Chatham. De là ils passèrent à Londres pour y être estimés et exposés en vente publique. Cette exposition eut lieu en 1793, dans les salles de l'ancienne académie de peinture, à Pall-Mall, et l'on peut juger de l'affluence de visiteurs curieux qu'elle ne cessa d'attirer, quand on sait que, pendant les dernières semaines de sa durée, la recette faite à la porte des salles produisit chaque jour plus de cent livres sterling, bien que le prix d'entrée ne fût que d'un shelling. M. Slade, chargé de diriger la vente, avait fixé un prix à chaque tableau, et rien ne fut vendu au-dessous de cette estimation. Beaucoup des plus beaux morceaux s'enlevèrent dans l'espace de peu de jours, et le reste s'écoula ensuite et sans difficulté. On cite parmi les acheteurs, le duc de Richemont, le marquis de Lansdowne, les comtes de Carlisle, d'Ossory, de Darnley, de Buckinghamshire, de Bruhl et de Gainsborough, les lords Eardley et Gower, la comtesse de Hardwicke, lady A. Polwarth, les vicomtes de Dudley et de Ward, le baron Nagel, le général Craig, miss Ottway, MM. Darby, Walter Fawkes, Edward Knight, W. Beckford, I. Davenport, George Hardinge, sir Francis Basset, sir Philip Stephens, sir John Nelthorpe, et autres.

Avant d'avoir le même sort que les tableaux flamands et hollandais, la partie italienne et française eut pendant quelque temps la chance d'être conservée dans son ensemble. M. Walkers, qui en était possesseur, la fit emballer et la dirigea également vers l'Angleterre; quelques caisses étaient même déjà arrivées au Havre, lorsque M. de Laborde-Merville, fils du célèbre banquier de la cour, désespéré de voir cette belle collection passer à l'étranger, obtint la cession du marché, moins trente-deux tableaux, que M. Walkers voulut absolument garder, pour la somme de 900,000 livres. Les tableaux retournèrent à Paris, et M. de Laborde fit construire, pour les placer, une galerie dans les jardins de son hôtel de la rue Cerutti (aujourd'hui rue Laffitte). Mais à peine ces richesses y étaient-elles déposées, que les troubles de 1792, qui en présageaient de plus terribles encore, vinrent lui inspirer les craintes les plus sérieuses sur leur conservation. Les tableaux furent donc emballés de nouveau, et expédiés pour Londres, où ils arrivèrent en juillet 1792. M. de Laborde ayant, pendant l'hiver, racheté de M. Walkers les trente-deux tableaux que celui-ci avait réservés lors de la conclusion du marché, possédait alors toutes les peintures italiennes et françaises de la collection du Palais-Royal. Il les garda précieusement jusqu'à l'an VI, espérant toujours rentrer en France et y rapporter les chefs-d'œuvre qu'il pensait avoir sauvés du pillage et de l'incendie. Il y rentra, en effet, peu de temps avant le 18 fructidor; mais cette fatale journée, qui l'en chassa de nouveau et lui enleva les derniers débris de sa fortune, le mit dans la nécessité de revendre ses tableaux, seul bien qui lui restait.

Ils étaient encore consignés entre les mains d'une maison de commerce de Londres, lorsque M. Bryan, marchand anglais, agissant au nom du duc de Bridgewater, du comte de Carlisle et de lord Gower (devenu plus tard marquis de Strafford), les acheta pour 43,000 livres sterling. Les nouveaux propriétaires décidèrent que les tableaux seraient estimés et vendus; ils se réservèrent seulement le droit de choix et de préférence sur certains morceaux, après que l'estimation en eût été faite, et en les payant d'ailleurs comme tout autre acheteur. Des experts en renom furent chargés de cette estimation, et M. Bryan fut commis pour organiser une exposition publique, où tous les tableaux seraient offerts en vente aux prix marqués. La collection dut être divisée : une partie fut exposée dans la salle de M. Bryan, à Pall-Mall, d'autres dans celle du Lyceum, au Strand; aucune de ces deux salles n'étant à elle seule assez vaste pour contenir la totalité des tableaux. Cette exposition dura six mois, du 26 décembre 1798 au mois de juillet 1799; le prix d'entrée était d'un shelling, et la recette s'éleva pendant cette période de temps à 6,000 livres sterling (150,000 francs). La vente fut faite avec une loyauté qui préside rarement à ces sortes de transactions, et qui est un des caractères distinctifs de la nation anglaise.

Les trois lords, bailleurs de fonds, choisirent préalablement parmi ce qu'il y avait de meilleur et de plus rare dans la collection; le duc de Bridgewater eut pour sa part : la *Vierge au palmier*, et la *Belle Vierge*, de Raphaël; le *Bain de Diane* et la *Grossesse de Calisto*, du Titien; la *Vénus à la coquille*, du même maître; la *Vierge au panier*, du Corrège; le *Portement de croix*, du Dominiquin; les *Sept Sacrements*, du Poussin. Le comte de Carlisle conserva, entre autres chefs-d'œuvre, le *Christ au tombeau* et les *Trois Marie*, d'Annibal Carache; lord Gower, un *Repos en Égypte*, aussi d'Annibal Carache, et la *Léda*, de Paul Véronèse.

Les amateurs les plus riches furent convoqués d'abord, le grand public fut admis ensuite. Aucune surenchère ni aucun rabais ne furent acceptés sur les prix fixés d'avance d'une façon invariable. Pour se rendre acquéreur, il suffisait de déposer le cinquième de la somme demandée pour le tableau que l'on avait choisi, et de s'engager à payer le reste lors de sa livraison à la fin de l'exposition.

Dès la première matinée, un riche banquier, M. Angerstein, acheta quelques-unes des peintures les plus importantes de la collection, entre autres la *Résurrection du Lazare*, de Sébastien del Piombo, dont il s'assura sur-le-champ la possession au prix demandé de 3,500 guinées. Sir Francis Baring, aussi admis des premiers, choisit un certain nombre de tableaux qu'il avait envie d'acheter. Le prix demandé était de dix mille guinées, la somme offerte était de dix milles livres sterling. M. Bryan, chargé de la vente, n'avait aucun pouvoir de rien diminuer. L'honorable baronnet ne voulut pas pousser plus loin, et le marché ne fut point conclu. Cette anecdote, rapportée par M. Buchanan, qui la tenait de M. Bryan lui-même, met en évidence non-seulement la fermeté et la largeur qui caractérisent le négociant anglais, mais encore le prix intrinsèque qu'on attachait à la collection elle-même, les propriétaires n'admettant pas le principe de recevoir un prix plus élevé que celui qu'ils voulaient avoir réellement.

Lord Berwick, le vicomte de Fitz-William, le comte de Temple, MM. Maitland, Hope et Hibbert, furent au nombre des premiers et des plus zélés acheteurs, ainsi que M. Willett, les comtes de Darnley et de Suffolk, lady Lucas, depuis comtesse de Grey, sir A. Hume, MM. Troward, W. Smith, R. Udney, Long, Fitzhugh, etc., etc. Cette liste de noms appartenant à la noblesse et à la bourgeoisie, suffit pour prouver l'intérêt général que la vente de la Galerie d'Orléans excita en Angleterre, et démentir en même temps ce qu'avaient avancé Montesquieu, Mengs, Winkelmann et quelques autres écrivains du XVIIIe siècle, disant que la nation anglaise était complètement indifférente pour les beaux-arts, et n'en avait aucune connaissance.

Les résultats financiers de l'opération furent considérables. Nous avons dit que la collection avait été achetée à M. de Laborde 43,000 livres sterling. Dans l'estimation qui fut faite ensuite, la partie que se réservèrent les nouveaux acquéreurs, s'éleva à 39,000 guinées, et les tableaux vendus pendant l'exposition produisirent 31,000 guinées. En ajoutant à ces 70,000 guinées les 10,000 livres sterling formant le produit des recettes faites à la porte des salles, et celui du montant de la vente aux enchères, qui eut lieu le 14 février 1800, de soixante-six tableaux qui n'avaient pas trouvé d'acquéreurs à l'exposition, on arrive à un total de 80,000 guinées, c'est-à-dire à un bénéfice de près d'un million.

Nous terminerons ici ces détails auxquels suppléera la description historique que nous donnerons successivement de chaque tableau dans ce recueil de gravures, représentant, à peu d'exceptions près, la totalité de ceux qui formaient l'ancienne Galerie du Palais-Royal.

TEXTE EXPLICATIF

RAPHAËL (RAFFAELLO SANZIO, DIT)

ÉCOLE ROMAINE

Cet illustre artiste, dont le nom seul porte avec lui l'idée de la perfection de la peinture, était fils de Giovanni Santi, peintre d'Urbin, où il naquit le vendredi-saint, 28 mars 1483. Ayant perdu son père dès l'âge de douze ans, il entra à l'atelier de Pierre Pérugin, maître habile établi à Pérouse, et qui y jouissait alors d'une grande réputation. Le jeune disciple, en étudiant la manière de son maître, l'imitait à un tel point qu'on ne distinguait plus leurs ouvrages. Dans les années de 1504 à 1508, il séjourna plusieurs fois à Florence; il y étudia les œuvres de Masaccio et celles de Léonard de Vinci, et s'y lia d'amitié avec Fra Bartolommeo, qui lui enseigna la science du coloris. A la suite des études qu'il fit à Florence, Raphaël quitta la manière qu'il avait contractée chez le Pérugin, son premier maître, et s'en forma dès lors une particulière qui lui devint propre. Il avait terminé quelques tableaux à Pérouse et à Florence, lorsqu'en 1508, le Bramante, célèbre architecte et son parent, l'appela à Rome et le présenta à Jules II. Ce pape déjà prévenu en sa faveur par la duchesse d'Urbin, Isabelle de Gonzague, l'employa à décorer les salles du Vatican. Raphaël jusque-là n'avait point fait d'aussi grand ouvrage que le tableau de la *Dispute du Saint-Sacrement*; le premier qu'il peignit à fresque sur un des murs de la salle appelée *de la Signature*, et quoiqu'il n'eût pas encore toute la liberté de pinceau que demandent les morceaux de cette étendue, la beauté de celui-ci engagea le Pape à faire détruire presque toutes les peintures exécutées antérieurement au Vatican. Le second ouvrage qu'il produisit fut l'*Ecole d'Athènes*; il y parut dans toute sa supériorité, et tous ceux qui suivirent eurent le même succès. Il travaillait à la deuxième pièce des quatre salles connues sous le nom des *Stances*, lorsque Léon X, succédant à Jules II, le 11 mars 1513, lui ordonna de continuer ces travaux, et lui fit peindre ensuite les galeries nommées les *Loges*. Il décora à peu près à la même époque le vestibule du palais Chigi, appelé aujourd'hui la *Farnésine*, de fresques représentant l'histoire de l'Amour et de Psyché. En 1515, il eut la conduite des constructions de l'église de Saint-Pierre, et en 1516, il fut nommé surintendant des édifices antiques de Rome. Chargé d'exécuter et de diriger tout ce qu'il n'exécutait pas, sous le pontificat de Léon X, Raphaël altéra sa santé par un travail forcé et par les excès où l'entraînait son goût pour les femmes. Il mourut dans la trente-septième année de son âge, à pareil jour qu'il était né, le vendredi-saint 6 avril 1520.

Raphaël a eu trois manières bien différentes l'une de l'autre. La première qu'on appelle communément *péruginesque*, est celle qu'il tenait de Pérugin, et qui se ressent encore de la sécheresse des vieux maîtres; la seconde, dite *florentine*, celle qu'il se forma pendant son séjour à Florence; et la troisième, celle qu'il adopta à Rome. Un génie heureux, une imagination féconde, une composition simple et en même temps sublime, un beau choix, beaucoup de correction dans le dessin, de grâce et de noblesse dans les figures, de finesse dans les pensées, de naturel et d'expression dans les attitudes; tels sont les traits auxquels on peut reconnaître la plupart de ses ouvrages.

LA SAINTE FAMILLE

Connue sous le nom de la VIERGE AU PALMIER

Tableau primitivement peint sur un panneau de bois, et transporté depuis sur une toile de forme ronde, ayant trois pieds de diamètre. Figures demi-nature.

La sainte Vierge assise tient l'enfant Jésus, qui se penche pour prendre les fleurs que lui présente saint Joseph ayant un genou en terre et la main droite appuyée sur un bâton. Le fond est un paysage où s'élève un palmier. L'accessoire de ce palmier est ce qui a fait nommer ce tableau la *Vierge au palmier*. On sait qu'il est assez ordinaire de donner aux tableaux des dénominations tirées des choses particulières qu'on y remarque : ainsi une *Sainte Famille* de Raphaël, où ce peintre a mis deux poissons, est appelée la *Vierge aux poissons;* une autre du Titien, où se voit un lapin, est connue sous le nom de la *Vierge au Lapin ;* une troisième de l'Albane où la Vierge lave du linge, s'appelle la *Laveuse,* etc. etc.

Le tableau de la *Vierge au Palmier* est de la seconde manière de Raphaël. M. Passavant croit que c'est une des deux vierges que Raphaël peignit à Florence, en 1506, pour son ami Taddeo Taddei. M. Félibien assure que ce tableau appartenait autrefois à M. le comte de Chiverni, que Mme la marquise d'Aumont le vendit à M. de La Noue 5,000 livres, et l'obligea en même temps de lui en donner une copie pour être mise dans l'église de Port-Royal, et que cette copie fut faite par Philippe de Champaigne. L'original a passé depuis dans le cabinet de M. le président Tambonneau et dans celui de M. de Vanolles, de qui le duc d'Orléans l'acheta. A l'exposition des tableaux de la Galerie d'Orléans, faite à Londres, en 1798, il fut acquis par le duc de Bridgewater,

au prix de 1,200 livres sterling. Il fait aujourd'hui partie de la collection de lord Francis Egerton, connue sous le nom de la *Galerie de Bridgewater,* à Londres.

Suivant une tradition transmise à la famille d'Orléans, et rapportée au duc de Sutherland par le feu roi Louis-Philippe, à son premier voyage de Londres, le tableau de la *Vierge au Palmier* échut, dans une succession, à deux vieilles filles, lesquelles n'ayant pas réussi à se mettre d'accord sur la possession de cet objet précieux, le firent partager en deux, afin que chacune des deux héritières en eût une moitié. Il survécut à l'exécution de ce jugement à la Salomon, grâce à un curieux qui fit réunir les deux planches, dont un insigne bonheur l'avait rendu possesseur. Selon une autre version, ce tableau appartenait jadis au roi de France ; la planche sur laquelle il était peint ayant été séparée en deux, un curieux en acheta une moitié, et l'autre partie fut trouvée dans la cuisine d'une hôtellerie de la Suisse, où elle servait de table à hacher les herbes. Quoiqu'il paraisse que ce tableau a été anciennement divisé, il faut une foi plus que robuste pour croire à ces histoires merveilleuses.

CAMBIASI (LUCA)

ÉCOLE GÉNOISE

Il était fils d'un peintre, et naquit à Moneglia, dans l'État de Gênes, en 1527. Les enseignements de son père, et l'étude des meilleurs peintres qui étaient à Gênes, le rendirent un des plus grands praticiens de son temps. Il peignait des deux mains, et à lui seul expédiait plus d'ouvrage que n'auraient pu faire plusieurs ensemble ; mais il faut avouer que souvent l'on s'aperçoit trop de cette célérité. Ayant perdu sa femme, il devint si amoureux de sa belle-sœur, qu'il présenta au pape deux tableaux et une supplique à l'effet d'obtenir les dispenses nécessaires pour l'épouser. Cette tentative ne lui réussit pas, mais il ne perdit pas encore toute espérance ; et comme il fut appelé en Espagne pour y peindre à l'Escurial, il se flatta que Philippe II, qui le favorisait, voudrait bien employer son crédit auprès de Sa Sainteté. Il s'en ouvrit à un courtisan, qui lui fit sentir qu'il perdrait infailliblement les bonnes grâces du monarque par cette demande indiscrète. Le chagrin que Cambiasi en conçut le conduisit au tombeau. Il mourut à l'Escurial en 1580, ou en 1585, suivant d'autres auteurs.

Les Génois regardent le Cambiasi comme leur Raphaël. Cet artiste avait une imagination vive et féconde ; il excellait surtout dans les raccourcis ; mais les grâces de la composition, la légèreté de la touche, le beau choix des formes, ne caractérisent point pour l'ordinaire ses ouvrages.

JUDITH

Tableau peint sur toile, haut de trois pieds six pouces, large de deux pieds onze pouces.

Judith est en pied dans une attitude penchée, et a un habillement fort riche. Elle tient de la main droite l'épée d'Holoferne, et de la gauche la tête de ce général, toute sanglante, qu'elle met dans un sac que lui tend sa servante, qui est une vieille femme. Le fond présente partie d'un pavillon d'écarlate.

A l'exposition de Londres, en 1798, ce tableau ne trouva pas d'acquéreur ; à la vente aux enchères, qui eut lieu dans la même ville, en 1800, il fut adjugé pour 22 livres sterling.

CARAVAGE (MICHEL-ANGIOLO AMERIGHI, DIT LE)

ÉCOLE LOMBARDE

Cet artiste naquit en 1569, à Caravage, bourg du Milanais. Fils d'un maçon, il était employé, ainsi que Polidore, son compatriote, à préparer et à porter du mortier aux peintres à fresque. Étant toujours avec eux, et les voyant travailler, il se persuada qu'il pouvait les imiter, et de lui-même, sans se mettre en peine d'étudier sous un maître, ne suivant de règles que celles que lui indiquait la nature, il devint peintre. Il faisait le portrait, lorsqu'une affaire fâcheuse qu'il eut à Milan l'obligea de fuir de cette ville; il alla à Venise où la vue des ouvrages du Giorgion le frappa tellement, que, pendant quelque temps, il imita sa manière. Mais il ne fit pas un long séjour à Venise, et se rendit à Rome. Sans appui et sans ressources, il se vit forcé d'entrer comme aide chez des peintres en renom, dont il ne tarda pas à devenir le rival et l'ennemi. Il laissa dès lors percer, dans ses ouvrages, quelque chose de personnel, une originalité puissante, qui tranchait avec la manière des autres artistes de Rome. Cette originalité lui fit d'abord beaucoup de partisans. Il est vrai qu'elle consistait plus dans la pratique que dans les parties de la peinture qui appartiennent au génie. Le sien n'avait rien d'élevé et ne lui inspirait aucun choix dans les objets de son imitation. Malgré ce défaut, il eut la prétention d'éclipser les plus grands maîtres de son temps, et pour n'avoir rien de commun avec eux, il chercha des moyens extraordinaires de porter le clair-obscur à une vigueur dont on n'avait pas d'exemple. Il réussit, parce que certaines nouveautés sont quelquefois bien reçues, et que, d'ailleurs, il avait une franchise et une fermeté de pinceau qui, étant jointes à des vérités de nature, devaient lui mériter les suffrages des connaisseurs. L'opposition subite de clair et d'ombre avait dans ses tableaux un effet piquant qui frappait le spectateur; mais cette manière, qui s'employait avec succès dans les effets de nuit et pour des portraits ou des demi-figures, était jugée avec raison insupportable dans les grandes compositions, où il n'observait ni perspective, ni dégradation de lumière, indépendamment de la négligence qu'il apportait dans la tâche de choisir et de modifier ses modèles selon les exigences du sujet. Son caractère vain et jaloux fut choqué de ce jugement; pour défendre sa manière, il critiqua celle des autres, et comme il se servait de son épée aussi bien que de ses pinceaux, il provoqua ses rivaux au combat. Le Josépin, qui était chevalier de l'ordre du Christ, s'en dispensa, sous prétexte que le Caravage ne l'était pas; Annibal Carache le prit en plaisantant, et une brosse remplie de couleur à la main, il dit qu'il ne se battait qu'avec cette arme. Cependant le naturel tapageur du Caravage l'ayant porté à tirer l'épée contre Josépin, en présence de ses élèves, il tua l'un d'entre eux qui avait voulu les séparer. Le prince Giustiniani obtint sa grâce, mais le Caravage, incorrigible dans sa fureur ré-

fléchie, se retira à Malte dans l'intention d'obtenir la croix de chevalier, et de revenir ensuite se mesurer avec son ennemi, qui ne pourrait plus refuser de se battre. Son talent le rendit agréable à Alof de Vignacourt, grand maître de l'ordre, qui lui accorda le titre qu'il désirait; cependant il se fit encore de mauvaises affaires dans cette île : ayant insulté un chevalier de distinction, il fut mis en prison, d'où il vint à bout de s'évader; mais il fut repris par des gens armés qui le blessèrent. Il fut plus heureux une seconde fois, et il se réfugia à Naples. Là il se battit encore et eut le visage balafré; enfin, il revenait à Rome par un temps de grandes chaleurs, lorsqu'il fut attaqué d'une fièvre maligne dont il mourut à Ponte-Ercole, en 1609, âgé de quarante ans.

Les tableaux du Caravage sont estimés et occupent avec raison des places dans les plus belles collections. Les personnages pour l'ordinaire y sont communs, sans grâce et sans noblesse, mais la couleur en est belle, surtout dans les parties éclairées, et le pinceau est fier et rapide. Les ombres s'y trouvent beaucoup trop noires; quoique le temps ait pu charger ce défaut, on voit qu'il a toujours été celui des ouvrages de ce maître, lesquels, par des passages de tons trop peu ménagés, se ressentent de son naturel inflexible.

PORTRAIT DU CARAVAGE
Connu sous le titre du SONGE DE CARAVAGE

Tableau peint sur toile, haut de deux pieds deux pouces, large de deux pieds un pouce. Figure comme nature.

Le Caravage s'y est peint lui-même, et on y trouve le peintre tel que Bellori nous l'a représenté, c'est-à-dire vêtu d'habits déchirés en partie, se regardant dans un miroir, et ayant près de lui une tête de mort posée sur une feuille de papier, qui est sur un livre fermé.

Ce tableau vient du cabinet de la reine de Suède, d'où il passa dans celui du duc d'Orléans. A l'Exposition de Londres, en 1798, il fut acheté par M. E. Coxe, et payé 40 livres sterling.

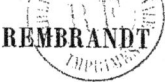

REMBRANDT (REMBRANDT HARMENSZ VAN RYN, DIT)
ÉCOLE HOLLANDAISE

Ce grand artiste était le fils d'un meunier nommé Harmen Gerritsz, et à qui on avait donné le surnom de *Van Ryn*, parce que son moulin était situé sur un bras du Rhin, dans la ville de Leyde. La plupart des biographes disent que Rembrandt naquit le 15 juillet 1606. Cependant cette date ne s'accorde point avec les papiers récemment découverts aux archives d'Amsterdam. Au nombre de ces papiers, se trouvent l'acte de mariage de Rembrandt en date du 10 juin 1634, dans lequel il est dit que Rembrandt est âgé de 26 ans, ce qui porterait à 1608 la date de sa naissance. Quoi qu'il en soit, son père lui trouvant de l'esprit voulut le cultiver par l'étude des lettres, et dans cette intention l'envoya au collège de sa ville natale; mais l'inclination

du jeune Rembrandt s'étant tournée vers la peinture, il obtint la liberté de s'y livrer.

Les historiens lui donnent plusieurs maîtres, dont aucun ne pourrait se vanter de l'avoir fait ce qu'il a été; il fut trop original pour leur être redevable de ses talents, et il dut ce grand mérite de l'originalité à son génie singulier, et à la nature, qu'il reconnut seule pour son guide et son maître. Il fit quelques portraits qui l'obligèrent de se rendre à différentes reprises à Amsterdam, et dont le succès le détermina à s'établir dans cette ville, vers l'année 1630. Il s'y maria en 1634 avec Saskia Vylenburg, jeune personne appartenant à une famille distinguée de Leeuwarden en Frise. Rembrandt demeurait alors à Amsterdam, sur le Breestraat, dans le quartier des Juifs ; il y occupait une maison à lui, et son atelier était fréquenté par de nombreux élèves. Son mariage et surtout son travail sans relâche l'avaient mis en possession d'une assez belle fortune, dont il usait non pas en Harpagon, mais en véritable artiste. La tradition vulgaire, il est vrai, représente Rembrandt comme un prodige d'avarice sordide et de cupidité sans vergogne. Mais ce qui renverse les contes absurdes, les accusations odieuses de tout genre que l'on s'est plu trop légèrement à répéter sur ce grand peintre, après Houbraken et les autres biographes, ce sont les actes conservés à l'hôtel de ville d'Amsterdam, desquels il résulte qu'en 1656, Rembrandt ruiné par sa passion pour les estampes et les objets d'art, forcé de rendre ses comptes à son fils Titus, dont la mère était morte, poursuivi d'ailleurs par le bourgmestre Cornelis Witsen qui lui avait prêté les 4,180 florins, Rembrandt, dis-je, vit ses biens saisis, sa maison inventoriée et expropriée par les commissaires de la chambre des insolvables, ses tableaux, ses dessins, ses estampes et autres effets curieux vendus aux enchères publiques. Après ce désastre, il se retira dans un autre quartier d'Amsterdam, sur le Rosengracht, et y passa obscurément le reste de sa vie. Il mourut au mois d'octobre 1669.

Rembrandt, dans ses ouvrages, a toujours suivi les premières impressions qu'il avait reçues ; il imita la nature telle qu'il l'avait sous les yeux, sans s'occuper d'un meilleur choix. Lorsqu'il eut connaissance d'un plus beau style par les dessins et les estampes des plus grands maîtres d'Italie, qu'il aimait et qu'il recueillait avec passion, il ne changea pas pour cela de manière, persuadé que l'esprit, l'expression quoique triviale, qu'on trouve dans ses productions, leur coloris, le clair-obscur étonnant qu'on y admire, suffiraient à sa réputation, et il ne se trompa pas. On rapporte à ce sujet une plaisanterie. Sur le reproche qu'on lui fit une fois de ce qu'il n'étudiait pas assez d'après l'antique, il ouvrit une grande armoire qui était pleine de vieilles armures, de vieux instruments, d'anciennes étoffes ouvragées, et de différents ajustements de tête hors de mode. Vous vous trompez, dit-il, votre reproche est injuste. Voilà mes antiques et mes amis, et je les étudie journellement.

Rembrandt a peint l'histoire, le portrait et le paysage, tantôt finissant ses tableaux avec le plus grand soin, tantôt n'employant que des touches heurtées, épaisses de couleur, et dont les tons justes et purs, fondus à peine, produisent une vérité d'effet et de couleur qui semble la nature même. A ce mérite du mécanisme de l'art, il joint ceux de la composition et de l'expression, quand il ne s'abandonne pas trop à la bassesse de son goût qui rend souvent burlesques les sujets fort sérieux. Ses ouvrages, malgré leurs défauts, feront toujours le plaisir, l'étonnement et l'admiration des vrais connaisseurs, qui s'attachent ordinairement plus à ce qui touche l'esprit et remue le cœur, qu'à ce qui récrée les yeux et amuse l'imagination.

PAYSAGE

Connu sous le titre du MOULIN DE REMBRANDT

Tableau peint sur toile, haut de deux pieds huit pouces, large de trois pieds deux pouces.

Ce paysage, dont l'effet est pris au déclin du jour, représente à gauche une hauteur avec un moulin à vent environné de masures. Au bas sont plusieurs figures : une femme portant un panier à son bras et conduisant une petite fille par la main, descend une chaussée que soutiennent quelques arcades de pierre. Plus en avant, sur le premier plan, une homme debout regarde une femme occupée à laver du linge au bord d'une rivière sur laquelle on voit encore un homme dans un bateau. Au delà de la rivière est une prairie bordée d'arbres se détachant en demi-teinte sur un coteau qui termine l'horizon.

A l'exposition des tableaux flamands et hollandais de la galerie d'Orléans, faite à Londres en 1793, le *Moulin de Rembrandt*, estimé 500 guinées, fut acheté à ce prix par M. William Smith ; il a été acquis depuis par le marquis de Lansdowne, qui l'a payé 800 guinées, et en a enrichi son cabinet de tableaux à Bowood, dans le Wiltshire.

DOU (GERRIT)

ÉCOLE HOLLANDAISE

Houbraken, et, après lui, d'Argenville, Descamps et les autres biographes, ont fixé la naissance de Gérard Dou au 7 avril 1613 ; mais cette date ne s'accorde pas avec l'inscription authentique apposée sur le tableau de la *Femme hydropique*, son chef-d'œuvre, qu'on voit au Musée du Louvre. Cette inscription nous apprend que Gérard Dou peignit ce tableau en 1663, à l'âge de 65 ans, ce qui fait remonter l'année de sa naissance à 1598. Son père, nommé Douwe Janszoon et établi à Leyde, était vitrier, et lui fit apprendre à dessiner dans l'idée d'en faire un peintre sur verre. En deux années de temps, le jeune Dou acquit une habileté qui devint très-utile à son père ; mais celui-ci ne voulant plus l'exposer au risque de monter à la grande hauteur des croisées des églises, résolut de lui faire embrasser une autre profession. Gérard Dou étant déjà dans sa trentième année, entra chez Rembrandt, et fit beaucoup de progrès sous la conduite de cet excellent maître, qu'il suivit à Amsterdam, lorsque ce dernier alla y fixer sa demeure, vers 1630. Cependant il prit une manière d'opérer opposée à celle de Rembrandt ; mais lui devait l'intelligence et les principales règles de son art dans la partie du coloris. On ne peut avoir plus de patience dans le travail et plus de goût pour l'extrême propreté, que Gérard Dou. Ce peintre regardait la poussière comme un vrai fléau, et son attention à s'en garantir était tout à fait singulière. Son atelier donnait sur un canal ; on broyait ses couleurs en sa présence sur une glace de cristal ; personne ne touchait à sa palette ni à ses pinceaux, qu'il faisait lui-même et qu'il enfermait soigneusement dans une boîte quand il ne travaillait pas; et lorsqu'il était assis, il attendait, avant de se mettre à l'ouvrage, que la poussière fût dissipée. Il peignait tout d'après nature, et employait un temps considérable à rendre les moindres objets avec un soin excessif. Joachim Sandrart raconte qu'un jour étant allé avec Bamboche rendre visite à Gérard Dou, celui-ci les reçut très-poliment et leur fit voir ce qu'il avait d'ouvrages sur le métier, et qu'étonnés du travail prodigieux que supposait une exécution pareille à la sienne, ils le furent bien davantage lorsque, ayant loué avec laquelle il avait peint un manche à balai qui se voyait dans un de ses tableaux, il convint qu'il y avait déjà mis beaucoup de temps, mais qu'il y voyait cependant encore pour trois jours d'ouvrage.

Gérard Dou mourut en 1674, ou en 1680, suivant d'autres auteurs. Ce peintre n'a fait que des tableaux de petites dimensions et dont les motifs sont pris dans les occupations de la vie privée. Une vieille qui dévide du fil, une servante qui ratisse des carottes, une marchande dans sa boutique, un peintre dans son atelier, un homme d'affaires dans son cabinet, voilà les sujets ordinaires qu'a traités Gérard Dou. Sans doute il n'y a rien là de noble, encore moins de sublime; mais il y a bien dans ses ouvrages de quoi exciter l'admiration. Le fini extrême sans pesanteur, sans froideur et sans sécheresse, l'harmonie d'une couleur vraie, et une intelligence merveilleuse du clair-obscur y produisent la plus parfaite illusion. La vogue qu'eurent ces tableaux fut aussi prompte que générale et constante. Ils furent estimés, ils furent recherchés, on en porta le prix extrêmement haut, et, du vivant même du maître, ils occupèrent des places distinguées dans les principaux cabinets.

LA HOLLANDAISE

Tableau peint sur bois, haut d'un pied deux pouces, large de onze pouces.

Une femme blonde en manteau de lit vert, fourré d'hermine, prend l'air sur le perron d'entrée de sa maison, située au bord d'un canal. Elle est appuyée sur un tapis de Perse qui couvre le parapet du perron.

A la vente des tableaux flamands et hollandais de la galerie d'Orléans, faite à Londres, en 1793, ce tableau fut adjugé pour 300 guinées.

SÉBASTIEN DEL PIOMBO (SEBASTIANO DI LUCIANO, DIT)

(ÉCOLE VÉNITIENNE)

L'office monacal de *Fratel del Piombo*, c'est-à-dire de scelleur de la chancellerie romaine, que le Pape Clément VII donna à ce peintre, l'a fait appeler *Fra Bastiano del Piombo*, surnom qui lui est demeuré, et sous lequel il est connu communément. Né à Venise en 1485, on l'appelle aussi *Sébastien de Venise*. Il apprit les premiers éléments de la peinture sous Jean Bellin et se perfectionna dans l'école du Giorgion, qu'il imita si exactement, que plus d'une fois on crut que l'ouvrage du disciple était de la main du maître. Augustin Chigi, riche banquier, lui ayant fait proposer de venir à Rome travailler chez lui, il y peignit en même temps que Raphaël dans le palais Chigi, aujourd'hui la *Farnésine*. A cette époque, les deux grandes écoles rivales établies à Rome se faisaient une guerre acharnée : Sébastien prit le parti de Michel-Ange contre Raphaël. Cette préférence lui attira l'amitié du peintre florentin, lequel, frappé du coloris de Sébastien, pensait qu'il pourrait opposer au peintre d'Urbin un compétiteur capable d'en balancer la réputation, et ce fut dans cette vue qu'il aida Sébastien de ses conseils, et qu'il se plut, dit-on, souvent à lui composer et dessiner ses tableaux. Après la mort de Raphaël, la première place pour la peinture fut accordée à Sébastien, à quoi, à la vérité, le crédit de Michel-Ange ne contribua pas peu : mais lorsqu'il se trouva pourvu de son emploi lucratif à la chancellerie, il ne se soucia plus de travailler, et il mena une vie douce et oisive. Il finit ses jours à Rome en 1547, âgé de 62 ans. On remarque dans ses ouvrages une grande manière qu'il s'était faite sur le dessin de Michel-Ange et le coloris du Giorgion.

LA RÉSURRECTION DU LAZARE

(Tableau anciennement peint sur bois, et transporté depuis sur toile, haut de onze pieds dix pouces, large de neuf pieds. Fig. de grandeur naturelle.)

Lazare ressuscité est à droite assis sur son tombeau, soutenu par trois hommes, et se débarrassant de ses bandes. Il a le visage tourné vers Jésus qu'il regarde avec étonnement. Le Sauveur, entouré de ses disciples, est à gauche, le bras droit élevé, et le gauche allongé du côté de Lazare. Des deux sœurs de ce dernier, l'une, la main droite sur la poitrine et la gauche ouverte, est à genoux aux pieds de Jésus qu'elle paraît remercier; l'autre, debout entre

Lazare et les apôtres qui sont à la gauche du Christ, semble, par le geste de ses deux mains étendues, marquer sa surprise. Il y a près d'elle un groupe composé d'un homme et de deux femmes qui se bouchent le nez avec leurs draperies à cause que le Lazare sent mauvais. Plus haut, dans l'éloignement, paraît une foule de Juifs, entre lesquels on distingue les docteurs de la loi, et tout derrière, deux femmes avec un enfant. De l'autre côté, à gauche et sur le même plan, on voit une multitude de spectateurs. Le reste du tableau est un paysage avec fabrique, représentant une rivière, un pont et une grande roche à droite couverte d'arbrisseaux.

Ce tableau, composé de cinquante figures, a été peint, dit-on, sur les dessins de Michel-Ange. Le cardinal Jules de Médicis, archevêque de Narbonne, voulant donner à son église métropolitaine deux beaux ouvrages de peinture, commanda à Raphaël le tableau de la *Transfiguration*, et en même temps à Sébastien del Piombo celui de la *Résurrection du Lazare*, l'un et l'autre en pendants et d'égales dimensions. Ces deux tableaux ayant été exposés publiquement, ils furent également loués, et les plus habiles connaisseurs se trouvèrent partagés. La *Transfiguration* resta à Rome, et le cardinal Jules de Médicis qui fut depuis ClémentVII, envoya la *Résurrection du Lazare* à la cathédrale de Narbonne, dont elle a fait un des principaux ornements jusqu'en l'an 1722, que le duc d'Orléans Régent en ayant eu envie, les chanoines ne purent le refuser à ce prince, qui leur donna la somme de 20,000 livres pour continuer les bâtiments de leur église, et leur fit faire une copie de ce tableau. L'original passa dans la collection du Palais-Royal. A l'exposition de Londres, en 1798, le banquier Angerstein en fit l'acquisition au prix de 3,500 guinées. En 1823, il fut acheté avec les autres tableaux du cabinet de cet amateur, par le gouvernement anglais, et il est présentement dans la galerie nationale de Londres.

CORTONE (PIETRO BERRETTINI, DIT PIÈTRE DE)

(ECOLE ROMAINE)

La ville de Cortone, en Toscane, où ce peintre a pris naissance le 1ᵉʳ novembre 1596, lui a donné un surnom qui lui est resté. Il fut élève d'André Commodi, de Florence, et il se rendit fort jeune à Rome, où il se mit sous la discipline de Baccio Ciarpi. De Rome il passa à Venise, parcourut les principales villes de la Lombardie et vint à Florence, où le grand-duc Ferdinand II l'engagea à peindre au palais Pitti. De retour à Rome, il y exécuta de nombreux ouvrages soit à l'huile, soit à fresque, et ouvrit une école où le bruit de sa réputation attira de toutes parts la jeunesse. Accablé par la goutte et le travail assidu, il mourut à Rome à l'âge de soixante-treize ans le 16 mai 1669, autant regretté pour son habileté que pour ses bonnes mœurs.

Le Cortone, par une route non frayée avant lui, parvint à saisir des grâces d'un nouveau genre qui lui méritèrent les suffrages des gens de goût. Une élégante facilité, chez lui, tient lieu de la pureté du dessin recherchée par les grands maîtres. Il y a, par conséquent, de la manière dans ses ouvrages; mais elle est si gracieuse qu'on ne peut lui en savoir mauvais gré, et ce qui en fait l'éloge, c'est qu'elle plaît même encore dans quelques-uns de ses imitateurs, tels que Ciro Ferri et Romanelli. A cette facilité qu'il avait d'inventer et de dessiner, il joignit une pratique extraordinaire dans le maniement du pinceau et un coloris frais et brillant, cependant un peu faible dans les carnations.

LA FUITE DE JACOB

(Tableau peint sur toile, haut de six pieds, large de cinq pieds six pouces. Fig. de petite nature.)

Le sujet de ce tableau est la recherche faite par Laban de ses idoles que Rachel avait emportées. Elle est assise à droite sur de la litière, de façon que les têtes de ces idoles qu'elle a sous elle paraissent. Sa servante est à sa droite, tenant un petit enfant. Au milieu est Laban, assis à terre, et penché pour fouiller dans un coffre dont Jacob soutient le couvercle par derrière. Au second plan, à gauche, un homme lie un ballot; plus haut deux autres chargent un mulet. Le fond est un paysage.

Ce tableau vient du chevalier de Lorraine, qui le vendit au duc d'Orléans. Estimé 458 livres sterling à l'exposition de Londres, en 1798, il fut alors acquis à ce prix par M. George Hibbert. Il a appartenu depuis à M. William Smith; en 1824, il était à M. John Alinutt.

TINTORET (JACOPO ROBUSTI, DIT LE)

(ÉCOLE VÉNITIENNE)

Ce peintre naquit à Venise l'an 1512 et fut surnommé le *Tintoret*, parce qu'il était fils d'un teinturier. Il marqua très-jeune encore un goût si décidé pour l'art du dessin que ses parents ne purent se dispenser de lui laisser suivre un penchant si naturel. Il fut placé chez le Titien qui, jaloux de ses progrès et craignant de trouver un jour dans son élève un concurrent dangereux, le congédia de son école; mais le Tintoret était déjà en état de poursuivre seul ses études. Il prit pour ses guides Michel-Ange et le Titien :

le premier, par rapport à l'exactitude de son dessin, et le second, à cause de la beauté du coloris. L'on rapporte que pour ne point s'écarter de cette loi qu'il s'était imposée, il écrivit ces mots sur la muraille de son atelier : *Le coloris de Titien et le dessin de Michel-Ange.* Plein de cette idée et continuant à travailler sur le même plan, il se fit une grande manière et acquit en même temps une facilité d'exécution sans exemple et si prodigieuse, que, souvent, il employait moins de temps à peindre une grande ordonnance que les autres en mettaient à en faire seulement une légère esquisse. Cette prestesse de main l'a entraîné à produire une immense quantité de tableaux qui, tous, ne sont pas également bons : il s'en trouve qui sont d'un mérite supérieur et qu'il a travaillés avec plus de soin, quoique la facilité qu'il avait à composer et à traduire aisément ses pensées l'empêchaient de finir toutes les parties autant qu'on l'aurait souhaité; mais il préférait l'abondance de l'imagination et le feu de l'expression au mérite d'un travail fini et peiné. Il avait le génie trop fougueux et le pinceau trop rapide pour s'arrêter à une si grande exactitude dans son exécution, ce qui quelquefois lui faisait porter ses contrastes jusqu'à l'extravagance et les rendait opposés à la nature et à la vraisemblance. Ses carnations sont belles, son pinceau ferme, sa touche spirituelle, et c'est avec justice qu'on l'a mis au rang des plus grands peintres de l'école vénitienne. Il mourut à Venise le 31 mai 1594, âgé de quatre-vingt-deux ans.

LES DUCS DE FERRARE

(Tableau peint à détrempe sur toile, haut de six pieds neuf pouces, large de cinq pieds neuf pouces. Fig. de grandeur naturelle.)

Le duc de Ferrare et son fils sont à genoux l'un à côté de l'autre, et chacun sur un prie-Dieu couvert de tapis ouvragés. Le duc lit dans ses Heures; derrière lui est un petit page qui a un chapelet au bras droit; le prince tient de la main gauche sa toque, avec ses Heures fermées, ayant un doigt dans les feuillets; son gouverneur est un peu derrière ; deux niches, qui ont chacune un fronton soutenu sur deux colonnes corinthiennes, remplissent le fond.

Ce tableau était du nombre de ceux que le duc d'Orléans acheta à Rome des héritiers de don Livio Odeschalchi, et qui avaient appartenu auparavant à la reine de Suède. A l'exposition de Londres, en 1798, il fut acquis au prix de 150 guinées par le comte de Carlisle; il est aujourd'hui dans le cabinet que ce lord a formé à Castle Howard, dans le Yorkshire.

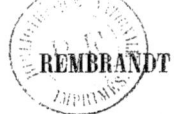

REMBRANDT (REMBRANDT HARMENSZ VAN RYN, DIT)

(ÉCOLE HOLLANDAISE. — *V.* page 9.)

LA VEILLÉE HOLLANDAISE

(Tableau peint sur bois, haut d'un pied dix pouces, large de deux pieds quatre pouces.)

Ce tableau, connu aussi sous le nom du *Berceau*, représente l'intérieur d'une chambre basse. Une jeune femme, vue par le dos, y fait, à la lueur d'une lampe, une lecture à une vieille qui semble avoir quitté le travail de son rouet pour l'écouter; un enfant, endormi dans son berceau, est placé près d'elles, sur le devant. Sous un escalier, on aperçoit, dans l'obscurité, un homme qui tire de la bière d'un tonneau. Du côté opposé est une grande table couverte d'un tapis, et sur laquelle sont différents ustensiles de ménage.

A l'exposition de Londres, en 1793, ce tableau fut vendu 800 guinées. Il a appartenu depuis à M. Payne Knight, qui l'avait payé 1,000 guinées.

NETSCHER (GASPARD)

(ÉCOLE HOLLANDAISE)

Ce peintre, né à Heidelberg en 1639, était fils de Jean Netscher, sculpteur, que les malheurs de la guerre de trente ans forcèrent à errer de ville en ville, et qui mourut dans ces traverses, laissant sa femme avec quatre enfants, dont il y en eut deux qu'elle eut la douleur de voir périr de faim pendant le siége mis devant le château-fort où elle s'était réfugiée. Ayant trouvé le moyen de se sauver de là avec les deux enfants qui lui restaient, cette mère infortunée fit à pied un très-long voyage, et arriva enfin à Arnhem, dans le pays de Gueldre, où un docteur en médecine, nommé Tullekens, lui donna des secours et adopta le petit Gaspard. Il le fit étudier dans l'intention qu'il suivît sa profession ; mais le jeune homme, entraîné par un penchant naturel vers la peinture, obtint de son père adoptif la liberté de s'y appliquer. Il eut pour premier maître Koster, qui peignait des oiseaux et des sujets de nature morte; mais l'ayant bientôt surpassé, il le quitta pour aller à Deventer et travailler sous Terburg. Au sortir de chez ce maître, Netscher crut devoir faire un tour en Italie, et dans cette vue s'embarqua pour Bordeaux; il n'y avait pas fait un long séjour que ses projets étaient déjà changés. Devenu dans cette ville amoureux de la fille d'un marchand liégeois de sa connaissance, il l'épousa en 1659, et serait resté en France sans les persécutions survenues contre la religion protestante dont il était, et qui l'obligèrent de retourner en Hollande avec sa famille. Ce fut la Haye qu'il choisit pour sa demeure. Il y réussit, y fit bien ses affaires, et les aurait fait meilleures encore, si la délicatesse de sa santé ne s'y fût pas opposée; tourmenté en même temps de la goutte et de la gravelle, il mourut dans cette ville le 15 janvier 1684, âgé de quarante-cinq ans.

Netscher dessinait assez correctement; sa touche était moelleuse et fondue, sa couleur vive et naturelle, son clair-obscur parfaitement entendu, ses figures galamment habillées, ses étoffes riches et vraies, et il savait rendre merveilleusement le luisant des satins. Enfin c'est un des plus gracieux peintres de l'école hollandaise et dont les ouvrages soient le plus recherchés, surtout ceux qui forment des sujets dits *de conversation*, Netscher en ayant très-peu fait de cette sorte, par rapport à la quantité de portraits auxquels il a toujours été occupé.

PORTRAIT DE L'AUTEUR

(Peint sur bois, haut d'un pied quatre pouces et demi, large d'un pied et demi-pouce.)

Netscher, habillé de noir avec rabat, est debout dans l'embrasure d'une fenêtre cintrée; il a une main sur l'appui où l'on voit sa palette avec ses pinceaux, son couteau et sa baguette ; au-dessous de l'appui est un bas-relief représentant des jeux d'enfants. On lit au bas, à gauche : *G. Netscher fec.* 1669.

A l'exposition de Londres, en 1793, ce portrait ne fut vendu que 25 guinées.

RAPHAËL (RAFFAELLO SANZIO, DIT)

(ÉCOLE ROMAINE. — *V. page* 7.)

LA SAINTE VIERGE

Connue sous le nom de la VIERGE DE LA MAISON D'ORLÉANS.

(Tableau peint sur bois, haut de onze pouces, large de huit pouces et demi. Fig. de petite nature.)

La sainte Vierge assise tient sur ses genoux l'Enfant-Jésus et le contemple, tandis que l'Enfant, portant ses deux petites mains sur le haut du corsage de sa mère, semble vouloir se dresser sur ses pieds, et regarde le spectateur. Le fond représente une chambre.

Ce tableau est de la seconde manière de Raphaël. Le duc d'Orléans l'acheta de M. l'abbé de Camps qui l'avait eu de M. Passart. Cette origine étant inconnue ou ayant paru suspecte à l'exposition de Londres, en 1798, il y eut des doutes sur l'authenticité de ce tableau; il ne fut estimé alors que 500 guinées, et acquis à ce prix par M. George Hibbert. Il a passé depuis dans la collection du banquier Aguado, qui n'avait pas fait difficulté de le payer 40,000 francs. Mais quoiqu'il soit regardé généralement et à très-juste titre comme une production certaine du maître, ce tableau a eu cependant toutes les peines du monde à se relever financièrement de la première défaite qu'il avait éprouvée en Angleterre, et ce n'est qu'après bien des hésitations qu'il a été poussé jusqu'à 27,250 francs à la vente Aguado, faite à Paris en 1843. Il est présentement dans le cabinet de M. Delessert, de Paris.

VÉRONÈSE (PAOLO CALIARI, DIT PAUL)

(ECOLE VÉNITIENNE)

Ce peintre plus connu sous le nom du lieu de sa naissance que sous celui de sa famille, était fils de Gabriel Caliari, sculpteur de Vérone. Il naquit en 1528. Son premier maître fut son père qui lui apprit à faire des modèles de terre, mais lui voyant plus de disposition pour la peinture, il le mit chez Antoine Badile son oncle, qui peignait assez bien. Il y fit des progrès rapides et merveilleux. Après avoir travaillé quelque temps à Vérone et à Mantoue, il passa à Vicence, puis à Venise où il fixa sa demeure. Les premiers tableaux qu'il y fit dans la sacristie et dans l'église de Saint-Sébastien, le placèrent aussitôt parmi les meilleurs peintres, et il surpassa tous ses rivaux au concours établi pour les peintures du Palais des Procuraties : une chaîne d'or fut le prix de la victoire qu'il remporta, au jugement même de ses compétiteurs. Il eut dès lors tant de vogue, qu'il put à peine suffire aux nombreuses commandes qui lui arrivèrent de toutes parts. Il vécut hautement considéré et recueillit pour prix de ses travaux des honneurs et de la fortune. Il mourut à Venise le 19 avril 1588, âgé de soixante ans.

Le Véronèse a partagé avec le Giorgion, le Titien et le Tintoret les honneurs de l'école vénitienne. Comme tous les autres peintres de cette école, il a été un grand coloriste; ses chairs, ses draperies, tout ce qui entre dans les compositions de ses tableaux, est peint avec une fraîcheur et une vérité qui ne laissent rien à désirer; mais en quoi il est assurément supérieur à tous les autres peintres vénitiens, c'est dans la richesse de ses ordonnances, qui montrent la plus grande fécondité de son génie. Peu scrupuleux sur les convenances, peu occupé du costume, moins encore de l'expression, il excite néanmoins l'admiration par l'abondance sans pareille de ses conceptions. On lui passe aisément des personnages étrangers au sujet qu'il traitait, des fabriques et des ajustements somptueux également déplacés; on ne voit qu'un beau spectacle brillant des couleurs de la nature et dont les figures qui en composent l'ensemble, paraissent animées, vivre et respirer. Les yeux sont fascinés par la féerie de la scène; tout y fait illusion, tout y brille d'un éclat extraordinaire; c'est la représentation fidèle de l'ancienne magnificence de Venise, à l'époque où cette république, maîtresse des mers et du négoce de l'Europe, recevait dans ses eaux les navires de toutes les nations commerçantes du globe, et où les Turcs, les Levantins, les peuples des diverses contrées de l'Afrique et de l'Asie étalaient sur ses quais et sur ses places publiques la richesse et la variété de leurs costumes orientaux.

LOTH ET SES FILLES SORTANT DE SODOME

(Tableau peint sur toile, haut de deux pieds onze pouces, large de trois pieds huit pouces. Fig. d'environ vingt pouces.)

La scène du tableau est un paysage. Les deux filles de Loth sont sur le devant avec un ange qui les conduit, allant l'un après l'autre l'ange dans le milieu. La première, porte deux corbeilles remplies de hardes et est précédée du chien de la maison; ayant la main droite sur sa tête et la gauche dans une corbeille, elle regarde sa sœur : celle-ci a arrêté l'ange qui la soutient galamment pendant qu'elle se baisse pour rattacher sa sandale. Loth les suit, accompagné d'un autre ange qui le presse d'avancer. Dans l'éloignement on voit sa femme changée en statue de sel et tout dans le lointain Sodome en feu.

Le duc d'Orléans acheta ce tableau du duc de Liancourt. Le catalogue des tableaux venant de la galerie d'Orléans et exposés en vente à Londres, en 1798, ne fait pas mention de celui-ci; il y a apparence que celui dont il s'agit ici est resté au Palais-Royal; il est à présent dans le Musée impérial du Louvre.

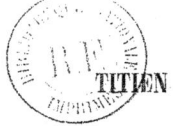

TITIEN (TIZIANO VECELLI, DIT LE)

(ÉCOLE VÉNITIENNE)

Ce peintre, de la noble famille de Vecelli, était de Piève, chef-lieu de l'ancienne province de Cadore, sur les confins du Frioul. Il naquit en 1477 et fut envoyé fort jeune à Venise chez son oncle qui, lui ayant reconnu de grandes dispositions pour la peinture, le mit à l'école des Bellin, dont il suivit d'abord la manière; il s'attacha ensuite à celle du Giorgion, son ancien condisciple, et parvint à l'imiter tellement que souvent on s'y méprit, au point de confondre leurs ouvrages. Venise, Vicence, Padoue, lui fournirent les occasions de se faire connaître par de grands ouvrages, et son talent pour les portraits étendit au loin sa réputation. Les plus grands personnages de son temps voulurent être peints par lui; il fit quatre fois le portrait de l'empereur Charles-Quint, deux fois à Bologne, en 1530 et en 1532, une troisième fois à Asti, en 1536, et la dernière fois à Augsbourg, en 1550. Il avait peint, à Ferrare, en 1516, le duc Alfonse Ier aux pieds de la sainte Vierge avec la duchesse Lucrèce Borgia sa femme et le prince Hercule son fils, et à Venise, en 1521 et en 1523, les doges Antonio Grimani et Andrea Gritti. Il fit à Rome, en 1545, le portrait du pape Paul III; on vit aussi de lui ceux du sultan Soliman II et de François Ier, roi de France, et Charles-Quint l'envoya à Innsbruck pour y peindre le roi des Romains Ferdinand avec la reine Marie et les sept princesses ses filles. L'empereur lui fit peindre aussi l'impératrice Éléonore, sa femme, et le prince son fils qui, sous le nom de Philippe II, lui succéda comme roi d'Espagne. Il fit encore les portraits de François de Gonzague, duc de Mantoue, et de la duchesse Isabelle d'Este, sa femme; de François Sforze, duc de Milan; de Laure Eustochio d'Este, seconde femme d'Alphonse Ier, de Ferrare; de Philippine Welser, épouse de l'archiduc Ferdinand; de la princesse d'Eboli, maîtresse de Philippe II d'Espagne, et d'autres dames célèbres pour leur beauté dans le XVIe siècle. On conçoit que dans ces diverses occupations des récompenses, les titres et les honneurs lui furent prodigués. Il en a joui jusque dans un âge fort avancé : il avait près de cent ans lorsqu'il mourut de la peste à Venise le 27 août 1576.

Le Titien est le plus grand coloriste de l'école vénitienne. Quoiqu'il n'eût pas absolument le génie brillant, il n'a pas laissé que de composer d'assez grands morceaux où l'on remarque souvent un caractère d'esprit, de noblesse et de vérité peu commun; on ne peut pas dire cependant qu'il se soit toujours élevé au-dessus de l'ordinaire. Son dessin est naturel, mais peu choisi; il en est de même de ses expressions et de ses attitudes. Ses draperies sont toujours riches et vraies, selon les étoffes qu'il a voulu rendre; mais ses plis paraissent souvent faits au hasard; pour ses carnations, elles sont admirables, et il a supérieurement réussi dans le portrait. Il a traité le paysage d'un goût large, facile, qui convient aux sujets historiques, et, dans ce genre,

4

on doit le regarder comme un auteur original qui a donné l'exemple.

Il a eu plusieurs manières : celles du Bellin et du Giorgion, et deux autres qui lui ont été propres. Pour s'éloigner de la manière sèche et maigre du Bellin, il avait fallu donner dans un excès opposé et chercher un remède dans des couleurs peut-être un peu trop grasses et trop vigoureuses. Giorgion en était resté là ; Titien adoucit cette manière trop forte et trop chargée et en prit une plus naturelle et plus agréable ; c'est celle qu'on appelle sa *troisième manière*, et qui était très-travaillée. Suivant ce qu'on en rapporte, le Titien heurtait ses ébauches et les chargeait d'une grande variété de tons ; il repeignait ensuite à plusieurs reprises pour parvenir au fondu et à la rondeur naturelle du nu. La dernière manière dont il s'était fait une habitude sur la fin de sa vie était une manière libre, moins sûre, mais plus hardie, et qui fait plus son effet de loin que de près.

LES AGES DE L'HOMME

(Tableau peint sur toile, haut de deux pieds neuf pouces, large de quatre pieds sept pouces. Fig. de demi-nature.)

Deux enfants nus qui dorment et sur un desquels l'amour a posé le pied sans que leur sommeil en soit aucunement troublé, forment un groupe sur le devant à droite. De l'autre côté, on voit un berger assis à terre, et une jeune fille, tenant un chalumeau de chaque main, est assise devant lui, appuyée sur ses genoux, et le regarde. Sur un plan éloigné paraît un vieillard qui tient deux têtes de mort. Le fond est un paysage.

Sandrart fait mention de ce tableau dans la vie du Titien. Il l'avait vu à Augsbourg, dans la maison des Hopffer, qui le vendirent à Christine, reine de Suède, mille ducats d'or. Le même auteur ajoute que le Titien étant venu à la cour de Charles-Quint, en 1550, fit ce tableau pour Othon Truchsess, cardinal d'Augsbourg. Mais si l'on fait attention à la manière dont il est peint (manière qui tient encore beaucoup de celle du Giorgion), il faut croire que Sandrart était moins bien informé que le Vasari. Ce dernier nous apprend que le Titien a peint ce tableau peu après son retour de Ferrare à Venise, c'est-à-dire vers l'an 1516. Ce sera le même que le Vasari avait eu occasion de voir et d'admirer à Faenza entre les mains de Jean de Castel-Bolognèse, célèbre graveur sur cristaux et sur pierres fines. Cet artiste l'avait eu de son beau-père pour lequel le Titien l'avait peint ; il en avait orné son habitation meublée d'excellents tableaux qui faisaient ses délices, et c'est de là, apparemment, que celui dont il s'agit ici sera passé dans la possession du cardinal d'Augsbourg. Il est cependant à remarquer que ce sujet a été peint deux fois par le Titien et qu'un de ces deux tableaux où il n'y a point de vieillard dans le fond, et dont Valentin Lefèvre a donné une estampe dans la suite des principaux *Tableaux du Titien et de Paul Véronèse*, publiée en 1682, était alors dans le palais Maufrin, à Venise. Quoi qu'il en soit, celui dont on présente ici l'estampe n'en est pas moins précieux : c'est un de ceux dont le duc d'Orléans enrichit son cabinet, en acquérant à Rome des héritiers du duc de Bracciano, les cinquante-sept tableaux provenant de chez la reine Christine de Suède. A l'exposition de Londres, en 1798, le duc de Bridgewater l'acheta 600 guinées ; il est aujourd'hui dans la collection de lord Ellesmere (Bridgewater Gallery), à Londres.

DYCK (ANTHONIE VAN)

(ÉCOLE FLAMANDE)

Ce peintre, fils d'un négociant d'Anvers, naquit dans cette ville le 22 mars 1599. L'inclination qu'il témoignait pour la peinture engagea ses parents à l'envoyer chez Henri van Balen qui était un assez bon peintre. Il entra ensuite à l'école de Rubens qui, charmé de sa disposition, s'intéressa à ses progrès et l'avança beaucoup. Étant allé en Italie à la fin de 1621, il s'arrêta d'abord à Venise, et se fortifia par l'étude qu'il y fit sur les tableaux du Titien et de Paul Véronèse. Il passa ensuite à Gênes, et y travailla quelque temps chez Corneille Wael, peintre, son compatriote. Les mauvaises nouvelles qu'il reçut de sa famille, le rappelèrent à Anvers, où il assista, le 1er décembre 1622 à la mort de son père. L'année suivante, il repartit pour l'Italie. Il resta huit mois à Rome, à étudier les chefs-d'œuvre de cette capitale des arts ; il y fut même employé à peindre les portraits de plusieurs personnages de haute distinction. De Rome il se rendit à Gênes, où il fit nombre de portraits qui commencèrent à établir sa réputation. Appelé à la cour du vice-roi de Sicile, il s'embarqua pour Palerme ; mais la peste étant survenue dans cette ville, il se mit sur une galère qui le ramena à Gênes. Il fit encore quelque séjour, et retourna dans sa patrie. Après avoir été en Hollande, il voulut chercher fortune en Angleterre, et y alla en 1627. On ne sait pourquoi il n'eut pas alors dans ce royaume tout le succès auquel il avait raison de s'attendre. Il revint en Flandre, où il peignit divers tableaux d'histoire qui rendirent son nom célèbre de tous côtés : mais comme il sentit qu'il avait un talent particulier pour le portrait, et qu'aucun peintre de son temps ne pourrait lui être préféré en ce genre, il s'y livra presque exclusivement dans l'espérance que cela lui procurerait des occasions plus fréquentes de se faire connaître dans les pays étrangers, ce qui lui réussit à son gré ; car le roi d'Angleterre, Charles Ier, ayant entendu parler de son mérite, le fit venir à Londres en 1632 ; il lui fit peindre toute la famille royale, et le combla de présents et d'honneurs. Il fut alors si goûté dans ce pays, et il y fut si occupé, qu'il prit le parti d'y rester. Quoiqu'il mît à ses portraits un prix fort haut et un temps très-court, il avait beaucoup de peine à pouvoir contenter tous ceux qui lui en demandaient, et il avait pleinement lieu d'être satisfait de sa situation. Elle eût été plus durable, si son goût pour la dépense et les plaisirs n'eût pas dérangé sa fortune et sa santé ; son talent même se ressentit de la précipitation avec laquelle il travaillait, et la folie de l'alchimie augmenta, dit-on, le désordre de ses affaires. Pour y remédier et l'attacher à un genre de vie mieux réglé, le duc de Buckingham lui fit épouser Marie, fille de milord Ruthven, comte de Gower, seigneur écossais. Il fit le voyage d'Anvers avec sa femme en 1640, et vint ensuite à Paris, dans le dessein d'y obtenir les peintures de la galerie du Louvre. Mais le Poussin, y étant arrivé de Rome avant lui, fut chargé de ce grand ouvrage. Van Dyck retourna en Angleterre, où peu de temps après il tomba malade et mourut à Blackfriars, près de Londres, le 9 décembre 1641, âgé de quarante-deux ans.

Van Dyck est le plus habile élève que Rubens ait formé : il s'attacha d'abord tellement au faire de son maître, que les plus fins connaisseurs s'y trompèrent et s'y trompent encore aujourd'hui ; mais il ne tarda pas à se créer une manière à lui, tout en conservant les principes par lesquels Rubens se conduisait. Il a peint l'histoire avec autant de succès que son maître. S'il avait moins de génie et moins de feu, il est égal et peut-être supérieur à Rubens par la sagesse soutenue de ses compositions, par l'élégance de son dessin, par la délicatesse de ses teintes, par la fonte de ses couleurs, et s'il était moins propre aux grandes machines que ne l'était Rubens, il a montré une aptitude surprenante dans l'art du portrait. On ne peut rendre la nature individuelle avec plus de grâce, d'esprit, de noblesse et en même temps avec plus de vérité. Rarement peintre a su mieux que Van Dyck choisir les attitudes convenables aux personnes et les moments les plus avantageux aux visages. Ses têtes sont dessinées dans la dernière perfection, et sans en outrer les caractères, il les a rendues si animées qu'elles paraissent pleines de vie : ses mains ne sont pas moins correctes que le reste de ses figurés, et l'ajustement de ses draperies dénote un goût exquis. Sa couleur est d'un accord merveilleux, et sa touche ferme et hardie produit l'effet du plus beau fini, sans mollesse ni pesanteur : aussi est-ce à juste titre que Van Dyck compte avec Rembrandt et le Titien parmi les *Rois du Portrait*. Il est vrai qu'il se négligea sur les fins et que beaucoup de ses derniers ouvrages sont faibles de couleur et donnent dans le plombé. Il cherchait alors plutôt à gagner de l'argent qu'à surveiller son talent ; ce qu'il ne fit point difficulté d'avouer lui-même, en disant à ceux qui lui reprochaient le peu de temps et le peu de soins qu'il donnait à ses tableaux : Quand j'étais jeune je travaillais pour ma réputation, aujourd'hui je travaille pour ma cuisine.

LE PORTRAIT DU COMTE D'ARUNDEL

(Peint sur toile, haut de trois pieds deux pouces, large de deux pieds cinq pouces. Fig. de grandeur naturelle.)

Thomas Howard, comte d'Arundel, vu presque de face, est assis dans un fauteuil garni d'étoffe rouge. Il est habillé de noir ayant une fraise, et tient de la main droite une lettre et de la gauche il touche à son cordon de la Jarretière qu'il a au cou. Un rideau violet avec un bout de paysage à droite fait le fond du tableau.

Ce portrait manquait lorsque M. Slade prit livraison des tableaux flamands et hollandais du Palais-Royal, et l'acquéreur obtint une réduction de 10,000 livres sur la somme qu'il s'était engagé à payer en faisant le marché. On revit ensuite le portrait du comte d'Arundel dans le cabinet du citoyen Robit. A la vente de cet amateur, qui eut lieu à Paris en 1801, il fut adjugé pour 3,600 francs à M. Bryan, négociant anglais, envoyé de Londres par une société de bailleurs de fonds, pour acheter ce qu'il y avait de plus remarquable dans cette vente. Ce portrait passa ainsi en Angleterre, où le marquis de Stafford en fit l'acquisition au prix de 500 guinées ; il est à présent dans le cabinet du duc de Sutherland, à Londres.

MIERIS LE VIEUX (FRANS VAN)

(ÉCOLE HOLLANDAISE)

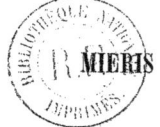

Ce peintre, né à Leyde en 1635, fut destiné par son père à lui succéder dans l'état d'orfèvre et de lapidaire ; mais son inclination pour la peinture s'étant déclarée, il fallut y céder. Mieris eut pour maître le célèbre Gérard Dou, et suivit entièrement sa manière. Il l'a égalé pour le précieux fini, et l'a surpassé dans quelques parties de son art. Ses figures ont en général plus de noblesse, et comme Netscher, il choisit ses modèles dans les classes élevées de la société. Le dessin de Mieris a plus de finesse et moins de roideur que celui de Gérard Dou. Sa touche est plus spirituelle, et sa couleur, avec plus de fraîcheur, est moins tourmentée. Il rivalise avec Netscher pour son talent à peindre les velours, les satins et les fourrures. Ses tableaux sont d'un grand prix : il en a fait très-peu, étant mort fort jeune à Leyde en 1681.

LE CHIMISTE

(Peint sur bois, haut de dix-huit pouces, large de treize pouces.)

Un vieillard assis est attentif au degré de chaleur qu'éprouve son creuset placé sur un fourneau allumé ; son garçon est debout à côté de lui et occupé à souffler le feu. Un laboratoire rempli de tous les ustensiles de chimie, avec un étau et de grandes tenailles, fait le fond. Sur l'épaisseur du rebord d'une fenêtre où il y a un creuset et une fiole, on lit : *F. van Mieris*.

A l'exposition de Londres, en 1793, ce tableau fut vendu 150 guinées.

CORRÈGE (ANTONIO ALLEGRI, DIT LE)

(ÉCOLE LOMBARDE)

Ce grand peintre a tiré le nom sous lequel il est le plus connu, de la ville de Corrège, dans le Modénais, où il naquit en 1494. Son père, Peregrino Allegri, marchand jouissant d'une certaine aisance, le fit élever avec beaucoup de soin. L'on ignore de qui le Corrège apprit les premiers éléments de la peinture. Les heureuses dispositions qu'il avait reçues de la nature, le rendirent en peu de temps égal aux peintres qui étaient alors en réputation dans son pays; car à vingt ans (1514), les religieux du couvent de Saint-François, de Carpi, le choisirent pour exécuter le tableau destiné à orner le maître-autel de leur église. Appelé à Parme vers 1518, il y peignit, dans une salle du couvent des Bénédictines de Saint-Paul, une fresque divisée en plusieurs parties et contenant une foule de petits sujets mythologiques. Cette fresque lui avait été commandée par sa protectrice, l'abbesse Giovanna de Piacenza, avant que l'adoption d'une règle plus sévère eût fermé le couvent aux hommes. Il fut beaucoup employé à Parme, principalement pour les tableaux d'église. Les ouvrages les plus considérables qu'il y ait faits, consistent en deux grandes coupoles peintes à fresque : celle de l'église de Saint-Jean des Bénédictins, où il a figuré l'Ascension de Jésus-Christ, et celle du Dôme, représentant l'Assomption de la Vierge. Les tableaux de cabinet de ce maître, ceux que les amateurs ont l'habitude d'appeler les *Petits Corrège*, sont fort rares.

Si l'on en croit le Vasari, un accident causa la mort du Corrège. Il fut à Parme pour recevoir un paiement de 60 écus qu'on lui compta en monnaie de cuivre; la joie qu'il avait de porter cet argent à sa famille l'empêcha de faire attention au poids dont il se chargeait dans un temps de chaleur extrême, et pendant quatre lieues de chemin qu'il fit à pied; il fut attaqué en arrivant chez lui d'une pleurésie, dont il ne put se sauver. Mais cette histoire, quoique généralement accréditée, n'est fondée que sur des bruits populaires et incertains; tout ce que l'on sait sûrement, est que le Corrège mourut dans sa ville natale le 5 mars 1534, âgé seulement de quarante ans.

Le Corrège sentit sa force, lorsqu'ayant sous les yeux un tableau de Raphaël, dont il avait toujours entendu parler comme du plus grand de tous les peintres, il contempla longtemps ce tableau dans un profond silence, et qu'il jeta enfin cette fameuse exclamation : *Anch' io son pittore!* Et moi aussi, je suis peintre ! Il avait raison de le dire, puisque ses ouvrages en sont la preuve. Ils ne tiennent d'aucuns des maîtres qui l'ont précédé, ni de ses contemporains; tout y est nouveau et original. Malgré quelques défauts que les connaisseurs lui reprochent, celui d'avoir souvent estropié son dessin, d'avoir été quelquefois excessif et de mauvais choix dans ses figures et ses attitudes, il sera toujours merveilleux, lorsque l'on considérera que cette grandeur de manière et le point de perfection où il a porté le coloris, ne lui ont point été enseignés, et qu'il en est proprement l'inventeur. Une exquise intelligence du clair-obscur, l'art d'unir le clair au clair, l'ombre à l'ombre, celui de détacher les contours uniquement par le moelleux de l'air qui circule à l'entour; une fraîcheur de carnations qui faisait dire à Jules Romain, que ce n'était point de la chair peinte, mais de la vraie chair, saine, appétissante, pleine de sang et de vie ; une fonte et une union de couleurs qu'on croirait être le produit d'un seul jet, plutôt que le résultat d'un long travail (ce que les Italiens appellent *il Sfumato*); une harmonie enfin qui enchante le spectateur émerveillé de voir un artiste s'élever au-dessus de l'art même par des moyens qui n'appartiennent qu'à lui ; — voilà dans quelles parties jointes à une grâce touchante et fine, le Corrège surpasse tous les autres peintres.

LA SAINTE FAMILLE

Connue sous le nom de la VIERGE AU PANIER.

(Tableau peint sur bois, haut de treize pouces, large de dix pouces.
Figure dans la proportion de quinze pouces.)

La sainte Vierge, assise près d'un arbre, habille l'Enfant-Jésus qui est sur ses genoux. Un tendre sourire vient effleurer ses lèvres à la vue de son fils qui s'agite, et pour modérer la mutinerie de l'enfant qui, par la vivacité de ses mouvements, a mis à découvert la partie inférieure de son corps, elle retient mollement une de ses petites mains, tandis qu'elle presse l'autre sur son sein. A terre, près de Marie, est un panier de jonc où se trouve une paire de ciseaux. Sur un plan reculé, saint Joseph s'occupe à raboter une pièce de bois placée sur son établi. Le fond représente des fabriques et un bout de paysage coupé par un fût de colonne brisé.

Ce tableau, dans le temps qu'il appartenait au duc d'Orléans, était attribué au Corrège; cependant quelques curieux de ce temps le considéraient comme un ouvrage du Schidone. Aujourd'hui on y voit une copie faite par Augustin ou Annibal Carache, d'après le tableau qui est à la Galerie Nationale de Londres. Ce dernier tableau a fait partie de la collection des rois d'Espagne, et se voyait du temps de Mengs dans le cabinet de la princesse des Asturies. Charles IV en fit présent au prince de la Paix, qui le céda à M. Wallis, peintre anglais demeurant à Madrid, lorsque l'armée française vint investir cette capitale. Apporté à Londres, ce tableau y resta longtemps offert en vente au prix de 1,200 livres sterling, nul amateur ni marchand n'osant l'acheter à ce prix. On en parla à M. Lapeyrière, receveur général des contributions du département de la Seine, qui, après avoir consulté plusieurs personnes instruites, et notamment M. Henry, expert, l'acheta 24,000 francs. Cet amateur en refusa depuis 72,000 francs, et il eut raison ; car à sa vente faite à Paris, en 1825, ce *petit Corrège* fut poussé jusqu'à 80,000 francs et adjugé à M. Niemvenhuys, marchand de Bruxelles. Celui-ci le revendit presque aussitôt 3,800 livres sterling (environ 95,000 francs) au gouvernement anglais, qui en enrichit la Galerie Nationale de Londres. Le tableau semblable de la galerie du Palais-Royal passa avec cette galerie en Angleterre ; il était compris dans le lot que le duc de Bridgewater se réserva à l'Exposition de Londres, en 1798 ; il y entrait pour 1,200 guinées, prix d'estimation fixé par les experts officiels qui n'avaient pas douté que le tableau ne fût original, à quoi l'opinion qu'ils avaient que ce tableau provenait du cabinet de la reine Christine de Suède (ce qui, du reste, n'était pas exact) avait bien contribué un peu. Il est à présent chez lord Ellesmere (Bridgewater Gallery), à Londres.

GUERCHIN GIOVANNI (FRANCESCO BARBIERI, DIT LE)

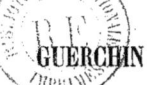

(ÉCOLE BOLONAISE)

Ce peintre naquit à Cento, petite ville dans la province de Bologne, le 8 février 1591. Il fut surnommé *il Guercino*, de *Guercio*, louche, parce qu'étant encore au berceau, une grande frayeur, qui lui causa une convulsion nerveuse, lui dérangea le globe de l'œil. Dès l'âge de huit ans, il donna des marques de son goût pour la peinture : ce qui porta son père à le mettre chez différents peintres qu'il connaissait, mais qui étaient peu habiles. Le Guerchin les ayant quittés, alla étudier les ouvrages des Carache, sans en adopter la manière. Son inclination était pour une façon de peindre forte et fière ; car, ayant voulu, dans les commencements, suivre le Guide, son ami, et voyant que ce peintre quittait sa première manière pour en prendre une plus claire et plus vague, il se jeta sans hésiter dans celle du Caravage, qui était assez conforme à son génie vif et fécond, sans élévation ni finesse de pensées. Il est vrai que, dans un âge plus avancé, il adoucit un peu l'austérité de sa manière ; mais il n'en agissait ainsi, disait-il, que par complaisance pour les ignorants que le goût du Guide et de l'Albane avait séduits. Le Guerchin ne fut pas moins recommandable par son extrême probité que par ses rares talents ; et si son pinceau lui acquit de grandes richesses, il en sut faire un excellent usage. Il mourut le 24 décembre 1666, âgé de soixante-quinze ans passés.

Peu de maîtres ont travaillé autant que le Guerchin. Avec un pinceau large, un beau faire et un coloris vigoureux, il avait un goût de dessin qui lui était propre ; savant, sa science était cachée sous une apparence de facilité et d'abandon qui donne beaucoup de mouvement, de grâce et de souplesse à ses figures, et il est fâcheux qu'il y ait mis si rarement de la noblesse et de l'expression. Il entendait parfaitement la pratique du clair-obscur, et le grand parti qu'il savait en tirer le fit nommer par ses contemporains le *Magicien de la peinture*. On distingue dans ses ouvrages deux manières : l'une, claire et en demi rouge avec les ombres fortes, tirant sur un noir bleuâtre, et avec des demi-teintes de la plus belle fraîcheur ; l'autre, brune et rougeâtre, où les ombres sont fort obscures et ressenties. Si l'on a lieu de blâmer les ombres trop noires de la plupart des tableaux du Guerchin, on doit remarquer que ce défaut, commun à beaucoup de peintres italiens, est à imputer au temps plutôt qu'aux artistes. Il provient de l'usage qu'ils faisaient pour peindre, de toiles imprimées en rouge. Cette pratique funeste, rejetée par Rubens, par le Titien, par le Corrège, qui peignaient ordinairement sur des fonds blancs, mise en vogue par le Tintoret, fut trop facilement adoptée parmi les artistes du XVIIe siècle, et a contribué à la dégradation d'un grand nombre de tableaux, la couleur rouge de l'impression ayant pris le dessus d'autant plus promptement que les ombres du tableau avaient plus le mérite de la transparence ; ce qui a, par conséquent, dérangé l'harmonie générale des tableaux.

DAVID ET ABIGAÏL

(Tableau peint sur toile, haut de neuf pieds cinq pouces, large de onze pieds deux pouces. Fig. de grandeur naturelle.)

Le roi David en habit militaire, le casque en tête avec une chlamyde qu'il relève de la main gauche, et tenant de la droite une canne sur laquelle il s'appuie, est sur le devant à gauche entouré de ses compagnons d'armes. Il écoute Abigaïl prosternée à ses pieds, et montrant les pains, la farine d'orge, le vin et les autres provisions qu'elle lui fait apporter par ses gens. Le fond est un paysage montagneux avec fabrique.

Ce tableau, l'un des plus beaux du maître, a été exécuté pour le cardinal Antoine Barberini en 1630, lorsque le Guerchin âgé de 40 ans jouissait de la plénitude de son talent et de sa réputation. Il y a lieu de croire que le cardinal Antoine Barberini, neveu d'Urbain VIII, l'emporta en France où il se réfugia après l'élection d'Innocent X, et le donna au cardinal Mazarin. A l'inventaire de ce ministre, fait d'après les ordres de Louis XIV, en 1661, et conservé à la Bibliothèque impériale de Paris, le tableau de l'*Histoire de David et d'Abigaïl* est estimé 3,000 livres tournois, et c'est là, apparemment, qu'il aura été acquis par le duc d'Orléans, père du Régent. A l'exposition de Londres, en 1790, le duc de Bridgewater l'acheta 800 guinées ; il est aujourd'hui dans la collection du comte d'Ellesmere (Bridgewater Gallery), à Londres.

VÉRONÈSE (PAOLO CALIARI, DIT PAUL)

(ÉCOLE VÉNITIENNE. — *V. page* 14.)

L'ENLÈVEMENT D'EUROPE

(Peint sur toile, haut d'un pied dix pouces, large de deux pieds un pouce et demi. Fig. d'environ quinze pouces.)

La scène du tableau est un paysage avec la mer. Deux compagnes d'Europe l'asseyent sur le taureau qui, couché sur l'herbe, lui lèche les pieds; il a une guirlande de fleurs sur la tête, et l'amour le tient par une de ses cornes. Derrière ce groupe, une troisième suivante de la princesse étend ses deux mains pour recevoir les fruits que lui jettent des amours voltigeant dans les airs. Tout dans le lointain on voit Europe suivie d'une de ses compagnes et assise sur le taureau que l'amour conduit vers la mer.

Paul Véronèse a répété plusieurs fois cette composition, en y faisant néanmoins des changements, afin qu'on ne pût douter que ces tableaux ne fussent originaux. Le plus célèbre de ces tableaux est à Venise, au palais ducal, dans la salle, dite l'*Anticollegio*. Celui dont on donne ici l'estampe a fait partie du cabinet de la reine Christine de Suède; les héritiers du duc de Bracciano, à Rome, le vendirent, avec d'autres tableaux de la même provenance, au duc d'Orléans qui en orna sa galerie du Palais-Royal. A l'exposition de Londres, en 1798, ce tableau fut acheté 200 livres sterling par M. Willett; il a appartenu depuis au révérend W. Hollwell Carr, ministre protestant, et il est à présent à la Galerie Nationale de Londres, à laquelle cet amateur en mourant, en 1834, légua les peintures de son cabinet.

RUBENS (PIERRE PAUL)

(ÉCOLE FLAMANDE)

Ce fameux peintre naquit le 29 juin 1577 à Cologne, où sa famille originaire d'Anvers s'était réfugiée pour se soustraire aux troubles qui agitaient alors le Brabant. Son père, Jean Rubens, savant jurisconsulte et ancien sénateur de la ville d'Anvers, tâcha de le faire élever avec soin; mais étant mort, sa veuve retourna à Anvers où le jeune Rubens continua ses études : après qu'il les eut achevées, il fut reçu page chez la douairière comtesse de Lalaing. Cet état de dissipation et de licence ne fut point du goût de Rubens; ayant témoigné celui qu'il avait pour la peinture, sa mère le laissa maître de suivre son inclination, et après avoir fréquenté l'atelier d'Adam Van Noort dont les mœurs débauchées et brutales cadraient mal avec sa manière de voir et de penser, il entra dans l'école d'Otto-Vénius; il se trouva là dans la route où l'appelaient ses dispositions, et sous un maître capable de les développer par son exemple, par ses lumières et ses conseils. Reçu franc-maître de l'Académie de Saint-Luc, et parvenu à l'âge de vingt-trois ans, Rubens voulait voir l'Italie. Y étant allé, il s'arrêta d'abord à Venise, où il puisa dans l'étude qu'il fit des ouvrages du Titien, de Paul Véronèse et du Tintoret, les règles sûres du coloris, dont il ne s'est jamais écarté. Pendant le temps que Rubens demeura dans cette ville, il eut des rapports d'amitié avec un jeune seigneur qui le présenta à Vincent Gonzague, duc de Mantoue. Accueilli favorablement par ce prince, il entra à son service en qualité de gentilhomme, sans que cela l'exposât à être distrait du cours d'études qu'il se proposait. Il y passa huit années, et comme son mérite n'était point borné aux seuls talents de la peinture, et qu'il avait donné maintes fois des preuves d'un esprit à la fois souple, solide et très-cultivé, le duc de Mantoue l'envoya en Espagne, pour présenter au roi Philippe IV un magnifique carrosse et six chevaux d'une beauté extraordinaire.

Rubens ne fut pas plutôt de retour de ce voyage, qu'il en fit un autre à Rome. De là il passa à Florence, à Bologne, à Milan, et ensuite à Gênes, travaillant partout d'après les bons maîtres, et laissant dans quelques-unes de ces villes de beaux ouvrages. La nouvelle de l'extrémité où était sa mère, lui fit quitter Gênes à la hâte; mais quelque diligence qu'il pût faire, il n'eut point la satisfaction de trouver sa mère vivante, lorsqu'il arriva à Anvers. Sa douleur fut extrême, elle le réduisit à l'inaction, jusqu'à ce que le temps l'ayant adoucie, il forma le projet de retourner à Mantoue. L'archiduc Albert et l'infante Isabelle, informés de son dessein, ne purent voir sans peine la Flandre privée d'un homme qui devait en faire l'ornement; ils s'y opposèrent avec tant de grâce, que Rubens, engagé d'ailleurs par les charmes d'Isabelle Brant, dont il obtint la main, se fixa à Anvers (1609). Sa première occupation fut de bâtir une superbe maison, dont il orna la façade de peintures à fresque. L'intérieur de cette maison était meublé de statues, de bustes et de vases antiques, de tableaux et d'autres objets d'art fort rares et fort curieux recueillis par Rubens dans ses voyages, et dont il détacha dans la suite une grande partie pour plaire au duc de Buckingham, qui lui paya 10,000 livres sterling le choix qu'il avait chargé d'en faire Michel Leblond de Francfort.

La fortune de Rubens, déjà considérable, augmenta encore par la quantité de travaux que l'amour de l'art mêlé du goût des richesses lui faisait entreprendre, et son école composée d'élèves d'un talent distingué, qui avançaient dans ses ouvrages, lui en facilitait les moyens. En 1620, Marie de Médicis, réconciliée avec son fils Louis XIII, et de retour à Paris, voulut voir représentés dans une des galeries du palais du Luxembourg les principaux traits de son histoire. Elle appela Rubens, qui vint à Paris en 1621. Il y fit les esquisses et termina les tableaux à Anvers avec l'aide de ses élèves.

Rubens, par ses relations avec beaucoup de rois, de princes et de grands seigneurs, fut mêlé à quelques négociations diplomatiques qui l'obligèrent de faire le voyage de Madrid, en 1628, et celui de Londres, en 1629. De retour à Anvers, il s'y maria en secondes noces le 6 décembre 1630, après quatre années de viduité, et épousa Hélène Fourment, jeune fille d'une rare beauté, et qui a souvent exercé ses pinceaux. Possesseur de la terre de Steen, située entre Bruxelles et Malines, il s'y retirait quelquefois en solitude, et s'y plaisait à peindre des vues d'après nature, l'assiette de ce pays étant agréable, et mêlée de prairies et de montagnes. Mais tout le bonheur en mariage et toutes les faveurs de la gloire et de la fortune furent impuissants pour le préserver de la goutte, dont les fréquentes attaques ne lui donnèrent guère de relâche pendant les cinq dernières années de sa vie. Il mourut à Anvers le 30 mai 1640.

Rubens a peint avec une égale supériorité, l'histoire, le portrait, le paysage et les animaux. Il n'a point dessiné comme les grands maîtres italiens avec une irréprochable pureté, une suprême élégance et une esquisse distinction dans le choix des formes; mais il a eu comme eux un grand caractère de dessin et cette souplesse des contours, qui anime les figures et les fait paraître agissantes. Entraîné par un feu créateur qui se reconnaît à ses attitudes extravagantes, à ses mouvements énergiques jusqu'à la violence et tout à fait contraires à la décence dans ses sujets de dévotion, il n'a pas également soigné ses ouvrages: on y remarque souvent les plus grossières incorrections, et cependant on ne peut résister à leur attrait, tant il est vrai, quoi que bien des auteurs aient voulu en écrire, que les beautés de la nature considérées par le côté de la couleur, soutenu d'un pinceau large et d'un beau faire, équivalent à ce que peut produire de plus beau la correction d'un dessin châtié, qui souvent les exclut. Rubens, malgré ses défauts, sera toujours mis, par cette seule partie, en parallèle avec les plus grands peintres qu'il y ait eu. Il est vrai que ce n'est que par les ouvrages qu'il a exécutés avec toute l'attention dont il était capable. Ses plus beaux tableaux sont autant de règles pour la science du clair obscur, alliant les oppositions des ombres et de la lumière avec un tel accord, que ses figures paraissent faites d'un même coup de brosse. On y trouve aussi écrits les principes pour le maniement du pinceau. Un travail assidu et une longue habitude avaient fait acquérir à Rubens une hardiesse et une sûreté de main si extraordinaires, qu'il peignait au premier coup, sans hésitation, sans retouche, et qu'il excite toujours la surprise, toutes les fois que l'on voit ses ouvrages. On dirait que sa couleur vient d'être mise sur la toile, tant elle s'est conservée transparente, fraîche et vierge. Cependant sa peinture, toute merveilleuse qu'elle est, tient toujours de l'artifice, et même son coloris tant vanté n'est, à proprement parler, que du fard. Ses clairs, ses demi-teintes, ses ombres et ses reflets sont trop montés de ton pour être vrais: ce sont des vermillons, des aurores, des bleus, des bruns, des rouges orangés, tous de la plus grande fraîcheur, mais fort au delà de ce que la nature présente à cet égard. Ses carnations ont le luisant du satin et sont brûlant de personnes qui sont très-échauffées. Mais ce qui, dans cette partie, met Rubens au-dessus de tous les autres peintres qui ont cherché comme lui à éblouir par une profusion de tons violents, c'est qu'il est le seul qui ait su conserver parmi tant de brillant une harmonie et une force singulières, et joindre à cet éclat un caractère de vérité assez apparent pour que le Guide, en voyant un tableau de Rubens, ait pu s'écrier : « Ce peintre mêle du sang à ses couleurs! » Ses tableaux de chevalet sont extrêmement rares, et l'on n'en trouve guère que de ceux qu'il a faits pour exécuter les premières pensées de ses grands morceaux. Quand il avait de pareils morceaux à faire, il coloriait une petite esquisse que ses disciples copiaient en grand: Van Dyck, Jordaens, Van Thulden et autres peignaient les figures, Snyders, les animaux, Wildens et Van Uden, les fonds de paysage; Rubens retouchait le tout, y répandait son esprit, et il fallait être très-bon connaisseur pour découvrir que ces tableaux n'étaient point entièrement de sa main.

LA CONTINENCE DE SCIPION

(Tableau peint sur toile, haut de six pieds six pouces, large de onze pieds deux pouces. Fig. de grandeur naturelle.)

Le trait qui a fourni le sujet de ce tableau est l'un des plus connus de la vie de Scipion.

Pendant la guerre d'Espagne, après la prise de Carthage-la-Neuve connue aujourd'hui sous le nom de Carthagène, les soldats romains amenèrent à leur général une jeune personne d'une haute naissance et d'une rare beauté. Scipion, quoique dans un âge où les passions offrent tant d'obstacles à la sagesse, n'abusa point du malheur de sa captive, et ayant appris qu'elle était promise à un prince celtibérien nommé Allucius, qu'il avait vaincu dans les derniers combats, il le fit venir, et, lui remettant sa fiancée, il lui dit : « Celle que vous devez épouser a été parmi nous comme elle « aurait été dans la maison de son père et de sa mère. Je vous l'ai « gardée avec soin, pour que le présent que je voulais vous en faire « fût digne de vous et de moi. Soyez ami de la république, voilà « toute la reconnaissance que j'exige de vous. » Les parents de la jeune fille admis devant le proconsul firent déposer à ses pieds de riches présents pour sa rançon. Scipion, cédant à leurs pressantes sollicitations, les accepta, puis s'adressant à Allucius: « J'ajoute, « dit-il, à la dot que vous recevrez de votre beau-père cette rançon « que je vous prie d'agréer comme un cadeau de noces. » C'est le moment que Rubens a représenté dans ce tableau.

Scipion en habit militaire est assis sur un trône, Allucius et sa fiancée sont devant ce vertueux Romain et se donnent la main. La jeune fille a une espèce de mante que lui portent deux des quatre suivantes qui l'accompagnent. Le vieillard et la vieille que l'on voit près d'elle sont ses père et mère; les autres personnages du tableau sont de l'armée de Scipion, sauf un homme qui apporte une aiguière faisant partie de la rançon présentée par les parents de la jeune fille. Cette rançon consiste en argent monnayé et en vases précieux qui sont placés sur le premier plan. Le fond est une galerie ornée de statues, avec des colonnes qui forment des arcades.

Ce tableau a appartenu à la reine Suède et au duc de Bracciano, avant de passer dans la Galerie du Palais-Royal. A l'exposition de Londres, en 1798, il fut acheté 800 guinées par lord Berwick. Aujourd'hui il n'existe plus : il a été détruit par un incendie survenu dans le local de M. Yates, à Londres, en 1836.

TITIEN (TIZIANO VECELLI, DIT LE)

(ÉCOLE VÉNITIENNE. — *V. page* 15.)

LA CASSETTE DU TITIEN

(Tableau peint sur toile, haut de trois pieds six pouces, large de deux pieds onze pouces. Fig. de grandeur naturelle.)

Une jeune fille qui passe pour la fille du Titien, à mi-corps, presque de profil, la tête rejetée en arrière, les bras élevés en l'air, tient un plat d'argent sur lequel est un coffret enrichi de pierreries : derrière elle, à gauche, un rideau relevé en forme de feston, et à droite, un bout du ciel.

Il y a, au musée de Berlin, une autre jeune fille, appelée aussi la *Fille du Titien ;* elle ressemble beaucoup à celle de l'ancienne Galerie du Palais-Royal ; seulement, au lieu d'une cassette, elle porte des fruits et des fleurs sur un plat d'argent. On prétend que le Titien avait d'abord peint dans ce plat la tête de saint Jean-Baptiste, et cette opinion n'a rien d'invraisemblable. Le mouvement de ces deux figures de jeunes filles dénote l'espèce de répugnance qu'elles ont à voir l'objet qu'elles élèvent sur leur tête, et le musée de Madrid possède une Salomé qui est identiquement la même jeune personne dans la même attitude que la *Fille à la cassette* et la *Fille au plat de fruits.* Ces trois jeunes filles ont entre elles une similitude évidente : on y retrouve, sinon absolument les mêmes traits, du moins le même modèle, d'après lequel le peintre a fait alternativement une Hérodiade, une Jardinière et une Joaillière. Peu importe que ce modèle ait été la fille du Titien, ou peut-être bien sa maîtresse ; l'essentiel, c'est que ces trois tableaux soient reconnus pour des productions originales du maître, et on se plaît aujourd'hui généralement à les regarder comme des répétitions avec variantes, qui ne sont pas rares dans l'œuvre du Titien. La *Fille à la cassette* a passé de la collection du chevalier de Lorraine dans celle du duc d'Orléans. A l'exposition de Londres, en 1798, ce tableau fut acheté 400 guinées par lady Lucas qui devint comtesse de Grey : il est à présent dans le cabinet du comte de Grey, à Londres.

RAPHAËL (RAFFAELLO SANZIO, DIT)

(ÉCOLE ROMAINE. — *V. page* 7.)

LA VIERGE AVEC L'ENFANT JÉSUS

(Tableau anciennement peint sur bois, transporté depuis sur toile, haut de deux pieds six pouces, large de deux pieds. Fig. de petite nature.)

La sainte Vierge, assise sur un banc, entoure de son bras droit la taille de l'Enfant Jésus qui est nu, et dont elle tient le petit pied dans sa main gauche. Un voile, attaché aux cheveux, flotte autour d'elle. La tête de la mère qui a les yeux timidement baissés, et celle de l'enfant qui regarde en souriant le spectateur, se touchent presque, et sont vues de face, sans auréoles. Elles se dessinent sur un ciel profond, au-dessous duquel est indiqué un paysage très-simple.

Voici ce qu'on lit dans le texte explicatif rédigé par Mariette en 1729, et destiné pour le *Cabinet Crozat :* « Quoique le temps et un nettoyage imprudent aient endommagé ce tableau, la tête de la sainte Vierge et celle de l'Enfant Jésus sont si belles, si vivantes, d'un si grand caractère, et les couleurs si fraîches, que l'on croit que Raphaël le peignit dans sa plus grande force. Quelques critiques ont jugé par l'air de la tête de la sainte Vierge, que ce tableau pourrait avoir été peint par Timothée della Vite, d'Urbin, élève de Raphaël. » Les connaisseurs de nos jours sont loin de partager l'avis des critiques du temps de Mariette au sujet de ce tableau : ils le regardent comme un des plus beaux et des plus originaux qui existent. M. Passavant lui assigne la date de 1512, c'est-à-dire le meilleur temps de la première période romaine, où Raphaël, devenu maître de la pratique, possédait toute la fraîcheur de son sentiment. Le duc d'Orléans l'acheta à M. Dorat, qui l'avait eu de M. Beauchamp. A l'exposition de Londres en 1798, ce tableau se trouvant dans un état de conservation très-imparfait, était estimé seulement 200 guinées ; malgré cette estimation modérée, il fut six mois sans trouver d'acquéreur, et descendit à 150 guinées à la vente du 14 avril 1800. Depuis, il a passé dans les collections Henry Hope et Samuel Rogers : aujourd'hui, il appartient, suivant le livret de l'exposition de Manchester, à M. R.-J. Mackintosh, et suivant le *Times*, à miss Burdett Coutts.

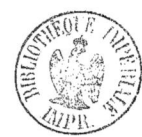

VELASQUEZ (DON DIEGO RODRIGUEZ DE SILVA Y VELASQUEZ, DIT)

(ÉCOLE ESPAGNOLE)

Ce peintre naquit à Séville le 6 juin 1599. Son père, d'une famille illustre, originaire de Portugal, le fit étudier dans l'intention qu'il embrassât l'état ecclésiastique; mais, reconnaissant en lui des dispositions heureuses pour la peinture, il le mit d'abord chez Herrera le Vieux, ensuite chez Francisco Pacheco. Ce dernier, rempli d'estime et d'amitié pour son élève, l'avança beaucoup, et lui donna sa fille en mariage. Velasquez quitta Séville en 1622, pour aller à Madrid où ses talents lui méritèrent la protection du comte-duc d'Olivarez, qui le présenta à Philippe IV. Le roi, lui ayant commandé son portrait, en fut si ravi, qu'il fit renfermer tous ceux qui avaient été faits jusqu'alors, et qu'il attacha Velasquez à son service. Il le nomma successivement peintre de son cabinet, huissier de sa chambre, grand maréchal des logis de sa cour, et fixa ses appointements à mille ducats par an, sans compter le prix de ses tableaux. Sauf deux fois qu'il fut en Italie, la première fois (1629), comme artiste voyageant pour étudier les chefs-d'œuvre des grands maîtres, la seconde fois (1648), en qualité d'envoyé de Philippe IV, chargé d'acheter des objets d'art destinés à une Académie de peinture que ce monarque voulait établir à Madrid, Velasquez resta toujours en Espagne, admis, comme Calderon, dans l'intimité du roi, et compté parmi ces courtisans que l'on appelait alors *Privados del Rey*. Philippe IV avait coutume de visiter familièrement son premier peintre, et s'amusait à le voir travailler dans son atelier qui faisait partie du palais. En 1656, Velasquez ayant terminé le célèbre tableau des *Ménines* (*las Meninas*), le présenta, comme toutes ses œuvres, à Philippe IV, auquel il demanda s'il croyait qu'il n'y manquât plus rien. « Encore une chose, » répondit le prince ; et prenant la palette des mains de Velasquez, il alla peindre sur la poitrine de l'artiste représenté dans ce tableau, la croix de l'ordre de Saint-Jacques. Velasquez mourut à Madrid le 7 août 1660.

Ce maître s'est essayé dans tous les genres de peinture et s'y est distingué. A la différence de la plupart de ses compatriotes, il n'aimait pas à traiter les sujets dévots et mystiques. On ne voit de lui qu'un petit nombre de tableaux de sainteté, tous frappants de vérité, vigoureux de couleur et de ton, mais dépourvus de noblesse et de sentiment religieux. La contradiction entre le titre de ces tableaux et la manière dont ils sont rendus, est un défaut que Velasquez a de commun avec le Caravage et les autres peintres de l'école réaliste. Il n'a guère mieux réussi dans la représentation des histoires de la Fable ; mais il a excellé dans le portrait, et il a peint avec autant de succès le paysage, les bambochades, les intérieurs, les animaux, les fleurs et les fruits. Ses tableaux, appartenant en genre par le choix des sujets, touchent à l'histoire par la dimension qu'ils ont d'ordinaire, et par la grande manière dont ils sont traités. C'est à l'enseignement du savant Pacheco, son ami et son beau-père, que Velasquez a dû d'acquérir la finesse et la correction de son dessin, si précis dans les mouvements, si ferme dans les attaches, si expressif dans sa liberté. Quant à son excellent goût de couleur et à sa belle manière de peindre, ils ne lui ont point été enseignés, et il n'en est redevable qu'à lui-même.

Il semblait, après le degré de perfection où avaient été portés le coloris et l'art de manier le pinceau, qu'il n'y eût d'autre moyen de réussir que ceux adoptés par les grands maîtres d'Italie, lorsque Velasquez, fort de son génie et des études qu'il avait faites d'après les tableaux de ces maîtres, crut pouvoir se frayer une route différente à quelques égards de celle que les Vénitiens et les Bolonais avaient tracée, et analogue en tout point à celle que suivirent les Flamands et les Hollandais. Moins occupés de fondre leurs couleurs et d'un maniement de pinceau qui eût ralenti la fougue de leur exécution, Rubens, Rembrandt et Velasquez parvinrent au fini par l'extrême justesse de leurs tons et par leur clair-obscur vraiment magique. Sans vouloir porter atteinte à la gloire si justement acquise aux grands coloristes italiens, on peut dire à l'éloge des princes de la peinture espagnole, flamande et hollandaise, qu'ils ont été plus maîtres de leur couleur et de leur pinceau, que ne l'ont été ceux qui avaient paru avant eux, et qui s'étaient fait dans ces parties de l'art la plus haute réputation, c'est du moins le sentiment d'artistes habiles, mais toujours ambitieux de s'instruire, qui reconnaissent à Rubens à Rembrandt et à Velasquez le mérite d'avoir ouvert le chemin du coloris. En effet, on en découvre aisément les traces dans les tableaux de ces maîtres, au lieu que le Corrège, le Titien, le Guide, le Guerchin, l'ont adroitement caché dans la grande fonte de leurs couleurs. Cela ne peut pas se dire cependant de toutes les productions du pinceau de Velasquez, qui a eu plusieurs manières. Ce qu'on appelle sa première manière est celle où il paraît s'inspirer des maîtres rudes et austères, notamment de Louis Tristan, peintre de Tolède, dont il avait copié les œuvres à Séville. Peu après son arrivée à Madrid, Velasquez, sûr de sa pratique, quitte cette manière un peu sèche pour en prendre une qui lui est propre, et où il s'abandonne pleinement à la fougueuse nature d'artiste. Ses ouvrages de cette seconde manière sont touchés d'une façon singulièrement brusque et pittoresque. On pourrait compter les coups de brosse et en suivre les traces dans tous les sens. Son travail n'est proprement qu'un assemblage de touches mises avec tant d'art et disposées si à propos, que ce qui paraît heurté dans ses tableaux lorsqu'on les voit de près, prend à une distance un accord parfait, et fait croire l'ouvrage extrêmement terminé. Avec cela les tableaux de la seconde manière de Velasquez ont une couleur vraie et naturelle ; rien de brillant, rien d'affecté, aucune recherche d'effet ou d'éclat ; mais aussi, rien de terne, rien de pâle, aucune habitude d'un ton dominant et défectueux. Ces tableaux ne ressemblent toutefois qu'à des ébauches grossières de touche et de ton, lorsqu'on les compare à ceux que le même peintre a faits ultérieurement, et qui sont de sa troisième manière. Dans les Velasquez de cette manière, la touche ne se trahit plus ; ce pinceau, si brave, si audacieux, produit, on ne sait comment, une dégradation insensible et prodigieuse de la lumière, et le peintre arrive au même résultat que le Corrège, obtenant le modelé le plus parfait et le relief le plus réel sans la ressource des contrastes au moyen d'ombres prononcées. Sa couleur est fondue et vigoureuse ; il a la magie d'adoucir sans ôter la force. Son pinceau sûr et pâteux, des touches fermes, quoique mises avec délicatesse, l'ont rendu presque impossible à deviner. C'est en ce sens-là peut-être qu'il faut entendre le mot prétentieux et obscur de Luca Giordano, s'écriant en présence de Charles II qui l'avait conduit devant le tableau des *Ménines :* « Sire, c'est la théologie de la peinture! »

MOÏSE SAUVÉ DES EAUX

(Peint sur toile, haut de neuf pieds cinq pouces, large de dix pieds onze pouces. Fig. de grande nature.)

La scène du tableau est un paysage. On voit sur le devant une grande femme, ayant un genou en terre, et présentant à Thermutis, fille de Pharaon, le petit Moïse couché dans un panier sur un linge. Cette princesse est accompagnée d'une suite composée de cinq femmes dont une lui porte la robe, deux regardent l'enfant, la quatrième semble faire signe à quelqu'un, et la cinquième a les yeux sur Moïse, et le bras étendu comme pour marquer l'endroit où il a pu être trouvé. Thermutis le montre du doigt à une femme qui paraît lui parler ; c'est Jocabeth, mère de Moïse ; elle est appuyée sur sa fille qui est à genoux aux pieds de la princesse, et étend le bras vers son fils.

Ce tableau est du nombre de ceux que le duc d'Orléans, Régent, trouva dans le cabinet de son père. A l'exposition de Londres, en 1798, il fut acheté 500 guinées par le comte de Carlisle ; il fait aujourd'hui partie de la collection que ce lord a formée à Castle Howard, dans le Yorkshire.

TITIEN (TIZIANO VECELLI, DIT LE)

(ÉCOLE VÉNITIENNE. — *V. page* 15.)

DIANE ET ACTÉON

(Tableau peint sur toile, haut de cinq pieds onze pouces, large de six pieds quatre pouces. Fig. de petite nature.)

Ce tableau représente le moment où Actéon voit Diane au sortir du bain, et avant qu'elle ait eu le temps de se remettre de sa surprise et de songer à tirer vengeance de l'insulte faite à sa pudeur. La scène est une ruine en forme de portique avec de grands arbres à droite, ayant pour fond un paysage d'un site montagneux, et pris à l'effet du matin. Un ruisseau coule sur le devant, et au milieu l'on voit un bassin orné de bas-reliefs. Actéon, suivi d'un chien, est debout à gauche dans une attitude d'étonnement mêlé d'admiration à la vue de la déesse nue, assise du côté opposé sur une espèce de lit de repos, et haussant au-dessus de sa tête qu'elle baisse, une draperie blanche qui cache son visage à ce chasseur indiscret. Il y a derrière elle une Mauresque vêtue d'une étoffe rayée avec un bichon, et auprès d'elle une Nymphe qui lui essuie le pied gauche. A côté de cette Nymphe, on en voit une autre qui est assise sur le bord du bassin, ayant les pieds posés sur une planchette de bois. Une troisième se détourne, remettant sa chemise, et une quatrième, couchée de côté et chargée de servir sa maîtresse en lui présentant un miroir, étend la main vers un rideau attaché à la voûte du portique, et qu'elle se dispose à tirer en avant pour dérober aux regards d'Actéon les charmes peu voilés de la déesse. Une jeune fille placée derrière une colonne qui la cache, avance sa tête pour regarder.

Ce tableau a pour pendant celui qui représente l'histoire de *Diane et Calisto :* ils appartiennent, l'un et l'autre, à la troisième manière du Titien. On en voit les semblables de moindre dimension au Musée de Madrid. Plusieurs tableaux du Titien eurent un si grand succès, que ce maître, ne pouvant se refuser aux prières de ceux qui lui en demandaient de semblables, fut obligé de répéter plusieurs fois le même sujet ; mais afin que ces différents tableaux ne parussent pas des copies faites les unes sur les autres, il y fit quelques changements dans la composition. Ce fut ainsi qu'il peignit les deux sujets en pendants dont il s'agit ici pour Philippe II, roi d'Espagne, et qu'il en répéta les semblables, qui ont appartenu au duc d'Orléans. On ne sait point pour qui ceux-ci furent faits ; mais on ne doute point qu'ils ne soient originaux : ils sont signés en lettres d'or : TITIANVS. F. Une lettre publiée par Ridolfi nous apprend que ceux qui avaient été commandés par Philippe II furent exécutés en 1558, c'est-à-dire, à une époque où le Titien était âgé de 81 ans. Dans ces deux peintures, aussi bien que dans les répétitions qui apparemment datent de la même époque, on voit briller cependant toute la grâce, toute la vivacité juvénile que requièrent ces petits sujets mythologiques. A l'exposition de Londres, en 1798, le tableau de *Diane et Actéon* et celui de *Diane et Calisto*, provenant l'un et l'autre de la Galerie du Palais-Royal, furent achetés 2,500 guinées chaque, par le duc de Bridgewater : ils sont aujourd'hui au comte d'Ellesmere (Bridgewater Gallery), à Londres.

TENIERS (DAVID)

(ECOLE FLAMANDE.)

Il y a eu deux Teniers qui sont *David Teniers le père* ou *le Vieux*, élève de Rubens et d'Adam Elsheimer, et *David Teniers le fils* ou *le Jeune*, élève de son père, mais qui l'a surpassé de beaucoup. Il y en a même un troisième, frère de Teniers le Jeune, et que l'on nommait *Abraham Teniers*. De ces trois peintres il n'y a que David Teniers le Jeune ou le fils, dont on fasse mention. Il naquit à Anvers en 1610. Ayant appris à peindre chez son père, il fut encore à portée de profiter, sinon des leçons, du moins des ouvrages de Brouwer et des conseils de Rubens, pour ce qui se rapporte à la pratique du pinceau et de la couleur. Le public accueillit d'abord froidement ses tableaux ; mais peu après on en raffola ; chacun voulut en avoir. Teniers jouit alors de toute la réputation, des distinctions et de la fortune dues à son mérite et à ses excellentes qualités d'homme et d'artiste. Plusieurs princes l'honorèrent de leur amitié et le comblèrent de leurs bienfaits. L'archiduc Léopold, gouverneur des Pays-Bas pour l'Espagne, lui donna son portrait en médaillon attaché à une chaîne d'or, et le nomma gentilhomme de sa chambre, peintre de sa cour et directeur de son cabinet de tableaux. La reine Christine de Suède donna aussi son portrait à Teniers ; le roi d'Espagne faisait une telle estime des ouvrages de ce peintre, qu'il fit bâtir dans son palais une galerie uniquement destinée à les conserver ; il n'y avait que le roi de France qui ne partageât point cet engouement. Un jour que Bontemps, premier valet de chambre et favori de Louis XIV, voulant faire une surprise agréable à son maître, mit des tableaux flamands, entre autres de Teniers, dans son cabinet, ce monarque, dès qu'il les aperçut, dit : « Qu'on m'ôte ces magots de devant les yeux. » On les souffre aujourd'hui ces magots, chez tous les princes ; mais on aurait tort de vouloir reprocher à Louis XIV son manque de goût et de connaissance en peinture. Les paroles dédaigneuses que nous venons de citer annoncent de la part du grand roi un vif sentiment de l'ensemble majestueux qu'il avait créé, et il ne faut pas de bien longues réflexions pour se convaincre que les bambochades flamandes en général et celles de Teniers en particulier se trouvent déplacées, non-seulement dans les appartements de Versailles, mais encore partout où règne une étiquette tant soit peu sévère.

Pour étudier plus à son aise le type de ses personnages habituels et saisir au vif leurs airs de tête, l'ensemble de leur maintien et de leur costume, Teniers se fit bâtir, près du village de Perck, à trois lieues de Bruxelles, entre Malines et Vilvorde, une belle maison appelée le *Château des Trois-Tours (Dry-Toren)*. A l'exemple de Rubens, seigneur de Steen, son ami et son voisin de campagne, il crut se soustraire à l'affluence de ses admirateurs ; mais sa réputation ne laissa pas de lui attirer une foule de visiteurs. Son château devint le rendez-vous de tout ce qu'il y avait alors de plus distingué parmi les grands seigneurs, les artistes et les curieux du pays. La perte de sa première femme, Anne Breughel, fille de Breughel de Velours, et pupille de Rubens, le gêna par l'obligation où il se trouva de rendre son bien à ses enfants. Il épousa depuis Isabelle du Fresne, fille d'un conseiller au Conseil de Brabant. En 1644, on le nomma doyen de la Confrérie de Saint-Luc d'Anvers. Il mourut à Bruxelles en 1694.

Teniers n'a guère choisi d'autres sujets que ceux où il pouvait placer des paysans, comme des fêtes et noces de village, des cours de ferme, des tabagies, des paysans à la porte de leurs maisons, à l'intérieur de leurs ménages, au milieu de leurs jeux et divertissements. Il a fait encore des corps-de-garde, des laboratoires de chimiste, des assemblées de sorcières, des drôleries de singes; mais ces sortes de sujets ne forment qu'une partie proportionnellement peu considérable de son œuvre. On voit aussi de Teniers quelques sujets bibliques et légendaires qu'il a traités dans le même genre que ses compositions ordinaires, c'est-à-dire comme des scènes de kermesse, de sabbat et de cabaret. Il a copié en petit les principaux tableaux de la galerie de l'archiduc Léopold, dont il avait la direction ; et c'est d'après ces copies qu'a été gravé le recueil d'estampes que les amateurs connaissent sous le titre du *Cabinet de l'Archiduc*. Ces petits tableaux sont si parfaitement dans le goût des originaux qu'il a reproduits, qu'on est surpris qu'il soit parvenu à varier son pinceau de tant de façons différentes. Enfin on trouve, outre ses reproductions, des imitations libres où l'esprit et la main de Teniers ont su prendre avec une étonnante facilité le caractère pittoresque de certains grands maîtres, et c'est à cause de cette facilité qu'il a été nommé le *Protée de la peinture*. Il s'est amusé quelquefois à se transformer en Giorgion, en Titien, en Tintoret, en Paul Véronèse, en Bassan, en Rubens, en Van Dyck, avec tant d'art que le jeu de ses métamorphoses fait éprouver aux yeux les plus expérimentés, au premier coup d'œil, un mouvement de surprise. Il est certain que ceux qui sont peu familiers avec la manière de peindre de Teniers, pourront êtres trompés par les ouvrages qu'on appelle les *Pastiches de Teniers*. Mais en les examinant de plus près, le connaisseur y découvrira le faire caractéristique du pasticheur qui n'a pu le cacher complètement dans ces peintures. Sa patte de singe, toute furtive qu'elle est, décèle toujours la griffe du lion. Tel est l'effet de son talent d'imitateur, Teniers est un de ces peintres inimitables, auteurs d'une manière qui leur devient unique, et qui est pour ainsi dire leur marque de fabrique. Ses ouvrages sont ceux qui plaisent le plus universellement ; les hommes de l'art et les vrais connaisseurs recherchent dans ce peintre la touche spirituelle, qui porte partout la lumière, la couleur, la vie et l'expression ; les simples amateurs se laissent entraîner par les éléments de joie naïve, de franche gaieté, de bonne chère et de bonne bière qui y sont répandus à profusion. C'est Rubens en petit : même esprit de touche, même fraîcheur de teintes, même entente de clair-obscur ; s'il a eu moins de feu poétique, qu'il s'est montré plus fidèle imitateur de la nature. Le genre qu'il a affectionné n'exige point de génie créateur ; la nature en fait tous les frais. Elle fournit à l'artiste le lieu de la scène et les figures qui doivent l'occuper. Son talent consiste dans l'arrangement de ces figures le plus favorable à l'effet du tableau. C'est ce que Teniers a d'autant mieux entendu qu'il ne paraît pas que l'art ait eu part à sa composition, tant les groupes et les figures en sont naturellement disposés. Cette disposition si simple, si exempte de toute apparence d'artifice, qu'en quelque lieu que le hasard fît entrer, on y en trouverait de pareilles, rend toujours agréable les scènes les plus rustiques et les plus bouffonnes qu'il a souvent répétées. Ce sont toujours des ivrognes, des fumeurs, des joueurs; mais l'art avec lequel ce maître sait prendre la nature sur le fait donne à toutes ces sortes de sujets un intérêt toujours nouveau, quoique la scène, les acteurs et les décors soient presque toujours les mêmes. On remarque dans les personnages qu'il met en scène autre chose que des formes humaines bien dessinées et des figures bien coloriées; il y a encore en eux attention, réflexion, occupation d'esprit; en un mot, tout le langage des traits du visage exprimé avec l'enjouement et le badinage d'un pinceau qui fait apercevoir avec plaisir aux moins observateurs ce qu'ils ont vu cent et cent fois avec indifférence.

Il avait une grande facilité dans l'exécution, et ses ouvrages paraissent presque toujours faits au premier coup; en effet, ils les travaillait légèrement, et il employait si peu de couleur que quelquefois l'impression de la toile lui servait de fond. La grande habitude lui avait rendu la main sûre, et jamais coup de pinceau ne fut inutile ni donné mal à propos dans ses tableaux. On en voit nombre de petits qui sont charmants, et que l'on appelle les *Après-dîners de Teniers,* parce qu'il les commençait et les finissait le soir même. Cette aisance extraordinaire avec laquelle il peignait, et l'emploi laborieux qu'il a fait de sa longue vie de quatre-vingt-quatre ans, expliquent la quantité en quelque sorte innombrable d'ouvrages qui sont sortis de ses mains pour entrer dans les musées, les galeries, les cabinets de toute l'Europe.

Il y a cependant un choix à faire dans ses tableaux : ses premiers temps ne sont pas agréables; son milieu est le temps de sa force, et son exécution est alors spirituelle, sans sécheresse, variée conformément à la nature des choses peintes, et telle enfin qu'on y suit la marche rapide, vive et légère du pinceau, ce qui est la première des qualités pittoresques qui caractérisent les beaux ouvrages de Teniers. La couleur en est excellente. On dirait que le peintre l'a soufflée sur ses tableaux, tant elle a de transparence et de légèreté. Elle varie de ton qui est tantôt chaud et vermeil, tantôt frais et blond. Les curieux d'autrefois ont reproché à Teniers d'avoir affecté dans quelques-uns de ses ouvrages une couleur grisâtre; mais ce gris argentin, qui n'est point un gris fade, leur donne souvent une suavité, une *vaguesse* qui rafraîchit agréablement l'œil, et c'est ce ton gris que les amateurs d'aujourd'hui regardent comme étant la couleur par excellence de Teniers, qu'ils recherchent le plus dans les tableaux de ce maître, et qui les désigne pour être de son meilleur temps. Sur la fin, Teniers changea de manière; il eut un faire plus empâté et plus lourd, et il tomba dans une couleur rougeâtre et maussade qu'il répandait tant dans ses paysages que dans ses figures, ce qui en empêchait totalement l'effet.

L'ESTAMINET

(Peint sur toile, haut d'un pied cinq pouces, large d'un pied dix pouces.)

La scène est un intérieur d'estaminet où l'on voit sur le devant, à gauche, deux hommes assis à une table et faisant une partie de cartes. L'un abat son jeu, et fait voir qu'il a gagné. Son adversaire témoigne du dépit et paraît prêt à jeter ses cartes. Les spectateurs sont deux hommes et une vieille femme. A droite, sur le même plan, la maîtresse de l'hôtellerie sort de la cave avec un pot de bière et un plat d'huîtres. Dans le fond, plusieurs hommes boivent et fument près de la cheminée. On y remarque encore ce personnage qui se retrouve si souvent dans les paysanneries de Teniers, qu'il équivaut presque à la signature du maître; nous voulons parler de l'homme qui regarde contre le mur.

A l'exposition de Londres, en 1793, ce tableau et son pendant, intitulé le *Cabaret,* furent achetés 500 guinées par M. W. Beckford.

DOU (GERRIT)

(ÉCOLE HOLLANDAISE. — *V.* page 10.)

LA VIEILLE A LA LAMPE

(Tableau peint sur bois, haut d'un pied, large de neuf pouces.)

Le tableau que cette estampe représente est très-renommé : une vieille femme qu'on dit être la mère de Gérard Dou, en fait le sujet; on l'appelle la *Vieille à la lampe,* parce que c'est une lampe qui l'éclaire. Elle est assise sur une chaise, dans l'intérieur d'une chambre, et occupée à manger de la soupe, tenant d'une main une cuillère de bois, et de l'autre un pot.

A l'exposition de Londres, en 1793, ce petit tableau fut vendu 63 guinées.

CARACHE (LES CARACCI, DITS LES)

(ÉCOLE BOLONAISE)

Cette famille s'est rendue illustre dans la peinture, et elle a formé une des plus fameuses écoles dont l'histoire de l'art fasse mention : ils étaient trois de ce nom, *Louis, Augustin* et *Annibal*, tous trois de Bologne.

Louis Carache, fils d'un boucher, naquit le 21 avril 1555. A Bologne, dans l'atelier de Prosper Fontana, qu'il fréquenta d'abord, ses camarades l'appelaient le *Bœuf*, parce qu'il était lourd et lent dans ses travaux. Le peu de progrès qu'il y fit, engagèrent son maître à lui conseiller d'abandonner la peinture, comme étant un art au-dessus de ses forces. Il passa ensuite à Venise, où il peignit sous la direction du Tintoret, qui ne jugea pas plus favorablement de ses dispositions pour la peinture, et qui lui donna aussi le conseil d'embrasser une autre profession. Louis n'en fit rien : livré à lui-même, il s'opiniâtra tellement à étudier les tableaux du Titien, à Venise, ceux d'André del Sarte, à Florence, ceux du Corrège, à Parme, qu'il surmonta les difficultés que lui opposait la nature de son génie lent et tardif à se développer. De retour à Bologne, il s'annonça par des ouvrages qui ne tardèrent pas à le faire connaître et à le faire estimer. Il y remplit un rôle important comme chef d'école. Son goût de dessin est sévère et noble, sa manière est grande et savante, et il mettait de l'agrément dans ses compositions ; mais sa touche est lourde, et la couleur et l'effet général de ses tableaux sont mornes. Ce défaut, il est vrai, doit être mis en partie sur le compte du temps, Louis ayant souvent peint sur des toiles brunes, qui ont poussé et influé sur le coloris de ses ouvrages. Il mourut à Bologne le 13 décembre 1619.

Augustin Carache, né le 16 août 1557, frère aîné d'Annibal et cousin de Louis, était fils d'un tailleur d'habits. Son inclination paraissant d'abord tournée du côté des belles-lettres, on le fit étudier ; mais ayant ensuite montré des dispositions pour les beaux arts, il fut mis chez un orfévre, qu'il quitta bientôt pour retourner chez son père. Là il suivit le goût qui le portait indistinctement à plusieurs objets. Il s'adonnait à tout ce qui lui venait en fantaisie, à la peinture, à la gravure, à la poésie, aux mathématiques, à la musique, à la danse, et à d'autres exercices qui ornaient son esprit, mais qui le partageaient. Il s'appliqua cependant plus particulièrement à la peinture. Élève de Prosper Fontana et de Bartholomée Passarotti, l'exemple et les enseignements de son cousin Louis lui furent d'un plus grand secours encore, et l'aidèrent à se faire un excellent goût de dessin. Pour se perfectionner dans le coloris, il alla à Parme et à Venise, où il étudia les ouvrages du Corrège et du Titien. Néanmoins il interrompait souvent ses études de peinture pour celles de la gravure, dont il avait appris les éléments de Dominique Tibaldi, architecte de Bologne. Il s'est fait plus connaître par ses pièces au burin que par ses morceaux de peinture, qui ne sont pas bien nombreux. On y aperçoit souvent l'imitation du Corrège, ce maître bien-aimé des trois Carache ; ils ont tous trois cherché la manière *corrégesque*, et Augustin est celui qui en a le plus approché. Ses tableaux sont d'une composition à la fois sage et chaleureuse, d'un dessin ferme et élégant, d'une couleur quelquefois assez fraîche et assez vive, mais souvent triste et monotone. Il mourut à Parme le 22 mars 1602.

Annibal Carache naquit le 3 novembre 1560. Destiné d'abord à suivre la profession de tailleur d'habits qu'exerçait son père, il fut mis bientôt après chez un orfévre. Son cousin Louis, qui s'était chargé de lui montrer à dessiner, pour le rendre meilleur ouvrier en orfévrerie, lui reconnut des talents particuliers pour la peinture. Les progrès rapides de l'élève surpassèrent les espérances du maître. Comme celui-ci ne cherchait que ce qui pouvait être utile à l'avancement de son disciple, il lui conseilla de faire un voyage en Lombardie, pour qu'il pût par la suite mettre à profit les beautés qu'il découvrirait dans les ouvrages des maîtres fameux dans cette contrée. Annibal suivit l'avis de son cousin Louis : arrivé à Parme, il se prit d'une singulière passion pour les peintures du Corrège. De Parme il passa à Venise, où il étudia surtout les tableaux du Titien. Tandis que Louis et Augustin imitaient particulièrement le Corrège, Annibal tenait un juste milieu entre le style gracieux du Corrège et celui du Titien. A son retour à Bologne, il devint bientôt célèbre. Sa renommée parvint à Rome. Le cardinal Odoard Farnèse le fit demander pour peindre la galerie de son palais.

Cette galerie, le plus considérable ouvrage d'Annibal Carache, s'éloigne, pour le goût du dessin et pour celui de la couleur, de la manière que cet artiste s'était faite pendant son voyage en Lombardie, et qu'il avait toujours suivie depuis son retour à Bologne. Comme il avait été séduit autrefois à la vue des peintures du Corrège, il le fut de même lorsqu'il vint à considérer les statues antiques et les ouvrages de Raphaël et de Michel-Ange. Il fit donc passer dans sa manière quelque chose de celle de ces grands hommes, et il crut par là se montrer plus savant ; mais l'on trouva qu'il avait perdu de ce beau naturel et de cette vaguesse qui caractérisent les ouvrages qu'il avait faits avant que de venir à Rome. En effet, sa première manière se fait remarquer par une couleur suave, par un dessin expressif, par un pinceau gras et moelleux, tandis que la seconde se présente plus grande, plus sévère et plus prononcée, mais plus riche, moins délicate et moins vraie de ton, de contour et de touche, ce qui fait que les productions de sa période *lombarde* ou *bolonaise* sont plus recherchées que celles de sa période *romaine*. Les unes coulent de source et semblent sorties sans peine des mains de l'artiste ; les autres, travaillées avec soin, paraissent être plutôt l'ouvrage de l'art que celui de la nature ; l'on reconnaît cependant dans toutes un peintre studieux, jaloux de sa réputation, et qui aime à exercer sa profession.

Il en était tellement épris qu'il lui sacrifia jusqu'à sa fortune. Peu occupé d'amasser des richesses, Annibal les méprisait en vrai philosophe, et ne pensait qu'à se rendre plus habile ; mais s'il parut insensible aux biens et aux honneurs, il ne put l'être à la dureté avec laquelle ceux qui avaient la confiance du cardinal Farnèse en usèrent avec lui, après huit années d'un travail assidu. On lui passa en compte tout ce qui lui avait été fourni depuis qu'il habitait le palais Farnèse, on évalua ses nourritures et l'on crut après cela le récompenser comme il convenait, en lui faisant présenter une somme modique de cinq cents écus d'or. Annibal, qui s'attendait avec raison que le grand ouvrage qu'il venait de finir, le mettrait en état de vivre tranquillement le reste de ses jours, fut outré de désespoir; il s'abandonna au chagrin, et n'ayant fait que languir pendant quelque temps, il mourut à Rome le 16 juillet 1609, âgé de quarante-neuf ans.

A l'époque où les Carache commencèrent à pratiquer la peinture, cet art était déjà fortement sur le déclin dans toutes les écoles d'Italie. Les successeurs de Léonard de Vinci, de Michel-Ange et de Raphaël, absorbés dans la contemplation stérile des chefs-d'œuvre de ces grands maîtres, se traînaient péniblement sur leurs traces, et s'efforçaient vainement de reproduire dans leurs compositions l'esprit de celles de leurs illustres devanciers; ils ne parvenaient qu'à imiter matériellement et à dénaturer des types immortels, sans arriver à en créer eux-mêmes de nouveaux. Au lieu de puiser dans l'étude de la nature un mode d'expression varié et d'y faire entrer leurs sentiments les plus intimes, ils négligeaient absolument le naturel, et travaillant d'après les images qu'ils se formaient dans l'esprit, ils tombaient forcément dans l'uniformité et le maniérisme. Les sujets de dévotion étaient traités comme des scènes de galanterie accompagnées d'un tapage de couleur conforme à l'esprit mondain de cette peinture peu religieuse. Vers la fin du XVIe siècle, plusieurs artistes, heureusement doués et parfaitement convaincus que la peinture s'était trop éloignée de la nature et de la vérité, cherchèrent à s'en rapprocher; mais entraînés par l'ardeur de la réaction, ils donnèrent dans un excès contraire. Servilement attachés à la nature, ils l'imitaient sans choix et copiaient au hasard ce qu'ils avaient sous les yeux. La peinture sacrée descendit des hautes régions de l'idéal dans les bas-fonds d'une réalité vulgaire et même ignoble; elle prit le caractère d'un art profane, dont la passion sans frein était l'âme. Il n'y avait plus aucune idée divine qui présidât à ses conceptions; c'était le démon de la brutalité qui soufflait les inspirations. Les plus vives lumières mises à côté d'ombres très-noires étaient employées comme la ressource ordinaire, au moyen de laquelle se produisait cet élément diabolique avec un éclat de rire infernal.

Les écoles de peinture en Italie se trouvaient ainsi divisées entre deux partis opposés. Le Josépin était à la tête du premier parti, qu'on appelait alors le *parti idéaliste;* le Caravage était le chef du second parti, qui a été désigné depuis sous le nom de *parti réaliste;* l'un et l'autre avaient un grand nombre de sectateurs et jetaient tous les peintres dans des écarts également désastreux. Les Carache entreprirent d'arrêter ce mouvement désordonné et de ramener les esprits aux bonnes traditions de l'art. Ils eurent alors à combattre une ligue puissante et terrible; mais à force de travail et de persévérance, ils eurent le bonheur de sortir vainqueurs de la lutte. Ce fut après le retour d'Augustin et d'Annibal, de leur voyage en Lombardie, qu'ils se réunirent pour fonder à Bologne une académie de peinture qui reçut le nom d'*Accademia degl' Incamminati* (Académie des acheminés). Ce mot, sans équivalent dans notre langue, exprimait le mouvement, le progrès dont ils se proposaient d'être les chefs. Ils la pourvurent de plâtres, de dessins, d'estampes, de livres d'art; ils y joignirent une école du modèle vivant, une d'anatomie, une de perspective; puis dirigèrent leur institution avec un zèle et un discernement qui ne pouvaient manquer d'y attirer des élèves. La nouvelle académie acquit en peu de temps une telle célébrité, qu'elle perdit bientôt son premier nom pour porter définitivement celui d'*Ecole de Bologne.*

Cette école a exercé une influence immense sur la peinture des derniers siècles, pendant lesquels les Carache ont joui sans contestation aucune de la gloire, non-seulement d'avoir arrêté cet art sur les bords du précipice où il allait tomber vers la fin du XVIe siècle, mais encore de l'avoir porté à un degré de perfection qui était inconnu avant eux. Aujourd'hui qu'on croit avoir une idée plus exacte des phases successives de la peinture, les avis sont partagés sur ce long règne des Carache qui dure toujours. Les hommes au goût sévère n'y voient qu'une chute au fond de l'abîme, qu'une dernière fin de l'art. Les autres, plus nombreux et moins exclusifs, veulent que ce règne ait été, sinon une marche ascendante vers l'apogée de la peinture, du moins une halte dans la décadence, une sorte d'arrière-fleuraison et de seconde Renaissance. Au premier abord, il semble difficile d'admettre comme une calamité la création d'une école d'où sont sortis, outre les Carache, ses fondateurs, le Dominiquin, le Guide, le Guerchin, l'Albane. D'un autre côté, la dégénération rapide de cette école dénote un vice de formation qui doit lui être inhérent. Comparés aux maniéristes leurs contemporains, les Carache peuvent assurément passer pour des artistes pleins de sens et de goût; mais quand on les met en parallèle avec les grands maîtres qui avaient paru avant eux, on ne peut s'empêcher de les classer parmi les peintres remplis d'idées fausses et bizarres. Quoiqu'ils eussent soin d'engager leurs élèves à consulter toujours la nature, ils établirent néanmoins pour maxime qu'il fallait joindre à l'observation de la nature l'étude des chefs-d'œuvre de l'antiquité et de la Renaissance pour tout ce que ces chefs-d'œuvre pris séparément étaient censés offrir de plus beau. Ainsi, ils conseillaient d'imiter de l'antique l'élégance et la simplicité; de Raphaël, l'invention et l'expression; du Corrège, la grâce et la morbidesse; de Michel-Ange, l'énergie et la fierté; du Titien, le pinceau savant et le coloris harmonieux; et de composer de ces qualités un tout qui compléterait, sous un même coup d'œil, toutes les parties de la peinture regardées jusqu'à eux comme des dons particuliers. Ce procédé, qui a fait donner aux Carache et aux Bolonais en général le nom d'*éclectiques*, n'est possible que dans une certaine mesure; car, poursuivies avec une conséquence rigoureuse, ces diverses qualités s'excluent et se détruisent les unes les autres. Les Carache l'ont bien senti dans la pratique, et leurs meilleurs ouvrages sont autant de désaveux de leur théorie, en ce qu'ils ont été obligés de s'y borner alternativement à l'imitation prédominante d'un seul maître, et d'y faire valoir, avec une certaine indépendance, les talents qu'ils avaient en propre, et qui étaient très-considérables. Ce qui a nui plus encore à leur art, c'est la supposition chimérique d'un beau idéal qui serait supérieur au beau naturel. En voulant rendre les formes surhumainement belles, ils ont donné aux têtes et au reste de leurs figures nues un air uniforme et commun. Cela joint à la mauvaise habitude qu'ils avaient de tâtonner avec la préoccupation d'un style modelé, est cause que leurs tableaux, malgré la réunion des grandes parties de la peinture qu'on y rencontre souvent, n'excitent pourtant pas un bien vif intérêt, faute d'avoir été conçus et exécutés avec cette spontanéité et cette franchise qui ont répandu tant d'attrait dans les ouvrages des maîtres leurs prédécesseurs. Leur peinture est érudite et recherchée, comme elle le devient facilement dans les écoles déchues qui cherchent à se relever, tandis que dans les écoles qui grandissent, elle se montre plutôt ignorante, naïve et pleine de charme. Les Carache sont venus trop tard, dans une cause condamnée et dans un pays épuisé. L'Italie et l'art italien avaient accompli leur tâche. Les temps anciens allaient finir, et les temps nouveaux commençaient avec la réforme chez les peuples cisalpins. L'Italie n'eut que la force de résister; elle n'eut pas celle de se renouveler. Tous ses efforts n'aboutirent qu'à une restauration de l'Église et de l'art, réalisée aux dépens de toute espèce de liberté et d'originalité. Le différend survenu entre les anciennes traditions et l'esprit nouveau fut vidé avec un succès éclatant dans les Pays-Bas, et c'est là que prit naissance la peinture moderne par excellence, le *genre*. Il est vrai que le parti du mouvement pittoresque a eu ses représentants en Italie; mais les Caravagistes succombèrent dans ce pays, et le *genre* y fut réduit à une existence précaire, chétive et pour ainsi dire parasite. De même que l'Église, acceptant le *statu quo* et le nouveau pouvoir des princes absolus, assura sa durée et son repos, tandis que le monde entier était en ébullition et en travail d'enfant; de même la peinture italienne, conservant les anciennes formes exemptes de l'esprit d'innovation, eut son temps d'arrêt, sa période de restauration, et vécut avec éclat un grand siècle de plus. L'école fondée par les Carache ne parvint pas à ressaisir la hauteur des grandes époques de Michel-Ange, de Raphaël, du Corrège, du Titien; mais elle profita de tout ce que ses devancières avaient produit, et se sentant incapable de recouvrer l'enthousiasme religieux et artiste qui avait été jadis le principe fondamental et vital de la peinture, elle se résigna à le remplacer par un éclectisme large et savant. Elle offrit une réunion d'études qui substitua à une puissante originalité le charme d'un ensemble harmonieux. La science de la composition, le dessin, le coloris avec son éclat séduisant, le clair-obscur avec ses secrets et sa magie, s'unissent, non pas tant pour émouvoir le spectateur que pour l'éblouir. Il en est des peintres de l'école bolonaise comme des architectes de l'école jésuite : ils font du style d'apparat, et procèdent au moyen de contrastes pittoresques disposés par grandes masses. L'effet ne résulte plus de la manière absolument particulière dont on exprime sur la toile ce que l'œil regarde et l'imagination conçoit; il dépend uniquement de l'exactitude avec laquelle sont observées les règles générales de la mise en scène. Le style de cette école ne brille ni par la simplicité, ni par la pureté, ni par la logique, mais il ne manque ni de richesse ni de séduction. C'est le mauvais goût, mais c'est une des formes les moins détestables du mauvais goût.

LA SAINTE FAMILLE

Connue sous le nom du RABOTEUR.

(Tableau peint sur toile, haut d'un pied neuf pouces, large de deux pieds trois pouces. Fig. d'un pied environ.)

Saint Joseph est prêt à marquer un trait sur une planche avec un cordeau, dont l'Enfant-Jésus tient le bout; la planche est sur un établi de menuisier, où l'on voit plusieurs outils de cette profession. La sainte Vierge est assise à droite et occupée à coudre. Le fond représente de ce même côté une maison, et à gauche un paysage.

Ce tableau est de la première manière d'Annibal Carache. Il avait appartenu à M. de la Ravois, avant de passer dans le cabinet du duc d'Orléans, où il était fort estimé des connaisseurs. A l'exposition de Londres, en 1798, il fut acheté 300 guinées par le comte de Suffolk.

CARAVAGE (MICHEL-ANGELO AMERIGHI, DIT LE)

(ÉCOLE LOMBARDE. — *V. page 8.*)

LE SACRIFICE D'ISAAC

(Peint sur toile, haut de trois pieds neuf pouces, large de quatre pieds sept pouces. Fig. de grandeur naturelle.)

La scène du tableau est un paysage. Abraham est prêt à sacrifier son fils, qui a la tête sur une pierre. Un ange, qui est derrière, lui arrête la main dont il tient le couteau et lui annonce que Dieu est satisfait de sa soumission : il lui indique en même temps le bélier qui paraît à droite, et qu'il doit frapper à la place d'Isaac.

Le Caravage fit ce tableau pour le cardinal Maffée Barberini. Il avait appartenu à la reine de Suède et au duc de Bracciano, avant de passer dans la galerie du Palais-Royal. Ce tableau n'ayant pas trouvé d'acquéreur à l'exposition de Londres, en 1798, il fut vendu aux enchères, le 14 février 1800, et adjugé alors pour 47 guinées.

TITIEN (TIZIANO VECELLI, DIT LE)

(ÉCOLE VÉNITIENNE — V. page 15.)

VÉNUS A LA COQUILLE

(Tableau peint sur toile, haut de quatre pieds trois pouces, large d'un pied dix pouces. Fig. au-dessous de demi-nature.)

Cette déesse est représentée sous la figure d'une jeune fille nue, plongée dans l'eau jusqu'à mi-cuisse et pressant ses cheveux pour en faire sortir l'eau. Une coquille qui flotte près d'elle a donné le nom à ce tableau dont le fond est un ciel.

Ce tableau, peu postérieur à celui des *Trois âges de l'homme*, était du nombre des peintures du cabinet de la reine de Suède, que le duc d'Orléans acheta des héritiers du duc de Bracciano, à Rome. A l'exposition de Londres, en 1798, il fut acquis au prix de 800 guinées, par le duc de Bridgewater : il est à présent au comte d'Ellesmere (Bridgewater Gallery), à Londres.

SANTERRE (JEAN-BAPTISTE)

(ÉCOLE FRANÇAISE)

Cet artiste, né à Magny, près de Pontoise, en 1651, vint à Paris se former à la peinture, sous Louis Boullongne le père, et porta dans cette école la tenue d'un esprit tranquille et studieux. Un goût de dessin simple et élégant, un pinceau flatteur et un coloris transparent et naturel, sont les parties de l'art par lesquelles il sut plaire, et comme il ne se sentait point le feu du génie propre aux grandes compositions, il eut le bon esprit de se borner à des sujets gracieux, composés de peu de figures, à des têtes de fantaisie et à des portraits où il réussit très-bien. Il fut reçu de l'Académie en 1704, et mourut à Paris le 21 novembre 1717, âgé de soixante-six ans.

LE RÉGENT

(Tableau peint sur toile, haut de six pieds huit pouces, large de quatre pieds. Fig. de grandeur naturelle.)

Ce tableau représente Philippe, petit-fils de France, duc d'Orléans, Régent du royaume. Il est debout, coiffé d'une perruque et revêtu d'une armure, ayant la main droite appuyée sur un gouvernail, et l'autre sur un globe fleurdelisé. Minerve, tenant une lance, s'approche de lui, et semble le complimenter sur le zèle avec lequel il s'occupe des arts et des sciences. Le fond est un paysage.

NETSCHER (GASPARD)

(ÉCOLE HOLLANDAISE — V. page 13.)

L'INSTRUCTION MATERNELLE

(Tableau peint sur bois, haut de seize pouces, large de treize pouces.)

Ce tableau est désigné à tort sous le titre de la *Maîtresse d'école*, dans la Description des tableaux du Palais-Royal. Il représente une jeune femme assise à une table, et montrant à lire à sa petite fille qui est debout devant elle. L'enfant paraît embarrassé de nommer ses lettres ; la mère détourne sa vue de dessus le livret, et attend, avec une douce complaisance, que la petite ait prononcé. Un petit garçon en robe à manches pendantes, ayant un bonnet garni de plumes, est à droite qui joue avec un chien, monté sur une chaise. La scène est une salle où il y a une grande armoire avec un tableau attaché au-dessus, et à côté une carte de la Hollande.

A l'exposition de Londres, en 1793, ce tableau fut vendu 200 guinées. Il est à présent dans le cabinet de lady Peel, à Londres.

CIGNANI (CARLO)

(ÉCOLE BOLONAISE)

Ce peintre, né à Bologne en 1628, fut d'abord mis sous la discipline de Jean-Baptiste Cairo, de Casal, et puis chez l'Albane, qui l'aima comme son propre fils, et qui publiait partout que cet élève serait le plus grand soutien de son école. La réputation de Cignani s'étendit bientôt. Des princes souverains le firent travailler; et le succès avec lequel il s'en acquitta lui mérita des honneurs et des bienfaits de leur part. Il mourut à Forli, en 1719, âgé de quatre-vingt-onze ans.

Le Cignani a passé pour un des premiers peintres de son temps. Partisan de l'éclectisme qu'avait adopté l'école bolonaise, il s'est efforcé d'unir au style du Corrège celui du Titien, et de se composer ainsi, de ces deux imitations, une sorte de manière originale. On trouve dans ses ouvrages un dessin correct, un coloris agréable, une composition élégante. Il peignait avec facilité, drapait avec goût et exprimait avec succès les passions de l'âme; mais ses tableaux manquent de verve, parce qu'il s'est trop attaché à les finir.

JÉSUS ET LA MADELEINE

(Tableau peint sur cuivre, haut de onze pouces, large de sept pouces. Fig. de dix pouces.)

Le Christ apparaît à la Madeleine sous la figure d'un jardinier et lui dit : « Ne me touchez point, » *noli me tangere*, paroles qui servent de titre à tous les tableaux où ce sujet est représenté. Jésus debout tient une bêche de la main droite, et de la main gauche il repousse Madeleine qui est à genoux, caractérisée par sa boîte de parfums. Le fond est un paysage.

A l'exposition de Londres, en 1798, ce tableau fut acheté 80 guinées par le duc de Bridgewater; il est maintenant chez le comte d'Ellesmere (*Bridgewater Gallery*), à Londres.

VÉRONÈSE (PAOLO CALIARI, dit PAUL)

(ÉCOLE VÉNITIENNE. — *V. page 14.*)

LES ISRAÉLITES SORTANT D'ÉGYPTE

(Tableau peint sur toile, haut de deux pieds onze pouces, large de trois pieds huit pouces. Fig. dans la proportion de vingt pouces.)

Le fond du tableau représente à droite un palais et à gauche une place ornée d'architecture avec deux colonnes et un entablement qui porte un piédestal sur lequel est élevée une statue; le reste est un ciel. Sur le devant, il y a un homme qui tient un seau et un panier; un autre homme, chargé d'un gros paquet sur sa tête, descend les degrés avancés du palais, suivi d'une femme qui porte une cruche, et au bas du perron est une autre femme qui lie des matelas entortillés dans une toile. Derrière, à droite, on voit quantité d'hommes et de femmes sortant du palais avec des paquets, et, dans le lointain à gauche, plusieurs autres Israélites aussi chargés qui traversent la place.

Ce tableau fait pendant avec celui qui représente *Loth et ses filles sortant de Sodome*. Avant que de passer dans le cabinet du duc d'Orléans, ils étaient l'un et l'autre dans celui du duc de Liancourt. Ils ne figurent point parmi les tableaux transportés en Angleterre et exposés à Londres en 1798 : l'un est entré dans le Musée impérial du Louvre; quant à l'autre, nous ignorons ce qu'il est devenu.

CORRÈGE (ANTONIO ALLEGRI, DIT LE)

(ÉCOLE LOMBARDE. — V. page 18.)

L'ÉDUCATION DE L'AMOUR

(Tableau peint sur toile, haut de quatre pieds neuf pouces, large de trois pieds quatre pouces. Fig. à peu près de grandeur naturelle.)

Mercure nu avec son pétase et ses talonnières est assis et montre à lire à l'Amour qui est debout avant lui. A côté, Vénus qui est ailée, debout et toute nue, a le bras gauche appuyé sur l'angle d'un rocher et le droit étendu touchant de la main les ailes de l'Amour. Le fond est une roche entourée d'arbrisseaux.

La notice qu'on lit au bas de l'estampe, dans la dernière édition de notre Recueil, contient l'observation suivante au sujet de ce tableau : « On n'y trouve pas, comme dans les autres ouvrages du Corrège, les grâces du style réunies aux autres parties de l'art. » Aussi plusieurs connaisseurs, entre autres Mengs, avaient-ils mis en doute l'authenticité du tableau de l'*Education de l'Amour*, qu'on voyait dans la galerie du Palais-Royal, et ce tableau passe aujourd'hui à peu près sans contestation pour une copie, dont le véritable original est à la Galerie Nationale de Londres. Cet original a fait partie de la collection de Charles Ier d'Angleterre, qui le tenait du duc de Mantoue ; à la vente des tableaux de Charles Ier, faite par ordre du parlement, à Londres, dans les années 1650 et 1651, il fut acheté 800 livres sterling par le duc d'Albe. Il était, en 1808, à Madrid, chez le Prince de la Paix. Lors de l'invasion française, Murat l'emporta à Naples, et, plus tard, sa veuve étant à Vienne le vendit au marquis de Londonderry, avec l'*Ecce homo*, du même maître, qui est aussi à la Galerie Nationale de Londres. En 1834, le parlement anglais vota 11,500 livres sterling destinées pour l'acquisition de ces deux tableaux. La copie de l'*Education de l'Amour* a subi des déplacements aussi divers pendant le temps qu'elle était regardée comme étant original : ce tableau orna d'abord le palais impérial de Prague, puis le palais royal de Stockholm, ensuite le cabinet particulier de la reine Christine de Suède, à Rome ; à la mort de cette princesse, il fut vendu au duc de Bracciano, de chez lequel il passa dans la galerie du Palais-Royal, à Paris. A l'exposition de Londres, en 1798, il fut acheté 350 guinées par M. Willett. Il a appartenu depuis au chevalier Érard, et, à la vente de cet amateur, qui eut lieu à Paris en 1834, il fut adjugé pour 10,000 francs.

FETI (DOMENICO)

(ÉCOLE ROMAINE)

Ce peintre, né à Rome en 1589, fut disciple du célèbre Cigoli, peintre florentin. Le cardinal Ferdinand Gonzague, qui fut depuis duc de Mantoue, l'amena dans cette ville, où les peintures de Jules Romain lui fournirent matière à de nouvelles études. Le Feti fit aussi un voyage à Venise, où il eut occasion de satisfaire le penchant naturel qu'il avait pour la vigueur du coloris ; mais un autre penchant plus dangereux mit un terme à ses travaux, et il mourut de débauche dans cette ville en 1624, âgé de trente-cinq ans.

Le Feti, en étudiant les manières de différents peintres, s'en était formé une qui lui était propre, et qui tenait de la romaine et de la vénitienne. Il consultait beaucoup la nature, ce qui donne à ses ouvrages un air de vérité frappant. Ce qu'on peut lui reprocher, c'est qu'il n'en a pas toujours fait un bon choix ; que plusieurs de ses figures, malgré leurs vives expressions, manquent souvent de noblesse, et que pour vouloir donner plus de relief à son coloris, il tombe quelquefois dans le noir, défaut cependant qui doit être attribué en partie au temps qui a noirci ses couleurs. Malgré ce défaut, les tableaux du Feti sont recherchés des amateurs : ils y trouvent un pâteux de pinceau hardi et gras. Si l'on veut se faire une idée de ce qu'on entend en termes de l'art par empâtement de couleurs, par peindre dans la pâte, on peut considérer les ouvrages du Feti, et l'on jugera de l'effet qui résulte de cette manière de peindre.

LA FILEUSE

(Tableau peint sur bois, haut de deux pieds sept pouces, large de deux pieds un pouce. Fig. dans la proportion de dix-sept pouces.)

Sur le devant d'un paysage, on voit une femme assise à terre, les jambes nues, et filant sa quenouille. Il y a deux petits enfants avec elle, l'un debout et l'autre assis qui tient une crosse et a un chevreuil à côté de lui. Un grand arbre très-touffu sert de fond à la fileuse. Dans le lointain, à droite, est un homme qui mène une charrue attelée d'un bœuf.

Il faut que ce tableau ait joui d'une grande réputation, même du vivant de Feti, puisque, dans le dernier siècle, on en connaissait à Paris trois tableaux semblables dans lesquels le peintre s'était contenté de faire quelques légers changements ; selon l'avis unanime des connaisseurs, ils étaient tous trois originaux. L'un de ces tableaux se voit aujourd'hui dans le Musée impérial du Louvre. Mariette l'a décrit sous le titre de la *Vie champêtre*, dans le *Cabinet Crozat*, et S. Thomassin l'a gravé sous le nom de l'*Homme condamné au travail*. Ce dernier titre paraît plus exact que les deux autres ; les conceptions du Feti sont, comme on sait, peu profondes, et quand on songe à la manière de voir qui est ordinaire à ce peintre, on a lieu de croire que, par les quatre personnages qu'il a mis en scène, il a voulu caractériser Adam et Ève avec leurs enfants Caïn et Abel. Le second tableau, provenant du cabinet de M. Biberon de Cormery, était au duc de Tallard et fut acquis à sa vente en 1756, par le baron de Stroganoff, qui le fit passer dans sa collection à Saint-Pétersbourg. Le troisième tableau est celui dont nous donnons ici l'estampe ; il avait appartenu à Monsieur, frère de Louis XIV, et père du régent. A l'exposition de Londres, en 1798, M. Maitland l'acheta 100 guinées.

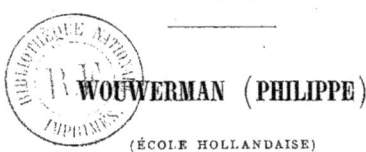

WOUWERMAN (PHILIPPE)

(ÉCOLE HOLLANDAISE)

Cet artiste, fils de Paul Wouwerman, peintre d'histoire fort médiocre, naquit à Harlem en 1620. Après avoir reçu de son père les premières instructions relatives à la pratique de son art, il se perfectionna sous la conduite de l'habile paysagiste Jean Wynants. Les auteurs hollandais qui ont écrit sa vie ne s'accordent point du tout ; les uns veulent qu'il ait tout d'abord tiré de son rare talent les avantages qu'il avait droit d'en attendre ; d'autres disent qu'il vécut malaisé pendant longtemps, et qu'on ne commença à lui rendre justice que très-tard, et malheureusement ce sont ces derniers qui ont dit vrai. Il débuta avec peu de succès : le Bamboche faisait alors l'admiration des Hollandais. La manière de ce peintre n'avait guère de charme, mais elle était en vogue ; Wouwerman suivit le torrent. Il la quitta cependant peu après pour prendre une manière qui était toute à lui. Il ne changea pas pour cela sa position financière, se trouvant dans la nécessité de vendre ses tableaux à bon marché pour pouvoir subsister, jusqu'à ce que l'abbé Cornelis Catsz, curé de l'église catholique de Harlem et voisin de Wouwerman, eut l'obligeance d'avancer à cet artiste une somme d'environ 600 florins de Hollande. Étant ainsi en état de tenir ses prix élevés et de soigner davantage les productions de son pinceau, Wouwerman réussit enfin à se rendre la fortune favorable. Ses tableaux, qui jusqu'alors avaient été assez vigoureux de couleur, sans en excepter ceux où il n'avait pas suivi les principes du Bamboche, devinrent plus vagues, et par conséquent plus agréables ; on les goûta, et ils firent oublier absolument le Bamboche et ses prôneurs. Wouwerman parvint alors au point de la plus haute réputation, et l'on s'empressa de toutes parts à avoir de ses ouvrages. Nous professons trop de respect pour le rare génie de Wouwerman pour regarder comme probable le motif que Houbraken et après lui Campo-Weyerman ont allégué pour expliquer l'extrême variété qui nous étonne avec raison dans les œuvres de ce grand peintre. Ces auteurs rapportent que Wouwerman, lorsqu'il se vit près de mourir, fit brûler les études et les dessins du Bamboche qu'il avait eu occasion de se procurer, afin de cacher au public le secours qu'il en avait tiré. Ce n'est qu'un conte d'atelier inventé à plaisir et injurieux à la mémoire d'un artiste d'un mérite infiniment supérieur à celui du Bamboche. Il mourut à Harlem le 19 mai 1668.

Wouwerman est, comme Teniers, un prodige de fécondité. On trouve ces deux maîtres partout, et presque toujours les mêmes ; cependant on ne s'en lasse point, car ils sont tous deux d'excellents peintres de mœurs, et ils ont un véritable génie d'observation et d'expression, outre qu'ils sont très-adroits comme praticiens. Leurs ouvrages rassemblent dans un rare degré de finesse et de perfection tout ce que l'art a de plus piquant dans les genres familiers qu'ils ont cultivés de préférence. Si Teniers s'est attaché particulièrement à peindre le monde des paysans, Wouwerman a surtout pris plaisir à représenter le milieu des gentilshommes. Ce peintre a parfaitement saisi le côté mi-chevaleresque mi-bohémien de l'époque si agitée qui marque la fin de la Guerre de Trente ans. Ses ouvrages tiennent du genre romantique peint d'après nature. Sous ce rapport, ses tableaux sont très-précieux. On y trouve reproduits, avec une fidélité scrupuleuse et un talent admirable, les lieux, les costumes, les occupations, tout l'aspect de la vie seigneuriale d'alors. En voyant les peintures de Wouwerman, on croit lire Gilblas ou les aventures de Guzman d'Alfarache ; ce sont des pages de *Roman comique* qui, dans les mille épisodes des chasses, des voyages, des combats, des embuscades et des campements, nous initient aux habitudes cavalières de la société des nobles de ce temps. Wouwerman a souvent peint les mêmes sujets ; mais grâce à la richesse de son imagination, ils n'ont entre eux aucune véritable ressemblance : figures, accessoires, sites, heures du jour, saisons, tout s'y montre sous un aspect différent. Personne n'a su mieux que lui choisir les circonstances propres à les diversifier et à leur donner un intérêt toujours nouveau. Ses sujets les plus habituels étaient des départs et des retours de chasse, des combats de cavalerie, des camps, des écuries, des manèges, des abreuvoirs, des forges et des hôtelleries de campagne, toutes les espèces de paysages animés dans lesquels il avait occasion de placer des chevaux qu'il dessinait d'une perfection singulière, et dont il savait rendre avec beaucoup de précision les différents mouvements. Dans ses figures d'un tour fin et expressif, Wouwerman est encore un peintre extraordinaire, en ce qu'il a rendu avec une rare sagacité, et jusque dans leurs moindres nuances, le maintien et les habitudes qui conviennent à chaque âge ainsi qu'à chaque profession.

Quand on songe à la multitude de figures et d'animaux dont Wouwerman a meublé ses tableaux, et quand on fait attention au beau fini qu'il y a mis, on a de la peine à s'imaginer comment il a pu en faire une aussi grande quantité en sa courte vie de quarante-huit ans. Teniers du moins, avec ses quatre-vingt-quatre ans d'âge, a eu presque deux fois cette vie d'artiste, pour fournir une masse de travail aussi considérable. D'ailleurs sa manière est très-différente : elle paraît bien plus facile et d'une bien plus prompte exécution, tandis que celle de Wouwerman, par la beauté du travail et la fonte des couleurs, semble avoir exigé beaucoup plus de soins et de temps. Il fallait que Wouwerman eût acquis une si grande pratique dans sa manière de peindre, que ses tableaux ne lui coûtaient apparemment aucune peine à pousser à ce grand fini : autrement il n'aurait pas pu en sortir tant de ses mains. Il est vrai qu'en les examinant avec attention, on y reconnaît un pinceau facile, gras et nourri, bien éloigné de la sécheresse et de la peine que l'on remarque ordinairement dans les ouvrages de ceux qui se sont appliqués à les finir avec autant de soins. Les tableaux des premiers temps de Wouwerman se ressentent de l'imitation du Bamboche : ils sont d'une couleur très-brune et d'un faire vigoureux, mais sec. Quoique les ouvrages de sa seconde manière conservent encore quelquefois les fonds rembrunis et les ombres rousses, la couleur en est généralement plus claire et plus vaporeuse ; elle varie de nuances, et est souvent d'un ton légèrement violet et gracieux sans fadeur. Le pinceau est plus flou, et arrive peu à peu à une exécution si suave et si bien fondue, que l'ouvrage semble fait d'une même continuité de travail, et n'être en quelque sorte que d'une seule touche. Dans les tableaux que Wouwerman a peints ultérieurement, le ton général tient le milieu, quant aux diverses manières de ce maître, c'est-à-dire, entre sa couleur bleuâtre et sa couleur rougeâtre : il tire plutôt sur le gris ; mais c'est un gris argentin qui a beaucoup d'agrément, et qui est fort apprécié des connaisseurs. Il est vrai que sur la fin il a quelquefois porté à l'excès cette couleur tendre, et les tableaux peints dans son dernier temps donnent un peu dans le gris cendré ; cependant ce peintre jaloux de son talent n'est jamais descendu au-dessous de lui-même.

LA CHASSERESSE

(Tableau peint sur bois, haut d'un pied six pouces, large de deux pieds.)

Ce tableau représente un départ pour la chasse au vol. La scène se passe à la porte d'une maison de campagne surmontée d'une terrasse, et sur laquelle sont des cavaliers et des dames faisant de la musique. A côté de la maison, au second plan, est une fontaine dont l'eau jaillissante se détache sur de grands arbres. Sur le premier plan, qui est formé d'un chemin, sont distribués les principaux personnages de la scène. A droite, une dame à cheval regarde un chasseur abordant une chasseresse à laquelle il prend le menton ; les deux chevaux qui attendent ce couple galant sont tenus par un palefrenier et placés au milieu de la composition. Vers la gauche, un fauconnier, vu de dos, présente l'oiseau à une dame à cheval ; un second fauconnier, l'oiseau sur le poing, vient en avant, suivi de deux chiens accouplés. Quantité d'autres figures et accessoires ajoutent à l'intérêt de ce tableau, dont le lointain se termine par une chaîne de montagnes.

A l'exposition de Londres, en 1793, ce tableau fut vendu 200 guinées. En 1842, il appartenait, suivant Smith, aux héritiers de M. Penryce, à Yarmouth.

SCHIDONE (BARTOLOMMEO)

(ÉCOLE LOMBARDE)

On sait peu de chose sur la vie de ce peintre qui naquit à Modène vers 1580. Malvasia le dit élève des Carache ; mais on n'en voit aucun indice dans les tableaux du Schidone. Il se maria à Parme, où le duc Ranuce Farnèse l'avait attiré et l'avait fait son premier peintre. Comblé de faveurs par le prince et vivant dans l'aisance, il eut lieu d'être satisfait d'une situation où il pouvait se livrer paisiblement à l'exercice de son art ; mais il était joueur, et ayant perdu dans une nuit une grosse somme qu'il se trouva hors d'état de payer, il en fut si affecté qu'il en mourut de douleur à Parme, en 1615, âgé d'environ trente-six ans.

Le Schidone a laissé peu d'ouvrages : ils tiennent quelquefois de ceux du Guerchin et du Caravage, et alors ils sont d'un grand effet, mais durs d'ombres et de lumières ; le plus souvent on y sent l'imitateur du Corrège, mais à un degré très-distant. C'est à peu près la même manière, plus molle, plus doucereuse, plus maniérée. Les tableaux du Schidone ne sont cependant ni sans mérite ni sans agrément : si les meilleurs approchent de ceux du Corrège, c'est par un pinceau gras, moelleux, et par une couleur ragoûtante ; mais, quant à l'expression, ils en restent éloignés de toute la distance qui sépare la grâce naïve et touchante de la grâce étudiée, et qui s'appelle communément de l'afféterie. Son dessin, quoique juste dans les proportions, quoique passablement doux et coulant de contour, manque d'un caractère assez prononcé. Toutefois, cette teinte de grâce *corrégesque* qu'il a su répandre dans ses figures fera toujours rechercher ses ouvrages.

L'ÉDUCATION DE L'ENFANT JÉSUS

(Tableau peint sur bois, haut de treize pouces, large de dix pouces.
Figure dans la proportion de dix-huit pouces.)

L'Enfant Jésus est sur les genoux de la Vierge, et saint Joseph est à côté d'elle. Ils tiennent ensemble un livre devant l'Enfant Jésus qui marque avec l'index l'endroit où il lit. Le fond est un paysage.

Le texte qui accompagne la première édition de la galerie du Palais-Royal, nous apprend qu'on lit derrière ce tableau, en écriture du temps et presque effacée, les mots suivants : « *Opera del* « *Signor Bartolomeo Schidone comprata dalla Sig^a Violante Ca-* « *vedone sua suocera, pezze* 168^l 7 *di contanti, e a lei donata* « *dalla Sig^a Barbara che era moglie del d^{to} Sig^r Schidone, ora* « *moglie di Flaminio Scotti Parmict.* » (Ouvrage de Bartholomée Schidone, acheté de la dame Violante Cavedone, sa belle-mère, au prix de 168 liv. 7 d.; il lui avait été donné par la dame Barbara, anciennement épouse dudit Schidone, et à présent femme de Flaminio Scotti, de Parme.) Il paraît que ce tableau passa en 1645 à Michel Mazarin, archevêque d'Aix, et après lui au cardinal Mazarin, son frère, à Paris; à l'inventaire de ce ministre, fait en 1660, il était estimé 500 liv. tournois. Il a appartenu depuis au peintre Coypel, qui le vendit au duc d'Orléans.

A l'exposition de Londres, en 1798, il fut acheté 300 guinées par le duc de Bridgewater; il est maintenant au comte d'Ellesmere (Bridgewater Gallery), à Londres.

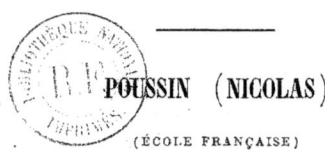

POUSSIN (NICOLAS)

(ÉCOLE FRANÇAISE)

Ce peintre naquit aux Andelys, petite ville de Normandie, en 1594. Étant encore fort jeune, il donna des marques de l'inclination naturelle qu'il avait pour le dessin. Son père, qui était d'extraction noble, s'y opposa d'abord; mais il céda ensuite aux conseils de Quintin Varin, peintre assez habile, et laissa à son fils la liberté de suivre son goût. Le jeune Poussin en profita pour se livrer entièrement à l'étude de la peinture. A l'âge de dix-huit ans, il quitta la maison paternelle, et vint à Paris pour se perfectionner dans son art; mais n'ayant trouvé dans cette ville aucun maître qui pût remplir le but qu'il s'était proposé, il prit la résolution d'aller visiter l'Italie. Deux fois il entreprit le voyage, et deux fois des obstacles le ramenèrent à Paris. Cependant, après avoir exécuté plusieurs ouvrages qui furent appréciés de quelques connaisseurs, il médita un nouveau voyage en Italie. Les ressources pécuniaires que lui avaient procurées ses travaux récents lui permirent cette fois de ne pas revenir sur ses pas. Au printemps de 1624, il entra enfin dans Rome, cette ville fameuse après laquelle il soupirait depuis si longtemps. Sans appui et sans patrons, il eut toutes les peines du monde à subsister. Il était obligé de donner ses tableaux pour un prix qui payait à peine la toile et les couleurs qu'il y employait. L'ardent désir qu'il avait de s'avancer dans son art lui fit surmonter toutes ces difficultés, et comme il savait se passer de peu, il ne se découragea point. Son premier dessein fut de commencer par copier les tableaux de ne pas grands maîtres, et il est vrai qu'il en copia plusieurs d'après le Titien, à quoi l'on attribue la force de couleur que l'on remarque dans ses premiers ouvrages; mais ayant fait connaissance, par la suite, avec deux fameux sculpteurs de ce temps-là, qui étaient l'Algarde et François Flamand, chez lequel il demeurait, il prit tant de goût pour le mérite qu'il reconnut dans les figures antiques, qu'il ne s'attacha plus qu'à étudier ces morceaux ; il les dessinait et les modelait avec un soin extrême. Il fit alors moins de cas du coloris que de la correction du dessin : il dédaigna les grands coloristes, et il étudia de préférence les maîtres qui avaient été surtout dessinateurs et compositeurs. Il apprit la géométrie, l'optique, la perspective, l'architecture et l'anatomie; sa conversation, ses lectures et ses promenades étaient d'ordinaire relatives à sa profession. Tant de peines et d'études furent enfin récompensées par le succès du tableau de la *Mort de Germanicus*, qu'il peignit pour le cardinal Barberini. Ce morceau et celui de la *Prise de Jérusalem par Titus* le firent connaître pour un artiste supérieur. Les ouvrages qui suivirent accrurent encore sa réputation, dont le bruit parvenu en France fit désirer d'y recevoir un artiste qui faisait tant d'honneur à sa nation. Sur le conseil du cardinal de Richelieu, Louis XIII ordonna à M. des Noyers, ministre d'État et surintendant des bâtiments, de lui écrire pour qu'il revînt à Paris. Poussin eut d'abord peine à se rendre à ces invitations, mais M. de Chantelou, qui allait en Italie, le détermina et le ramena avec lui en France vers la fin de 1640. Le roi lui fit l'accueil le plus gracieux : il le nomma son premier peintre, et le chargea de différents travaux, entre autres de la décoration de la galerie du Louvre. Les concurrents envieux virent bientôt avec chagrin la faveur dont le Poussin jouissait; Simon Vouet et Fouquières qui devait peindre dans cette galerie les vues des principales villes de France, furent des premiers à blâmer ses projets. Ces tracasseries, qui le mettaient dans l'obligation de répondre à d'injustes critiques, devaient déplaire beaucoup à un homme moins ambitieux que passionné pour son art, et le dégoûter du séjour de Paris. Ayant sollicité un congé sous le prétexte d'aller chercher sa femme et de mettre ordre à ses affaires, il retourna à Rome en 1642. Cependant, il devait revenir à Paris, et on le lui avait fait promettre; mais il se crut dégagé de sa promesse par la mort du cardinal de Richelieu, arrivée en 1643, et celle de Louis XIII, qui suivit cinq mois après. Le Poussin resta donc à Rome comme il le désirait. Il y trouva un avantage plus précieux pour lui que la protection des puissants: la liberté de ne suivre que les inspirations de son génie. Aux talents supérieurs qu'il avait pour la peinture, le Poussin joignait encore de grandes vertus morales et domestiques. La simplicité de ses mœurs et son désintéressement étaient extraordinaires. Il vécut dans une honnête médiocrité, se souciant moins des faveurs de la fortune que des honneurs qu'il acquérait par l'exercice de son art. Sa coutume était de ne jamais faire de marché pour le payement de ses tableaux ; il marquait derrière la toile, le prix qu'il en voulait, et renvoyait ce qu'on lui présentait en sus de la somme demandée. Il mourut à Rome, le 19 novembre 1665, âgé de soixante et onze ans.

A l'arrivée de Poussin à Rome, la peinture relevée par les Carache, commençait déjà à pencher vers sa chute définitive. La portée morale des œuvres pittoresques s'amoindrit à vue d'œil ; on y trouve rarement un sentiment profond et individuel ; l'attention nécessaire pour traiter dignement les sujets faiblit, et l'exécution matérielle même devient de plus en plus négligée. Les anciennes écoles disparaissent jusqu'à la dernière trace : elles sont remplacées par une cohue de manières différentes où l'on distingue trois groupes principaux. Le premier groupe est celui des *Académiciens* : il se compose de cette multitude de peintres qui étaient sortis de l'école des Carache, et dont quelques-uns s'attachèrent avec succès à imiter le Guide, l'Albane, le Dominiquin ; d'autres adoptèrent la méthode établie par les Carache pour en faire un véritable système académique. Les tentatives de ces derniers constituent ce qu'il y a de plus sérieux parmi les différentes manières ; mais les ouvrages qu'ils produisent sont autant d'agrégats de règles mortes, sans aucune originalité, et offrent, par conséquent, peu d'attrait. Dans le second groupe, moins nombreux que le premier, on voit figurer les *Réalistes*, successeurs du Caravage ; cependant, à la différence de ce maître, ils négligent l'exacte imitation de la nature, et exagérant l'exposition subite de clair et d'ombre, ils donnent tête baissée dans les effets durs et criards. Enfin, beaucoup de peintres formant le troisième groupe suivent l'exemple de Pietre de Cortone. Sans avoir le moindre égard pour la dignité du sujet qu'ils représentent, et sans consulter en rien la nature, ils se contentent de produire des effets piquants et agréables, de sorte que, faisant leurs ouvrages sur une même idée qui dégénère en pratique commune et hâtive, ils finissent par descendre au rang de simples *peintres décorateurs*.

La pureté et l'originalité de l'art étaient donc comme ensevelies et proscrites partout en Italie : Poussin résolut de les exhumer et de leur donner un asile dans ses ouvrages. Comme il avait été son maître à lui-même, il ne tenait à aucune école, à aucune coterie, et il avait plus qu'un autre la chance de réussir dans la tâche difficile qu'il entreprit. On peut l'appeler à bon droit le second restaurateur de la peinture, tant il prit de peines et de soins pour arriver à la grande idée qu'il s'était faite de la perfection de cet art. Il est vrai qu'on le nomme plus communément et plus justement encore le *peintre des gens d'esprit*. Poussin est en effet le peintre des hommes lettrés. Ceux même qui sont peu sensibles aux charmes de la peinture, ont du plaisir à examiner ses compositions qui fournissent ample matière à la causerie, à la discussion, aux commentaires et aux conjectures. Les investigateurs les plus sagaces peuvent hardiment tendre leur esprit à s'appliquer à chercher dans ces compositions des pensées fines et ingénieuses, des sens profonds et multiples, ils ne risquent pas aisément d'y trouver plus que l'auteur doit s'être imaginé y avoir mis. Né à une époque où les perfections de ses prédécesseurs et les défauts de ses contemporains le mettaient en état de ramener son art à des principes raisonnés, Poussin prit la critique pour guide et pour appui. Tout ce que la réflexion, le jugement et l'étude peuvent rassembler, il l'a produit, quoiqu'en marquant qu'il n'a pas été érudit pour rien. Il avait même l'esprit du sentiment : ses tableaux, toujours mûrement et doctement pensés, font souvent beaucoup d'impression ; mais ils agissent moins puissamment sur celui qui regarde que sur celui qui écoute. Avec une grande intelligence de la portée des sujets qu'il traitait, Poussin avait un goût rare pour le style de la composition, la beauté des formes, la grâce des mouvements et le choix des draperies. Mais comme il méditait beaucoup le sujet qu'il devait représenter, et qu'il aimait à profiter de tout ce qu'il avait observé de beau, de relevé et de sublime dans les chefs-d'œuvre de l'antiquité et des temps modernes, la réflexion et l'étude éclectique qu'il poussait trop loin donnent à ces avantages une apparence intentionnelle qui déplaît, et jettent en quelque sorte de l'eau sur le feu de ses premières conceptions. Quoi qu'il en soit, sa manière est nouvelle et originale ; elle n'appartient qu'à lui, et l'on ne peut nier qu'à certains égards elle ne soit forte et grande. Il s'est formé cette manière sur les sculptures antiques auxquelles il avait voué une vraie idolâtrie, et sur les peintures de Raphaël et du Dominiquin qu'il estimait au-dessus de tous les maîtres italiens comme étant ceux qui avaient le mieux composé, le plus correctement dessiné, et le plus vivement exprimé les passions de l'âme, trois choses que le Poussin a toujours crues les plus essentielles à la peinture. Le grand nombre de tableaux qu'il a faits, et parmi lesquels on en trouve de toutes sortes, et plusieurs fois les mêmes, mais toujours très-différemment traités, sont les marques de la facilité qu'il avait, tant dans l'invention que dans l'exécution. Toutes ses compositions sont ingénieuses, disposées avec beaucoup d'art, quoiqu'un peu trop en bas-reliefs, et accompagnées de toutes les circonstances qui peuvent agréablement orner un sujet et contribuer à le faire connaître plus distinctement. Autrefois on trouvait que toutes les convenances par rapport aux temps et aux lieux y étaient scrupuleusement observées ; que les diverses nationalités y étaient accusées au vif de manière à distinguer aisément les Grecs d'avec les Romains, les Perses et les Égyptiens d'avec les habitants de la Syrie et de la Judée ; en un mot, que la couleur locale y était parfaite. Mais aujourd'hui qu'on a sur ces points des notions tirées de documents plus originaux que les marbres antiques où il a pris une connaissance si peu exacte des habillements des différents peuples, de leurs traits, de leurs usages, de leurs armes, et cette multitude d'ornements qu'il employait avec un discernement si peu juste ; aujourd'hui, disons-nous, l'opinion a changé, quoiqu'on ne songe plus, comme on l'a fait, à absoudre sérieusement le Poussin de tout péché contre les lois de la convenance et du costume. Son dessin correct avait été également puisé sur l'antique, mais avec trop de scrupule et de soin méticuleux, ce qui donne souvent à ses figures un air de statue, à ses têtes un air de masque, et fait presque toujours consister l'expression dans l'attitude plutôt que dans le jeu de la physionomie. Ce goût trop exclusif pour l'antique lui a fait négliger le naturel, et là sans doute cette timidité dans le jet de ses draperies, les plis trop multipliés de ses étoffes exécutées avec une sécheresse qui se ressent de l'habitude qu'il avait de travailler d'après des mannequins habillés de linge mouillé ou de toile fine ; de là aussi la faiblesse de coloris qu'on remarque dans la plupart de ses tableaux. La couleur en est tantôt peu brillante, tantôt peu harmonieuse, la force et l'accord s'y trouvent rarement réunies.

Doué d'un esprit supérieur qu'il avait cultivé par une érudition profonde dans toute sorte de littératures, par une recherche très-attentive des choses qui regardent son art, et par un travail très-assidu, le Poussin a peint avec la même facilité les sujets empruntés à l'histoire sacrée et profane, à l'allégorie et à la mythologie païenne ; c'est cependant dans les sujets de cette dernière espèce qu'il a surtout excellé. Il a encore grandement réussi dans le paysage. De son temps, la tradition ne pesait pas encore sur ce genre de peinture tout récent alors : le Poussin pouvait s'y mouvoir à son aise, d'après ses impulsions directes, en dehors de toute réminiscence ; aussi l'a-t-il traité d'une manière originale et d'un grand style, augmentant l'intérêt des sites riches et pittoresques, par celui des sujets épisodiques qu'il y introduisait, et qui sont d'un caractère tantôt pastoral, tantôt moral, et toujours conforme au sentiment hautement poétique qui a présidé à la composition de l'ensemble. Il est à regretter que le Poussin ait peint habituellement sur de la toile imprimée en rouge ; cette impression a poussé au travers de la peinture, et en a dévoré les demi-teintes. L'effet général d'un grand nombre de ses plus beaux tableaux en a souffert tellement, qu'il faut être artiste ou connaisseur exercé pour en sentir maintenant toutes les beautés.

LE FRAPPEMENT DU ROCHER

(Peint sur une toile haute de trois pieds, large de quatre pieds cinq pouces. Fig. dans la proportion de treize pouces.)

Moïse, debout à gauche au second plan, fait voir, avec la verge dont il a frappé la pierre d'Horeb, l'eau qui en sort, et qui a formé un ruisseau au bas. Aaron est derrière son frère, indiquant aux anciens et au peuple que le Seigneur a été touché de leurs maux. On voit au pied du rocher, sur le devant, une femme dans une attitude d'admiration à la vue du miracle qui s'opère, une vieille tout au bord du tableau joignant les mains qu'elle élève, et un enfant de face qui lève sa chemise, donnant un libre cours aux effets de l'eau qu'il a bue. Une femme à genoux boit dans une jatte ; un homme au-dessous aussi à genoux et fort baissé, porte un vase à sa bouche ; et devant ce dernier, un autre homme un genou en terre, s'appuyant sur sa main droite, étend le bras gauche, pour puiser dans le ruisseau avec une amphore ; derrière lui au-dessus est un jeune garçon qui tend un pot à un autre qui se penche, pour le tenir, et boire à même. Dans le coin à droite, est une mère avec deux enfants presque nus ; elle en a un sur elle, et tend un vase à l'autre qui le tient à deux mains. Près d'elle, un vieillard, à genoux et les mains jointes, rend grâce au ciel d'un secours si inattendu. De grands arbres séparent ces premiers plans d'avec un lointain très-étendu où l'on aperçoit une partie du camp des Israélites, situé au pied de la montagne.

Ce tableau a été peint, en 1634, pour M. de Gillier, attaché au maréchal de Créquy alors ambassadeur de France à Rome. Après avoir appartenu ensuite à M. de l'Isle Sourdière, au président de Bellièvre, à M. de Dreux et au marquis de Seignelay, il passa dans le cabinet du duc d'Orléans. A l'exposition de Londres, en 1798, il fut acheté 1000 guinées par le duc de Bridgewater : il est à présent au comte d'Ellesmere (Bridgewater Gallery) à Londres.

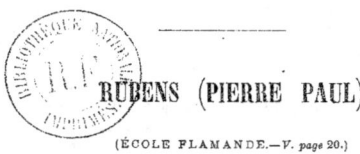

RUBENS (PIERRE PAUL)

(ÉCOLE FLAMANDE.—V. page 20.)

LE RETOUR DE DIANE

(Tableau peint sur toile, haut de six pieds sept pouces, large de sept pieds cinq pouces. Fig. de grandeur naturelle.)

Diane suivie de ses Nymphes avec des chiens occupe le milieu du tableau. Elles ont toutes des piques, et une d'elles porte au bout de la sienne sur son épaule, un lièvre. Elles sont dans l'attitude de personnes qui marchent. Silène, chargé de raisins et de fruits, vient au-devant d'elles, accompagné d'un homme qui a un gros panier de fruits qu'il présente à la Déesse. Deux petits enfants sont à côté du nourricier de Bacchus, et derrière lui on distingue un joueur de cornemuse qui embrasse une femme. Le fond est un paysage.

Ce tableau était autrefois à Rome dans le palais du duc de Bracciano. Le duc d'Orléans Régent le fit acheter ainsi que beaucoup d'autres tableaux de ce palais, et provenant pour la plupart du cabinet de la reine Christine de Suède. A l'exposition de Londres, en 1793, il fut vendu 400 guinées.

REMBRANDT (REMBRANDT HARMENSZ VAN RYN, DIT)

(ÉCOLE HOLLANDAISE. — V. page 9.)

LE BOURGMESTRE

(Tableau peint sur toile, haut de quatre pieds cinq pouces, large de trois pieds quatre pouces. Fig. de grandeur naturelle.)

C'est un vieillard à longue barbe blanche, ayant une calotte noire sur la tête. Il est assis dans un fauteuil, la main droite élevée, et la gauche appuyée sur le bras du même fauteuil.

A l'exposition de Londres, en 1793, ce tableau était estimé 300 guinées.

CORRÈGE (ANTONIO ALLEGRI, DIT LE)

(ÉCOLE LOMBARDE. — *V. page 18.*)

LE MULETIER

(Tableau peint sur toile, haut de deux pieds un pouce et demi, large de deux pieds dix pouces et demi. Fig. d'un demi-pied.)

Ce tableau représente un grand mulet chargé, suivi d'un petit, et conduits par un muletier qui parle à un paysan qu'il paraît arrêter. Le fond est un paysage.

On prétend que c'est une enseigne de cabaret que le Corrège avait faite pour son hôte, quoique la perfection de ce tableau fasse douter qu'il ait servi à cet usage. Il a fait partie du cabinet de la reine Christine de Suède, d'où il passa dans la galerie du duc de Bracciano, à Rome, et de là dans celle du Palais-Royal, à Paris. A l'exposition de Londres, en 1798, il fut acheté 80 guinées par le comte de Gower; il est à présent à Stafford House, chez la duchesse de Sutherland (Sutherland Gallery), à Londres.

VÉRONÈSE (PAOLO CALIARI, DIT PAUL)

(ÉCOLE VÉNITIENNE. — *V. page 14.*)

LE JUGEMENT DE SALOMON

(Peint sur toile, haut de cinq pieds trois pouces, large de neuf pieds sept pouces. Fig. de petite nature.)

Le roi Salomon vêtu d'une riche robe, ayant une espèce de turban avec une couronne, et tenant son sceptre de la main droite, est sur son trône sous un pavillon d'écarlate. Deux vieillards sont assis à ses côtés, et aux pieds de celui qui est à droite, il y a un homme à genoux appuyé sur les degrés du trône, qui tient un papier dans lequel il paraît lire. La vraie mère est à genoux sur le premier degré, et marque par la douleur de son visage tourné du côté de Salomon, et par ses bras ouverts, qu'elle aime mieux céder son enfant que de le voir couper en deux, comme un homme bizarrement vêtu qui le tient par un pied, la tête en bas, semble être prêt à faire : au lieu que cette cruelle situation ne paraît point toucher la fausse mère qui est derrière aussi à genoux. Les officiers de Salomon, deux gardes et des spectateurs remplissent le reste du tableau dont le fond représente un vestibule qui est soutenu par des pilastres cannelés et des colonnes avec leurs piédestaux, et laisse voir dans le lointain un temple d'une architecture magnifique avec un ciel.

Le duc d'Orléans avait eu ce tableau du duc de Modène. A l'exposition de Londres, en 1798, il fut acheté 60 guinées par le duc de Bridgewater ; il est à présent au comte d'Ellesmere (Bridgewater Gallery), à Londres.

NETSCHER (GASPARD)

(ÉCOLE HOLLANDAISE — *V. page 13.*)

L'OFFRANDE A VÉNUS

(Tableau peint sur toile, haut d'un pied six pouces, large d'un pied deux pouces.)

La statue de Vénus accompagnée de l'Amour est sur un piédestal enrichi de bas-reliefs, et que deux femmes à genoux ornent de guirlandes. Une troisième debout tient un vase de métal qu'elle vient offrir à la déesse. On voit dans l'éloignement deux satyres, dont un surprend une jeune Nymphe qui le repousse. Le fond est un paysage.

ROMAIN (GIULIO ROMANO, DIT JULES)

(ÉCOLE ROMAINE)

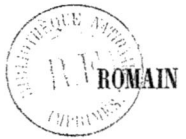

Ce peintre, né à Rome en 1499, entra fort jeune à l'école de Raphaël. Ses talents pour la peinture, son humeur douce et affable, une conversation enjouée et gracieuse, lui gagnèrent tellement l'amitié de son maître, que celui-ci le traita comme s'il eût été son frère, lui révéla tout ce qu'il y avait de plus secret dans son art, et le fit en mourant l'un des deux principaux héritiers qu'il institua. Pendant la vie de Raphaël, Jules Romain ne peignit que sur les dessins de ce maître, qui l'employa toujours dans ses plus importantes entreprises. Après la mort de Raphaël, il tenait le premier rang parmi les artistes de Rome. Le pape Clément VII le chargea, conjointement avec le Fattore et Perrin del Vague, d'achever sur les dessins de Raphaël les tableaux que ce maître avait commencés dans le Vatican, où il peignit entièrement la bataille de Constantin. Si Jules Romain recueillit le plus grand honneur de cet ouvrage, il pensa dans le même temps gâter beaucoup ses affaires par les dessins qu'il avait fournis au graveur Marc-Antoine pour illustrer les sonnets licencieux de l'Arétin, et dont les estampes introuvables sont connues sous le nom des *Figures de l'Arétin*. Tout l'orage tomba sur le graveur, qui fut mis en prison et eût couru risque de la vie sans le crédit du cardinal de Médicis. Quant au peintre, il était déjà parti pour Mantoue où l'avait appelé le duc Frédéric Gonzague. Il y construisit le palais du T (ainsi nommé parce que son plan approche de la forme de cette lettre de l'alphabet), et il en orna les appartements d'ouvrages de stuc et de peintures. C'est le monument le plus considérable qu'il ait laissé de ses talents. Le Sojaro, Niccolo dell'Abate, Michel-Ange, Anselmi, Lelio de Novellara et le Primatice, tous élèves du Corrège, que Jules Romain avait attirés à Mantoue après la mort de leur maître, l'aidèrent infiniment dans les grands travaux qu'il entreprit dans ce pays ; il les y employa à exécuter ses propres dessins, comme il avait exécuté lui-même ceux de Raphaël. Il était sur le point de retourner à Rome pour succéder à San Gallo dans la place d'architecte de Saint-Pierre, lorsqu'il mourut à Mantoue, âgé de quarante-sept ans, le 1er novembre 1546.

Jules Romain est le plus illustre des élèves de Raphaël. En effet, il n'y en a point eu qui ait plus parfaitement imité la manière romaine de ce maître, et l'on ne peut donner un plus bel éloge à Jules Romain, qu'en disant qu'il faut être bon connaisseur pour distinguer son pinceau d'avec celui de Raphaël, dans les tableaux où ils ont travaillé l'un et l'autre. Si dans les premiers ouvrages qui appartiennent entièrement au disciple, on ne retrouve pas tout à fait le gracieux, la fraîcheur et la fonte des couleurs qui caractérisent le maître, ils en tiennent cependant beaucoup. Tant que Jules Romain travailla sous les yeux de Raphaël, les conseils et les exemples d'élégance et de grâce que lui donnait ce grand peintre, tempérèrent la fougue de son imagination et de ses passions ; mais lorsqu'il ne suivit plus que ses propres inspirations, il changea cette belle manière pour en prendre une plus âpre, plus rude, plus éloignée de la nature et par trop idéale. On y retrouve cependant un esprit familier avec les plus belles formes de Raphaël, lesquelles percent toujours à travers le manteau original et sauvage dont il s'enveloppe. Ce qui caractérise particulièrement le Jules Romain de cette période, c'est la fierté de son dessin, quoiqu'on lui puisse reprocher d'être souvent trop outré et de n'avoir point assez varié ses airs de tête ni ses draperies ; c'est la hardiesse et l'abondance de son génie, qui souvent lui ont fait trop charger ses compositions, et qui d'ailleurs étaient nourries d'une grande connaissance de l'antique qu'il avait étudié avec soin, et dont il savait profiter en peintre et en homme de lettres. Mais principalement occupé de produire ses pensées poétiques et de les exécuter avec le même feu qu'il les avait conçues, il peignit presque tout de pratique, et son coloris qui n'avait jamais été fort bon, en devint encore plus négligé : sa carnation tirait sur le rouge de brique ; il mêlait trop de noir dans ses teintes, ce qui a gâté et noirci ses meilleurs ouvrages.

LES SIX FRISES

(Panneaux ayant chacun un pied un pouce de haut, sur quatre pieds six pouces de large.)

Ce sont six tableaux de même grandeur, ainsi nommés apparemment à cause de leur forme. Les sujets en sont tirés de l'histoire romaine.

I
L'ENLÈVEMENT DES SABINES

Il y a à droite un groupe d'hommes et de femmes, entre lesquelles quelques-unes sont emportées par les uns et retenues par les autres. Le milieu du tableau représente un autre groupe où l'on remarque une jeune fille, et un vieillard qui semble par son geste lui dire, en lui montrant le combat, qu'il faut céder à la force ; ensuite est la statue de Jupiter Feretrius, au pied de laquelle on assomme un bœuf pour l'immoler à ce dieu. Romulus est au bout à gauche assis dans un trône, il y a devant lui un soldat qui tient un drapeau, et il est entouré de gens de guerre avec lesquels est l'augure. Un temple ouvert forme le fond du tableau de ce même côté, la place de la Rotonde et d'autres fabriques dans le lointain l'achèvent à droite.

II
LA PAIX ENTRE LES ROMAINS ET LES SABINS

A gauche est un groupe composé de soldats et de femmes. Tatius et Romulus, la tête nue, paraissent se parler, ayant entre eux une femme que le fondateur de Rome semble présenter au roi sabin comme le gage de la paix. La scène est un vestibule orné d'architecture. Le côté du tableau à droite représente le combat entre les deux partis que les Sabines tâchent de séparer. Le fond fait voir dans le lointain la ville de Rome.

III
CORIOLAN

Tout le monde sait que les Romains députèrent la mère, la femme et les enfants de Coriolan pour obtenir la paix de cet exilé qui était près d'entrer dans leur ville à la tête d'une armée ennemie. Le peintre a choisi l'instant où ce général suivi de plusieurs soldats s'avance au-devant de Véturie sa mère, qui est précédée de Volumnie sa femme et de ses deux enfants. Ces deux Romaines sont accompagnées de plusieurs femmes. Deux soldats sont derrière elles à une certaine distance, et un troisième est assis sur le devant, s'appuyant sur son armure qu'il a ôtée avec son casque. On aperçoit dans le fond les édifices de la ville assiégée.

IV
LA PRISE DE CARTHAGÈNE

Le peintre a représenté dans son tableau les circonstances principales de l'assaut qui rendit les Romains maîtres de cette place, et que nous lisons dans Tite-Live. On remarque d'abord dans notre tableau Scipion qui, pour ne pas s'exposer témérairement, avait pris la précaution de placer trois de ses plus braves soldats devant lui, afin qu'ils le couvrissent de leurs boucliers. On y voit encore les Romains traverser le lit des vastes étangs qui couvraient la ville d'un côté, et dont l'eau s'était retirée dans la mer durant le temps même qu'on donnait l'assaut. Scipion ayant persuadé à ses soldats que cet événement (qui était l'effet naturel d'un vent du nord qui soufflait et du reflux) était un miracle que Neptune faisait en leur faveur, ils se hasardèrent à franchir le marais, et ils prirent la ville mal fortifiée et mal gardée de ce côté-là, toutes les forces des assiégés étant occupées par une double attaque faite par les assiégeants du côté de la mer et du côté de la terre, où le plus grand effort est dirigé contre une muraille qu'on bombarde avec la catapulte, et qu'on escalade.

V
LA VERTU DE SCIPION

Scipion, assis au milieu de sa tente, tend la main à Allucius, et lui remet sa fiancée captive qui est un peu derrière, et pour la rançon de laquelle les parents font apporter toutes sortes de présents que des esclaves ôtent de dessus des chameaux. Un page tient le casque du général romain et une sentinelle est à l'entrée de la tente avec un petit page qui tient l'épée de Scipion. A l'extrémité opposée du tableau à gauche, un jeune homme parle à un soldat, et regarde une femme assise à terre qui n'est vue que par le dos, et de ce même côté paraissent dans l'éloignement une ville et des gens à cheval.

VI
LES RÉCOMPENSES MILITAIRES

Ce tableau représente plusieurs actions mémorables de Scipion qui, après la prise de Carthagène, distribue des couronnes aux guerriers qui se sont distingués au combat, et reconnaît les prisonniers de guerre qu'on amène. Ce général est à gauche dans sa tente, couronnant deux soldats. Parmi les captifs qui les suivent, on voit une femme fort affligée, des esclaves qui portent des vases précieux, et un homme avec une femme à l'entrée d'une prison. A quelque distance à droite il y a une tente ornée d'un pavillon, et dans laquelle est un jeune homme gardé par deux soldats, accompagnés d'un esclave. Le fond du tableau représente une ville dans le lointain.

On juge par la forme de ces tableaux qui sont tous six de la même grandeur, et par la place de la serrure qui y a été attachée, qu'ils servaient de panneaux à des volets d'armoires. Le pinceau et le coloris moelleux de ces tableaux, et la différence des touches dans quelques-uns avait d'abord fait supposer à Mariette qu'ils auraient été exécutés sur les dessins de Jules Romain par ces élèves du Corrège qui après sa mort s'attachèrent à Jules Romain ; mais dans la suite ce célèbre curieux crut y connaître le pinceau d'André Meldolla, dit le *Schiavone*, qu'on sait avoir étudié et même imité les manières de tous ceux qui l'avaient précédé ou qui vivaient de son temps, se servant même des estampes gravées d'après leurs ouvrages ; « c'est, dit-il, son goût de couleur, extrêmement « vigoureux ; c'est son goût de dessin incertain et incorrect, mais « plein d'esprit. » Néanmoins ces tableaux ont toujours porté le nom de Jules Romain dans les collections où ils ont figuré. Ils avaient appartenu à la reine Christine de Suède et au duc de Bracciano, à Rome, avant de passer dans la galerie du Palais Royal, à Paris. A l'exposition de Londres, en 1798, ils furent achetés, au prix de 200 guinées chacun, par le duc de Bridgewater ; ce seigneur les revendit ensuite avec quelques autres peintures qui ne furent pas comprises dans sa collection. En 1846, quatre de ces toiles faisaient partie du cabinet de M. Beaucousin, à Paris.

BOURDON (SÉBASTIEN)

(ÉCOLE FRANÇAISE)

Cet artiste naquit à Montpellier en 1626. Il apprit les premiers éléments de la peinture de son père qui peignait sur verre, et qui le mit à sept ans chez un peintre à Paris. Il en avait à peine quatorze qu'il fut employé à peindre à fresque la voûte d'un château près de Bordeaux. Dépourvu d'ouvrage pendant quelque temps, il s'enrôla dans les troupes ; mais, ayant bientôt obtenu son congé, il prit le chemin de Rome, où il trouva moyen de subsister, aux gages d'un marchand de tableaux, qui le faisait beaucoup travailler et le payait fort mal. Après trois ans de séjour en Italie, il revint à Paris. Il y exécuta plusieurs grands tableaux d'église qui établirent sa réputation. En 1653, la reine Christine de Suède l'appela à Stockholm ; elle lui fit peindre son portrait que l'on voit ici, et le combla de présents; mais cette princesse ayant abdiqué peu après, Bourdon retourna dans sa patrie, où il travailla beaucoup pour satisfaire tous ceux qui voulaient avoir de ses tableaux. Il mourut à Paris, le 8 mai 1674, âgé de cinquante-cinq ans.

Quand on passe en revue les ouvrages de ce peintre, il est permis de s'étonner de sa prodigieuse facilité à transformer les couleurs de sa palette. Bourdon, bien plus que Teniers, a mérité d'être appelé le *Protée de la Peinture*. Né avec un génie très-facile et propre à saisir toutes les manières de peinture, il s'est presque toujours plu à contrefaire les différents maîtres, au point d'être eux-mêmes. Ainsi il a imité à tromper le Bamboche et Jean Michel, avec lesquels il avait vécu en Italie. Sa mémoire heureuse qui lui fournissait à volonté des réminiscences de tout ce qu'il avait observé chez les autres, le faisait continuellement changer de manière. Tantôt il peignait dans le goût du Benedette; d'autres fois il imitait la manière du Poussin ou celle de Claude Lorrain; le plus souvent il cherchait les manières du Parmesan, de Louis Carache et d'autres maîtres bolonais; et comme ses pastiches plaisaient, et qu'il y trouvait du profit, il en faisait sa principale occupation, sans s'arrêter jamais à aucune manière qui fût à lui.

CHRISTINE, REINE DE SUÈDE

(Tableau peint sur toile, haut de trois pieds trois pouces, large de deux pieds huit pouces.)

Cette reine est à mi-corps, coiffée en cheveux et ayant au cou un collier de perles. Elle tient de la main droite une couronne de fleurs, et de la gauche elle touche à une écharpe qui flotte devant elle.

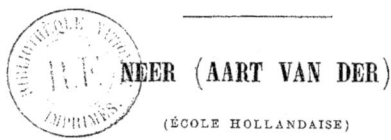

NEER (AART VAN DER)

(ÉCOLE HOLLANDAISE)

Il paraît inconcevable que ce peintre si digne de remarque ait pu échapper à l'attention des biographes. Houbraken, qui probablement avait connu Aart Van der Neer en personne, n'a été amené à lui conserver quelques mots insignifiants qu'à l'occasion d'Eglon Van der Neer, fils de notre paysagiste, et qui peignait des sujets galants dans le goût de Terburg. Lebas, qui a gravé d'après les tableaux d'Aart Van der Neer, a défiguré le nom de ce peintre en l'appelant *Van Drever*, et ce nom estropié a passé dans les dictionnaires biographiques comme étant celui d'un artiste particulier. Les amateurs eux-mêmes avaient négligé Aart Van der Neer, et ce maître a eu la même chance que Cuyp, Hobbema, De Hooch, et d'autres encore, qui ne furent guère appréciés par les anciens curieux de la Hollande et de la France. Ce sont les Anglais, qui, les premiers, ont exalté Van der Neer, comme il le mérite, et De Hooch, et Hobbema, et Cuyp, et tous les maîtres les plus originaux de l'école hollandaise.

On croit qu'Aart Van der Neer est né à Gorcum, et les paroles de Houbraken rendent cette opinion vraisemblable. Cet auteur rapporte qu'Aart Van der Neer, dans son jeune âge, avait été « major des seigneurs d'Arkel, » ce qui veut dire apparemment, qu'il avait été adjoint du bailli (Drossaard) de Gorcum et d'Arkel (c'est ainsi que l'on nommait anciennement cette charge), car déjà bien avant l'époque où vivait Van der Neer, il n'y avait plus de seigneurs d'Arkel proprement dits. On connaît un tableau de Van der Neer, représentant la vue de Gorcum, de Worcum et du château de Loevestein. Ce peintre a demeuré ensuite à Amsterdam; car les sites des environs de cette ville et ceux qui se voient entre Amsterdam et Utrecht, ont beaucoup occupé ses pinceaux. Les dates exactes de sa naissance et de sa mort restent à trouver. M. de Burtin fixe sa naissance à 1619, et sa mort à 1683; mais cela ne s'accorde pas avec ce que rapporte G. Van Spaan, qui, dans sa *Description de Rotterdam*, publiée en 1713, cite Aart Van der Neer parmi les peintres qui vivaient encore dans cette ville en 1691. On ignore quel fut son maître. R. Van Eynden et A. Van der Willigen pensent qu'il a suivi la manière de Kamphuizen et de Van der Meer de Delft. Son faire hardi et moelleux a beaucoup d'analogie avec celui de Cuyp. Quelques-uns de ses tableaux réunissent au brûlant coloris de Rembrandt la fougue du pinceau de Rubens, et sont des chefs-d'œuvre d'intelligence du clair-obscur. Pour rendre la nature comme il l'a fait, il dut l'étudier longtemps, l'observer sans relâche, et d'une manière assez soutenue pour que ses phénomènes s'imprimassent profondément dans sa mémoire. Sans cela, il n'eût jamais réussi à créer ces beaux paysages dont le plus grand nombre offrent des effets de crépuscule, des effets de nuit ou au clair de lune rendus avec une vérité si frappante, qu'on l'a nommé à bon droit le *Peintre des clairs de lune*.

Malgré le peu de ressources que les effets de nuit semblent généralement offrir au paysagiste, Van der Neer, grâce à mille inventions piquantes, parvint à les diversifier. Il sut les rendre pittoresques à force de variété dans les détails, aussi bien que par ces heureux accidents de lumière qu'il faisait résulter tantôt de l'opposition naturelle de la lune avec les nuages, tantôt des reflets sombres ou lumineux que les nuages mêmes projettent sur la terre. Sa couleur ne porte avec elle aucune monotonie, elle est chaude et transparente, sa touche possède une légèreté qui s'accorde admirablement avec les teintes vagues et indécises de l'obscurité; ses eaux sont d'une limpidité incroyable, et ses ciels, variés à l'infini, offrent toujours de belles masses de nuages grandement disposés.

Le plus communément les paysages de ce maître représentent des sites plats traversés par une rivière; il a peint aussi avec un succès égal, des effets d'hiver, des canaux glacés couverts de traîneaux, de patineurs et de joueurs de mail. Albert Cuyp a souvent enrichi ses tableaux de figures et d'animaux.

LE MOULIN

(Peint sur bois, haut d'un pied quatre pouces, large de deux pieds deux pouces.)

Le site que ce tableau représente est de la nature de ceux que l'auteur a surtout pris plaisir à peindre : c'est un vaste pays divisé dans toute son étendue par une rivière sur laquelle on distingue plusieurs barques dans le lointain, et qui est bordée, sur le devant, d'un autre côté par des arbres, et de l'autre par un moulin près d'une maison rustique.

Ce tableau a été gravé sous le nom de Wynants ; mais l'amateur le moins expérimenté le reconnaîtra au premier coup d'œil pour un ouvrage d'Aart Van der Neer.

BAROCHE (FEDERICO BAROCCI, DIT LE)

(ÉCOLE ROMAINE)

La famille du Baroche, originaire de Milan, était établie à Urbin depuis longtemps, lorsque ce peintre vint au monde en 1528. Il reçut ses premières leçons de Battista Franco, peintre vénitien qui travaillait alors à Urbin. Étant allé ensuite à Pesaro, il s'exerça à copier le Titien, et il apprit de son oncle qui était architecte, la géométrie, l'architecture et la perspective. A l'âge de 20 ans il fut à Rome, où le cardinal Guido della Rovere le protégea, et l'occupa dans son palais. Pie IV, lui fit dans la suite peindre plusieurs morceaux au petit palais del *Bosco di Belvedere*. Sa réputation augmentait tous les jours, lorsqu'une infirmité imprévue le força de retourner dans sa patrie ; après avoir passé quatre ans à rétablir sa santé, il exécuta des ouvrages publics qui furent généralement admirés et différents princes lui demandèrent des tableaux qu'il eut soin de faire. Il était sujet à des vomissements fréquents, ce qui a fait dire qu'il avait été empoisonné dans un repas à Rome par un peintre jaloux de ses succès ; que les remèdes qu'il prit aussitôt lui sauvèrent la vie ; mais qu'il ne recouvra point entièrement sa santé et qu'il eut pendant cinquante ans une maladie incurable qui ne lui permettait de dormir ni la nuit ni le jour, lui laissant à peine deux heures où il pût travailler. Mais cette histoire a tout l'air d'une fable, surtout si l'on fait attention que le Baroche a laissé un grand nombre de tableaux, et est parvenu à une extrême vieillesse. Il mourut à Urbin le 30 septembre 1612, âgé de quatre-vingt-quatre ans.

Le Baroche a fait quantité de tableaux d'histoire, et a réussi particulièrement dans les sujets de dévotion. Il se servait pour ses têtes de Vierge, d'une sœur qu'il avait ; et pour le petit Jésus, d'un enfant de cette même sœur. Parmi les peintres dont il médita les ouvrages pour fortifier un talent facile qui ne fut point assez nourri de l'étude de la nature, le Corrège fut incontestablement son maître favori. Il chercha à l'imiter dans la grâce et la douceur des airs de tête, dans l'accord des couleurs et dans l'ajustement des plis de ses draperies. Il 'en approcha quelquefois ; mais plus souvent son imitation est maniérée, et il a plutôt saisi les imperfections que les beautés de ce grand peintre.

LE REPOS EN ÉGYPTE

(Peint sur toile, haut de quatre pieds un pouce, large de trois pieds quatre pouces. Fig. de petite nature.)

La Vierge est assise près d'une fontaine, à laquelle elle tend une jatte pour avoir de l'eau. Saint Joseph est derrière, et donne à l'Enfant Jésus, qui est assis à côté de la Vierge, un bouquet de petits fruits rouges. Il y a en bas dans le coin à gauche le chapeau de voyage de la Vierge et son paquet. Le fond du tableau est un paysage.

La manière du Corrège pour laquelle le Baroche avait beaucoup de penchant, est frappante dans ce tableau. On peut même dire que la composition est assez fidèlement imitée, puisqu'on y reconnaît le tableau du Corrège connu sous le nom de la *Vierge à l'Écuelle (Madonna della Scodella)*, et qui est au Musée de Parme. On doit ajouter que le Baroche s'est répété lui-même pour le *Repos en Égypte ;* car on connaît un autre tableau de lui sur le même sujet, dans lequel il a fait seulement quelques légers changements. Ce tableau est chez le marquis de Westminster (Grosvenor Gallery), à Londres. Le *Repos en Égypte*, provenant de la galerie du Palais-Royal, fut acheté à l'exposition de Londres, en 1798, au prix de 200 guinées par lady Lucas, qui devint comtesse de Grey.

POUSSIN (NICOLAS)

(ÉCOLE FRANÇAISE. — *V. page 35.*)

MOÏSE EXPOSÉ

(Peint sur toile, haut de quatre pieds huit pouces, large de six pieds quatre pouces. Fig. dans la proportion de deux pieds et demi.)

Le petit Moïse, couché dans le panier de joncs, vient d'être exposé sur le Nil par Jochabet, qui est encore dans l'attitude que cette action demande, hors qu'elle tourne la tête pour appeler sa fille Miriam. Celle-ci est derrière elle à une petite distance, ayant le doigt sur la bouche, et invitant sa mère au silence, parce qu'elle aperçoit quelqu'un : c'est la fille de Pharaon qui vient ; cette princesse paraît dans le lointain, accompagnée d'une femme et précédée de trois autres. Amram est à gauche ; il s'en va emmenant le petit Aaron, qui est nu et le tient par un pli de son vêtement. Vers le premier plan, près de l'endroit où Moïse est exposé, la statue d'un vieillard robuste et assis, tenant une corne d'abondance, et s'appuyant sur un Sphinx emblème de l'obscurité des sources du Nil, indique surabondamment que la scène se passe sur les bords de ce fleuve. Derrière ce groupe de sculpture s'élèvent deux grands arbres, où sont suspendus, à l'un un arc avec un carquois plein de flèches, et à l'autre une flûte pastorale. Dans le fond du paysage on découvre une ville qui s'étend dans le lointain.

Le Poussin a fait ce tableau, en 1655, pour le peintre Stella, son ami, et depuis il passa dans la collection du duc d'Orléans. A l'exposition de Londres, en 1798, il fut acheté 800 guinées par le comte de Temple ; il est à présent chez le duc de Buckingham, à Stove.

CARACHE (ANNIBALE CARACCI, DIT ANNIBAL)

(ÉCOLE BOLONAISE. — *V. page 27.*)

HERCULE ENFANT

(Peint sur bois, haut de six pouces et demi, large de cinq pouces et demi. Figure d'environ neuf pouces.)

Ce héros est représenté par un enfant nu à moitié hors de son berceau, et étouffant de la main gauche un des deux serpents envoyés par Junon pour le faire mourir ; il a le genou appuyé sur l'autre qui s'enroule autour de son bras droit.

Il existe plusieurs répétitions du même sujet, et l'une d'elles avec quelques changements est exposée dans la galerie du Musée impérial du Louvre. C'est pour avoir été induit en erreur par des renseignements infidèles que M. Lavallée, auteur du texte du *Musée Filhol*, a pensé que ce pouvait être le même tableau que celui qui était autrefois dans la galerie du Palais-Royal. Ce dernier tableau avait appartenu au duc de Vendôme, avant de passer au duc d'Orléans. Il est vrai qu'il ne se retrouve pas dans le livret de l'exposition de Londres de 1798, et on ignore ce qu'il est devenu ; mais il diffère de celui du Musée à certains égards : il est un peu plus grand et peint sur panneau ; l'expression du jeune Hercule n'est pas tout à fait la même, cet enfant n'y paraît pas insensible à quelque émotion de crainte, et le berceau est entièrement caché sous l'étoffe qui le couvre. Bellori assure qu'Annibal Carache peignit Hercule enfant, sur un morceau de bois de noyer de la grandeur d'environ une palme pour M. Corradino Orsini qui chérissait les talents de cet artiste.

WATTEAU (ANTOINE)

(ECOLE FRANÇAISE)

Ce peintre, fils d'un maître couvreur et charpentier de Valenciennes, naquit dans cette ville en 1684. Il vint à Paris fort jeune et fut élève de Claude Gillot, qu'il quitta pour entrer chez Claude Audran, habile peintre d'ornements. Ce dernier le logea avec lui au Luxembourg où il demeurait en qualité de concierge, et l'employa utilement pour enrichir de ses figures les compositions d'ornements dont il lui fournissait les dessins ; et pendant ce temps-là Watteau eut occasion de voir et d'étudier les peintures de Rubens qui étaient au Luxembourg, d'en connaître la magie et de la faire passer dans ses tableaux. Alors il put se produire et montrer tout ce qu'il valait. On goûta son genre de peinture ; chacun s'empressa pour avoir de ses ouvrages. L'affluence de ceux qui venaient le visiter, le dérangeait tellement, qu'il accepta l'offre que lui fit le célèbre amateur Crozat, de prendre un appartement dans sa maison. Il y trouva une collection de tableaux et de dessins des grands maîtres qui pouvait satisfaire pleinement son goût pour l'étude et son amour de l'art; mais l'inconstance de son caractère l'en fit sortir quelque temps après pour aller demeurer chez le peintre Vleughels. La faiblesse de sa santé augmentait encore sa mélancolie naturelle. Des idées de fortune le firent aller en Angleterre (1719); il passa un an à Londres, y travailla peu, et en revint plus triste et plus malade qu'il n'était parti. Désirant vivre à la campagne, il s'y retira chez un ami au village de Nogent-sur-Marne, près de Vincennes, où il mourut en 1721, âgé de trente-sept ans.

Watteau a été dans le gracieux à peu près ce que Teniers a été dans le grotesque. Reçu à l'Académie en qualité de *Peintre des Fêtes galantes*, il mérita ce titre par le choix de ses sujets. Ils rappellent les ballets de l'Opéra, et n'offrent point l'imitation de la nature dans le sens que l'on attache ordinairement à ce mot; mais ils ne laissent pas d'être vrais et naturels. On y trouve une reproduction à la fois naïve et habile des habitudes et des modes de convention régnantes de la haute société d'alors. Ce sont des documents précieux pour servir à l'histoire des mœurs et des modes du XVIIIe siècle. Watteau s'est particulièrement attaché à représenter des concerts, des danses et d'autres amusements de la vie civile, mettant la scène dans des jardins, dans des bois et dans d'autres lieux champêtres dont le paysage est peint avec beaucoup d'art. On voit aussi de ce maître des marches et des haltes de soldats. Son dessin est correct et plein de finesse, sa couleur est chaude et vaporeuse, son travail est léger et spirituel, ses expressions sont piquantes, ses airs de tête ont une grâce très-plaisante et parfaitement convenable aux personnages qu'il a mis en scène, ses figures dansantes sont admirables pour la légèreté, pour la justesse des mouvements, et pour l'élégance des attitudes. On doit regretter qu'il n'ait pas eu soin de peindre avec propreté; cela joint au trop grand usage qu'il fit d'huile grasse, a beaucoup nui à ses tableaux. Presque tous ont perdu, ils ne sont plus du ton qu'ils avaient lorsqu'ils sont sortis de ses mains. Délaissés après sa mort et dédaignés pendant fort longtemps, ils sont aujourd'hui aussi recherchés qu'ils l'étaient à l'époque où ils brillaient de tout l'éclat de la fraîcheur et de la nouveauté.

LE BAL CHAMPÊTRE

(Peint sur toile, haut de deux pieds, large de deux pieds onze pouces.)

Le lieu de la scène est un bocage. Deux personnes, dans un costume de fantaisie, se livrent au plaisir de la danse, en présence d'une société assez nombreuse, composée de cavaliers et de dames en habits de bergers et de bergères. Trois musiciens jouent des instruments.

A l'exposition de Londres, en 1798, ce tableau ne trouva pas d'acquéreur; à la vente du 14 février 1800, il fut adjugé pour 11 guinées.

RAPHAËL (RAFFAELLO SANZIO, DIT)

(ÉCOLE ROMAINE. — *V. page 7.*)

LA SAINTE FAMILLE

Connue sous le nom de LA BELLE VIERGE et encore sous celui de LA VIERGE AUX CHAMPS (MADONNA DEL PASSEGGIO).

(Tableau peint sur bois, haut de deux pieds neuf pouces, large d'un pied onze pouces. Fig. au-dessous de demi-nature.)

La Vierge debout soutient d'une main l'Enfant Jésus qui s'appuie contre elle, et pose l'autre sur la tête du petit saint Jean qui s'approche pour embrasser son divin camarade. Derrière ces trois figures à gauche, dans un chemin qui monte, paraît saint Joseph à mi-corps. Le fond est un riche paysage.

Plusieurs critiques ont contesté l'authenticité de ce tableau qui est de la troisième manière de Raphaël; cependant ils avouent qu'ils n'en ont jamais rencontré nulle part le véritable original. Si un tableau emprunte, aux yeux de beaucoup d'amateurs, un grand lustre et une forte apparence d'originalité du rang éminent des personnages qui l'ont possédé, on doit dire que celui-ci se recommande, sous ce rapport, par les titres les plus brillants et les plus sérieux.

Raphaël avait fait ce tableau de la Sainte Famille pour le duc d'Urbin, qui le donna à Philippe II, roi d'Espagne : ce prince en fit présent, non pas, comme le dit Mariette, à Gustave-Adolphe, roi de Suède, mais à Rodolphe II, empereur d'Allemagne, qui le plaça dans le palais de Prague où cet empereur avait formé un superbe cabinet de tableaux, ainsi que nous l'apprend Puffendorf dans son *Histoire de Suède*. Il resta à Prague jusqu'à l'époque de la guerre de Trente Ans, pendant laquelle cette ville fut prise par l'armée suédoise sous le commandement du général Koenigsmarck. Ce général le fit transporter, avec les plus belles peintures du cabinet de l'empereur, à Stockholm pour y servir à l'ornement du palais royal. La reine Christine ayant déposé la couronne de Suède, emporta ce tableau à Rome avec ce qu'elle avait de plus précieux et de plus en rapport avec ses goûts. Cette princesse le légua à son favori Azzolini, d'où il passa à Don Livio Odescalchi, duc de Bracciano, des héritiers duquel le duc d'Orléans l'acheta avec d'autres de la même provenance. A l'exposition de Londres, en 1798, il fut acquis au prix de 3,000 guinées, par le duc de Bridgewater ; on le voit aujourd'hui dans la galerie qui porte le nom de ce seigneur, et dont le comte d'Ellesmere est le propriétaire.

JULES II

(Peint sur toile, haut de trois pieds, large de deux pieds trois pouces. Fig. de grandeur naturelle.)

Jules de la Rovère, élu pape en 1503, mort en 1513, à soixante-dix ans, est représenté assis dans un fauteuil. Une grande barbe blanche lui descend jusque sur la poitrine, et sa tête est couverte d'un bonnet de velours rouge. Il a la main gauche dont il tient un mouchoir sur le bras du fauteuil, et la droite sur lui, et à chacune, il a trois bagues, une à l'index, une à l'annulaire et une au petit doigt.

Dans la galerie du Palais-Royal, ce portrait était attribué à Raphaël, sous le nom duquel nous le donnons ; mais c'est une erreur : il est de l'un de ses élèves. Raphaël avait peint le portrait de Jules II quelque temps après qu'il fut venu à Rome. Ce pape en fit présent à l'église de Sainte-Marie-du-Peuple ; du temps de Vasari et même à l'époque de Sandrart, on le voyait encore dans cette église, où il était exposé aux regards du public les jours de grande fête, avec un autre tableau de Raphaël, connu sous le nom de la *Vierge de Lorette*. On croit que le portrait de Jules II parvint depuis à la famille de Médicis ; du moins les témoignages les plus considérables s'accordent à reconnaître l'exemplaire de ce portrait qui est aujourd'hui au Palais Pitti, à Florence, pour le véritable original. On en fit sous les yeux du maître même d'excellentes copies qui passent souvent dans le commerce et dans les Musées pour des tableaux originaux. La plus belle copie que l'on connaisse de ce portrait est celle de Jules Romain ; elle se voit également à Florence, dans le Palais Pitti. Quant à celle qui faisait autrefois partie de la collection du duc d'Orléans, elle était estimée 150 guinées à l'exposition de Londres en 1798 ; mais elle n'y trouva pas d'acquéreur à ce prix, et à la vente du 14 février 1800, elle fut adjugée pour 34 livres sterlings.

GUIDE (GUIDO RENI, DIT LE)

(ÉCOLE BOLONAISE)

Ce peintre, plus connu en France sous son nom de baptême que sous celui de sa famille, était fils de Daniel Reni, excellent musicien, et naquit à Bologne le 4 novembre 1575. Le goût qu'il montra pour le dessin engagea son père à le lui faire apprendre à l'école de Denis Calvaert, peintre flamand, établi à Bologne. Il passa ensuite sous la discipline des Carache, et ne fut pas longtemps sans se distinguer par ses ouvrages. Curieux de voir Rome, il en fit le voyage de compagnie avec l'Albane. Les premiers tableaux qu'il y exécuta eurent une approbation générale, excepté de la part de ses rivaux et particulièrement du Caravage qui employait toutes les ressources de la critique haineuse pour lui nuire, et qui s'oublia même jusqu'au point de le frapper au visage. Les efforts de son formidable adversaire n'empêchèrent pas le pape Paul V de choisir le Guide pour exécuter les peintures de sa chapelle secrète au palais du Monte-Cavallo et celles d'une autre chapelle qu'il faisait construire à Sainte-Marie-Majeure. Le pape vint visiter ce dernier ouvrage avec un grand cortège ; il le trouva admirable, et à cette occasion, le Josépin dit au saint Père : « Nous autres, nous travaillons comme des hommes ; mais le Guide travaille comme un ange. » Ce peintre parvint alors au point de la plus haute réputation : le pape lui donna, pour preuve de son estime particulière, un équipage et une forte pension, et ses tableaux furent si courus des grands seigneurs, qu'il ne tarda pas à devenir riche. Ses amis voulaient qu'il restât à Rome ; mais sa pension ayant été supprimée, et ayant attendu vainement un ordre de chevalerie qu'on lui avait promis, il s'en retourna à Bologne. Son caractère aimable et généreux, la fortune, les honneurs, la gloire et la vogue dont il jouissait, auraient pu faire le bonheur de sa vie ; mais la triste et funeste passion du jeu remplit d'amertume les dernières années de sa carrière : elle lui fit dissiper en peu de temps ce qu'il avait amassé, et le réduisit dans un état misérable dont il ne put jamais se relever. Il se trouva alors obligé de travailler pour pouvoir subsister, il négligea ses ouvrages que le besoin le forçait d'expédier, et qu'il donnait quelquefois sous main, à vil prix. Il mourut le 18 août 1642, âgé de 67 ans.

C'est avec justice qu'on a décerné au Guide une place entre les plus excellents peintres. Sans employer un trop grand nombre de figures dans ses tableaux, il les composait élégamment et avec richesse ; il drapait encore mieux ; son dessin est pur et correct, son pinceau charmant et d'une légèreté merveilleuse. C'est le peintre aux belles têtes : il a beaucoup d'admirateurs et en aurait encore davantage, s'il eût mis plus de feu et une grâce moins mignarde dans ses tableaux. A changé quatre fois de manière. Sa première manière de peindre est assez vigoureuse, elle tient beaucoup de celle de Louis Carache ; les ombres y sont brunes et peu reflétées. A son arrivée à Rome, il changea cette manière pour en prendre une plus énergique encore, et approchant fort de celle du Caravage. Mais peu après il se fit une manière plus claire que les Italiens appellent *vague*. Cette manière gracieuse et tendre eut dans son temps un succès extraordinaire, et elle jouit encore aujourd'hui de la plus grande faveur. La couleur des chairs y est grise, les ombres sont d'un gris argentin, extrêmement agréable et précieux, avec des fraîcheurs et des finesses de tons admirables. Sur sa fin, sa couleur s'étant peu à peu affaiblie, il négligea ses carnations au point de donner dans un gris tirant sur le vert et allant souvent jusqu'au livide. Ce gris verdâtre et un faire lourd et peiné rendent insipides ses derniers tableaux, lorsqu'on les compare à ceux qu'il a exécutés dans la plus grande force de son talent et dans le temps de sa troisième et meilleure manière.

DAVID ET ABIGAÏL

(Tableau peint sur toile, haut de quatre pieds neuf pouces, large de quatre pieds onze pouces. Fig. de grandeur naturelle.)

David en cuirasse avec la chlamyde, la main droite sur le côté, tenant une baguette de l'autre, est à gauche, et regarde Abigaïl qui vient au-devant de lui sur un âne, accompagnée de deux femmes; de grands cheveux lui tombent par devant du côté droit, et sa tête est ornée d'une couronne de fleurs. Elle a les yeux baissés et paraît n'oser parler à David, derrière lequel il y a deux gardes, et à côté un petit page qui tient son casque. De l'architecture à gauche et un ciel à droite composent le fond du tableau.

Le duc d'Orléans avait eu ce tableau de chez le duc de Noailles. A l'exposition de Londres en 1798, il était estimé 400 guinées; n'ayant pas trouvé d'acquéreur à ce prix, il fut vendu aux enchères le 14 février 1800, et adjugé alors pour 255 livres sterlings.

VÉRONÈSE (PAOLO CALIARI, DIT PAUL)

(ÉCOLE VÉNITIENNE. — *V. page* 14.)

LA MORT D'ADONIS

(Tableau peint sur toile, haut de sept pieds un pouce, large de cinq pieds quatre pouces. Fig. de grandeur naturelle.)

La scène du tableau est un paysage. Adonis blessé est couché sur des fleurs, la tête soutenue par l'Amour, le bras droit étendu, et le gauche appuyé sur la main droite de Vénus. Il y a derrière cette Déesse un gros chien dont il ne paraît que la tête. On aperçoit à gauche dans l'ombre des arbres le sanglier, à qui un petit Amour qui vole, vient de tirer une flèche. Au-dessus de Vénus, un Amour qui descend, et tout en haut, à gauche, le char de la Déesse.

Le duc d'Orléans acheta ce tableau, avec beaucoup d'autres, des héritiers du duc de Bracciano, qui l'avait eu de la reine Christine de Suède. A l'exposition de Londres, en 1798, il fut acquis, au prix de 150 guinées, par le duc de Bridgewater; il est à présent chez lord Ellesmere (Bridgewater Gallery), à Londres.

LORRAIN (CLAUDE GELLÉ, DIT CLAUDE)

(ÉCOLE FRANÇAISE)

Ce peintre naquit, en 1600, au château de Chamagne, en Lorraine. Ses père et mère étant morts, lorsqu'il n'était encore qu'un enfant, son frère aîné, qui exerçait la profession de graveur sur bois à Fribourg en Brisgau, eut soin de son éducation, et lui apprit les premiers éléments du dessin pour lequel il manifesta de bonne heure une forte inclination. Il alla très-jeune à Rome et de là à Naples, où il se mit sous la discipline de Godefroy Waals, paysagiste allemand, qui était venu s'établir dans cette ville et y avait acquis une grande célébrité. Au bout de deux ans, Claude revint à Rome; il savait alors assez manier le pinceau et se connaissait suffisamment en architecture et en perspective pour entrer dans l'atelier d'Augustin Tassi, qui était en grande réputation pour les paysages, les marines et les perspectives dont il couvrait les murs des palais et des villas romains. Claude y resta jusqu'au mois d'avril 1625. A cette époque, il partit pour visiter Lorette et Venise; de là il traversa le Tyrol, la Bavière, la Souabe, et revint à son pays natal. Après avoir travaillé pendant quelque temps à Nancy, il retourna à Rome, où il acheva de se former par l'étude d'après nature. Son ardeur au travail était infatigable. Debout avant le jour, le lever du soleil le trouvait toujours dans quelque site pittoresque, souvent fort éloigné de Rome. Il y restait jusqu'à la nuit tombante, constamment appliqué à examiner les effets variés de la lumière du soleil, et à les peindre ou dessiner. On prétend que malgré les soins qu'il prit pour se perfectionner dans la figure, allant à l'Académie pour la dessiner d'après le modèle vivant, afin d'en pouvoir orner ses paysages, il n'avait jamais pu y réussir; qu'à cause de cela il était obligé d'avoir recours à quelque main plus habile que la sienne pour meubler ses tableaux, et que, quand il s'acquittait lui-même de cette besogne, il disait en plaisantant : « Je vends le paysage, « et je donne les figures. » Le grand nombre de personnages qu'il a mis dans ses dessins et dans ses eaux-fortes attestent le talent et la facilité qu'il avait de faire la figure; ils sont une réfutation positive de ce conte d'atelier qui a couru sur Claude Lorrain. Si dans les figures de la plupart de ses grandes compositions on reconnaît la touche de Jacques Courtois, de Jean Miel, de Philippe Lauri et d'autres mains étrangères, il faut y voir plutôt un usage de cette époque qu'une preuve d'impuissance.

Deux paysages que Claude fit pour le cardinal Bentivoglio, eurent un si grand succès, qu'ils le placèrent immédiatement à la tête des peintres de ce genre. Sa renommée s'étendit bientôt au loin, et les commandes lui arrivèrent de toute part. Claude passa, comme Poussin, et dans le même temps, toute sa vie d'artiste à Rome. Il avait fait venir, pour diriger sa maison, quelques-uns de ses parents, et entièrement livré à la pratique de son art, c'est à peine s'il s'occupait de l'achat de ses toiles et de ses pinceaux. Il mourut à Rome le 21 novembre 1682, âgé de quatre-vingt-deux ans.

Claude Lorrain, à proprement parler, ne forma point d'élèves ; mais son influence sur cette foule de peintres de talent qui firent appeler cette époque l'*Age d'or des paysagistes*, a été énorme, et il peut à bon droit être considéré comme le créateur du genre et leur maître à tous. Le Titien, Annibal Carache, Rubens et les grands maîtres qui avaient introduit le paysage comme accessoire dans leurs compositions d'histoire, y apportèrent les qualités qui étaient inhérentes à leur génie. Paul Bril, Augustin Tassi, Jean-Baptiste Viola et les peintres qui ouvrent la série des véritables paysagistes dans le sens moderne, n'avaient représenté que la carcasse du paysage, pour ainsi dire ; ils s'arrêtèrent à la surface de la nature dont ils ne devinèrent point la profondeur et la vie intime, et qu'ils regardèrent tout bonnement comme une mine remplie de matériaux propres à l'échafaudage de leurs sites imaginaires sans âme et sans esprit. Il était réservé à Claude de mettre fin à l'apprentissage de la peinture du paysage, et d'élever ce genre au sentiment poétique et au caractère grandiose, dont la peinture d'histoire avait eu jusqu'alors l'unique privilége. Claude connut le premier la nature ; il l'aima comme une maîtresse, et sachant en apprécier les charmes qui n'avaient encore été dévoilés à personne, il ne craignit pas d'en produire les aspects les plus séduisants et les plus difficiles à rendre. Ce ne sont point là les créations capricieuses d'une imagination folâtre ; tout est, sinon exactement, du moins poétiquement vrai dans ses compositions ; c'est la nature parée de ses seuls attraits, mais parée comme elle l'est en Italie, à la manière des Églogues de Virgile, et imprégnée du parfum des temps antiques. On a dit que Claude peignait l'air, et cela est sensible : l'air est dans ses tableaux ; on l'y voit plus ou moins chargé de vapeurs, les objets y paraissent ou échauffés des rayons du soleil, ou rafraîchis par la rosée du matin. Rien n'égale la transparence, la fraîcheur de ses ombres et la vérité de ses teintes si vaporeuses, si fuyantes. Créateur d'une aristocratie végétale, il ennoblissait la nature en la copiant non d'un point de vue réel, mais d'un rêve d'artiste, et dans ses admirables peintures il imprimait à des aspects matériels cette beauté idéale que Raphaël sut donner à la nature humaine ; aussi l'a-t-on nommé justement le *Raphaël du paysage*.

UN SOLEIL COUCHANT

(Tableau peint sur toile, haut d'un pied quatre pouces, large d'un pied neuf pouces.)

Ce tableau représente un riche paysage d'un site montagneux au coucher du soleil. Un grand arbre très-touffu s'élève sur le devant, à droite ; à gauche, dans un chemin, un homme et une femme, marchant l'un à côté de l'autre, viennent en avant ; plus loin, un homme, monté sur un âne et vu par le dos, semble indiquer quelque chose à une paysanne qui file sa quenouille au bas d'une butte, sur le haut de laquelle sont des chèvres et des vaches gardées par deux pâtres ; l'un d'eux est accroupi auprès d'un feu, au-dessus duquel est suspendu un chaudron. Dans le fond, à droite, on distingue le clocher d'un village situé au pied des montagnes qui terminent l'horizon.

Ce tableau ne fut porté qu'à 50 guinées dans l'estimation qui servit de base à la vente des tableaux italiens et français de la galerie du Palais-Royal, à Londres, en 1798.

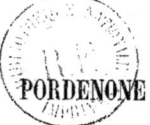

PORDENONE (GIOVANNI-ANTONIO LICINIO OU REGILLO, DIT LE)

(ÉCOLE VÉNITIENNE)

Ce peintre naquit en 1484, à Pordenone, bourg du Frioul, qui est devenu depuis son surnom. Il était issu de l'ancienne maison des Sacchi, et le véritable nom de sa branche était Licinio ; mais l'empereur Charles-Quint l'ayant honoré du titre de chevalier, il en prit occasion de changer son nom de famille en celui de Regillo, et le surnom de Pordenone est aujourd'hui celui sous lequel il est le plus connu dans l'histoire des arts. Il commença à dessiner d'après les tableaux que Pellegrino di San-Daniello, autrement appelé Martin d'Udine, avait faits dans l'église cathédrale de cette ville ; mais ensuite il alla à Venise, où il étudia sous le Giorgion. Il y fit tant de progrès, que les Vénitiens le mirent plus d'une fois en concurrence avec le Titien, qui en devint, dit-on, jaloux au point que le Pordenone, craignant quelque insulte de la part de ce rival, eut l'épée au côté et une rondache auprès de lui pendant tout le temps qu'il peignit au cloître de Saint-Étienne de Venise. Doué d'une extrême facilité, le Pordenone a considérablement travaillé. Les villes d'Udine, de Venise, de Crémone, de Mantoue, de Gênes et de Plaisance furent enrichies de ses peintures tant à fresque qu'à l'huile et à la détrempe. Sa réputation parvint jusqu'en Allemagne, et il fut mandé par Charles-Quint, pour peindre la frise de la grande salle du palais impérial de Prague. Ayant commencé à Venise des dessins de tapisserie pour Hercule d'Este, duc de Ferrare, il reçut ordre de ce prince de venir les achever dans cette ville ; mais à peine y fut-il arrivé, qu'il tomba malade et mourut : ce fut en l'année 1540 ; il était âgé de cinquante-six ans.

JUDITH

(Tableau peint sur bois, haut de deux pieds quatre pouces et demi, large d'un pied onze pouces. Demi-fig. de grandeur naturelle.)

Cette héroïne richement habillée, ayant le bras gauche nu, tient de la main droite un poignard, et de la gauche la tête d'Holoferne qu'elle donne à sa servante. Le fond du tableau est un paysage.

Avant d'entrer dans le cabinet du duc d'Orléans, ce tableau était dans celui de M. de La Chataigneraye, argentier de la chambre du Roi et des Enfants de France, qui avait fait un très-gand assemblage de tableaux, principalement des maîtres d'Italie, lesquels furent vendus en détail après sa mort à Paris, en 1732. A l'exposition de Londres, en 1798, le tableau de *Judith* fut acheté 40 guinées par le comte de Wycombe, et il appartient probablement encore aujourd'hui à ce seigneur devenu marquis de Lansdowne.

POUSSIN (NICOLAS)

(ÉCOLE FRANÇAISE. — *V. page* 35.)

LES SEPT SACREMENTS

(Suite de sept tableaux peints sur toile, ayant chacun trois pieds huit pouces de hauteur, sur cinq pieds cinq pouces de largeur. Les figures sont dans la proportion de vingt pouces.)

Vers 1636, le Poussin avait fait pour le commandeur del Pozzo, son ami et son protecteur, une suite de tableaux représentant les *Sept Sacrements*. Frappé de la beauté de cette suite, M. Fréart de Chantelou, maître d'hôtel de Louis XIII et ami de Poussin, commanda à l'artiste de lui en faire une répétition ; mais ne pouvant se résoudre à se copier et moins encore à se voir copier par une main étrangère, le Poussin préféra peindre une seconde fois ces mêmes Sacrements sur de nouvelles compositions. Cette seconde suite, commencée en janvier 1644, fut terminée en mars 1648. Poussin demanda pour chaque tableau 250 écus romains (un peu plus de 1,300 francs).

Les Sept Sacrements, peints pour le commandeur del Pozzo, devinrent, probablement par héritage, la propriété du marquis de Boccapaduli, à Rome. Plus tard ces tableaux ayant été apportés en Angleterre, le duc de Rutland les acheta d'après les conseils de Reylnods, et ils font aujourd'hui l'ornement de la collection de ce lord à Belvoir-Castle, dans le Lincolnshire. L'autre suite, commandée par M. de Chantelou, avait passé en Hollande, où le duc d'Orléans l'acheta 120,000 livres. A l'exposition de Londres, en 1798, elle fut acquise par le duc de Bridgewater au prix de 4,900 guinées (122,500 francs), 700 guinées par tableau, et elle est à présent chez le comte d'Ellesmere (Bridgewater Gallery), à Londres.

I

LA CONFIRMATION

La scène du tableau est l'intérieur d'une ancienne basilique, où l'on voit un autel dans le milieu avec une lampe dessus, et deux autres suspendues aux deux côtés. L'évêque revêtu d'une aube qui lui enveloppe la tête avec une riche étole par-dessus, est assis à gauche près de la crédence, y ayant un jeune acolyte à genoux un peu derrière, qui tient un bassin d'or sur lequel est le vase du Saint-Chrême. Il oint un homme qui est à genoux devant lui. Près de l'autel, un prêtre place un bandeau sur le front d'un jeune adolescent ; un enfant de chœur tient derrière lui un bassin rempli d'étoupes pour essuyer le Saint-Chrême ; un autre prêtre placé entre eux, le dos tourné à l'autel, brûle dans un brasier celles qui ont servi. Proche de la crédence il y a deux acolytes, dont le plus éloigné vient allumer un flambeau à un autre, qui est dans un chandelier, et l'autre met sur la même crédence un bassin destiné apparemment à laver les mains, et un troisième, qui est tout contre, regarde la cérémonie. A droite derrière celui qui reçoit la confirmation, on voit deux jeunes filles ; l'une s'avance les mains jointes et les yeux baissés, et l'autre est à genoux avec un jeune garçon qui se retourne vers une femme qui paraît être sa mère ; celle-ci est à moitié à genoux sur le devant, et montre la cérémonie à un enfant vêtu de blanc qui la caresse. D'autres assistants remplissent le reste du tableau qui de ce côté-là se termine par la porte de l'église ; un acolyte qui est en dedans auprès du bénitier, tient une branche d'hysope, selon l'ancien usage pour donner de l'eau bénite, dont il asperge un vieillard qui s'incline.

RUBENS (PIERRE-PAUL)

(ÉCOLE FLAMANDE.— V. page 20.)

LE JUGEMENT DE PARIS

(Tableau peint sur bois, haut de quatre pieds cinq pouces, large de cinq pieds onze pouces. Fig. de deux pieds et demi.)

Pâris à moitié nu est assis au pied d'un arbre. Il tient de la main droite la pomme d'or, et de la gauche sa houlette ; son chien est couché sous lui. Mercure est à sa droite derrière l'arbre, et le touche de son caducée. Les trois Déesses nues se présentent à Pâris rangées de suite. Junon est la première, elle est entièrement tournée, et a une draperie qu'elle retient par derrière, en sorte que la moitié de son corps est presque cachée : elle est caractérisée par le paon qui est à ses pieds. Vénus est après de profil, et reconnaissable à la richesse de sa coiffure. Pallas est la dernière toute de face, ôtant sa chemise par-dessus sa tête : son égide est à côté d'elle, et son casque est à ses pieds. Il y a dans le coin à gauche un petit Amour baissé qui paraît ôter sa chemise et badiner avec. Un paysage fait le fond du tableau. On voit au haut la Discorde, et près de Pâris deux moutons avec un troupeau dans le lointain.

Le duc d'Orléans avait eu ce tableau de chez le cardinal de Richelieu. A l'exposition de Londres, en 1798, il fut acheté 2,000 guinées par lord Kinnaird. Il a été payé depuis 25,000 guinées ; en 1824, il était dans le cabinet de M. Th. Penrice, à Great-Yarmouth, dans le Norfolkshire.

VÉRONÈSE (PAOLO-CALIARI, dit PAUL)

(ÉCOLE VÉNITIENNE — V. page 14.)

LA FILLE DE PAUL VÉRONÈSE

(Tableau peint sur toile, haut de trois pieds deux pouces, large de deux pieds six pouces. Fig. de grandeur naturelle.)

Ce portrait représente une jeune fille qui passe pour la fille de Paul Véronèse. Elle est jusqu'aux genoux, coiffée en cheveux, et a une fraise ; sa chemise et sa jupe sont d'une étoffe à raies bleues et blanches, et celle du corset et du bas de la robe est d'un bleu changeant. Elle tient un livre de la main droite ; l'autre main tombe près d'une table sur laquelle on voit un petit chien à long poil blanc et roux, et que l'on retrouve dans quelques-uns des tableaux de ce maître. Un rideau vert fait le fond.

Ce tableau avait appartenu à M. d'Hautefeuille, avant de passer dans la galerie du duc d'Orléans. Il ne paraît pas avoir été transporté en Angleterre avec les autres tableaux de cette galerie ; car il ne figure point dans le livret de l'exposition de Londres de 1798.

TOL (DOMINIQUE-VAN)

(ÉCOLE HOLLANDAISE)

Les ouvrages de cet artiste, quoique assez rares, sont cependant mieux connus que sa personne. Il fut, à ce qu'on présume, élève de Gérard Dou, dont il partagea le goût pour le choix des sujets, en s'écartant toutefois de son maître pour sa manière de les traiter. Le faire de l'un est large et facile ; celui de l'autre est précieux et poli jusque dans les moindres détails. Malgré ces différences on a dû confondre assez fréquemment leurs productions.

On ignore les particularités de sa vie et le lieu de sa naissance. Suivant Le Brun, il vivait encore en 1719.

LA CUISINIÈRE

(Tableau peint sur bois, haut d'un pied six pouces, large de deux pieds un pouce.)

Elle est assise auprès de la cheminée, et tient un couteau. Une cuisine remplie de grosse viande, de gibier, de poisson et de légumes en quantité fait le fond du tableau.

A l'exposition de Londres, en 1798, ce tableau fut vendu 10 guinées.

ALBANE (FRANCESCO ALBANI, DIT L')

(ÉCOLE BOLONAISE)

Ce peintre naquit à Bologne le 17 mars 1578. Son père, riche marchand de soie, tenta inutilement de lui faire embrasser sa profession. Le goût décidé que le fils, âgé seulement de douze ans, témoignait pour la peinture, le détermina enfin à seconder ce talent naturel; et il le mit chez Denis Calvaert, peintre flamand, établi à Bologne. Le jeune Albane y trouva le Guide qui l'aida de ses conseils, et l'un et l'autre quittèrent ce maître pour entrer chez les Carache; ils furent ensuite à Rome, où l'Albane se rendit très-habile. De retour dans sa patrie, il exécuta de nombreux travaux qui lui acquirent une grande réputation. Il mourut à Bologne le 4 octobre 1660, âgé de quatre-vingt-deux ans.

L'Albane est un des plus célèbres élèves des Carache. Ce maître était tellement en faveur autrefois, qu'on recherchait ses ouvrages dans toute l'Europe, et qu'on les payait comme des pierres précieuses d'une rare beauté; aujourd'hui qu'on s'est converti à un autre système d'appréciation, son étoile a pâli, et personne ne songe plus, comme on l'a fait, à le mettre sérieusement au même rang que le Titien, que Raphaël même, pour lequel il professait une telle vénération, qu'il ne pouvait, dit-on, entendre prononcer ce nom glorieux sans se découvrir et incliner la tête. On l'a même relégué assez loin du Guide, dont il fut l'ami et l'émule. Cependant il lui reste encore et il doit lui rester une assez belle place parmi les peintres gracieux et agréables: on ne lui ôtera pas le surnom d'*Anacréon de la Peinture* que lui valurent ses nombreuses compositions marquées à l'empreinte de l'esprit anacréontique; et pour être juste, il faut même reconnaître que, dans certains tableaux religieux, il s'est élevé à une noblesse, à une hauteur de style qu'on ne croirait jamais pouvoir unir à son génie. A l'exception des fresques qu'il a faites à Rome, et de quelques grandes peintures à l'huile, dont il avait enrichi les églises de sa ville natale, et qui ont été recueillies dans la Pinacothèque de Bologne, on voit fort peu de grandes figures de sa main. Le plus grand nombre de ses ouvrages consiste en tableaux de chevalet qui se sont répandus par toute l'Europe. On sait combien ce maître aimait à représenter, en petites proportions, des sujets mythologiques où il pouvait placer tout à l'aise des groupes d'Amours, de Génies, de Nymphes, de Déesses, et dont les scènes se passent toujours dans des jardins ou dans des campagnes riantes, sous un ciel pur, à l'ombre de grands arbres qui se détachent sur des lointains ornés de fabriques d'une architecture élégante. Quoique les sujets érotiques l'aient beaucoup plus occupé que les sujets mystiques, et que les premiers aient même contribué surtout à établir sa grande réputation, on doit néanmoins dire à sa louange qu'il en a écarté tout ce qui pouvait blesser la pudeur. On y trouve presque toujours une molle élégance unie à la décence et à la volupté. On lui reproche de n'avoir pas assez varié les caractères de ses figures, et l'on prétend que ce défaut ne venait que de ce qu'il n'a jamais pris ses modèles que dans sa propre famille. Si l'on en croit un conte d'atelier qui a couru sur l'Albane, ce maître peignit sa femme qui était extrêmement belle, tantôt en Vénus, tantôt en Nymphe, tantôt en Vierge, en Madeleine, enfin pour toutes les femmes qui entraient dans la composition de ses tableaux. Ses enfants, au nombre de douze et aussi très-beaux, furent les objets qu'il imita quand il eut à peindre des Génies, des Amours, des Anges, ou autres figures d'enfants: leur mère les tenait, ou dans ses mains, ou suspendus avec des bandelettes selon les attitudes dont il avait besoin. L'Albane inventait et exécutait avec facilité. La lecture des poëtes lui a fourni quelquefois des pensées ingénieuses, mais il est souvent froid dans ses compositions, et ses tableaux paraissent pour la plupart un peu trop doucereux. Il était savant dans le dessin, ses attitudes et ses draperies sont d'un assez bon choix. Son pinceau est doux et flatteur; sa couleur est agréable sans avoir beaucoup de fraîcheur, et reconnaissable à un jaunâtre qui lui est ordinaire.

LA SAINTE FAMILLE

Connue sous le nom de la LAVEUSE.

(Tableau peint sur cuivre, haut d'un pied six pouces et demi, large d'un pied trois pouces. Fig. de dix pouces.)

La sainte Vierge lave du linge dans un ruisseau, et l'Enfant Jésus le donne à saint Joseph occupé à l'étendre à un arbre pour le faire sécher. Deux petits anges qui sont en l'air, prennent part à ce travail en tenant chacun un linge qu'ils étendent sur une branche plus élevée du même arbre. Le fond du tableau est un paysage.

Ce tableau a appartenu à l'abbé de Camps, avant de passer dans la collection du duc d'Orléans. A l'exposition de Londres, en 1798, il fut acheté 400 guinées par M. T. Maitland.

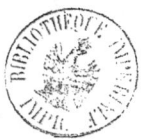

POUSSIN (NICOLAS)

(ÉCOLE FRANÇAISE. — *V.* page 35.)

LES SEPT SACREMENTS (*V.* page 48).

II
L'ORDRE

Suivant l'usage reçu parmi les peintres catholiques, le Poussin a exprimé l'institution de la hiérarchie de l'Église par le don des clefs symboliques fait par Jésus-Christ à saint Pierre, auquel il dit : « Je vous donnerai les clefs du royaume des cieux : tout ce que « vous lierez sur la terre sera lié dans le ciel ; tout ce que vous « délierez sur la terre sera délié dans le ciel. » Le Sauveur est au milieu du tableau, sur le premier plan. Il tient une clef de chaque main, montrant de la gauche le ciel, et de la droite la terre. Saint Pierre est à demi agenouillé devant lui. Les onze autres apôtres sont des deux côtés, cinq à droite, et six à gauche. Le fond du tableau est un paysage qui représente les environs de la ville de Césarée. Il y a au milieu un pont avec des gens qui le traversent : à droite, un mausolée orné d'architecture, et à gauche, une colonne milliaire sur le haut de laquelle est sculpté un E capital, et qui indique que la Judée était alors soumise aux Romains. On découvre dans le lointain Césarée, et de côté et d'autre, des tombeaux à l'antique sur différentes éminences avec des cèdres.

CARACHE (LODOVICO CARACCI, DIT LOUIS)

(ÉCOLE BOLONAISE. — *V.* page 27.)

SUZANNE AU BAIN

(Tableau peint sur toile, haut de quatre pieds huit pouces, large de trois pieds huit pouces. Fig. de grandeur naturelle.)

Suzanne accroupie sur le devant s'enveloppe d'une draperie qui forme un voile autour de sa tête. Elle se retourne vers les deux vieillards qui ont les yeux attachés sur elle. Le plus proche avance la main gauche qui la touche presque, et a la droite appuyée sur un piédestal orné de bas-relief. L'autre vieillard est au-dessus et veut arracher à Suzanne la draperie qu'elle retient. Le fond du tableau représente un jardin décoré de statues.

Dans la Description des tableaux du Palais-Royal, celui-ci est indiqué comme étant seulement de l'école du Guide. Le duc d'Orléans le tenait du duc de Modène. A l'exposition de Londres, en 1798, le banquier Angerstein en fit l'acquisition au prix de 200 livres sterlings, et après la mort de cet amateur en 1823, il passa, avec les autres tableaux de son cabinet, dans la Galerie Nationale de Londres.

GIORGION (GIORGIO BARBARELLI, DIT LE)

(ÉCOLE VÉNITIENNE)

Le bourg de Castelfranco dans la Marche Trévisane et le village de Viselago qui en est proche, se disputent l'honneur d'avoir donné naissance à ce peintre. Il naquit en 1477. Sa taille au-dessus de l'ordinaire lui fit donner le nom de *Giorgion* qui en italien est un augmentatif de *Giorgio*, et qui en français veut dire le grand George. Un peu plus jeune que le Titien, il fut son ami et il étudia avec lui à l'école de Jean Bellin, à Venise. Son heureux génie le rendit en peu de temps supérieur à son maître et il abandonna la manière encore petite et sèche de ce dernier pour en prendre une plus grande et plus vraie, inspirée par la vue des ouvrages de Léonard de Vinci et par l'étude de la nature. Des mœurs douces et agréables relevaient les rares talents de ce grand peintre, et une figure avantageuse achevait de prévenir en sa faveur. Il n'avait que trente-quatre ans lorsqu'il mourut à Venise, en 1511, du chagrin que lui causa la perte d'une maîtresse qu'il aimait. Comme il a beaucoup peint à fresque, et qu'il a peu vécu, ses tableaux de cabinet sont très-rares.

Ce que Léonard de Vinci avait fait pour la forme, le Giorgion le fit pour la couleur. Le premier, il abandonna cette manière trop sèche, qui avait été jusqu'alors en vogue, et qui tenait de ces anciennes miniatures où l'on ne s'appliquait qu'à employer des couleurs brillantes. Le premier, il chercha dans le mélange des couleurs, des teintes propres à imiter les objets qu'il devait représenter. Ce fut lui qui trouva l'art de fondre ensemble ces mêmes couleurs, de leur assigner des tons différents, de les faire valoir par des oppositions ingénieuses ; et au lieu que tout ce qu'on avait peint jusqu'alors était extrêmement plat, il eut l'habileté de tirer de la distribution des ombres et des lumières de quoi faire paraître en relief les figures de ses tableaux, et les faire, pour ainsi dire, sortir de la toile. Aucun peintre, avant lui, n'avait réussi à donner aux objets représentés cette richesse de tons qui absorbe et contient toutes les nuances particulières, cette ampleur d'effet qui coordonne tous les accidents partiels. Il a, si l'on peut s'expliquer ainsi, créé l'art du coloris, et il est par là devenu un des chefs de l'école vénitienne. C'est en ce sens qu'après avoir réagi sur son maître, Jean Bellin lui-même, le Giorgion fut en partie le maître du Titien, son condisciple, qui l'imita. C'est à la faveur de ses préceptes, que le coloris devint en quelque façon un bien propre aux Vénitiens, et que l'étude de leurs ouvrages fut nécessaire toutes les fois que l'on voulut prétendre à la qualité de bon coloriste. Le Giorgion qui avait jeté, comme on vient de le voir, les fondements de la fameuse école vénitienne, ne vécut pas assez de temps pour jouir du fruit de ses travaux ; mais le Titien, son glorieux émule, qui lui survécut plus d'un demi-siècle, eut le temps de porter le coloris au point de perfection où le Giorgion l'aurait porté lui-même, s'il n'eût pas été enlevé par une mort précoce presque aux débuts de sa carrière.

L'AMOUR PIQUÉ

(Tableau peint sur toile, haut de trois pieds six pouces, large de quatre pieds cinq pouces. Fig. de petite nature.)

L'Amour qu'une abeille avait piqué se plaint à sa mère. Celle-ci, assise et habillée d'écarlate, tient la main de son fils, dont le carquois et les javelots sont à une petite distance, à droite sur le devant. Un paysage avec fabrique fait le fond du tableau.

Ce tableau a été dans le cabinet de M. Forest, peintre, qui le céda au duc d'Orléans. L'auteur du texte qui accompagne la première édition de la galerie du Palais-Royal, nous apprend que « le temps et les prétendues restaurations ont beaucoup endommagé ce tableau qui, à en juger par les beautés qui ont été conservées, devait être regardé comme une des plus belles et des agréables productions de Giorgion. » C'est sans doute à cause de ce fâcheux état de conservation que le tableau de l'*Amour piqué* ne trouva pas d'acquéreur à l'exposition de Londres, en 1798, où il était estimé 400 guinées, et qu'à la vente du 14 février 1800 il fut adjugé pour 195 livres sterlings. En 1837, il appartenait à M. G.-J. Pringle, baronnet, à Manchester.

CORRÈGE (ANTONIO ALLEGRI, DIT LE)

(ÉCOLE LOMBARDE. — *V. page* 18.)

LE DUC VALENTIN

(Tableau peint sur toile, haut de deux pieds sept pouces, large de deux pieds deux pouces. Fig. à mi-corps de grandeur naturelle.)

Ce duc Valentin est, dit-on, le fameux César Borgia, fils d'Alexandre VI, et duc de Valentinois. C'est le portrait d'un homme pâle, portant la barbe entière et coiffé d'une toque de velours noir, sur le devant de laquelle est attaché un bijou ; il a un ample vêtement par-dessus un pourpoint à manches tailladées, et tient des deux mains un poignard. Le fond est un paysage avec fabrique.

Ce portrait a toujours passé pour être peint par le Corrège, et il a été regardé comme tel par la reine Christine de Suède, par le duc de Bracciano et par le duc d'Orléans, dans les cabinets desquels il a figuré. Mais César Borgia, sorti d'Italie en 1504, n'a pu être peint par le Corrège qui, né en 1494, n'aurait eu que dix ans à cette époque ; on doit donc ou lui donner un autre nom, ou l'attribuer à une autre main. A l'exposition de Londres, en 1798, il fut acheté 500 guinées par T. Hope, et il est à présent dans la collection de M. H.-Th. Hope, à Londres.

DOMINIQUIN (DOMENICO ZAMPIERI, DIT LE)

(ÉCOLE BOLONAISE)

Ce peintre naquit à Bologne le 21 octobre 1581. Son nom de famille était *Domenico Zampieri*. Celui qu'il conserva toute sa vie, et sous lequel il passa à la postérité, lui fut donné par Louis Carache, son second maître, qui, par amitié et par l'habitude qu'ont les Italiens de diminuer tous les noms propres, ne l'appelait que *Domenichino* (petit Dominique). Ce nom étant sans équivalent dans notre langue, nous l'avons traduit, tant bien que mal, par celui de Dominiquin. Le père du petit Dominique, simple cordonnier, que son état avait mis dans une honnête aisance, lui fit donner les principes d'une éducation littéraire ; il le destinait à la prêtrise ou au doctorat ; mais lorsqu'il vit le goût dominant de son fils pour le dessin, il le plaça dans l'atelier de Denis Calvaert. Ce peintre, jaloux de la vogue dont jouissaient les Carache, et ne pouvant leur pardonner de lui avoir enlevé le Guide et l'Albane, défendait expressément à ses élèves de dessiner d'après les ouvrages de la nouvelle école. Mais le jeune Zampieri copiait en secret les modèles mis à l'index par son maître, qui un jour le surprit en flagrant délit. Les dégoûts et les mauvais traitements qu'il en essuya dès lors lui firent quitter son atelier pour entrer à l'académie des Carache.

Le Dominiquin n'avait point en apparence ces dispositions naturelles qui donnent d'un élève de flatteuses espérances. Assidu, appliqué, ce n'était qu'avec le temps, la peine et la réflexion qu'il parvenait à son but. Augustin Carache ne l'appelait jamais que le *Bœuf*, prétendant qu'il dessinait trop lentement, qu'il était lourd, et que ses ouvrages sentaient le joug ; mais Annibal, qui en jugeait mieux, le vengea un jour de cette épithète injurieuse en disant que ce bœuf tracerait si bien son sillon, qu'il fertiliserait le champ de la peinture. C'est ce qui arriva. Il alla à Parme étudier les ouvrages du Corrège, en compagnie de l'Albane, avec lequel il s'était intimement lié, et celui-ci étant parti pour Rome, le Dominiquin ne tarda pas à l'y rejoindre. Annibal Carache, alors occupé à la galerie Farnèse, lui fit partager ses travaux, et lui procura aussi l'occasion d'exécuter le fameux morceau représentant le *Martyre de saint André*, qu'il peignit à fresque dans l'église de Saint-Grégoire. Dès lors, sa réputation commença à s'étendre, mais en même temps les jaloux de son mérite, qui le vexèrent toute sa vie, travaillèrent à se délivrer de sa concurrence ; on est fâché de voir le Guide et le Lanfranc de ce nombre. Ils n'empêchèrent pas cependant le Dominiquin de produire beaucoup de beaux ouvrages, entre lesquels on compte notamment le célèbre tableau de la *Communion de saint Jérôme*, qu'il fit pour le grand autel de Saint-Jérôme-della-Carita. Ce tableau, la *Transfiguration* de Raphaël et la *Descente de croix* de Daniel de Volterre étaient regardés par le Poussin comme les premiers entre les chefs-d'œuvre en peinture que renferme la ville de Rome. Il peignit aussi les quatre pendentifs du dôme de Saint-André-della-Valle ; il devait en peindre la coupole, mais le Lanfranc l'emporta.

Piqué de cette préférence, dépouillé par la mort de Grégoire XV de l'emploi d'architecte de la chambre apostolique dont ce pape l'avait pourvu ; d'ailleurs, mal récompensé proportionnellement au temps et aux soins qu'il mettait à ses ouvrages, il résolut de chercher à Naples un sort plus heureux. Il n'y trouva que d'autres rivaux qui, après ses premiers succès dans cette ville, devinrent si dangereux, qu'il crut devoir s'en éloigner et revenir à Rome. On avait cependant, par un odieux abus d'autorité, retenu à Naples sa femme et ses enfants, ce qui le força d'y retourner au bout d'un an. Il se remit aux peintures de la chapelle de Saint-Janvier, qu'il avait commencées, et qu'il ne put achever, étant mort, âgé de soixante ans, à Naples, le 15 avril 1641, accablé de chagrins qu'on lui avait suscités, et peut-être empoisonné, comme quelques auteurs disent qu'on le soupçonna.

Le Dominiquin a laissé une infinité de travaux qui tous témoignent victorieusement de son habileté dans tous les genres de peinture. Il a mis dans ses compositions la justesse de raisonnement convenable au sujet ; il y a joint l'expression par les attitudes et les mouvements qui y concourent, et par ses airs de tête souvent nobles et gracieux. Son dessin, quoique un peu lourd, est toujours aussi pur que correct, sa manière d'ajuster, de draper et de former les plis, est simple, belle et vraie, ce qui est une des plus excellentes parties de ce peintre. Sa couleur est faible ; elle n'a jamais été bien harmonieuse ni très-séduisante, et le temps l'a encore désaccordée et noircie. Enfin il possédait le talent commun aux grands maîtres de l'école de Bologne, de manier supérieurement le pinceau ; le sien cependant a quelquefois de la sécheresse et de la froideur.

UN PORTEMENT DE CROIX

(Tableau peint sur cuivre, haut d'un pied huit pouces, large de deux pieds un pouce. Fig. de dix-huit pouces.)

Jésus-Christ, conduit au Calvaire par une troupe de soldats, succombe sous le poids de l'instrument de son supplice. Près de lui sont deux bourreaux dont l'un semble ordonner qu'on l'aide à soulever sa croix, afin qu'il puisse se relever et hâter sa marche, tandis que l'autre, par le même motif, le tire par la corde dont il est attaché. Simon de Cyrène, à qui l'un des deux bourreaux adresse la parole, tient déjà la croix et fait des efforts pour la soulever ; un homme est derrière lui, coiffé d'un turban ; un autre est à côté et porte une échelle entre les échelons de laquelle il a passé sa tête. On aperçoit dans un chemin creux la suite de l'escorte de Jésus que précède un officier romain à cheval. Le fond du tableau est un paysage.

Avant d'entrer dans le cabinet du duc d'Orléans, ce tableau avait été dans celui du marquis de Seignelay. De Piles parle d'un autre tableau du Dominiquin, représentant le même sujet, qui se trouvait chez l'abbé de Camps. Peut-être est-ce le même qui a appartenu à différentes personnes. Celui dont on donne ici l'estampe fut acquis à l'exposition de Londres en 1798, au prix de 800 guinées, par le duc de Bridgewater ; il est à présent chez le comte d'Ellesmere (Bridgewater Gallery), à Londres.

POUSSIN (NICOLAS)

(ÉCOLE FRANÇAISE. — *V. page 35.*)

LES SEPT SACREMENTS (*V. page 48*).

III

LA PÉNITENCE.

Conformément à l'usage adopté par la plupart des peintres qui ont traité le sujet de l'institution du Sacrement de Pénitence, le Poussin a choisi le moment où la Madeleine, repentante de ses erreurs passées, se jette aux pieds de Jésus, les arrose de ses larmes et reçoit du Sauveur le pardon de ses fautes.

La scène du tableau est la salle de Simon le Pharisien, qui avait prié Notre-Seigneur de manger chez lui. Cette salle est ornée de deux niches avec des colonnes, qui paraissent former une espèce de péristyle, et auxquelles est attachée, à une certaine hauteur, une grande draperie pour empêcher de voir ce qui se passe dans l'intérieur. Il y a au milieu une table carrée, avec trois lits qui garnissent autant de côtés, celui de devant restant vide pour la commodité du service. Les convives, au nombre de huit, sont, à la manière antique, sur des lits, deux en face et trois à chaque bout.

On voit à celui à gauche Jésus-Christ à demi couché, le coude gauche appuyé sur le coussin; regardant la femme pécheresse qui répand des parfums sur ses pieds, il étend la main droite et témoigne, par ce geste, qu'il lui remet ses péchés. Saint Jean et un autre disciple sont à côté du Sauveur. Un apôtre et un juif occupent le lit suivant; le premier boit, et l'autre met la main à un plat. Au côté opposé à celui où est Notre-Seigneur, on voit Simon dans le milieu, sur le troisième lit, qui montre de la main l'action de la pécheresse; à sa gauche, est un vieillard qui a une longue barbe, et paraît, à son ample habillement blanc doublé de pourpre qui lui couvre aussi la tête, être un docteur de la Loi. Il est assis sur le bord du lit, et un esclave lui essuie les pieds qu'il vient de lui laver dans une cuvette. Ces deux Pharisiens sont reconnaissables aux phylactères qu'ils portent sur le front. Le reste du tableau représente des spectateurs et des domestiques, entre lesquels on distingue, dans le fond, une servante qui apporte un grand plat, et, sur le devant, un serviteur, un genou en terre, versant du vin d'une grande cruche dans une petite; tout proche est une amphore avec une cuvette sur une petite table ronde à trois pieds.

VELASQUEZ (DON DIEGO RODRIGUEZ DE SYLVA Y VELASQUEZ, DIT)

(ÉCOLE ESPAGNOLE. — *V. page 23.*)

LOTH ET SES FILLES

(Tableau peint sur toile, haut de quatre pieds six pouces, large de cinq pieds dix pouces. Fig. de grandeur naturelle.)

Il paraît que le peintre a voulu représenter Loth dans le moment de son ivresse et de son assoupissement : il est entre ses deux filles, la tête appuyée sur les genoux de l'aînée; celle-ci s'appuie sur l'épaule de son père et montre à sa sœur 1 vil le de Sodome embrasée, que l'on aperçoit dans l'éloignement. Une masse de roches, qui indique l'entrée d'une caverne, sert de fond à ce groupe de figures. Entre le premier plan et le foyer de l'embrasement on découvre une grande étendue de pays.

A l'exposition de Londres, en 1798, ce tableau fut acheté 500 guinées par M. Henry Hope.

TITIEN (TIZIANO VECELLI, DIT LE)

(ÉCOLE VÉNITIENNE. — *V. page 15.*)

DIANE ET CALISTO

(Tableau peint sur toile, haut de cinq pieds onze pouces, large de six pieds quatre pouces. Fig. de petite nature.)

La scène du tableau est un jardin où l'on voit, à droite, un pa-
villon d'écarlate formé par un bout d'étoffe jeté sur des arbres, et, dans le milieu, un piédestal orné de bas-reliefs, sur lequel est un Amour qui tient une urne renversée, d'où sort une cascade; sur le devant coule un ruisseau. Diane, nue, est assise sous le pavillon; elle s'appuie du bras gauche sur une Nymphe, derrière la

quelle on en voit deux autres, dont une tient un arc; une quatrième, qui est à moitié dans l'eau, lave les pieds de la déesse; une cinquième, vue par le dos, et assise sur le bord du ruisseau, tient d'une main un dard et s'appuie de l'autre sur un carquois, qui se trouve auprès d'elle, à terre. Diane étend le bras droit, montrant Calisto qu'elle commande de déshabiller. Cette Nymphe, tournée du côté opposé à gauche, est pâmée et soutenue par deux de ses compagnes qui exécutent l'ordre de la déesse, en sorte que son ventre est déjà découvert; une troisième vient de lui ôter sa draperie qu'elle tient en l'air, et une quatrième, qui est baissée, la déchausse. Tout sur le devant paraît le chien de Diane.

Ce tableau a pour pendant celui de *Diane et Actéon* que nous avons déjà fait connaître. Ils ont tous les deux passé de la collection du duc d'Orléans dans celle du comte d'Ellesmere (Bridgewater Gallery), à Londres. (*Voy.* page 24.)

VASARI (GIORGIO)

(ÉCOLE FLORENTINE)

Ce peintre naquit en 1512 à Arezzo, en Toscane. Il apprit les premiers principes du dessin de Guillaume de Marseille, très-habile maître verrier, et fréquenta ensuite les écoles d'André del Sarte et de Michel-Ange, à Florence. Ayant acquis autant d'habileté dans l'architecture que dans la peinture, et, comme Raphaël, Jules Romain, le Primatice, réunissant cette variété de connaissances qui le rendaient capable de présider seul à la construction et à l'embellissement des plus vastes édifices, il fut bientôt connu de toute l'Italie et chargé d'une immense quantité de travaux. Il mourut, à Florence, le 27 juin 1574.

Le Vasari a écrit les *Vies des peintres, des sculpteurs et des architectes italiens*, depuis la naissance des arts jusqu'à l'époque où il vivait; ce livre l'a bien plus fait connaître que ses ouvrages de peinture, quoiqu'il en ait fait beaucoup, peignant avec une grande facilité et d'une manière très-expéditive. Il était assez bon dessinateur, très-habile décorateur, mais peintre froid, praticien médiocre et mauvais coloriste.

LES SIX POËTES

(Tableau peint sur bois, haut de trois pieds onze pouces, large de quatre pieds. Fig. de grandeur naturelle.)

Vasari nomme les six personnages qu'il a réunis dans ce tableau : Marsile Ficin, Ange Politien, Pétrarque, Boccace, Dante et Guide Cavalcanti. Pétrarque est le plus reconnaissable de ces personnages, à son habit de chanoine avec une espèce de camail, ayant eu un canonicat à Lombez, en Gascogne. Le portrait de la belle Laure est sur la couverture d'un livre qu'il tient. On croit que celui qui est tout sur le devant est le portrait de Dante. Il est assis devant une table, sur laquelle il y a deux livres, posés l'un sur l'autre, une écritoire, un quart de cercle, deux globes et un compas : il tient de la main gauche un livre ouvert, qu'il montre à un homme qui est un peu derrière lui, et dont on ne voit que la tête. Il y a entre Pétrarque et Dante un autre homme. Ces quatre figures ont des couronnes de laurier. A gauche, derrière Pétrarque, sont les deux autres, ayant chacun une calotte sur la tête. Il y a apparence que ces deux derniers sont les portraits de Marsile Ficin et d'Ange Politien.

Ce tableau vient de la collection du cardinal Mazarin. Il était porté à 600 livres tournois dans l'inventaire estimatif des tableaux de ce ministre, qui fut fait, par ordre de Louis XIV, à Paris, en 1660. Acquis alors par Monsieur, frère de Louis XIV, il passa dans la galerie du Palais-Royal. A l'exposition de Londres, en 1798, M. H. Hope l'acheta 100 livres sterlings, et il est à présent dans le cabinet de M. H.-Thomas Hope, à Londres.

BAROCHE (FEDERICO BAROCCI, DIT LE)

(ÉCOLE ROMAINE. — *V. page* 42.)

LA SAINTE FAMILLE

Connue sous le nom de LA VIERGE AUX CHATS.

(Tableau peint sur toile, haut de deux pieds sept pouces, large d'un pied dix pouces. Fig. d'un pied.)

Ce tableau représente la demeure de la sainte Vierge. Saint Zacharie, sainte Élisabeth et le petit saint Jean, leur fils, viennent visiter la sainte Famille, et saint Joseph quitte son ouvrage pour les introduire dans la chambre; il soulève un grand rideau qui en ferme l'entrée, et on aperçoit la sainte Vierge assise sur une chaise basse, et occupée à bercer son fils qui dort; elle tient un livre et se retourne du côté des saints personnages qui arrivent. Sur le bas de sa robe est couché un gros chat avec un petit. Une croisée ouverte laisse voir dans le lointain un paysage.

Le duc d'Orléans acheta ce tableau de M. de Brillac, capitaine aux gardes, qui le tenait de M. Benoise, son grand-père maternel, secrétaire des commandements de Henri III. A l'exposition de Londres, en 1798, il était estimé 400 guinées; mais n'ayant pas trouvé d'acquéreur à ce prix, il fut vendu aux enchères le 14 février 1800, et adjugé alors 200 livres sterlings.

POUSSIN (NICOLAS)

(ÉCOLE FRANÇAISE. — *V. page* 35.)

LES SEPT SACREMENTS (*V. page* 48).

IV

LA CÈNE ou L'EUCHARISTIE.

La scène du tableau est une salle ornée de pilastres: au milieu est une table, sur laquelle on ne voit que du pain. La cène est sur le point de finir; les disciples, étendus avec leur divin Maître sur des lits, à la manière antique, achèvent le dernier repas qui doit précéder les angoisses de la Passion. Jésus est en face: tenant la coupe et faisant un signe de la main, il prononce les paroles au moyen desquelles s'accomplit, pour la première fois, le grand mystère de la Transsubstantiation. Saint Jean, placé à la droite du Sauveur, paraît l'avoir interrogé à la sollicitation de saint Pierre, qui est à côté de lui. A gauche, on voit Judas qui s'est déjà levé de table, et s'éloigne pour aller consommer sa trahison. Une tapisserie, attachée aux pilastres, sert de fond aux figures qui sont en face. Comme l'Eucharistie, que ce tableau représente, a été instituée le soir, ce temps est marqué par l'obscurité de la salle, qui n'est éclairée que par une lampe à trois mèches, suspendue au plancher au-dessus de la table, et le respect dû à ce grand sacrement est exprimé par le silence de ce lieu, où il n'y a que Jésus-Christ et les apôtres.

ALLORI (ALESSANDRO)

(ÉCOLE FLORENTINE)

Ce peintre, né à Florence en 1535, fut surnommé le *Bronzin*, du nom d'Angiolo Allori, dit le *Bronzin*, son maître et son oncle. Il montra de bonne heure de grandes dispositions, et fit parler de lui dès l'âge de dix-sept ans. Il en avait vingt et un lorsqu'il revint de Rome dans sa patrie, où il fut chargé de grands travaux de peinture. Il entendait bien le nu, avait un bon goût de dessin et un coloris tendre. Son pinceau est gras et moelleux, et ses compositions sont gracieuses. Allori a traité avec un égal succès l'histoire et le portrait. Il mourut en 1607, âgé de soixante-douze ans.

VÉNUS ET L'AMOUR

(Tableau peint sur bois, haut de quatre pieds quatre pouces, large de six pieds sept pouces. Fig. de grandeur naturelle.)

Vénus, couchée sur une draperie, vient de désarmer l'Amour

qui la regarde tendrement, et cherche à lui reprendre son arc, qu'elle tient de la main gauche, lui arrêtant de l'autre le bras droit qui est étendu. On voit près d'elle, sur des roses, deux colombes qui se becquètent, symbole de la tendresse; à ses pieds est un lapin, emblème de la crainte et de la timidité de l'amour, et dans le lointain, un homme et une femme sous une forme hideuse, tourmentés par les remords et prêts à se jeter dans les flammes, pour mettre en opposition les charmes séduisants de la beauté avec le vice et l'abîme où nous précipitent les déréglements de l'amour et de la volupté.

Ce tableau avait appartenu au prince de Condé avant de passer dans la galerie du Palais-Royal. Il fut acheté 150 guinées par M. Thomas Hope, à l'exposition de Londres, en 1798.. En 1820, il faisait partie de la galerie de Lucien Bonaparte, à Rome.

NETSCHER (GASPARD)

(ÉCOLE HOLLANDAISE — *V. page* 18.)

L'ENTREMETTEUSE

(Tableau peint sur toile, haut d'un pied dix pouces, large d'un pied six pouces.)

Ce tableau est décrit dans le catalogue de ceux de la galerie du Palais-Royal, sous le titre d'*Agar présentée à Abraham*. La richesse de l'habillement de la jeune femme et le jeune homme qui est derrière le vieillard indiqueraient cependant un autre sujet plus profane. C'est une chambre à coucher où une vieille femme amène à un homme âgé, assis auprès d'un lit à rideaux, une jeune fille qui est vêtue de blanc et a la gorge fort découverte. Un jeune garçon, placé derrière le lit qui le cache, avance sa tête pour regarder. A droite, sur le devant, il y a une table, couverte d'un riche tapis avec un bassin et une aiguière.

Ce tableau était porté à 100 guinées dans l'estimation qui servit de base à la vente des tableaux flamands et hollandais de la galerie d'Orléans, à Londres, en 1793.

TENIERS LE JEUNE (DAVID)

(ÉCOLE FLAMANDE. — *V. page* 20.)

LE CHIMISTE

(Peint sur toile, haut d'un pied huit pouces, large de deux pieds onze pouces.)

Ce tableau représente l'intérieur du laboratoire d'un chimiste, où l'on remarque un grand nombre de vaisseaux et d'ustensiles de différentes matières. Le souffleur est assis devant un fourneau ; sa tête exprime parfaitement l'attention qu'il porte au degré de chaleur qu'il veut donner à son creuset. Dans le fond, on voit deux autres figures, dont une paraît être occupée à quelque préparation chimique.

A l'exposition de Londres en 1793, ce tableau était estimé 150 guinées.

RAPHAËL (RAFFAELLO SANZIO, DIT)

(ÉCOLE ROMAINE. — V. page 7.)

LA SAINTE FAMILLE
Connue sous le nom de LA VIERGE DE LORETTE.

(Tableau peint sur bois, haut de trois pieds six pouces, large de deux pieds huit pouces. Fig. de petite nature.)

La Vierge debout contemple l'Enfant-Jésus couché sur un petit lit et soulève le voile qui le couvrait. L'Enfant a les bras ouverts et étendus vers sa mère. Saint Joseph est à côté de la Vierge, les deux mains appuyées sur un bâton. Le fond du tableau paraît représenter une chambre.

La composition de ce tableau est indubitablement de Raphaël; mais il n'est pas aussi certain que ce maître l'ait peint lui-même, et quoique le tableau dont nous donnons ici l'estampe figure parmi les ouvrages originaux cités dans la *Description des tableaux du Palais-Royal*, on peut le regarder comme une copie. Le tableau original, fait par Raphaël quelque temps après son arrivée à Rome, se trouvait, en 1575, dans cette ville, où Sandrart le vit dans l'église de Sainte-Marie-du-Peuple. On croit que ce tableau parvint depuis à la chapelle de Notre-Dame-de-Lorette; il y jouissait d'une grande réputation. Un particulier en avait fait don au trésor de cette chapelle si fameuse, en 1717. Lorsqu'au mois de pluviôse an VI (janvier 1798) l'armée française s'approcha de Lorette, le général Colli, commandant les troupes papales, fit emporter ce que le trésor de cette chapelle renfermait de plus précieux. Il n'oublia pas d'y comprendre le tableau de Raphaël, qu'il fit transporter à Rome, chez le prince Braschi, neveu de Pie VI. Il y a apparence que c'est là qu'on mit une copie à la place de l'original; car le tableau, livré comme tel aux commissaires de la République française, et destiné à faire partie du musée Napoléon, fut dans la suite reconnu pour copie. On ne sait ce que l'original est devenu depuis. Il en existe plusieurs copies; celle qu'on voyait dans la galerie du Palais-Royal passait pour être peinte par André del Sarte. A l'exposition de Londres, en 1798, M. Willett en fit l'acquisition au prix de 700 guinées.

MOLE (PIERFRANCESCO MOLA, DIT LE)

(ÉCOLE BOLONAISE)

Ce peintre était fils de Jean-Baptiste Mola, ingénieur et architecte, qui servait le pape Urbain VIII. Passeri le fait naître en 1612, et mourir en 1668; cet auteur, son contemporain, paraît plus croyable que Pascoli, qui place sa naissance en 1621 et sa mort en 1666. Mola, que nous appelons le *Mole*, naquit, suivant les uns, à Coldré, ville du Milanais; selon d'autres, il serait né à Lugano, ville de Suisse, dans les bailliages d'Italie. Conduit à Rome dans son enfance, il eut d'abord pour maître Prosper Orsi, peintre de perspective et surnommé *Prosperin des Grotesques*. Soit que ce genre de peinture ne convînt pas au Mole, ou pour quelque autre raison, il quitta ce peintre pour entrer chez le Josépin. Son père étant allé diriger la construction d'un édifice à Bologne, l'emmena avec lui et le plaça dans l'atelier de l'Albane, où le Mole demeura pendant plusieurs années. Comme il goûtait davantage la manière du Guerchin, il obtint ensuite la permission de travailler auprès de ce maître. Il alla enfin à Venise étudier les ouvrages du Tintoret, du Bassan, de Paul Véronèse, et se forma une manière qui lui acquit beaucoup de réputation à son retour à Rome. Il y fut successivement employé par les papes Innocent X, Alexandre VII, entra au service de la reine Christine de Suède, à Rome, en qualité de son peintre et de garde des tableaux de son cabinet. Chef de l'Académie de Saint-Luc de Rome, il jouissait des honneurs et de la fortune, lorsque sa carrière fut terminée à l'âge de cinquante-six ans, si l'on s'en tient au calcul de Passeri, ou à quarante-cinq ans, si l'on en croit Pascoli.

Le Mole, avec une manière de dessiner correcte, franche et assurée, avait une fermeté de pinceau, une intelligence de la couleur et du clair obscur, qui donnent du prix à ses tableaux, dont la plupart sont très-piquants par des effets de lumière extraordinaires qu'il y a introduits. Sa manière tient de celle de l'Albane, et plus encore de celle du Guerchin. On a reproché au Mole que dans les dernières années de sa vie, temps où il fut sujet à plusieurs infirmités, il faisait faire des copies de ses ouvrages qu'il vendait comme étant de lui, parce qu'il y avait mis quelques coups de pinceau; c'est ce qui fait qu'on trouve tant de tableaux de ce peintre qui représentent le même sujet; il est même difficile de distinguer ceux qui sont entièrement de sa main, et ceux qu'il n'a fait que retoucher, à moins qu'on ne les compare les uns avec les autres.

AGAR ET ISMAËL

(Tableau peint sur cuivre, haut de dix pouces, large d'un pied un pouce. Fig. dans la proportion de cinq pouces.)

La scène du tableau est un paysage riant avec fabrique et cascade. On voit sur le devant Agar, et à une petite distance Ismaël, couché à terre, y ayant une cruche renversée à côté de lui pour marquer qu'ils manquent d'eau. Agar, un genou en terre et les bras ouverts, regarde un Ange qui lui apparaît dans les airs, et lequel, en tournant une de ses mains vers le ciel, tandis que l'autre se dirige vers le fils d'Abraham, annonce évidemment les destinées promises à la postérité de ce patriarche.

Ce sujet, comme on le voit, n'est presque que l'accessoire du tableau : le paysage en fait tout l'intérêt; c'est ce que l'on rencontre souvent dans les compositions de ce maître.

Ce tableau appartenait autrefois à M. de Nancré, qui le céda au duc d'Orléans; il est à présent au Musée impérial du Louvre.

POUSSIN (NICOLAS)

(ÉCOLE FRANÇAISE. — V. page 35.)

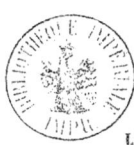

LES SEPT SACREMENTS (V. page 48).

V

LE MARIAGE

Pour rattacher autant que possible les Sacrements à leur sainte origine, Poussin a choisi pour sujet de son tableau qui représente le Sacrement de Mariage, les fiançailles de la Vierge et de saint Joseph. La scène est une salle ornée de pilastres et de colonnes, et percée de fenêtres qui laissent voir un paysage. Les deux époux, couronnés de fleurs, sont à genoux devant un vieillard assis, qui fait la cérémonie. Saint Joseph, tenant à la main la baguette fleurie (que les patriarches lui donnent ordinairement par allusion à la tradition légendaire qui veut que de tous les prétendants de Marie saint Joseph fût le seul dont le bâton fleurît subitement), passe de la droite l'anneau nuptial au doigt de la Vierge, dont la main est soutenue par le vieillard, derrière lequel est un jeune homme, portant d'une main un bassin où il y a un vase, et de l'autre une aiguière. Le reste du tableau est rempli de spectateurs: ceux à droite sont des hommes avec une vieille femme qu'on peut supposer être la prophétesse Anne; saint Joachim et sainte Anne se remarquent entre ceux qui sont à gauche, parmi lesquels on voit plusieurs femmes avec quelques enfants.

PALME LE VIEUX (JACOPO PALMA IL VECCHIO, DIT)

(ÉCOLE VÉNITIENNE)

Ce peintre naquit, vers 1480, à Serinalta, village du Bergamasque. On le nomme *Palme le vieux*, pour le distinguer de son neveu, aussi peintre, qui se nommait Jacques, comme lui, et qu'on appelle *Palme le jeune*. Il vint à Venise se former à la peinture, probablement sous Jean Bellin. Avec d'heureuses dispositions, se trouvant à portée de profiter de l'exemple donné par le Giorgion et par le Titien, il réussit et fut un des premiers qui surent mettre dans leurs ouvrages un moelleux flatteur et beaucoup de soin sans sécheresse. Il mourut vers 1548.

SAINTE CATHERINE

(Tableau peint sur bois, haut de trois pieds un pouce, large de deux pieds trois pouces. Fig. demi-nature.)

Sainte Catherine, presque à mi-corps, et ayant une couronne radiale de reine, tient une palme de la main droite appuyée sur la roue qui sert à caractériser cette sainte; sa main gauche est sur sa poitrine.

A l'exposition de Londres, en 1798, ce tableau fut acheté 30 guinées par M. Bryan.

TITIEN (TIZIANO VECELLI, DIT LE)

(ÉCOLE VÉNITIENNE. — V. page 15.)

L'ÉDUCATION DE L'AMOUR

(Tableau peint sur toile, haut de six pieds, large de quatre pieds dix pouces. Fig. de grandeur naturelle.)

Mercure est assis, ayant son pétase sur la tête et son caducée à côté de lui; il est nu, une draperie lui couvre seulement l'épaule gauche et une partie de la cuisse du même côté. L'Amour, debout devant lui, lit dans un livre que Mercure lui tient; son arc et son carquois sont à ses pieds. Vénus est à gauche, appuyant une main sur un rocher, et de l'autre elle relève un bout de draperie sur le haut de ses cuisses; Mercure la regarde, Le fond du tableau est un paysage.

Il y a une singulière ressemblance entre ce tableau et celui où le Corrège a peint le même sujet, et que nous avons déjà fait connaître. Les attitudes des figures sont à peu près les mêmes dans les deux compositions; seulement Vénus, qu'on voit ici de trois quarts et sans ailes, est vue de face et ailée dans le tableau du Corrège, et Mercure, que le Titien a représenté levant les yeux vers la Déesse à laquelle il parle, a, chez le Corrège, la tête baissée et adresse la parole à l'Amour; il n'y a pas non plus de différence bien sensible dans la disposition du paysage. En un mot, l'analogie est telle entre les deux tableaux, qu'il est impossible de ne pas prendre celui du Titien pour une réminiscence, une espèce de contre-épreuve de celui du Corrège.

Ce tableau vient du cabinet de la reine Christine de Suède, et fit partie de ceux que le duc d'Orléans acheta des héritiers du duc de Bracciano, à Rome. l'exposition de Londres, en 1798, il fut acquis, au prix de 800 guinées, par le comte de Gower; il est aujourd'hui à Stafford-House, chez la duchesse de Sutherland (Sutherland Gallery), à Londres.

POUSSIN (NICOLAS)

(ECOLE FRANÇAISE — V. page 35.)

LES SEPT SACREMENTS (V. page 48).

VI

LE BAPTÊME

L'artiste a représenté l'institution de ce Sacrement par le sujet de Jésus-Christ recevant le baptême au bord du Jourdain. Saint Jean-Baptiste étend le bras droit et tient une coquille avec laquelle il verse de l'eau sur la tête inclinée du Rédempteur. A gauche, du côté de Jésus, sont trois hommes dont celui du milieu est un vieillard qui se tient la barbe de la main droite, et plus loin des gens déshabillés qui viennent d'être baptisés, et entre lesquels on remarque un jeune marié reconnaissable à sa couronne de myrte, qui s'en va, ayant sur le bras droit un linge dont il s'essuie, et un vieillard assis remettant ses chausses, et ressemblant exactement au soldat qui, dans le fameux carton de la Guerre de Pise de Michel-Ange, se mord les lèvres d'impatience, de ce que ses vêtements ne peuvent glisser sur ses membres mouillés au moment où le cri *aux armes* l'appelle au combat. De l'autre côté, un jeune homme, debout derrière le Précurseur, s'émerveille à la vue de la colombe qui plane dans les airs; à côté de lui, un vieillard courbé, joignant les mains, regarde baptiser Jésus-Christ; à la gauche de ce vieux homme est un jeune garçon, un troisième est derrière ce dernier assis sur ses talons; et tous trois étant nus paraissent attendre l'immersion sacramentelle. Il y a après une femme avec deux enfants, l'un la tient, et elle porte l'autre qui est à la mamelle. A sa droite est une jeune fille et, à sa gauche, une femme vue de profil, a la tête à moitié cachée par un des disciples de saint Jean. Ce disciple fait groupe avec deux autres qui montrent de la main la colombe sur laquelle ils fixent tous trois leurs regards surpris. Le devant du tableau est rempli de draperies qui sont les habits de ceux qui ont été baptisés ou qui vont l'être.

CARACHE (LOUIS)

(ÉCOLE BOLONAISE. — *V.* page 27.)

LA MISE AU TOMBEAU

(Tableau peint sur toile, haut de trois pieds trois pouces, large de cinq pieds cinq pouces. Fig. de grandeur naturelle.)

Le corps de Jésus-Christ, descendu de la croix et soutenu par deux hommes, va être déposé dans le sépulcre. La Madeleine arrose de ses larmes les pieds du Sauveur. Sur le second plan, on voit, à droite, saint Jean et, à gauche, la Vierge. Le fond du tableau est un rocher.

A l'exposition de Londres, en 1798, ce tableau fut payé 450 guinées par le comte de Carlisle, et il est à présent dans la collection de ce seigneur à Castle-Howard. Cette collection est, après la galerie de Bridgewater, une de celles qui se sont le plus enrichies des dépouilles de la galerie d'Orléans.

DEL SARTE (ANDRÉA VANNUCCHI, DIT ANDRÉ)

(ÉCOLE FLORENTINE)

Ce peintre, né à Florence en 1488, eut pour père un tailleur d'habits, d'où lui est venu le surnom *del Sarto*. On voulut d'abord lui faire apprendre l'orfévrerie, mais comme il s'occupait plus à dessiner qu'à travailler aux autres parties de cette profession, on le mit à la peinture. Jean Barile, peintre médiocre, fut son premier maître, qu'il quitta pour s'attacher à Pierre de Cosimo ; mais la mauvaise humeur de celui-ci qui était vieux fut cause qu'André del Sarte se retira. Son ardeur pour le travail et l'étude assidue qu'il fit des fresques de Masaccio, de Ghirlandajo, et surtout des fameux cartons de Léonard de Vinci et de Michel-Ange, hâtèrent ses progrès, et il ne fut pas longtemps sans acquérir une grande réputation. Le bruit de cette réputation étant parvenu jusqu'en France, le roi François Ier l'appela à sa cour, en 1518. André del Sarte y fit plusieurs ouvrages bien accueillis et bien récompensés. Il jouissait de la fortune la plus brillante, lorsqu'ayant reçu des lettres de sa femme qu'il aimait passionnément, il demanda aussitôt un congé pour aller dans son pays, promettant avec serment qu'il reviendrait. Le roi y consentit, et lui fit même donner une somme considérable pour acheter des ouvrages de peinture et de sculpture dont il voulait enrichir son cabinet. André partit. Arrivé à Florence, il eut la faiblesse de céder aux larmes et aux suggestions de sa femme : il mangea non-seulement tout l'argent qu'il tenait des libéralités de François Ier, mais encore celui qui lui avait été remis pour les acquisitions qu'il devait faire, et n'osa plus revenir en France. Il mourut de la peste à Florence, en 1530, à quarante-deux ans, privé de toute espèce de secours, abandonné de sa femme et de ses amis que la peur de la contagion avait fait fuir de sa maison.

André del Sarte fut surnommé par ses contemporains le *Peintre sans défauts* (*Pittore senza errori*), à cause de la pureté des contours qu'il fit voir dans ses ouvrages. Il avait, en effet, un excellent goût de dessin, auquel il joignit une assez bonne couleur, et surtout un pinceau très-moelleux. On doit le regarder comme le meilleur coloriste de l'école florentine. Il entendait bien le nu, le jet des draperies, et disposait bien ses figures. Ses inventions sont agréables, et ses airs de tête gracieux ; mais on y désirerait plus de feu et de variété. Il a fait beaucoup de Vierges, qui sont ordinairement trop fortes, trop massives. Ce défaut, plus ou moins commun à toutes les figures de femme peintes par André del Sarte, vient, dit-on, de ce qu'il prenait habituellement pour modèle sa propre femme, cette Lucrezia del Fede, belle veuve et coquette, qu'il épousa jeune encore, et qui lui fit commettre une bien grande faute, dont le remords le poursuivit jusqu'au tombeau, celle de devenir parjure et de gaspiller en folles dépenses l'argent que le roi de France lui avait confié pour l'achat de tableaux et de statues.

LÉDA

(Tableau peint sur bois, haut de trois pieds deux pouces, large de deux pieds quatre pouces. Fig. de demi-nature.)

On sait que Jupiter, amoureux de Léda, femme du roi Tyndare, et l'ayant trouvée sur les bords de l'Eurotas, fit changer Vénus en aigle, et prenant la figure d'un cygne poursuivi par cet aigle, alla se jeter entre les bras de cette reine, laquelle, au bout de neuf mois, accoucha de deux œufs. De l'un sortirent Pollux et Hélène, et de l'autre, Castor et Clytemnestre. Dans ce tableau, l'artiste a eu la singulière idée de représenter les quatre enfants venant de naître, et étendus à terre aux pieds de leur mère qui est debout, caressant le cygne. Les deux jumeaux à droite se regardent l'un l'autre ; l'œuf dans lequel on suppose qu'ils vinrent au monde derrière eux, cassé, et les coquilles sont séparées. Un des deux jumeaux à gauche est encore à moitié dans la coque, et l'autre, qui apparemment est Hélène, a un diadème, et paraît dormir. Le fond du tableau est un paysage avec un bâtiment rustique et quatre figurines.

Ce tableau vient du cabinet de la reine Christine de Suède et fit partie de ceux que le duc d'Orléans acheta des héritiers du duc de Braccciano, à Rome. A l'exposition de Londres, en 1798, M. Aufrere le paya 200 guinées ; il a appartenu depuis à Lucien Bonaparte, à Rome, en 1827, et à M. Nieuwenhuys, marchand de tableaux à Bruxelles, en 1835.

TITIEN (TIZIANO VECELLI, DIT LE)

(ÉCOLE VÉNITIENNE. — *V. page* 15.)

PHILIPPE II ET SA MAITRESSE

(Tableau peint sur toile, haut de quatre pieds huit pouces, large de six pieds un pouce. Fig. de grandeur naturelle.)

Une femme nue qui passe pour la princesse Eboli, maîtresse de Philippe II, roi d'Espagne, est à demi couchée sur un lit de repos sous un pavillon, les cheveux ajustés avec des perles, ayant un collier et des pendants d'oreilles de même. Elle tient une flûte et a à côté d'elle une basse de viole avec des livres de musique. L'Amour, debout derrière elle au chevet, veut lui mettre une couronne de fleurs, et à gauche, un jeune homme qui n'est vu que par le dos, tournant la tête en sorte que son visage paraît de profil, est assis au pied du lit, jouant du luth. On croit que ce jeune homme, vêtu à l'espagnole, une toque sur la tête et l'épée au côté, est le portrait de Philippe II, quoiqu'il ne ressemble guère à ceux qu'on connaît de ce prince. Le fond du tableau est un paysage dans lequel le peintre a représenté une chasse au cerf.

Ce tableau, venant du cabinet de la reine Christine de Suède, fit partie de ceux que le duc d'Orléans acheta des héritiers du duc de Bracciano, à Rome. A l'exposition de Londres, en 1798, il fut acquis, au prix de 1,000 guinées, par le vicomte Fitzwilliam. Il est actuellement au musée de l'Université de Cambridge, à laquelle ce seigneur, en mourant, en 1816, le légua par testament avec les autres peintures et curiosités de sa collection. Il y a dans la galerie de Dresde une répétition de ce tableau, qui, si elle n'est pas de la main même du Titien, semble du moins avoir été faite par un de ses élèves et retouchée par le maître : on l'appelle en Allemagne la *Vénus du Titien*.

TENIERS LE JEUNE (DAVID)

(ÉCOLE FLAMANDE. — *V. page* 25.)

LA GUITARE

(Tableau peint sur bois, haut de neuf pouces, large de sept pouces.)

Une jeune femme, qui a un bonnet avec une plume blanche, et par-dessus son habit un manteau fourré, joue de la guitare : près d'elle sont deux petits enfants dont l'un fait des bulles de savon avec son chalumeau.

Ce tableau est peint dans le goût de Netscher. Il fut porté à 50 guinées dans l'estimation qui servit de base à la vente des tableaux flamands et hollandais de la galerie d'Orléans, à Londres, en 1793.

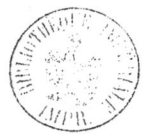

JOSÉPIN (GIUSEPPE CESARI, DIT LE)

(ÉCOLE ROMAINE)

Les auteurs qui ont écrit la vie de ce peintre ne s'accordent ni sur le lieu ni sur l'époque de sa naissance. Les uns le font naître en 1560 au château d'Arpin, dans la Terre de Labour au royaume de Naples; d'autres prétendent qu'il est né en 1568 à Rome. Son père, peintre médiocre et réduit par sa pauvreté à faire des *Ex-roto*, lui apprit les premiers principes de sa profession. Dès l'âge de treize ans, il fut employé à apprêter les couleurs des peintres occupés aux ouvrages du Vatican sous le pontificat de Grégoire XIII, et qui l'appelaient *il Gioseffino* ou *Giuseppino* (le petit Joseph), à cause de sa grande jeunesse. Ce diminutif de *Gioseffo* ou *Giuseppe* manquant à notre langue, nous en avons formé le nom de *Josépin*, et c'est sous ce nom que le peintre qui nous occupe est le plus connu en France. Il se sentait du goût et des dispositions, et s'exerçait à dessiner sur les murailles des figurines qui attirèrent l'attention des peintres qu'il servait. Ceux-ci le présentèrent au pape qui lui donna de quoi faire ses études. Il se mit sous la conduite du Pomerancio, et travailla pendant quelque temps avec Giacomo Rocca, élève de Daniel de Volterre. Ses essais furent heureux; un caractère de dessin léger et agréable, quoique peu naturel, une manière de peindre franche et vague, quoique toute de caprice, le mirent à la mode, et un esprit souple et propre à l'intrigue contribua plus que son talent à lui procurer des occupations considérables. Il jouit de son vivant d'une immense réputation qui diminua beaucoup à sa mort, arrivée le 3 juillet 1640.

Sa manière vague et dure, son coloris froid et languissant, son dessin maniéré, ses attitudes guindées et forcées, son pinceau grossièrement flatteur, n'avaient séduit que les amateurs de nouveautés, et on fit dans la suite peu de cas de ses ouvrages dépourvus des beautés vraies et de tous les temps.

SUZANNE AU BAIN

(Tableau peint sur cuivre, haut d'un pied sept pouces et demi, large d'un pied trois pouces. Fig. dans la proportion de dix-huit pouces.)

La scène du tableau est une espèce de salle de bain découverte. Suzanne presque nue est à l'entrée; elle a de grands cheveux qu'elle peigne, et est assise sur un coussin, la jambe droite avancée et posée sur une pierre, la gauche est pliée. Les deux vieillards que son attitude lui cache sont appuyés sur un petit mur orné de bas-reliefs, et qui borde la fontaine formée par l'eau que jette un mascaron qui est à gauche.

Ce tableau était porté à 80 guinées dans l'estimation qui servit à fixer les prix auxquels les tableaux italiens de la galerie d'Orléans furent offerts en vente à Londres en 1798; mais, à l'exposition, il ne trouva pas d'acquéreur à ce prix, et à la vente aux enchères du 14 février 1800 il fut adjugé pour 18 guinées.

LEBRUN (CHARLES)

(ÉCOLE FRANÇAISE)

Ce célèbre artiste, fils d'un sculpteur médiocre, naquit à Paris le 22 mars 1619. Les dispositions qu'il fit paraître de bonne heure pour la peinture lui méritèrent la faveur et les encouragements du chancelier Seguier. Ce grand ami des arts et des lettres le mit d'abord à l'école de Simon Vouet, et fit ensuite les frais de son voyage d'Italie. Le jeune Lebrun partit en 1639, et passa à Rome trois années employées à l'étude de tout ce qui pouvait étendre ses connaissances et perfectionner ses talents. Lorsqu'il fut de retour à Paris, il exécuta et exposa en public divers tableaux qui élevèrent très-haut sa réputation. Louis XIV le nomma son premier peintre, l'ennoblit et le créa chevalier de l'ordre de Saint-Michel. On lui donna de plus la direction générale de tous les ouvrages qui se faisaient chez le roi, et particulièrement de ceux de Versailles. Lebrun peignit lui-même dans ce palais la grande galerie, et, en même temps qu'il dirigeait les autres peintures de l'intérieur, il donnait les dessins de la plupart des bosquets et des fontaines, de la plus grande partie des statues et des vases, des ornements d'architecture des galeries et des appartements, et même de la menuiserie et des serrures. C'est dans ces travaux qu'il a consumé ses jours, usant quelquefois avec trop de despotisme de la supériorité que lui donnait sa place. Un autre ambitieux qui l'égalait dans l'art du courtisan, mais non dans la peinture, lui opposa sur la fin une concurrence dont il eut quelque chagrin. Il mourut à Paris le 12 février 1690.

Lebrun avait un génie fécond, abondant; il s'est montré ingénieux compositeur, savant et généralement correct dans le dessin (sauf les proportions un peu courtes qu'il a données quelquefois à ses figures), extrêmement habile à la pratique du pinceau : on souhaiterait seulement dans les ouvrages de ce maître un sentiment plus chaleureux, des expressions plus vraies, plus variées, des attitudes moins théâtrales, un coloris moins dur, moins discordant, et plus de solidité dans son empâtement, qui est si faible que l'impression en rouge ayant poussé au travers de la peinture, les ombres et les demi-teintes ont disparu, les figures rougies se perdent dans le fond, et l'effet général de ses plus beaux tableaux se trouve complétement détruit.

LE MASSACRE DES INNOCENTS

(Peint sur toile, haut de quatre pieds un pouce, large de cinq pieds neuf pouces. Figures dans la proportion de quinze pouces.)

La scène du tableau représente un riche paysage avec une ville dans le lointain, partagée par un pont qui coupe à droite la vue d'un temple. Presque au milieu tirant sur la droite en face est un quadrige dans lequel sont deux hommes qui paraissent être deux préteurs; à côté d'eux, à droite et à gauche, des cavaliers font exécuter leurs ordres. Le reste du tableau ne présente aux yeux que des enfants égorgés ou près de l'être par des bourreaux insensibles aux cris des mères désespérées. A droite, au bout du pont, est une maison qui peut être le prétoire, à la porte duquel est une garde qui en empêche l'entrée. Une mère éconduite descend l'escalier, tenant son enfant; une autre est couchée à terre couvrant le sien; une troisième, à côté, que son enfant embrasse, est à genoux, tout échevelée. On ne voit sur le pont que des enfants qu'on tue et des mères éplorées. Au milieu du tableau, sur le devant, une mère se laisse traîner plutôt que de lâcher son enfant qu'un cavalier lui arrache. A gauche, ce qui se remarque davantage, c'est un soldat qui emporte deux enfants, l'un sous son bras, et l'autre suspendu par sa chemise qu'il tient avec ses dents. A droite, une mère assise à terre, la tête baissée et les mains jointes, s'abandonne à la douleur, ayant à côté d'elle son enfant égorgé qu'un gros chien lèche; plus en avant, une autre femme, les cheveux épars sur son sein et les bras croisés sur sa poitrine, est assise à terre, la tête appuyée contre un tombeau et les yeux élevés vers le ciel, pleurant ses deux enfants poignardés qui nagent dans leur sang, le poignard étant resté dans le flanc de celui qui est le plus près d'elle.

Ce tableau avait été commencé dès 1657 pour un chanoine amateur de la peinture, et ne fut achevé que quelques années après pour M. Dumetz, garde du trésor royal. Il passa ensuite dans le cabinet du duc d'Orléans. A l'exposition de Londres, en 1798, il fut payé 150 guinées par M. Noël Desenfants, qui, en mourant, le légua à sir Francis Bourgeois. Celui-ci en fit don au Dulwich-Collège, et on le voit aujourd'hui dans la collection des tableaux de ce collége, situé à quatre lieues de Londres.

POUSSIN (NCOLAS)

(ÉCOLE FRANÇAISE. — V. page 35.)

LES SEPT SACREMENTS (V. page 48.)

VII

L'EXTRÊME-ONCTION

La scène est la chambre d'un malade qui se meurt. Couché sur un lit à l'antique, il étend le bras droit avec la main ouverte pour recevoir l'onction sacramentelle, et à laquelle le prêtre applique avec les deux doigts les saintes huiles renfermées dans une petite boîte ou navette d'argent qu'il tient de la main gauche. Un clerc ayant une maison qui peut être le prétoire, à la porte duquel est à genoux sur le premier plan. La famille du malade, caractérisée suivant l'âge, le sexe et les différents degrés de parenté, assiste au moment suprême. Une jeune fille placée derrière le clerc, les mains jointes, prie pour la santé de son père dont la mère est après, ayant une main à son voile et l'autre devant les yeux pour cacher ses larmes. Un enfant se trouve là qui, curieux de voir la cérémonie sans témoigner aucune tristesse, parce qu'il ne connaît pas la perte qu'il fait, paraît se hausser sur la pointe des pieds, quoiqu'on ne lui voie que le visage : le père, aussi touché que la mère, est à sa gauche, un peu plus dans l'ombre, et se cache en partie. Derrière le dossier est le frère qui s'avance par-dessus pour éclairer le prêtre, tenant une lumière haute de la main, et la mettant devant ses yeux pour n'être point ébloui. Ce groupe occupe le derrière du chevet. On voit après, au côté intérieur, une femme présentant à son mari un jeune enfant qui caresse de ses petites mains le visage de son père mourant. Le médecin est ensuite ; il se tourne pour rendre à un jeune garçon une assiette avec une fiole contenant une médecine qu'il lui fait signe de remettre, étant inutile. Devant ce domestique sont deux femmes, dont l'une, qui est très-affligée, prie Dieu, et l'autre, les mains sous une longue mante qui l'enveloppe, en porte une à son visage. Derrière cette dernière est la fille aînée du moribond, assise au pied du lit et s'abandonnant à la douleur. Une femme qu'on peut supposer être la garde-malade, et qui se couche, étant assise une jambe l'une sur l'autre, et s'appuyant sur une table, termine la composition du tableau, à droite tout derrière. La condition du mourant est marquée par un bouclier attaché à la muraille au-dessus d'un rideau, et sur lequel est le monogramme de Jésus-Christ, selon la coutume des premiers siècles du christianisme de le mettre sur toutes les armes : ce qui montre que c'est un soldat chrétien.

Ce tableau est regardé comme le plus beau de la suite des Sept Sacrements du Poussin, tant pour les caractères et l'expression que pour la composition, pour la marche générale de laquelle le peintre s'est fortement inspiré du bas-relief antique de la *Mort de Méléagre*.

REMBRANDT

(ÉCOLE HOLLANDAISE. — *V. page* 9.)

DEUX TÊTES

(Deux tableaux peints sur bois, de forme ovale, ayant chacun deux pieds de haut, sur un pied six pouces de large.)

La femme est coiffée en cheveux plats, et a un collier de perles avec des boucles d'oreilles de même et un collet qui lui monte fort haut, et par-dessus un autre collier qui est d'ambre, faisant plusieurs tours, et dont le bout tombe sur le devant de son corps.

L'homme a un petit chapeau noir et un pourpoint boutonné avec un collet tournant comme une fraise.

Quelques connaisseurs prétendent que ces deux têtes sont les portraits de Rembrandt et de sa femme. Cependant elles ne ressemblent guère à ceux qu'on voit dans la jolie eau-forte gravée par Rembrandt en 1636, et où ce peintre s'est représenté lui-même avec la jeune femme qu'il avait épousée deux ans auparavant. Quoi qu'il en soit, on peut affirmer sans crainte que ce sont deux chefs-d'œuvre sortis des mains du maître vers 1634, c'est-à-dire dans le temps où ses deux qualités éminentes, le grand effet et la belle couleur, paraissent avec éclat dans ses productions, et s'y allient avec un fini achevé. Ils furent portés chacun à 200 guinées dans l'estimation qui servit de base à la vente des tableaux flamands et hollandais de la galerie d'Orléans, à Londres, en 1793.

TENIERS LE JEUNE (DAVID)

(ÉCOLE FLAMANDE. — *V. page* 25.)

LE MARCHAND DE CHANSONS

(Peint sur bois, haut d'un pied six pouces, large d'un pied onze pouces.)

Ce sujet est une tabagie dans laquelle on voit plusieurs fumeurs assis auprès du feu; un crieur public entre et leur apporte des chansons. Dans une arrière-chambre sont des buveurs à table, une femme de dehors passe sa tête par une lucarne pour les regarder.

A l'exposition de Londres, en 1793, ce tableau fut acquis par sir Philip Stevens, qui le paya 300 guinées.

VÉRONÈSE (PAUL)

(ÉCOLE VÉNITIENNE. — *V. page* 14.)

LES PÈLERINS D'EMMAÜS

(Tableau peint sur toile, haut de deux pieds deux pouces, large de deux pieds six pouces. Fig. au-dessous de demi-nature.)

Notre-Seigneur, les yeux élevés vers le ciel, est assis à table avec les deux disciples, et va bénir les mets qui lui sont présentés; l'un des convives le regarde avec attention, mais il n'a pas encore reconnu son maître; le second n'est occupé qu'à faire exécuter les ordres qu'il a donnés. Il y a à gauche trois hommes, dont l'un est l'hôte, reconnaissable à la serviette qu'il a sur l'épaule; à droite, un autre regarde entre des colonnes, et derrière Jésus on voit l'hôtesse. Au bas de la table, sur le devant, est un enfant assis qui joue avec un chien. Le fond représente de l'architecture avec un ciel.

MM. Muselli, fameux curieux de Vérone, avaient formé, dans le XVIIe siècle, un très-beau cabinet de tableaux, et celui-ci y tenait le premier rang. Le Ridolfi en fait un grand éloge. M. Alvarèz, que le marquis de Seignelay avait envoyé en Italie pour acheter des tableaux, apporta celui-ci en France, et ce fut le seul de tous ceux qu'il avait recueillis qu'il garda pour lui. Crozat en enrichit son cabinet après la mort de M. Alvarèz et le céda ensuite au duc d'Orléans. A l'exposition de Londres, en 1798, il fut acquis, au prix de 200 guinées, par le comte de Gower; il est aujourd'hui à Stafford-House, chez la duchesse de Sutherland, à Londres.

VÉRONÈSE (ALESSANDRO TURCHI, DIT ALEXANDRE)

(ÉCOLE VÉNITIENNE)

Ce peintre naquit en 1582 à Vérone. C'est du nom de cette ville, joint à son nom de baptême, qu'il est appelé en France *Alexandre Véronèse*. Le surnom d'*Orbetto*, sous lequel il est connu en Italie, lui fut, à ce qu'on rapporte, donné parce qu'étant enfant il conduisait son père qui était un pauvre aveugle. Son véritable nom est *Turchi*. Il entra au service du peintre Félix Riccio, dit le *Brusasorci*, qui l'employa d'abord comme broyeur de couleurs; puis, voyant les dispositions que son jeune aide avait pour la peinture, il lui en apprit les premiers principes. Turchi, âgé de vingt-trois ans, vint à Venise, où il reçut quelque temps des conseils de Carletto Caliari. Pour perfectionner ses talents, il se rendit à Rome : ce fut dans cette ville qu'il se fixa, et qu'il se forma une manière particulière, qui ne manque pas de force, mais dont l'agrément fait le principal mérite. Il se proposa pour modèle dans ses ouvrages le coloris du Corrège et les airs de tête du Guide. Il travaillait aussi beaucoup d'après nature. On assure qu'il ne préparait jamais ses compositions, et qu'il ajoutait sur son tableau figure à figure, sans faire auparavant de dessin, ni d'esquisse arrêtée du tout ensemble. On convient aussi que ses ouvrages se ressentent de cette négligence. Il a fait une quantité de tableaux de chevalet, qui sont répandus de tous côtés. Il peignait assez souvent sur le marbre, le jaspe et autres pierres, pour y représenter des sujets gracieux et faits avec beaucoup de soin. En général, il réussit mieux dans ses petits tableaux que dans ses grands, où il laisse voir de l'incorrection et de la lourdeur. Il mourut à Rome en 1648, à l'âge de soixante-six ans.

LES TROIS ANGES

(Tableau peint sur toile, haut de trois pieds sept pouces, large de cinq pieds un pouce. Fig. de grandeur naturelle.)

Le sujet de ce tableau est Abraham qui reçoit chez lui les trois anges, sous la forme desquels le Seigneur lui apparut dans les plaines de Mamré. Abraham est à la porte sa maison, s'inclinant devant trois jeunes hommes dont celui du milieu paraît lui parler. Derrière ce patriarche, à la porte en dedans, est Sara dont on ne voit que la tête; elle écoute ce que cet ange : dit à son mari, et semble rire de la prophétie qu'il lui annonce de la part de Dieu. Les anges sont jusqu'aux genoux.

A l'exposition de Londres, en 1798, ce tableau fut acheté 100 l. sterl. par M. E. Cox.

RAPHAEL

(ÉCOLE ROMAINE. — *V. page 7.*)

SAINT JEAN AU DÉSERT

(Peint sur bois, haut de cinq pieds un pouce, large de quatre pieds six pouces. Fig. de grandeur naturelle.)

Saint Jean-Baptiste est nu et assis sur une roche, ayant sur le bras gauche une peau de tigre qui revient par derrière couvrir sa cuisse droite; il tient d'une main un phylactère déroulé, et montre de l'autre une lumière que répand une croix formée d'un roseau et placée à gauche. Le fond est un paysage.

Ce tableau a été longtemps regardé comme le type des répétitions qu'on en voit à Florence, à Rome, à Bologne, à Darmstadt, à Berlin. Aujourd'hui on croit que tous ces tableaux ont été peints d'après un original qui n'existe plus, ou sur un dessin du maître, et qu'ils sont de la main de différents élèves ou imitateurs de Raphaël. L'exemplaire qui faisait partie de la galerie du Palais-Royal fut apporté de Florence à Paris par Marie de Médicis, qui le donna au maréchal d'Ancre, son favori; il passa ensuite entre les mains de René de Longueil, marquis de Maisons, surintendant des finances, et son fils le président de Maisons, mort en 1705, en fit présent à M. de Harlay, premier président; c'est de M. Harlay de Beaumont son fils, conseiller d'État, que le duc d'Orléans l'acheta 20,000 livr. A l'exposition de Londres, en 1798, il fut acquis, au prix de 1,500 livres sterling (37,500 francs), par lord Berwick; ce lord ne le possède plus, et on peut croire que c'est le même que celui qui se voyait en 1839, chez lord Cliford, à Tinton-Abbey, près de Chepston.

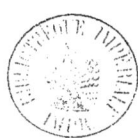

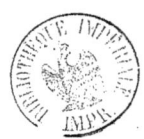

PARMESAN (FRANCESCO MAZZUOLI, dit le)

(ÉCOLE LOMBARDE)

Ce peintre naquit à Parme le 11 janvier 1503. Il est douteux qu'il ait été élève du Corrège; mais il est certain que les ouvrages de ce maître ont eu sur lui une grande influence. Ses dispositions naturelles le portaient à dessiner dès sa plus tendre jeunesse. A l'âge de seize ans, il produisit divers tableaux qui lui acquirent les suffrages des connaisseurs. L'envie de se perfectionner par la vue des ouvrages de Raphaël le fit aller à Rome en 1523. Il y vivait aimé et honoré, lorsqu'un grand événement vint interrompre le cours de ses études. En 1527, la ville pontificale fut prise d'assaut par les bandes indisciplinées du connétable de Bourbon, et le Parmesan faillit périr pendant le sac de cette ville. Dès qu'il le put, il quitta Rome et se rendit à Bologne, où il séjourna pendant quelque temps. De retour à Parme vers 1530, il y fut accueilli avec le plus vif empressement. Il eut bientôt plus de travaux qu'il ne pouvait en faire. Comme il ne se pressait pas de terminer les peintures qu'il avait commencées dans l'église de Sainte-Marie-della-Steccata, les moines qui en avaient payé le prix d'avance le firent incarcérer. Sur sa promesse de remplir les engagements qu'il avait contractés, il sortit de prison; mais, au lieu de reprendre ses pinceaux, il s'enfuit secrètement de Parme et se retira à Casal-Maggiore, où il mourut le 24 août 1540, à l'âge de trente-six ans.

Parmi les peintres gracieux, le Parmesan tient une des premières places, et cependant, après un examen attentif, la grâce qui nous séduit dans ses tableaux est plus souvent factice que réelle. On trouve chez lui une espèce d'affectation théâtrale; certains gestes, certaines attitudes qui sont peu naturelles. Imitateur du Corrège et de Raphaël, il est resté loin de ses modèles. Vasari, en faisant l'éloge de ce peintre, dit que l'esprit de Raphaël avait passé dans sa personne; éloge exagéré qui l'a fait nommer *il Raffaellino*. Toutefois, le Parmesan égale en grâce le Corrège dans ses têtes d'anges et de vierges. Il est vrai que ses ouvrages, portés à ce haut degré d'excellence, sont en petit nombre; mais aussi ce sont des chefs-d'œuvre. Les poses des figures sont généralement heureuses et agréablement contrastées; ses airs de tête sont charmants et brillent par un sentiment exquis de douceur. Ses draperies sont de la plus grande légèreté : il en a fait souvent de volantes qui donnent beaucoup de mouvement à ses figures, mais elles ne sont pas toujours suffisamment motivées. Son coloris est suave et séduisant; sa touche, quoique peu recherchée, est pleine de délicatesse. Moins occupé à consulter et à étudier la nature qu'à rechercher cette grâce qu'on ne rencontre pas dès qu'on court après elle, le Parmesan a souvent manqué de correction dans son dessin ; ses figures, généralement sveltes et élégantes, le sont parfois à l'excès. Il affectait de leur faire le cou long et les extrémités délicates, et même un peu grêles. Quoi qu'il en soit, ses productions ont un charme qui nous attire vers elles et nous contraint à les admirer malgré leurs défauts.

L'AMOUR TAILLANT SON ARC

(Peint sur toile, haut de quatre pieds trois pouces, large de deux pieds quatre pouces et demi. Figures de grandeur naturelle.)

L'Amour est représenté par un jeune garçon ailé. On lui voit le visage, quoiqu'il ait le corps presque entièrement tourné et qu'il soit courbé dans l'attitude d'un homme qui travaille à un ouvrage rude. Il a les jambes écartées entre lesquelles paraissent, au second plan, deux enfants dont le plus espiègle contraint l'autre de toucher l'Amour, ce qu'il refuse de faire.

Ce tableau a longtemps passé pour être peint par le Corrège ; il a été regardé comme tel par la reine Christine de Suède, par le duc de Bracciano et le duc d'Orléans, dans les cabinets desquels il a successivement figuré. Mais aujourd'hui les connaisseurs l'attribuent au Parmesan. Quelques critiques ne veulent pas même admettre que ce soit une production authentique de ce maître; ils prétendent que ce n'est qu'une copie ou tout au plus une répétition d'un original qui avait été fait, dit-on, pour le chevalier Bayard, et qu'on voit maintenant dans la galerie du Belvédère, à Vienne. A Londres, en 1798, les experts chargés de fixer les prix auxquels les tableaux italiens de la galerie du Palais-Royal seraient offerts en vente, crurent, il est vrai, devoir ôter à celui-ci le nom du Corrège qu'il avait jusque-là toujours porté à Rome et à Paris ; mais ils ne doutèrent point que ce tableau ne fût un ouvrage original du Parmesan, et il l'évaluèrent à 700 guinées dans l'estimation qui servit de base à l'exposition de 1798. C'est là qu'il fut acquis par le duc de Bridgewater, et il est à présent chez le comte d'Ellesmere (Bridgewater Gallery), à Londres.

CARACHE (ANNIBAL)

(ÉCOLE BOLONAISE. — *V. page* 27.)

LE BATELIER

(Peint sur toile, haut de trois pieds neuf pouces, large de cinq pieds trois pouces. Figures d'environ quinze pouces.)

Ce tableau représente un site de paysage très-varié. On y voit sur le devant un batelier qui conduit une barque avec deux chasseurs armés de grandes arquebuses. Il y a à droite, dans l'eau, une maison élevée sur des pieux ; c'est un moulin, dont une échelle fait l'escalier où un homme monte, portant un sac de grain ; un petit bateau, où est encore un chasseur, sort de dessous. Plus haut, paraît une tour avec quelques fabriques. A gauche, sont de grands arbres et des roseaux, dans lesquels se perd la rivière qui coule sur le devant ; on voit dans l'eau un homme qui semble vouloir tirer quelque chose avec un croc, et un autre qui est derrière, assis dans les roseaux. Au-dessus, dans le lointain, il y a une grange, une meule de foin à côté, avec l'échelle dessus pour y monter, et tout proche un homme et une femme.

Ce tableau passa du cabinet de M. d'Hautefeuille dans celui du duc d'Orléans. A l'exposition de Londres, en 1798, le comte de Carlisle en fit l'acquisition au prix de 600 guinées, et ce seigneur le possède encore aujourd'hui dans sa galerie de Castle-Howard.

GUIDE (LE)

(ÉCOLE BOLONAISE. — *V. page* 45.)

L'ENFANT JÉSUS

(Peint sur cuivre, haut de huit pouces, large de dix pouces et demi. Fig. d'environ neuf pouces.)

Sur le devant d'un paysage aride, l'Enfant Jésus nu est endormi sur la croix, auprès de laquelle sont les instruments de la Passion.

A l'exposition de Londres, en 1798, ce tableau fut payé 300 guinées par le duc de Bridgewater, et il doit être encore aujourd'hui dans la galerie de Bridgewater, qui est devenue la propriété du comte d'Ellesmere ; du moins il y était encore en 1844. Cependant, si l'on en croit l'auteur du livret officiel de l'exposition de Manchester en 1857, le tableau qui nous occupe aurait passé depuis la collection de lord Ellesmere dans celle du comte de Yarborough ; mais c'est probablement une erreur, et l'on peut croire que le tableau du Guide envoyé par le comte de Yarborough à l'exposition de Manchester est une copie ou une répétition de celui qui faisait autrefois partie de la galerie du Palais-Royal. Quelque probable que soit cette opinion, nous ne l'émettons cependant que comme une simple conjecture.

VÉRONÈSE (ALEXANDRE)

(ÉCOLE VÉNITIENNE. — *V. page* 66.)

LA CHASTETÉ DE JOSEPH

(Tableau peint sur une pierre de touche, haut d'un pied deux pouces et demi, large d'un pied six pouces. Fig. de dix-huit pouces.)

La femme de Putiphar, à demi nue, veut arrêter Joseph qu'elle tire par sa robe; il la repousse et s'enfuit.

Le duc d'Orléans avait eu ce tableau du duc de Bourbon. A l'exposition de Londres, en 1798, le duc de Bridgewater le paya 200 guinées; il est à présent chez lord Ellesmere (Bridgewater Gallery), à Londres.

CARACHE (ANNIBAL)

(ÉCOLE BOLONAISE. — *V. page* 27.)

LA VISION DE SAINT FRANÇOIS

(Tableau peint sur cuivre, haut d'un pied six pouces et demi, large d'un pied deux pouces. Fig. d'un pied.)

La Vierge, assise près d'un portique ombragé de grands arbres, tient sur ses genoux l'Enfant Jésus qui donne la bénédiction à saint François; ce saint est en extase et soutenu par un ange. A droite, dans le lointain, on aperçoit saint Joseph appuyé sur un âne. Les arcades ouvertes du portique laissent voir un paysage qui termine le fond du tableau.

Ce tableau est regardé comme un des plus précieux d'Annibal Carache; c'est un de ceux que ce peintre fit avant son départ pour Rome. On y reconnaît l'étude presque exclusive qu'il avait faite jusqu'alors des chefs-d'œuvre du Corrège; et, quoiqu'il soit encore loin du style et du coloris de ce grand maître, les beautés qu'on y admire suffisent pour confirmer ce que disent les partisans de la manière lombarde, « que, pendant son séjour à Rome, Annibal Carache perdit plus dans certaines parties de l'art qu'il ne gagna dans d'autres. »

Ce tableau fut fait pour le cardinal Negroni. Il avait appartenu à M. de Launay, directeur de la monnaie sous Louis XIV, avant de passer dans le cabinet du duc d'Orléans. A l'exposition de Londres, en 1798, le duc de Bridgewater l'acheta 500 guinées, et il appartient aujourd'hui au comte d'Ellesmere (Bridgewater Gallery), à Londres.

DOMINIQUIN (LE)

(ÉCOLE BOLONAISE. — *V. page* 35.)

UNE SIBYLLE

(Tableau peint sur toile, haut de deux pieds quatre pouces, large de deux pieds un pouce. Fig. de grandeur naturelle.)

Elle est à mi-corps, ayant les mains l'une sur l'autre, la droite posée sur un livre; sa coiffure est une espèce de turban, sur le devant duquel est attaché un riche bijou.

Ce tableau passa du cabinet de M. d'Hautefeuille dans celui du duc d'Orléans. Il fut porté à 400 guinées dans l'estimation qui servit de base à la vente des tableaux italiens du Palais-Royal exposés à Londres en 1798. Le comte de Temple en fit alors l'acquisition, et on le voit encore aujourd'hui, à Stove, chez ce seigneur devenu duc de Buckingham.

WERFF (ADRIAAN VAN DER WERFF, DIT LE CHEVALIER VAN DER)

(ÉCOLE HOLLANDAISE)

Ce peintre naquit à Kralinger-Ambacht, près de Rotterdam, le 21 janvier 1659. Il fut d'abord élève de Corneille Picolet, peintre de portraits, ensuite d'Eglon Van der Neer, chez qui il passa quelques années, et à la manière duquel il s'attacha le plus. Les ouvrages qu'il fit le mirent bientôt en réputation. En 1696, l'électeur palatin Jean-Guillaume, étant venu à Rotterdam, se fit peindre par Van der Werff et lui commanda d'autres tableaux, que l'artiste alla porter l'année suivante à Dusseldorf. L'électeur en fut si charmé, qu'il le combla de présents et voulut le fixer près de lui. Ne pouvant réussir à l'attacher à sa cour, il l'engagea, moyennant une pension de 4,000 florins, à n'employer que pour lui la moitié au moins de chaque année. L'électeur se réserva encore le droit de choisir ce qui lui plairait dans tout ce qu'il pourrait faire pendant le reste du temps qu'il lui laissait libre, en payant le prix dont on conviendrait. Il fut si content des soins que Van der Werff donnait de plus en plus aux tableaux qu'il recevait de lui, que, croyant ne le pas assez récompenser en augmentant sa pension, il voulut, pour lui témoigner encore mieux l'excès de sa satisfaction, l'honorer du titre de chevalier, réversible à ses descendants. Il lui permit même d'ajouter à son écusson une partie des armes électorales, et joignit à toutes ses faveurs son portrait enrichi de diamants. Quelques autres souverains donnèrent encore à cet artiste des marques de leur estime et de leur libéralité. Il mourut à Rotterdam, le 12 novembre 1722, âgé de soixante-trois ans, laissant une belle fortune à sa veuve et à ses enfants.

Van der Werff a été du nombre des artistes qui, de leur vivant, ont joui d'une réputation supérieure à leur mérite. Ses tableaux se sont vendus autrefois à des prix excessifs et se vendent encore aujourd'hui très-cher, sans qu'on puisse pour cela le considérer comme un homme de génie et comme un grand peintre. Sa manière de composer dans les sujets d'histoire n'a rien que de fort ordinaire; elle a même quelque chose de fort déplaisant. Car si Van der Werff représente avec un goût si galant, avec un poli si soigneux, les scènes des temps primitifs et héroïques, le contraste que cette conception et cette exécution doucereuses forment avec la nature énergique et grandiose du monde auquel les sujets sont censés appartenir ne peut que nuire à l'intérêt de ses compositions; mais le grand fini, le lissé de son pinceau, le choix des sujets le plus ordinairement agréables, ont séduit les demi-connaisseurs. Son dessin est assez correct, mais souvent sans finesse et quelquefois roide. Sa couleur a de l'harmonie; mais elle n'a qu'une fausse apparence de beauté par son excès de propreté; elle manque d'ailleurs de vérité, surtout dans les carnations qu'elle fait ressembler trop à de l'ivoire ou à de l'ardoise. Ses draperies mêmes, quoique d'assez bon goût et jetées avec art, tiennent un peu de ces couleurs: elles tranchent quelquefois trop sur le fond et rendent ses figures découpées. Il règne généralement dans ses ouvrages un froid et une égalité de ton qui, souvent, en empêchent tout l'effet, et leur extrême fini, qui surprend le vulgaire des amateurs, loin d'être une qualité, est leur plus grand défaut: il est cause de cette absence de facilité et de chaleur qu'on leur reproche à bon droit, et qui en est le caractère principal. Van der Werff a peint, outre le portrait et l'histoire, des sujets de conversation où l'on aperçoit bien moins que dans ses autres compositions la froideur de son pinceau et de sa couleur.

LE VENDEUR D'ŒUFS

(Peint sur bois, haut de neuf pouces et demi, large de sept pouces et demi.)

Ce tableau représente un jeune garçon assis sur le devant d'un paysage; il a défait ses jarretières pour se délasser, et paraît rire d'avoir laissé tomber son panier qui est à côté de lui, et de n'avoir cassé que deux œufs qu'on voit à terre. Dans le fond sont encore plusieurs figures parmi lesquelles on remarque une femme montée sur un âne.

Ce tableau fut porté à 100 guinées dans l'estimation qui servit de base à la vente des tableaux flamands et hollandais de la galerie d'Orléans exposés à Londres en 1793.

GUIDE (LE)

(ÉCOLE BOLONAISE — *V. page* 45.)

LA VIERGE ET L'ENFANT JÉSUS

(Tableau peint sur toile, de forme ovale, haut de deux pieds deux pouces, large de deux pieds huit pouces. Fig. de petite nature.)

La Vierge, à mi-corps, tient sur ses genoux l'Enfant Jésus qui bénit le petit saint Jean.

VÉRONÈSE (PAUL)

(ÉCOLE VÉNITIENNE. — *V. page* 14.)

MOÏSE SAUVÉ DES EAUX

(Peint sur toile, haut de six pieds trois pouces, large de sept pieds dix pouces. Fig. de petite nature.)

Au milieu, sur le devant, une femme assise à terre tient le petit Moïse sur ses bras. La fille de Pharaon, richement vêtue, avec une couronne à fleurons perlés, est tout proche accompagnée de deux femmes : l'une la soutient, et elle appuie son bras droit sur l'épaule de l'autre qui porte un panier de fleurs. Un nain nègre lui porte la robe, tenant sous son bras gauche un bichon noir et blanc. Thermutis a les yeux attachés sur Jochabet, mère de Moïse, qui est à moitié à genoux, tenant le bout de son sein découvert pour montrer qu'elle est toute prête à donner à teter à l'enfant. La jeune fille, placée derrière Jochabet, est Miriam, sœur de Moïse, qui présente sa mère à titre de nourrice. Il y a tout près encore deux femmes, dont une est une Moresque. De l'autre côté à gauche est une autre femme, les jambes nues, qui tord sa chemise qu'elle avait mouillée en allant prendre dans le fleuve, parmi des roseaux, le panier où était Moïse. Du même côté, dans le lointain, est une ville avec un pont sur lequel il y a des maisons, et il en paraît d'autres à travers les arches, mais bien au delà, avec plusieurs figurines. Fort en deçà du pont, on voit un carrosse tout ouvert à l'italienne, attelé de deux chevaux blancs. Le fond du tableau représente un paysage.

Avant de passer dans le cabinet du duc d'Orléans, ce tableau était dans celui de M. d'Hautefeuille. Il ne fut porté qu'à 40 guinées dans l'estimation qui fixa les prix auxquels les tableaux italiens du Palais-Royal furent offerts en vente à Londres en 1798. M. Maillard en fit alors l'acquisition.

TITIEN (LE)

(ÉCOLE VÉNITIENNE. — *V. page* 15.)

L'ENLÈVEMENT D'EUROPE

(Tableau peint sur toile, haut de cinq pieds six pouces et demi, large de six pieds quatre pouces. Fig. de grandeur naturelle.)

Europe est couchée sur le taureau qui nage ; elle tient sa corne de la main gauche, et de la droite le bout d'une draperie qui voltige. Ses compagnes éplorées paraissent dans le lointain, à gauche, sur le rivage. Du même côté, sur le devant, est un amour sur un dauphin, et l'on voit en l'air deux autres amours avec des arcs et des flèches. Le fond du tableau représente un paysage avec la mer.

Ce tableau est de cette manière large et facile que le Titien avait adoptée sur la fin de sa vie. Il vient de l'ancienne collection des rois d'Espagne et fut apporté en France par le duc de Gramont qui le céda au duc d'Orléans. A l'exposition de Londres, en 1798, il devint la propriété de lord Berwick qui le paya 700 guinées ; il se trouve à présent chez le comte de Darnley, à Cobham-Hall.

CARAVACHE (LE)

(ÉCOLE LOMBARDE. — *V. page 8.*)

LE FLUTEUR

(Peint sur toile, haut de deux pieds quatre pouces, large d'un pied onze pouces.)

C'est un jeune homme habillé d'une saie dont les manches descendent jusqu'au poignet. Il paraît assis sur une roche, et tient une flûte des deux mains, prêt à l'emboucher.

Ce tableau vient du cabinet de la reine de Suède.

BREUGHEL (LES)

(ÉCOLE FLAMANDE)

On connaît trois Breughel de la même famille qui ont acquis de la réputation dans la peinture et auxquels on a donné trois surnoms pour les distinguer : le père, appelé *Pierre Breughel* ou *Breughel le Vieux*, naquit à Breughel, village voisin de Breda, dont il prit le nom qui est resté à ses descendants. Il adopta d'abord le genre de Jérôme Bosch, et comme il était aussi bizarre que ce peintre dans ses compositions, il fut nommé *Breughel le Drôle*. Il se mit ensuite à représenter des jeux, des danses, des noces, des kermesses et d'autres assemblées de villageois, ce qui lui valut encore le surnom de *Breughel des Paysans*. Il florissait vers le milieu du XVIe siècle et laissa en mourant, en 1569, deux fils, *Pierre* et *Jean Breughel*. Le premier, dit le *Jeune*, pour le distinguer de son père, est connu aussi sous le nom de *Breughel d'Enfer*, parce qu'il se plaisait à peindre des incendies, des tours de magiciens et des diableries.

Jean Breughel, le plus célèbre des trois et frère cadet de Breughel d'Enfer, naquit à Bruxelles en 1568. On l'a nommé *Breughel de Velours*, parce qu'il avait coutume de s'habiller de cette étoffe. Il apprit à peindre à la gouache chez son aïeule maternelle, veuve de Pierre Koeck, d'Alost; ensuite, Pierre Gœkindt lui enseigna la peinture à l'huile. Il commença par peindre des fleurs et des fruits; mais étant allé en Italie, de plus grands objets attirèrent ses regards et élevèrent ses idées. Il a traité en petit toutes sortes de sujets, s'attachant particulièrement à peindre des marines et des paysages ornés de figurines. Plusieurs peintres avaient quelquefois recours à lui, et Rubens même ne dédaigna point de lui faire faire des paysages dans plusieurs de ses tableaux. Breughel faisait encore les fonds de paysage dans les compositions historiques de Van Balen, de Rottenhammer, et ces maîtres prenaient plaisir à faire quelquefois les figures de ses paysages et de ses marines, quoique Breughel les dessinât très-bien et qu'il en enrichît les ouvrages de Van Steenwyk, de Josse de Momper et de Pierre Neefs. Il mourut à Anvers en 1625.

Breughel de Velours est un des peintres qui ont le plus fini leurs ouvrages. Ses tableaux sont des plus curieux par leur extrême finesse de touche, le brillant de la couleur et le grand effet de perspective. Jusqu'à la fin du siècle dernier, ils furent recherchés comme des chefs-d'œuvre inappréciables; on les couvrait d'or; aujourd'hui, ils sont délaissés comme des objets d'art sans aucune valeur; on s'informe à peine s'il en existe dans une collection. Il est fâcheux, assurément, qu'ils aient poussé au bleu et au vert en perdant avec leurs glacis leur harmonie primitive, et l'on peut encore regretter d'y rencontrer cette minutie exagérée du détail qui nuit ordinairement à l'effet d'ensemble. Malgré cela, il n'en est pas moins vrai que l'abîme de discrédit où ils sont tombés aujourd'hui n'est pas plus mérité que l'excès de faveur dont ils jouissaient autrefois; et si l'on tient compte à l'artiste de la fidélité dans la reproduction de toutes les richesses de la nature; si l'on estime l'esprit et la précision avec lesquels sont rendus tous les détails, on accordera toujours un mérite incontestable aux productions de cet habile peintre.

BREUGHEL DE VELOURS

LE CHARIOT

(Tableau peint sur bois, de forme ronde, ayant huit pouces de diamètre.)

Paysage où l'on voit sur le devant, dans un chemin creux, un chariot traîné par deux chevaux, et dont le cocher est habillé de rouge. Un cavalier, précédé d'un chien, suit un sentier plus élevé et vient en avant. Au second plan, on remarque l'entrée d'un bois avec des percées qui en laissent apercevoir la profondeur, ainsi que quelques chaumières qui indiquent un village au milieu de ce bois. A l'exposition de Londres, en 1793, ce tableau fut vendu 12 guinées

PARMESAN (LE)

(ÉCOLE LOMBARDE. — *V. page 25.*)

L'ÉDUCATION DE L'ENFANT JÉSUS

(Tableau peint sur bois, de forme ronde, ayant deux pieds quatre pouces de diamètre. Fig. presque de grandeur naturelle.)

La Vierge, vue de côté, presque à mi-corps, le bras gauche étendu, montre à lire à l'Enfant Jésus : il est assis devant elle sur un coussin, soutenant son livre d'une main, ayant l'autre près de son visage, et mettant un doigt sur sa bouche. Un ange, placé près de lui, semble le faire répéter et lui indique du doigt le mot qu'il cherche à épeler.

Ce tableau passa du cabinet du marquis de Seignelay dans celui du duc d'Orléans. A l'exposition de Londres, en 1798, il fut payé 100 guinées par M. Robert Udney.

PALME LE VIEUX (JACQUES)

(ÉCOLE VÉNITIENNE. — *V. page 59.*)

HÉRODIADE

(Tableau peint sur toile, haut de deux pieds huit pouces, large de deux pieds cinq pouces. Fig. à mi-corps de grandeur naturelle.)

Salomé, fille d'Hérodiade, tient la tête de saint Jean-Baptiste dans un bassin ; il y a derrière elle une femme dont on ne voit que la tête.

Ce tableau vient du cabinet de la reine de Suède. A l'exposition de Londres, en 1798, il fut acquis par M. Nesbit, qui le paya 150 guinées.

MARATTE (CARLO MARATTA, DIT CARLE)

(ÉCOLE ROMAINE)

La ville de Camerano, dans la marche d'Ancone, donna, en 1625, la naissance à ce peintre. Envoyé à Rome à l'âge de onze ans, il fut élève d'André Sacchi, chez lequel il demeura dix-neuf ans. On crut d'abord que son talent se bornait à peindre des tableaux de vierges, et ce fut moins pour le flatter que pour donner une idée peu avantageuse de sa capacité qu'on l'appela, par un diminutif trivial, *Carluccio dalle Madonne* (le petit Charles aux Vierges) ; mais son morceau de Constantin qui détruit les idoles, au baptistère de Saint-Jean de Latran, et les trois chapelles de Saint-Isidore prouvèrent qu'il pouvait faire autre chose, et le succès qui suivit ces travaux ferma la bouche aux plus mauvais plaisants. Honoré de l'estime du pape Clément XI, il en reçut une pension et le titre de chevalier de l'ordre du Christ. Il mourut à Rome le 15 décembre 1713.

Carle Maratte eut la réputation, dans son siècle, d'être un des premiers peintres de l'Europe. Né avec le sentiment du noble et du gracieux et nourri des bons modèles, il chercha à relever la peinture de l'état de dégénérescence où Pietre de Cortone, ses élèves et ses imitateurs l'avaient conduite. Si ses efforts furent impuissants, ce n'est pas qu'il ait manqué de courage et de persévérance, mais de ce feu, de ce nerf, de cette naïveté qu'il faut pour la composition des œuvres franchement originales et qu'on n'acquiert pas par l'étude. Riche dans ses ordonnances, correct dans son dessin, aimable par ses expressions, son pinceau et son coloris, Carle Maratte tient cependant tellement des maîtres qu'il avait étudiés que l'on a peine à lui trouver un caractère qui le distingue. Il termine honorablement en pleine décadence la liste des maîtres de Rome. Après lui, plus d'école, plus de tradition, plus d'œuvres. C'est à juste titre qu'on l'a nommé le *Dernier des Romains*.

LE TRIOMPHE DE GALATHÉE

(Peint sur toile, haut d'un pied trois pouces, large de deux pieds un pouce.)

La fille de Nérée, assise sur une conque traînée par deux dauphins, se promène sur les eaux accompagnée de plusieurs naïades qui tiennent au-dessus d'elle une draperie volante ; un triton la précède et des amours la suivent. On voit Polyphème sur un rocher : il est appuyé sur sa flûte à plusieurs tuyaux.

A l'exposition de Londres, ce tableau fut acheté 100 guinées par M. W. Willett.

TITIEN (LE)

(ÉCOLE VÉNITIENNE. — *V. page* 15.)

LE PORTRAIT DE L'AUTEUR
(Peint sur bois, haut de six pouces un tiers, large de cinq pouces un quart. Fig. d'environ douze pouces.)

Le Titien s'est représenté assis devant une table et tenant une feuille de papier. Il est presque à mi-corps et a une grande barbe blanche. Son vêtement est une robe fourrée; le col de son pourpoint est ouvert à la manière italienne et sa tête est couverte d'un bonnet. Il a au cou une chaîne d'or à laquelle pend une médaille.

A l'exposition de Londres, en 1798, ce tableau fut acheté 70 guinées par le comte de Carlisle, qui le possède encore aujourd'hui dans sa galerie à Castle-Howard.

WOUVERMAN (PHILIPPE)

(ÉCOLE HOLLANDAISE. — *V. page* 36.)

LA CURÉE
(Tableau peint sur bois, haut d'un pied six pouces, large de deux pieds.)

Le sujet se présente sous l'aspect le plus pittoresque, à la porte d'un pavillon qui fait le fond du tableau à droite, et où l'on est occupé à préparer un repas pour un retour de chasse : c'est le moment où les chasseurs mettent pied à terre. Sur le devant, à droite, un vieillard assis dans un fauteuil à la porte de la salle à manger, regarde les chiens qui dévorent leur part de la curée; un valet de chasse excite d'autres chiens à saisir la proie qu'il tient suspendue au bout d'un bâton, tandis qu'un autre valet de chasse, un genou en terre, s'apprête à éventrer un cerf. Près de là, une jeune femme, de dessus son cheval, tend les bras à son enfant qui s'élance vers elle, conduit par sa gouvernante. Au milieu, on distingue trois cavaliers, dont deux ont déjà mis pied à terre et sont debout près de leurs chevaux qu'ils tiennent par la bride. Sur le second plan, à gauche, un chasseur à cheval donne du cor; il est accompagné d'une dame aussi à cheval et portant un faucon sur le poing. Un piqueur découple une partie de la meute, tandis que l'autre, déjà détachée et pressée par la soif, accourt se désaltérer à une fontaine à laquelle un domestique tend un gobelet pour avoir de l'eau. Le bouffon du château s'essuie le front. Une chaîne de montagnes termine le fond du paysage à gauche.

A l'exposition de Londres, en 1793, ce tableau était estimé 200 guinées. En 1842, il appartenait à M. Christophe Bullen, amateur de Liverpool, qui l'avait payé 500 livres sterling.

BASSAN (LES)

(ÉCOLE VÉNITIENNE)

Le nom de la petite ville de Bassano, dans le nord de l'Italie, s'applique, comme on sait, à une nombreuse famille de peintres : l'aïeul appelé *Francesco da Ponte*, né à Vicence, avait quitté cette ville pour s'établir à Bassano, et s'y étant fait une réputation, on l'appela *il Bassano*. Ce nom lui est resté et a passé à ses descendants que nous connaissons en France sous celui des *Bassan*. François suivit en peinture les principes de Jean Bellin. Son fils *Jacques*, le plus célèbre et le plus original de tous, tient un rang distingué dans l'école vénitienne : c'est celui qu'on appelle par excellence le *Bassan*.

Il naquit en 1510, à Bassano. Aussitôt qu'il eut reçu de son père les premiers éléments de la peinture, il fut à Venise où il passa quelque temps à l'école de Bonifazio et s'appliqua beaucoup à étudier d'après les tableaux du Titien et du Parmesan. Revenu après la mort de son père dans sa patrie, il se fit une manière particulière, adoptée et perfectionnée depuis avec succès par les peintres flamands et hollandais. Elle consiste dans de savantes oppositions de teintes lumineuses et de tons vigoureux et dans des coups de pinceau donnés ensuite avec franchise, ce qui, joint à la vérité de la couleur locale, donne aux objets représentés un effet extraordinaire. Le Bassan n'avait pas du reste un génie fécond, on ne s'en aperçoit que trop dans le choix de ses sujets et dans la façon de les traiter, qui est presque toujours la même ; mais quoiqu'on lui trouve rarement de l'élévation et de la finesse dans les pensées, on ne laisse pas de rencontrer dans quelques-uns de ses tableaux des tours de figures agréables, qu'on reconnaît aisément pour être des réminiscences du Parmesan. Il a principalement réussi dans la peinture des sujets champêtres. Avant lui on n'avait encore vu personne en Italie peindre des animaux, des fruits, des ustensiles et des meubles de cuisine avec autant de vérité, et c'est en partie ce qui fit la fortune de ses tableaux. Il mourut le 13 février 1592, âgé de quatre-vingt-deux ans.

Il laissa quatre fils : *François*, *Léandre*, *Jean-Baptiste* et *Jérôme*, tous quatre aussi peintres, élèves de leur père et nommés Bassan comme lui. Les deux premiers ont travaillé dans le goût de leur père, mais ils n'ont pas eu la même vigueur du coloris, ni le même naturel dans leurs figures. Les deux autres Bassan s'appliquèrent presque uniquement à copier les ouvrages de leur père, dont ils faisaient un grand débit dans les pays étrangers, où les marchands les vendaient pour des originaux ; c'est ce qui fait que l'on voit tant de tableaux que l'on dit être du vieux Bassan et qui ne sont que de ses fils.

BASSAN LE VIEUX (JACQUES)

LA CIRCONCISION

(Tableau peint sur toile, haut d'un pied six pouces, large d'un pied neuf pouces. Fig. de neuf pouces.)

L'Enfant-Jésus est sur l'autel, le grand-prêtre est à côté, avec un lévite qui a le dos tourné et tient un flambeau. Vis-à-vis est la Vierge à genoux et saint Joseph près d'elle ; derrière eux, un homme assis qui lit, et une femme debout, les mains jointes. Toutes ces figures se trouvent placées sur le second plan. Sur le devant, à gauche, on voit une jeune femme assise qui tient un enfant endormi dans ses bras, et près d'elle un oiseleur avec sa cage, accompagné d'une femme qui lui parle. A droite, il y a un estropié, et au milieu, sur le premier degré qui monte à l'autel, un chien qui dort. Le temple sert de fond à la composition.

A Londres, en 1798, ce tableau fut payé 100 guinées par le comte Gower ; il est aujourd'hui à Staffordhouse, chez la duchesse de Sutherland.

GUIDE (LE)

(ÉCOLE BOLONAISE. — *V. page* 45.)

SUZANNE AU BAIN

Tableau peint sur toile, haut de trois pieds huit pouces, large de quatre pieds huit pouces. Fig. de grandeur naturelle.)

Susanne est jusqu'aux genoux et assise, ayant pour coiffure une écharpe passée autour de sa tête et formant une espèce de turban. Derrière elle sont les deux vieillards dont un lui pose la main sur l'épaule; l'autre lui fait un signe de silence de la main gauche, et de la main droite il lui tire sa draperie qu'elle retient par-dessus son bras.

Dans la *Description des tableaux du Palais-Royal*, celui-ci est cité comme étant seulement de l'école du Guide. C'est en effet une répétition ou plutôt une copie du tableau qu'on voyait autrefois dans le palais Lancelotti à Rome, et qui passa de ce palais dans e cabinet de M. Penrice, à Great-Yarmouth, dans le Norfolkshire. La copie qui faisait partie de la galerie du Palais-Royal vient du duc de Modène. A l'exposition de Londres, en 1798, elle était regardée comme un ouvrage original et estimée 400 guinées, c'est à ce prix qu'elle fut acquise alors par M. Willett.

ABATI ou DELL'ABATE (NICOLO)

(ÉCOLE LOMBARDE)

Ce peintre naquit à Modène vers 1512. Après avoir appris le dessin sous Jean Abati, son père, et Begarelli, sculpteur modenais, il étudia la peinture sur les ouvrages du Corrège et du Parmesan, et vint en France vers l'an 1552. Il y tint le premier rang parmi les peintres qui aidèrent le Primatice dans les travaux de Fontainebleau. Il mourut à Paris, en 1570.

L'ENLÈVEMENT DE PROSERPINE

(Tableau peint sur toile, haut de six pieds, large de six pieds huit pouces. Fig. dans la proportion de vingt pouces.)

Le peintre a choisi pour le lieu de la scène un paysage très-étendu et rempli de fabriques vues dans différents lointains. Au milieu, sur le devant, est une fontaine avec la divinité qui y préside. Sur le second plan, à gauche, six jeunes femmes, compagnes de Proserpine, témoignent par leurs gestes la douleur et le désespoir qu'elles éprouvent en voyant cette déesse enlevée par Pluton. A droite, sur le même plan, le ravisseur emporte dans ses bras celle qu'il aime et s'achemine vers la montagne voisine. Sur la croupe de cette montagne paraissent encore une fois Pluton et Proserpine assis dans un char traîné par quatre chevaux noirs qui reconduisent le Dieu et sa nouvelle compagne dans le séjour des ombres.

A l'exposition de Londres, en 1798, ce tableau fut payé 160 guinées par le comte de Gower; il est à présent à Staffordhouse, chez la duchesse de Sutherland.

DYCK (ANTHONIE VAN)

(ÉCOLE FLAMANDE. — *V. page* 16.)

LE ROI DE BOHÊME. — LA DUCHESSE D'ORLÉANS

(Deux tableaux peints sur toile, ayant, le premier six pieds sept pouces de haut, sur quatre pieds de large; le second, six pieds sept pouces de haut, sur trois pieds huit pouces de large. Fig. de grandeur naturelle.)

Le premier de ces deux portraits représente Frédéric V, roi de Bohême et électeur palatin. Il est en pied, nu-tête, ayant le manteau électoral par-dessus une armure.

Le second portrait est celui de Marguerite de Lorraine, duchesse d'Orléans, femme de Gaston de Bourbon, frère de Louis XIII Elle est en pied, coiffée en cheveux, et a un collier de perles. Son vêtement est un corps de moire d'argent à fleurs avec la jupe de même, et par-dessus, une robe de velours noir dont les manches sont ouvertes, laissant voir celles du corps ornées d'un fil de perles qui fait plusieurs tours. Elle tient un éventail de sa main gauche. Une espèce de pavillon d'une riche étoffe avec un tapis de Turquie fait le fond du tableau.

Ces deux portraits viennent de la collection du cardinal Mazarin; à l'inventaire de ce ministre, fait à Paris, en 1561, ils sont estimés, le premier 450 livres tournois, le second, 600; c'est là, apparemment, qu'ils ont été acquis par le duc d'Orléans d'alors. A l'exposition de Londres, en 1793, ils passaient pour représenter un pair d'Angleterre et sa femme.

NETSCHER (GASPARD)

(ÉCOLE HOLLANDAISE. — *V. page* 13.)

LA DISEUSE DE BONNE AVENTURE

(Tableau peint sur toile, haut d'un pied dix pouces, large d'un pied six pouces.)

Une jeune fille, richement vêtue et accompagnée d'une vieille, regarde dans la main d'un jeune officier qui est assis, et lui dit la bonne aventure. Dans l'instant où il fixe cette femme, un enfant lui dérobe par derrière sa bourse. On voit dans le lointain quelques bataillons de soldats, et l'horizon est terminé par des montagnes.

A l'exposition de Londres, en 1793, ce tableau fut vendu 100 guinées.

TITIEN (LE)

(ÉCOLE VÉNITIENNE. — *V. page* 15.)

LE REPOS EN ÉGYPTE

(Peint originairement sur bois, transporté depuis sur toile, haut de deux pieds six pouces, large de trois pieds sept pouces. Fig. au-dessous de demi-nature.)

La Vierge, assise sur un tertre, soutient l'Enfant-Jésus qui se penche vers le petit saint Jean, et paraît agréer l'hommage du mouton que le jeune Précurseur vient lui offrir. Un peu plus loin, saint Joseph, vu en plan coupé, et la tête appuyée sur la main droite, attend que Jésus soit tourné de son côté pour lui donner un fruit. Des masses d'arbres touffus servent de fond aux figures et à trois chérubins portés sur des nuages. Sur le second plan et sur les bords d'une rivière qui serpente à perte de vue, on distingue un pâtre conduisant des animaux. Plus loin, un berger rassemble son troupeau près de sa compagne.

Le Titien a répété plusieurs fois ce sujet, et même sans le varier beaucoup. Celui dont on donne ici l'estampe a passé du cabinet du marquis de Seignelay dans celui du duc d'Orléans. A l'exposition de Londres, en 1798, il fut acheté 250 guinées par M. Walton. Il a appartenu depuis à M. A. Champernowne, à M. William Wilkins, architecte de Londres, et au chevalier Féréol Bonnemaison, peintre de Paris. A la vente du cabinet de ce dernier amateur, qui eut lieu à Paris en 1827, il fut vendu 10,000 fr.; il est à présent dans la collection de M. S. Holford.

DOMINIQUIN (LE)

(ÉCOLE BOLONAISE. — *V. page* 58.)

LE SACRIFICE D'ISAAC

(Peint sur cuivre, haut d'un pied, large d'un pied cinq pouces. Fig. dans la proportion de sept pouces.)

La scène du tableau est un paysage sur le devant duquel, à gauche, on voit Abraham conduisant son fils Isaac sur la montagne où il doit l'offrir à Dieu en holocauste. Sur le second plan, à gauche, dans un chemin sont les deux serviteurs et l'âne que le patriarche a laissés en arrière. Du même côté, plus loin, est un chameau. Un lointain immense, orné de fabriques et entrecoupé de bois, de plaines et de hautes montagnes, termine l'horizon.

A l'exposition de Londres, en 1798, ce tableau fut acheté 150 guinées par M. Ward. Il a passé depuis dans la collection de M. Wilkins, architecte de Londres, et fait aujourd'hui partie de celle du marquis de Lansdowne, à Bowood, dans le Wiltshire.

REMBRANDT

(ÉCOLE HOLLANDAISE. — *V. page* 9.)

SAINT FRANÇOIS

(Peint sur bois, haut d'un pied dix pouces et demi, large d'un pied sept pouces.)

Ce saint est à genoux, tenant un crucifix, et ayant devant lui un grand livre ouvert avec une tête de mort à côté. A l'exposition de Londres, en 1793, ce tableau fut vendu 60 guinées.

ROMAIN (JULES)

(ÉCOLE ROMAINE. — *V. page* 39.)

L'ENFANCE DE JUPITER

(Tableau peint sur bois, haut de trois pieds trois pouces, large de cinq pieds six pouces. Fig. dans la proportion de dix-neuf pouces.)

La scène du tableau est une petite île tapissée de verdure et représentant l'île de Crète, où Rhéa, pour se soustraire à la cruauté de Saturne, se retira, et accoucha de Jupiter qu'elle donna à élever aux Corybantes. Au milieu, sur le devant, trois naïades caractérisées par les grandes buires qu'elles ont à côté d'elles, prennent soin du jeune dieu qui dort couché sur un linge dans un berceau formé de branches entrelacées. Deux de ces nymphes, l'une debout, l'autre assise au chevet du berceau, contemplent le divin rejeton et soulèvent le voile qui le couvrait ; la troisième, assise au pied du berceau, se tourne pour regarder sur une hauteur voisine, à gauche, trois de ses compagnes et deux corybantes qui jouent de divers instruments pour empêcher que les cris de l'enfant ne parviennent jusqu'aux oreilles de son père. Sur le même plan, à droite, est un autre groupe composé de trois nymphes assises sur le rivage et accompagnées d'un jeune homme sonnant de la trompe. A l'extrémité de la petite île s'élève un bouquet d'arbres auxquels pendent en festons des ceps de vigne chargés de raisins ; plus loin, on aperçoit la mer, et, au delà, des montagnes.

Ce tableau passa du cabinet de l'abbé de Camps dans celui du duc d'Orléans. A l'exposition de Londres, en 1798, il était estimé 200 guinées ; mais il n'y trouva pas d'acquéreur à ce prix, et, à la vente aux enchères qui eut lieu dans la même ville, le 14 février 1800, il fut adjugé pour 38 livres sterling. Il a appartenu depuis au chevalier Erard, de Paris (1832), et à lord Northwick, de Londres (1838).

DYCK (ANTHONIE VAN)

(ÉCOLE FLAMANDE. — *V. page* 16.)

LE MARQUIS D'ENTRAMP

(Peint sur toile, haut de six pieds sept pouces, large de quatre pieds. Fig. de grandeur naturelle.)

Le nom que nous donnons à ce portrait, gravé comme anonyme dans la première édition de la galerie du Palais-Royal, est celui sous lequel on le trouve inscrit dans l'inventaire du cardinal Mazarin. C'est un homme en pied, à chevelure rousse, et vêtu, comme on l'était en France dans le XVI° siècle, avec le pourpoint étroit, les chausses justes, le petit manteau qui ne passe pas la ceinture et des bottines garnies d'éperons. De la main droite il tient une canne avec une lettre, et de la main gauche son chapeau. Dans le fond, à gauche, un bout de colonne sur son piédestal.

Il y a lieu de croire que le duc d'Orléans, frère de Louis XIV, a acheté ce portrait à la vente que l'on fit à Paris, après la mort du cardinal Mazarin, en 1661. A l'inventaire de ce ministre, il est estimé 500 livres tournois. Nous ignorons à quel prix il a été porté à l'exposition de Londres en 1793, où il fut présenté comme étant le portrait d'un gentilhomme anglais.

CARACHE (ANNIBAL)

(ÉCOLE BOLONAISE. — *V. page* 27.)

LA SAMARITAINE

(Tableau peint sur toile, haut de deux pieds quatre pouces, large de deux pieds. Fig. d'environ huit pouces.)

Jésus-Christ, assis et s'appuyant sur le bord du puits, s'entretient avec la Samaritaine, qui est debout à côté de lui. Plus loin, on aperçoit les apôtres ; ils témoignent leur surprise de ce que leur maître ne dédaigne pas de parler à cette femme. Le fond représente un paysage orné de fabriques et de ruines.

Avant d'entrer dans le cabinet du duc d'Orléans, ce tableau avait fait partie de celui du marquis de Seignelay. A l'exposition de Londres, en 1798, M. G. Ilibbert le paya 300 guinées. Il a appartenu depuis à M. G. Watson Taylor, à la vente duquel il fut adjugé pour 325 livr. sterl. 10 schill.

LE PORTRAIT DE L'AUTEUR

(Peint sur toile, haut d'un pied dix pouces, large d'un pied six pouces. Fig. de grandeur naturelle.)

Annibal Carache est habillé de blanc avec un collet à l'italienne et un chapeau gris.

Ce tableau fut porté à 200 guinées dans l'estimation qui servit de base à l'exposition de Londres en 1798. Il devint alors la propriété du comte de Carlisle, et il est encore aujourd'hui dans e cabinet de ce lord, à Castle-Howard.

POUSSIN (NICOLAS)

(ÉCOLE FRANÇAISE. — V. page 35.)

MOÏSE ENFANT

(Peint sur toile, haut de trois pieds un pouce, large de quatre pieds quatre pouces. Fig. dans la proportion de dix-sept pouces.)

Thermutis, fille de Pharaon, ayant sauvé Moïse des eaux du Nil, l'adopta pour son fils à l'âge de trois ans. La beauté et la gentillesse de cet enfant fixaient l'attention de toute la cour ; mais un jour que le roi caressait Moïse, sa couronne tomba, et l'enfant mit involontairement le pied dessus. Cette action parut mauvais augure à ceux qui étaient présents, et un officier, furieux de cette profanation, voulut le poignarder : ce moment est le sujet de ce tableau.

La scène se passe dans une galerie du palais de Pharaon. Ce roi est assis sur une espèce de trône ; le petit Moïse nu près de lui a le pied sur la couronne ; un eunuque le soutient et avance la main pour le garantir du fer dont il est menacé. Pharaon, surpris, hausse sa main droite, la paume tournée en dehors, comme quand on est indigné de voir quelque chose, et Thermutis, ouvrant les bras, semble vouloir remontrer à son père que c'est un enfant qui joue. Cette princesse est assise à gauche sur un tabouret, et près d'elle sont plusieurs femmes, dont une, remplie d'effroi à la vue du poignard, étend les bras d'une manière qui fait presque tomber sa mante. Derrière le roi on voit plusieurs personnages, et entre autres un prêtre de Jupiter appuyé sur le dossier du siége. Le fond supérieur représente, à gauche, une tribune soutenue par des colonnes, et à droite, un palmier et un bout de ciel.

Le Poussin a traité deux fois le même sujet. Le premier, qui avait été fait pour le cardinal Massimi, se trouve à présent dans le Musée impérial du Louvre ; le second est celui dont on donne ici l'estampe. Il avait passé de la collection du marquis de Seignelay dans celle du duc d'Orléans. A l'exposition de Londres, en 1798, il fut payé 400 guinées par le duc de Bedford, et ce seigneur le possède encore aujourd'hui à Waburn-Abbey, dans le Bedfordshire.

PALME LE VIEUX (JACQUES)

(ÉCOLE VÉNITIENNE. — V. page 59.)

VÉNUS QUI SE PEIGNE

(Tableau peint sur bois, haut de cinq pieds deux pouces, large de deux pieds six pouces. Fig. de grandeur naturelle.)

Cette figure de jeune femme, vue par le dos, et dont la tête retournée laisse voir une physionomie d'un caractère fin et gracieux, est sans doute un portrait. Une superbe chevelure, que sa main droite ramène devant elle et qui lui descend jusqu'aux genoux, fait toute sa parure.

Le temps et les prétendues restaurations avaient fait éprouver à ce tableau un tel dommage, qu'on ne pouvait plus juger de son coloris à l'époque où on le voyait à la galerie du Palais-Royal. Il n'est pas porté au livret de l'exposition de Londres.

POTTER (PAUL)

(ÉCOLE HOLLANDAISE)

Cet artiste, né à Enckhuysen en 1625, élève de Pierre Potter, son père, fut, au dire des historiens, un maître accompli dès l'âge de quatorze à quinze ans. Il quitta Amsterdam pour s'établir à La Haye, où il fut honoré d'une bienveillance particulière du prince Maurice de Nassau, et souvent de ses visites ; mais un tableau qu'il fit pour la princesse Émilie de Solms, et qui est devenu célèbre sous le titre de la *Vache qui pisse*, fut la cause de sa disgrâce. En 1632, Paul Potter revint demeurer à Amsterdam, à la sollicitation du bourguemestre Tulp. Là, il s'occupait autant par goût que pour répondre à l'empressement que l'on marquait d'avoir de ses ouvrages. Un travail trop assidu altéra sa santé ; il mourut à Amsterdam en 1654, n'ayant pas encore vingt-neuf ans accomplis.

Un terrain gazonné, quelques arbres, quelques fleurs, des prés ou des champs, un mouton, une vache, quelquefois deux, un pâtre, un ciel presque sans nuages, tels sont ordinairement les simples éléments des compositions de Paul Potter. Mais quoique composés à si peu de frais et d'un aspect parfois monotone, les paysages de ce maître sont l'objet d'une estime aussi haute que générale. La couleur manque le plus souvent d'éclat ; mais elle a de l'intensité, de la vérité et de l'harmonie. Quant à la touche, on la trouve partout d'une précision et d'une fermeté au-dessus de tout éloge. Indépendamment de ces diverses qualités, les animaux, soit pour la justesse des attitudes, soit pour la correction du dessin, doivent être admis au rang de ce qu'il a fait de plus irréprochable.

LA CHASSE AU CERF

(Tableau peint sur toile, haut de deux pieds huit pouces, large de trois pieds deux pouces.)

Ce tableau représente un site de paysage boisé. Sur le devant, au milieu, est un chemin conduisant à un village dont le clocher paraît dans le lointain. Près de là, on voit un berger qui ramène son troupeau. A gauche, sur le second plan, est l'entrée d'une forêt d'où sortent un cerf et une biche poursuivis par des chiens et des chasseurs à cheval. Des montagnes terminent le fond à droite.

Ce tableau tient beaucoup de *Jean Van der Hagen*, dont les ouvrages passent souvent pour être de Paul Potter.

ESPAGNOLET (JUSEPE RIBERA DIT L')

(ÉCOLE NAPOLITAINE)

Ce peintre naquit le 12 janvier 1588 à Jativa, aujourd'hui San-Felipe, ville d'Espagne, voisine de Valence. Après avoir pris les premières leçons de son art en sa patrie, sous Francisco Ribalta, il alla en Italie, où il se mit à l'école de Michel-Ange de Caravage, à Rome. Sans appui, sans ressources, il eut dans cette ville des commencements très-rebutants, pouvant à peine trouver de quoi subsister, et vivant des charités de ses camarades qui l'appelaient communément l'*Espagnolet* (*il Spagnoletto*, diminutif du mot *Spagnuolo*, Espagnol), nom qu'il a toujours conservé. L'amour de l'étude le conduisit à Parme dans l'intention de s'y instruire par les peintures du Corrège. Il se fit une manière plus suave et plus gracieuse que la manière dure qu'il avait contractée chez le Caravage ; mais étant de retour à Rome, il quitta cette manière *corrégesque* pour reprendre celle du Caravage, plus conforme à son génie. Il commença bientôt à se faire quelque réputation, il reconnut cependant que le grand nombre d'habiles peintres qui vivaient alors à Rome, étaient des concurrents trop redoutables. En conséquence, il prit le parti de se retirer à Naples. La fortune, qui l'avait persécuté jusqu'alors, changea de face à son égard dans cette ville. Il y devint riche, puissant, le plus fameux et le plus somptueux des artistes, l'égal des grands et des princes. Favori du vice-roi, il fut comblé de bienfaits et de distinctions. L'académie de Saint-Luc à Rome se fit honneur de le recevoir au nombre de ses membres, en 1630, et le pape le fit chevalier du Christ pour lui témoigner son estime, en 1644. Il mourut à Naples, en 1656, à l'âge de soixante-huit ans.

L'Espagnolet est très-haut placé parmi les peintres que l'on nomme *réalistes*. On cherchera en vain dans ses ouvrages, l'élégance des compositions, la noblesse des formes, le grand goût de dessin et d'expression; mais on y trouve une couleur vigoureuse, une touche ferme et hardie, un clair-obscur très-prononcé, un maniement de pinceau admirable et une adresse particulière à rendre les accidents d'une nature viciée ou appauvrie. On peut même avancer que les productions les plus remarquables de ce maître pour la force et la vérité de l'imitation de la nature, sont celles qui offrent des sujets atroces, tels que les Martyres de saint Laurent, de saint Étienne, de saint Barthélemi, les supplices d'Ixion, de Prométhée, de Tantale.

JÉSUS AU MILIEU DES DOCTEURS

(Peint sur toile, haut de trois pieds neuf pouces, large de cinq pieds trois pouces. Fig. de grandeur naturelle.)

Jésus est assis dans une chaire, élevant la main droite. Derrière il y a deux Juifs, et cinq devant, dont un est assis le corps baissé, s'appuyant sur une table, et ayant les yeux attachés sur un livre qu'il paraît feuilleter pour y trouver ce que le Sauveur dit.

A l'exposition de Londres, en 1798, ce tableau fut acheté 150 guinées par le duc de Bridgewater : il est à présent au comte d'Ellesmere (Bridgewater Gallery).

BOL (JEAN)

(ÉCOLE FLAMANDE)

Cet artiste, né à Malines, en 1534, peignait agréablement le paysage, et ornait ses petits tableaux de sujets tirés de l'histoire ou de la fable. Ses figures sont d'un bon style. Il mourut à Amsterdam en 1593.

LA FUITE EN ÉGYPTE

(Tableau peint sur cuivre, haut d'un pied six pouces, large de deux pieds.)

La scène est un paysage, dont le fond se termine par une chaîne de montagnes. Sur le devant, à droite, saint Joseph, la hache sur l'épaule et le bâton à la main, conduit l'âne sur lequel est assise la sainte Vierge tenant l'Enfant-Jésus sur ses genoux. Des Anges accompagnent la Sainte Famille en voyage.

VÉRONÈSE (PAUL)

(ÉCOLE VÉNITIENNE. — *V.* page 14.)

DIX SUJETS

TIRÉS DE LA FABLE ET DE L'ALLÉGORIE.

Il y a tout lieu de croire que ces dix tableaux ont été peints par Paul Véronèse pour servir de décoration d'un même lieu ; mais il n'est pas aussi aisé de démêler ce qu'il a voulu y représenter. La plupart contiennent des allégories, dont l'explication ne pouvait être donnée que par celui qui les avait fournies au peintre, et qui lui avait commandé les tableaux. Les sujets tirés de la fable participent eux-mêmes de l'allégorie, car les têtes de ces figures auxquelles on donne les noms de Mars, d'Hersé, etc., sont certainement des portraits, et par conséquent ces sujets peuvent avoir rapport à quelques faits particuliers. N'ayant pas voulu nous donner inutilement la torture pour deviner ces espèces d'énigmes, nous nous sommes résolu à faire écrire au bas des estampes les mêmes noms sous lesquels ces tableaux ont été indiqués dans la description que Dubois de Saint-Gelais en a donnée, lorsqu'ils faisaient partie de la galerie du Palais-Royal. Nous sommes cependant bien éloigné d'adopter ces dénominations, dont la plupart paraissent peu convenables. Tous ces tableaux viennent de la reine de Suède. Les estampes que nous en donnerons ne seront publiées que successivement ; mais nous en allons énumérer de suite tous les sujets :

I

MERCURE ET HERSÉ

(Peint sur toile, haut de sept pieds un pouce, large de cinq pieds quatre pouces. Fig. de petite nature.)

Hersé est assise à droite, le bras gauche appuyé sur une balustrade, et la main droite posée sur un livre de musique, qui est sur le bord d'une table couverte d'une étoffe à fleurs. A ses pieds est un petit épagneul blanc et roux, et à côté, un bouquet de roses blanches. Mercure est à gauche, tenant son caducée, par la vertu duquel il a ouvert la porte, et repoussé Aglaure, qui, jalouse de l'amour de ce Dieu pour sa sœur, avait voulu l'empêcher d'entrer ; elle est tombée et se change en pierre. Une chambre ornée d'architecture d'ordre corinthien avec une statue de bronze dans une niche, et un rideau à moitié tiré, fait le fond du tableau.

A l'exposition de Londres, en 1798, ce tableau était estimé 200 guinées ; mais n'ayant pas trouvé d'acquéreur à ce prix, il fut adjugé, à la vente du 14 février 1800, pour 105 liv. sterl.

II

MARS ET VÉNUS

(Peint sur toile, haut de quatre pieds quatre pouces, large de trois pieds quatre pouces. Fig. de petite nature.)

Au milieu d'un paysage abrité par des draperies suspendues à un arbre, Mars à demi désarmé est assis auprès de Vénus, et la tient étroitement embrassée. Tous deux considèrent avec intérêt l'embarras de l'Amour qu'un petit chien a renversé sur les vêtements de la Déesse. A leurs pieds deux colombes se donnent des marques d'une tendresse réciproque.

A l'exposition de Londres, en 1798, ce tableau fut acheté 250 guinées par M. Willett.

III

MARS DÉSARMÉ PAR VÉNUS

(Peint sur toile, haut de six pieds huit pouces, large de cinq pieds deux pouces. Fig. de grandeur naturelle.)

Mars en pied, armé de toutes pièces, avec une draperie volante qu'il soutient de la main droite, a le bras gauche sur l'épaule de Vénus dont la draperie tombe, et est tirée en bas par un petit Amour. Cette Déesse porte ses mains sur l'épaule gauche de son amant, et commence à lui ôter l'armure. Il y a derrière le Dieu de la guerre un cheval richement harnaché, dont un petit Amour tient la bride. Le fond du tableau est un paysage.

Non vendu à l'exposition de Londres, en 1798, où il était estimé 200 guinées; adjugé, à la vente du 14 février 1800, pour 50 liv. sterling.

IV

MARS ET VÉNUS LIÉS PAR L'AMOUR

(Peint sur toile, haut de six pieds trois pouces, large de cinq pieds. Fig. grandes comme nature.)

Mars en guerrier, son casque à ses pieds, est assis sur une espèce de socle, à côté de Vénus, qui a une main sur sa gorge, et l'autre appuyée sur l'épaule de son amant. Un Amour lie leurs jambes gauches ensemble, un autre à droite tient l'épée et le ceinturon de Mars. Le cheval de ce Dieu est attaché à un arbre. Le fond du tableau représente un paysage avec fabrique.

Acquis à l'exposition de Londres, en 1798, par M. Elwyn, au prix de 300 guinées.

V

LA SAGESSE COMPAGNE D'HERCULE

(Peint sur toile, haut de six pieds huit pouces, large de cinq pieds deux pouces. Fig. de grandeur naturelle.)

Près d'une colonnade et sous une draperie qui laisse apercevoir dans le lointain un paysage, la Sagesse, sous l'emblème d'une femme richement vêtue, la tête levée au ciel et surmontée d'un soleil, foule une sphère aux pieds. Elle paraît absorbée dans la contemplation ; sur le socle du piédestal on lit ces mots : *Omnia vanitas*, Tout est vanité. La terre est jonchée de joyaux et d'attributs de la souveraine puissance. Près d'elle un Amour assis tient une épée et une couronne ; et derrière cet enfant, Hercule, chargé de la dépouille du lion de la forêt de Némée, se repose sur sa massue.

VI

L'HOMME ENTRE LE VICE ET LA VERTU

(Pendant du tableau précédent.)

Ces trois figures sont une allégorie dans laquelle plusieurs personnes pensent que Paul Véronèse s'est représenté lui-même. Quoi qu'il en soit, le sujet n'est pas équivoque. On y voit une femme ayant des mains de harpie tenant un jeu de cartes et se penchant vers un homme qui la fuit ; il se jette dans les bras de la vertu qui vient au-devant de lui, et le retient. Le vice est assis ; et l'on aperçoit sous sa draperie un buste de Sphinx et un poignard. Plus loin on voit un fragment de monument, sur la corniche duquel on trouve le sujet expliqué par ces mots latins : *Honor et virtus post mortem florent ;* c'est-à-dire : Ceux qui suivent les lois de l'honneur et de la vertu se font un nom qui ne périt jamais.

A l'exposition de Londres, en 1798, ces deux tableaux en pendants furent acquis par M. Th. Hope au prix de 1000 guinées (500 guinées par tableau) : ils sont présentement à M. Henri-Thomas Hope, à Londres.

VII

LE RESPECT

(Peint sur toile, haut de six pieds, large de six pieds.)

Le titre sous lequel on désigne communément cette composition fait naître une idée vague qui laisse errer l'imagination sans la fixer. Paul Véronèse a-t-il voulu représenter dans ce tableau un homme résistant aux attraits de la volupté ou un homme cédant au pouvoir de la beauté ? Quoi qu'il en soit, on y voit un guerrier qu'un vieillard tâche de retenir, mais que l'Amour entraîne vers une femme négligemment couchée et endormie sous un pavillon rouge. Le fond est un paysage avec une arcade ornée de mosaïque.

VIII
L'INFIDÉLITÉ
(Pendant du tableau précédent.)

Ce tableau représente une femme assise entre deux hommes épris de sa beauté, et qu'elle abuse en même temps; elle serre la main à l'un, tandis qu'elle glisse furtivement un billet à l'autre. Un enfant témoin de ce mystère observe si le plus âgé s'en aperçoit, et l'Amour placé derrière le plus jeune paraît attentif à ce manége de l'infidélité. Le fond du tableau est un paysage.

IX
L'AMOUR HEUREUX
(Peint sur toile, haut de cinq pieds dix pouces, large de cinq pieds dix pouces.)

Ce tableau est intitulé assez mal à propos l'*Amour heureux*, car il n'y a rien qui y ait rapport. Mais il est difficile de pouvoir déterminer ce que Paul Véronèse a eu dessein d'exprimer dans cette composition. Est-ce Vénus, est-ce la Fortune qu'il a voulu désigner par cette femme presque nue, assise sur un globe, une corne d'abondance à côté, ayant un voile volant et une riche ceinture? Elle couronne une femme à genoux, et accompagnée d'un homme qui lui aide à tenir un rameau d'olivier. A droite, un enfant nu tient une chaîne et badine avec un gros chien noir et blanc. Le fond du tableau est un paysage avec de l'architecture.

X
LE DÉGOUT
(Pendant du tableau précédent.)

L'on ne voit point encore sur quel fondement on a jugé que ce tableau représentait le *Dégoût*. Ne serait-ce pas plutôt l'Amour qui châtie avec son arc quelque téméraire d'avoir eu la hardiesse de vouloir attenter à l'honneur de cette dame qu'on voit s'éloigner avec une sorte d'indignation, et accompagnée de sa suivante qui tient une hermine, symbole de la pureté? Le fond du tableau est un paysage entremêlé d'architecture.

Ces quatre tableaux ont été faits suivant toutes les apparences pour un plafond : les têtes de l'homme et de la femme sont les mêmes dans tous, et les figures sont un peu plus grandes que nature. A l'exposition de Londres, en 1798, ces tableaux, estimés chacun 200 guinées, ne trouvèrent pas d'acquéreur à ce prix ; à la vente du 14 février 1800, ils furent adjugés pour 39, 46, 60 et 44 livres sterling. Ils sont à présent chez le comte de Darnley, à Cobhamhall.

VALENTIN
(ÉCOLE FRANÇAISE)

Valentin est le nom de baptême de ce peintre dont on ignore le nom de famille. Né à Coulommiers, dans la Brie, en 1600, il commença à peindre à Paris, dans l'école de Simon Vouet, et alla de bonne heure en Italie, où il mit son application à imiter la manière du Caravage. Comme lui il s'attacha moins à la beauté de l'expression et à l'élégance des formes qu'à une imitation de la nature peu choisie ; il chercha comme lui la fierté du pinceau, la force de la couleur, et souvent tomba ainsi que ce maître dans le défaut des ombres trop noires, et d'un passage trop brusque des lumières à ces ombres. Il mourut à Rome le 7 août 1634.

LES QUATRE AGES
(Tableau peint sur toile, haut de trois pieds cinq pouces et demi, large de quatre pieds six pouces. Figures de grandeur naturelle.)

Le premier âge est représenté par un enfant qui tient une cage où il y a un oiseau. Un jeune homme, vêtu à l'espagnole, jouant de la guitare, représente l'adolescence. L'âge viril, dans lequel l'homme, par ses études et par son expérience, acquiert de la gloire, est représenté par un guerrier en cuirasse, tenant un livre : il est couronné de laurier. Enfin le dernier âge est représenté par un vieillard appuyé sur une table où l'on voit quelques pièces d'or et d'argent : il tient d'une main une bouteille d'osier, et de l'autre un verre.

Ce tableau a passé du cabinet de M. Dussé dans celui du duc d'Orléans. A l'exposition de Londres, en 1798, il fut acheté 30 guinées par le banquier Angerstein.

TITIEN (LE)

(ÉCOLE VÉNITIENNE. — *V. page* 15.)

L'ESCLAVONE

(Peint sur toile, haut de trois pieds sept pouces et demi, large de deux pieds onze pouces. Fig. de grandeur naturelle.)

Ce tableau représente une dame encore jeune, habillée de noir et coiffée d'une façon originale. Elle relève sa robe d'une main, et de l'autre s'appuie sur l'épaule d'un petit nègre, qui tient ses gants et semble attendre ses ordres.

Ce tableau vient de la reine de Suède. A l'exposition de Londres, en 1798, où il était estimé 200 guinées, il ne trouva pas d'acquéreur à ce prix, et à la vente du 14 février 1800, il fut adjugé pour 80 livres sterling.

SACCHI (ANDREA)

(ÉCOLE ROMAINE)

Ce peintre naquit à Rome en 1600. Ses talents naturels, et les leçons qu'il reçut de l'Albane, lui acquirent en peu de temps une grande réputation. On retrouve dans ses ouvrages les grâces et la tendresse du coloris de son maître, qu'il a surpassé par son goût de dessin. Ses figures ont de l'expression, ses draperies sont d'une belle simplicité, et sa touche est fixée sans être peinée. Il mourut à Rome en 1661.

ADAM PLEURANT LA MORT D'ABEL

(Peint sur toile, haut de trois pieds un pouce, large de cinq pieds deux pouces. Fig. de petite nature.)

Ce tableau vient du cabinet de la reine de Suède. Passeri nous apprend qu'Andrea Sacchi l'avait fait pour le prince de Palestrina. A l'exposition de Londres, en 1798, il fut acheté 20 guinées par M. Udney.

RAPHAËL

(ÉCOLE ROMAINE. — *V. page* 7.)

TROIS SUJETS DE LA PASSION

I

JÉSUS EN PRIÈRE AU JARDIN DES OLIVIERS

(Peint sur bois, haut de neuf pouces, large de dix pouces trois quarts. Fig. dans la proportion de neuf pouces.)

Jésus, à genoux, les mains jointes, regarde l'ange qui lui pré-sente le calice; trois de ses disciples, qui l'avaient accompagné, se sont endormis à l'écart.

II

JÉSUS PORTANT SA CROIX

(Peint sur bois, haut de neuf pouces, large de deux pieds sept pouces et demi. Fig. de sept pouces.)

Jésus porte sa croix, soutenue par Simon de Cyrène. Un bourreau accompagné de deux autres le tire avec une corde attachée à sa ceinture. Un soldat marche derrière, tenant une hallebarde. Deux hommes à cheval vont devant, le premier portant une espèce de guidon. La sainte Vierge avec les trois Marie qui l'aident à marcher, et saint Jean, suivent le Sauveur.

III

JÉSUS MORT, SUR LES GENOUX DE LA VIERGE

(Peint sur bois, haut de neuf pouces, large de dix pouces trois quarts. Fig. dans la proportion de neuf pouces.).

Jésus mort est étendu sur les genoux de la Vierge, le corps soutenu par saint Jean. Sainte Madeleine, prosternée à ses pieds, les arrose de ses larmes. Il y a encore deux apôtres, un de chaque côté, qui le regardent avec douleur.

Ces trois tableaux sont de la première manière de Raphaël. Vasari rapporte que ce peintre fit, en 1505, pour les religieuses de Saint-Antoine de Padoue, établies à Pérouse, un tableau destiné à l'autel de leur église, représentant la sainte Vierge qui avait dans son giron le petit Jésus, qu'il avait vêtu pour complaire à ces religieuses, et aux côtés de la sainte Vierge, saint Pierre, saint Paul, sainte Cécile et sainte Catherine. Vasari ajoute que Raphaël peignit sur le gradin de ce retable en petites figures, trois sujets : celui de la *Prière au jardin des Oliviers*, celui du *Portement de croix*, et celui de *Jésus mort, sur les genoux de sa Mère*. La reine Christine de Suède avait, par le crédit du cardinal Azzolini, trouvé moyen de retirer ces trois petits sujets de l'église des religieuses de Pérouse, et d'en faire l'ornement de son cabinet à Rome, d'où ils passèrent dans la galerie du Palais-Royal, à Paris. A l'exposition de Londres, en 1798, le tableau de la *Prière au jardin des Oliviers*, estimé 100 guinées, ne trouva pas d'acquéreur à ce prix, et à la vente du 14 février 1800, il fut adjugé pour 42 guinées : il appartient aujourd'hui à Miss Burdett Coutts, de Londres. A cette même exposition de 1798, M. G. Hibbert acheta 150 guinées le tableau du *Portement de croix*, qui est à présent chez M. J.-P. Miles, à Leight-Court. Quant au tableau de *Jésus mort, sur les genoux de la Vierge*, il ne fut pas vendu à l'exposition de 1798, où il était estimé 100 guinées, et à la vente du 14 février 1800, il descendit à 60 guinées. Ce tableau a passé depuis dans les collections du comte de Rechberg, de Munich, de Sir Thomas Lawrence, de Londres, et de M. M.-A. Whyte, de Barronhill ; il fait maintenant partie de celle de Madame H. Dawson, de Londres.

GUIDE (LE)

(ECOLE BOLONAISE. — *V. page* 45.)

ECCE HOMO — MATER DOLOROSA

(Deux tableaux peints sur toile de forme ovale, ayant chacun un pied neuf pouces de haut, sur un pied quatre pouces de large. Demi-figures de grandeur naturelle.)

Le duc d'Orléans avait eu ces deux tableaux de M. de Chatillon, peintre. A l'exposition de Londres, en 1798, M. G. Hibbert acheta 150 guinées le premier de ces deux tableaux ; le second ne trouva pas d'acquéreur à cette exposition, où il était estimé 50 guinées, et à la vente du 14 février 1800, il fut adjugé pour 36 livres sterling.

BASSAN (FRANCESCO DA PONTE)

(ÉCOLE VÉNITIENNE. — *V. page* 75.)

LE MIDI

(Peint sur toile, haut de deux pieds, large de deux pieds onze pouces. Fig. dans la proportion de dix pouces.)

Paysage : le premier plan offre un berger endormi près d'un abreuvoir ; devant lui un jeune enfant prépare des baquets pour distribuer à boire aux différentes sortes d'animaux qui occupent le second plan ; plus loin, un autre berger paraît indiquer le chemin à un voyageur. Les derniers plans laissent voir des habitations agrestes, près desquelles paissent différents troupeaux.

A l'exposition de Londres, en 1798, ce tableau fut acheté 20 guinées par M. Walton.

TÉNIERS LE JEUNE (DAVID)

(ECOLE FLAMANDE. — V. page 25.)

LE CABARET

(Peint sur toile, haut d'un pied six pouces, large d'un pied dix pouces.)

Ce tableau représente l'extérieur d'un cabaret, où plusieurs personnes réunies, les unes assises, et les autres debout autour d'une table, regardent un vieillard qui leur donne à deviner le nombre des petites boules qu'il tient dans sa main fermée. Le cabaretier sur la porte de l'enclos arrive portant un pot de bière et des pipes. On voit plus loin des joueurs aux quilles, un fumeur, et une femme, qui, rentrant dans sa chaumière, retourne sa tête pour regarder le joueur prêt à jeter la boule.

Ce tableau et son pendant, intitulé l'*Estaminet* (voir page 26), furent achetés par M. W. Beckford à l'exposition de Londres en 1793, où ils étaient estimés 500 guinées.

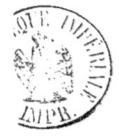

GIORDANO (LUCA)

(ÉCOLE NAPOLITAINE)

Ce peintre, surnommé *Luca Fapresto*, naquit à Naples en 1632, et fit tout jeune des progrès très-marqués à l'école de l'Espagnolet. Le désir de s'avancer l'attira à Rome, où il étudia sous Pietre de Cortone. Son père, peintre médiocre, vint l'y joindre, et le conduisit ensuite à Bologne, à Parme, à Venise, où Luc copiait les beaux morceaux qu'il trouvait dans ces différentes villes. Le père, qui vendait un fort bon prix les copies que son fils faisait des tableaux des anciens maîtres, ne cessait de l'exciter au travail : comme il lui répétait souvent ces mots : *Luca, fa presto* (Luc, fais vite), le nom en est resté au fils.

Luca s'accoutuma ainsi dès sa jeunesse à une prestesse d'exécution dont il ne s'est que trop piqué toute sa vie. De retour à Naples, il se fit en peu de temps une telle réputation, qu'il était le seul peintre que l'on voulût employer : malheureusement il crut devoir satisfaire aux nombreuses demandes qui lui furent faites, et, se débarrassant de toutes les entraves de l'art, il se fit une manière expéditive et qui tenait de tous les maîtres qu'il avait étudiés dans sa jeunesse. Il mourut à Naples le 12 janvier 1705.

Aucun peintre n'a autant travaillé que celui-ci, sans en excepter le Tintoret. Il entendait parfaitement la partie mécanique de l'art ; ses ouvrages sont en général bien coloriés et exécutés avec une grande franchise, mais la grâce et la dignité s'y rencontrent rarement.

LA PISCINE

(Tableau peint sur toile, haut de sept pieds dix pouces, large de huit pieds un pouce. Fig. de grandeur naturelle.)

Ce tableau représente l'intérieur de la Piscine. Jésus-Christ est à droite, ayant la main étendue vers le paralytique à qui il parle, et qui a déjà une jambe hors de sa couchette. On voit à une petite distance un gueux impotent qui est dans l'admiration de ce miracle. Ces trois figures dominent sur le devant du tableau qui est rempli de malades et de spectateurs placés sur différents plans. Le fond représente à droite comme un vestibule orné de colonnes, avec une espèce de pavillon, et dans le reste la perspective d'une galerie par où l'on arrive à la Piscine. Au haut l'on voit sur des nuées l'ange qui vient troubler l'eau.

Non vendu à l'exposition de Londres, en 1798, où il était estimé 100 guinées ; adjugé, à la vente du 14 février 1800, pour 32 livres sterling.

ROMBOUST (THÉODORE)

(ÉCOLE FLAMANDE)

On ignore l'année et le lieu de la naissance de ce peintre, ainsi que l'époque et la ville où il est mort. Suivant quelques auteurs, il serait né à Gand en 1617; d'autres le font naître à Anvers en 1597, et mourir dans la même ville en 1637; mais on a de lui des tableaux qui sont datés de 1660 à 1690. Il fut élève d'Abraham Janssens, qui lui légua sa jalousie contre Rubens. Étant allé à Rome, il y fit plusieurs tableaux qui furent recherchés des connaisseurs. De retour dans sa patrie, il ne tarda pas à faire parler de lui; sa réputation s'accrut si fort, que le clergé et la noblesse de Flandre s'empressèrent de lui donner de l'occupation.

LE SERMENT D'ANNIBAL

(Peint sur toile, haut de trois pieds, large de quatre pieds six pouces. Fig. de petite nature.)

La scène du tableau est l'intérieur d'un temple. Dans le fond, Amilcar à genoux fait jurer le petit Annibal de poursuivre les Romains jusqu'à la mort, en présence du grand prêtre qui est aussi à genoux au pied de l'autel. Une nombreuse assemblée de personnages de tout sexe et de différentes conditions assiste à cette cérémonie. Ils sont placés à droite et à gauche sur différents plans, le milieu restant libre.

TITIEN (LE)

(ÉCOLE VÉNITIENNE. — *V. page* 15.)

TITIEN ET SA MAITRESSE

(Tableau peint sur toile, haut de deux pieds neuf pouces, large de deux pieds deux pouces. Fig. à mi-corps de grandeur naturelle.)

Ce tableau, qui est intitulé assez mal à propos *Titien et sa maîtresse*, car il n'y a rien qui justifie cette dénomination, représente une jeune femme ayant la tête nue, tenant ses cheveux de la main droite, et de la gauche une fiole d'essence qui est sur une table près d'un peigne; elle se regarde dans un miroir que lui tient de la main droite un homme qui est à côté d'elle, et qui a le bras gauche élevé et étendu, sa main posant sur le bord d'un second miroir qui est à droite au haut du tableau, et dans lequel elle est vue par le dos.

Ce tableau est une répétition, avec des différences, de celui qui se voit au Musée Impérial du Louvre; il vient du cabinet de la reine Christine de Suède. A l'époque où il faisait partie de la collection du Palais-Royal, il était très-endommagé et couvert de repeints; ce qui explique pourquoi il ne fut estimé que 50 guinées à l'exposition de Londres, en 1798, où M. Bryan s'en rendit acquéreur à ce prix.

WOUVERMAN (PHILIPPE)

(ÉCOLE HOLLANDAISE. — *V. page* 33.)

LA CONDUITE DES DAMES POUR LA CHASSE

(Tableau peint sur toile, haut d'un pied six pouces, large de deux pieds.)

Ce tableau représente un départ pour la chasse. A gauche, à la porte d'une maison de campagne, deux chasseurs donnent la main à deux dames prêtes à monter à cheval; ils sont précédés d'un petit page portant un faucon sur le poing et menant deux chiens en laisse. Un autre petit page, vu de dos, agace un singe assis sur un piédestal, et contre lequel aboie un chien. Au milieu, deux chevaux tenus par des palefreniers, et un valet de chasse allongeant le bras pour porter un coup de baguette à deux chiens qui se montrent les dents. A droite, sur le devant, un paysan vu de dos et portant un panier; il est accompagné d'une femme; plus loin, un fauconnier portant le cerceau sur lequel sont perchés des faucons; il est précédé d'un chasseur à cheval qui s'en va au galop. Le fond de ce côté offre un paysage varié, et l'horizon se termine par une chaîne de montagnes.

A l'exposition de Londres, en 1793, ce tableau fut acheté 200 guinées par M. John Davenport.

VINCI (LÉONARDO DE)

(ÉCOLE FLORENTINE)

Ce grand artiste, fils naturel de Ser Piero d'Antonio, notaire de la seigneurie de Florence, naquit en 1452 au château de Vinci, près de cette ville. Élève d'Andrea Verocchio, il ne tarda guère à surpasser son maître. Sa sagacité lui fit apercevoir rapidement ce qui manquait de son temps à la perfection de la peinture; et pour donner à la pratique de cet art des bases certaines et solides, il se rendit savant dans les mathématiques, l'anatomie, la perspective et l'optique. Le duc Louis Sforce de Milan l'attira dans cette ville, et le mit à la tête de l'académie de peinture qu'il y avait établie. Ce fut pendant son séjour à Milan, en 1497, qu'il peignit à l'huile, sur les murs du réfectoire du couvent de Sainte-Marie des Grâces, le fameux tableau de la *Cène*. Il fut employé depuis par le gonfalonier Pietro Soderini à Florence, où il fit en 1503, en concurrence avec Michel-Ange, plus jeune que lui de vingt-deux ans, le célèbre carton de la *Bataille d'Anghiari*, qui devait être peint à l'huile sur le mur de la salle du Conseil au vieux palais de cette ville. En 1516, il passa en France où l'appelait François Ier. Il y mourut au château de Clot ou Cloux, près d'Amboise, le 2 mai 1519.

Léonard de Vinci a exercé la peinture, plus en homme d'esprit qui réfléchissait beaucoup sur ce qu'il entreprenait, qu'en grand praticien. Ses ouvrages sont d'une beauté achevée, lorsqu'ils ne tiennent pas un peu de la sécheresse du gothique. On y remarque la précision et la pureté du dessin, la finesse de l'expression, la force du modelé et la légèreté du pinceau. Ils sont rares, parce que les trouvant presque toujours au-dessous de l'idée qu'il s'était formée de la perfection de la peinture, il se résolvait difficilement à les terminer. En revanche, on lui attribue souvent les tableaux de ses élèves dont la réputation n'égala point la sienne.

HÉRODIADE

(Peint sur bois, haut de quatre pieds, large de deux pieds huit pouces. Fig. de petite nature.)

Salomé, fille d'Hérodiade, est debout : relevant sa robe d'une main et tendant l'autre pour recevoir la tête de saint Jean-Baptiste qui est dans un vase sur une table, et que le bourreau qui l'a coupée, tient encore par les cheveux, elle détourne les yeux de ce spectacle hideux. Il y a un vieillard chauve et à grande barbe entre elle et le bourreau ; mais on n'en voit que la tête, qui est extrêmement dans l'ombre.

La Galerie Impériale de Vienne possède une répétition de ce tableau qui passe généralement pour être un ouvrage sorti de l'école de Léonard de Vinci. Dans la *Description des tableaux du Palais-Royal*, celui-ci est attribué à *Andrea Solario*, et c'est sous le nom de cet élève de Léonard qu'il fut présenté à l'exposition de Londres, en 1798, où il était estimé 80 guinées ; mais il n'y trouva pas d'acquéreur à ce prix, et à la vente du 14 février 1800, il fut adjugé pour 41 livres sterling. Ce tableau était alors fort endommagé. Les ombres avaient tellement poussé au noir dans plusieurs endroits, qu'on pouvait à peine apercevoir les figures du second plan.

CARACHE (ANNIBAL)

(ÉCOLE BOLONAISE. — *V. page 27.*)

LA DESCENTE DE CROIX

(Tableau peint sur toile, haut de sept pieds quatre pouces, large de quatre pieds huit pouces. Fig. de petite nature.)

Le Christ est étendu à terre sur le devant, son linceul sous lui ; la Madeleine à genoux soulève une de ses mains, et paraît vouloir essuyer avec sa chevelure le sang dont cette main est empreinte. Saint Jean, debout à gauche, contemple avec douleur la Vierge évanouie dans les bras des Saintes Femmes. De petits anges, groupés sur des nuages, témoignent leur affliction. Le fond représente des ruines et un paysage.

Ce tableau vient du duc de Modène. Dans la *Description des tableaux du Palais-Royal*, il est attribué à *Louis Carache*. A l'exposition de Londres, en 1798, il fut acheté 160 guinées par M. Maitland.

BRIL (PAUL)

(ÉCOLE FLAMANDE)

Cet artiste, né à Anvers en 1556, commença par peindre à gouache des clavecins; mais ayant quitté son pays pour aller étudier en Italie, il passa en France, s'arrêta à Lyon, et joignit enfin à Rome Mathieu Bril, son frère, occupé au Vatican par le pape Grégoire XIII, et c'est de lui qu'il apprit à peindre le paysage. Il mourut à Rome en 1626.

On reconnaît à la manière dont Paul Bril a traité le paysage, qu'il s'était attaché à suivre celle que le Titien et les Carache avaient dans ce temps mise en vogue en Italie. Son mérite principal consiste dans l'art avec lequel il exprimait les différents feuillés des arbres, et dans une touche moelleuse et empâtée; mais on n'est pas aussi satisfait de sa couleur où règne un ton généralement trop verdâtre, et dont les ombres manquent de transparence et de légèreté. Les figures qui meublent ses tableaux paraissent très-faibles, et lorsqu'elles sont bonnes, elles ont été peintes par Annibal Carache ou d'autres habiles maîtres.

LE REPOS EN ÉGYPTE

(Peint sur cuivre, haut de sept pouces un quart, large de neuf pouces un quart.)

La Vierge, assise à droite au pied d'un arbre, donne à téter à l'Enfant-Jésus. A quelque distance on voit saint Joseph qui excite l'âne à aller à l'abreuvoir qui est sur le devant. Le fond est un paysage avec un moulin à vent dans l'éloignement et plusieurs figurines.

Estimé 100 guinées à l'exposition de Londres, en 1793.

WERFF (ADRIEN VAN DER)

(ÉCOLE HOLLANDAISE. — *V. page 70*)

LA VENDEUSE DE MARÉE

(Peint sur bois, haut de neuf pouces et demi, large de sept pouces.)

On voit, au travers d'une fenêtre cintrée, une jeune fille appuyée sur une table, et tenant un couteau. Il y a sur le devant différentes sortes de poissons.

Estimé 100 guinées à l'exposition de Londres, en 1793.

ALBANE (FRANÇOIS)

(ÉCOLE BOLONAISE. — *V. page* 50.)

LA COMMUNION DE LA MADELEINE

(Peint sur cuivre, haut d'un pied trois pouces, large de onze pouces. Fig. d'environ dix pouces.)

Un ange à genoux sur une nuée communie cette Sainte qui est aussi à genoux; deux autres anges sont derrière elle, l'un tient une patère sous l'hostie, et l'autre est en adoration. Le fond est un paysage.

A l'exposition de Londres, en 1798, ce tableau fut acheté 200 guinées par M. Willett.

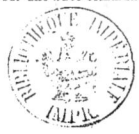

BOURDON (SÉBASTIEN)

(ÉCOLE FRANÇAISE. — *V. page* 40.)

JEAN WARIN

(Peint sur toile, haut de trois pieds trois pouces, large de deux pieds huit pouces. Demi-figure de grandeur naturelle.)

Jean Warin, célèbre graveur en médailles sous Louis XIII, est représenté debout, nu-tête, ayant par-dessus le pourpoint un manteau qu'il relève de la main gauche posée sur sa hanche, et de la droite il tient le fameux camée antique d'Antiochus et de Stratonice. A côté de lui, sur une table, on aperçoit le buste de Socrate, un encrier, un médailler et la statuette du Mercure de Jean de Bologne.

MIEL (JEAN)

(ÉCOLE FLAMANDE)

Ce peintre naquit à Anvers en 1599. Il était un des meilleurs élèves de Gérard Zegers, quand il prit le parti d'aller à Rome, où il travailla à l'école d'Andrea Sacchi. Il fut reçu à l'académie de Saint-Luc de cette ville en 1648, et quelque temps après, Charles Emmanuel II, duc de Savoie, l'attira à sa cour, et l'y fixa par ses bienfaits et par les honneurs qu'il lui accorda. Il mourut à Turin. Passeri qui l'avait connu à Rome, place sa mort en 1656; mais tous les autres historiens s'accordent à le faire vivre jusqu'en 1664.

Jean Miel aimait à peindre des pastorales, des paysages, des chasses et des bambochades; c'est particulièrement à ces petits sujets qu'il doit la plus grande part de sa réputation. Ils sont simples et vrais, et le peintre leur a prêté des charmes par sa couleur et sa touche spirituelle. Il était tout naturel que l'habitude des sujets de genre le rendît moins propre à montrer dans les sujets d'histoire la noblesse qu'ils exigent, mais il y déployait une manière large, soutenue d'un excellent coloris. Les premiers plans de ses tableaux ont ordinairement poussé au noir, défaut qu'on doit attribuer aux impressions en brun rouge, dont il est fâcheux que beaucoup de peintres du XVIIe siècle aient fait usage.

LA DANSE

(Peint sur toile, haut d'un pied cinq pouces, large de deux pieds un pouce.)

La scène est un paysage avec fabrique. On voit sur le devant plusieurs figures dont les deux principales sont un homme et une femme qui dansent au son d'une cornemuse.

SWANEVELT (HERMAN VAN)

(ÉCOLE HOLLANDAISE)

Ce peintre naquit à Woerden vers 1620. On croit qu'il eut pour maître Gerrit Dou ; ce qui est certain, c'est qu'il alla fort jeune en Italie, et son long séjour dans ce pays le fit surnommer, quoique Hollandais, *Herman d'Italie*. Les ruines antiques et les beautés pittoresques de la ville de Rome et de ses environs firent sur lui une impression, qui le rendit indifférent à tout autre plaisir que celui d'étudier la nature. Il passait ses journées dans les campagnes de Rome, aux lieux les plus sauvages et les plus solitaires, ce qui lui fit donner le nom d'*Ermite*. Cependant il fréquentait à la ville l'école du modèle, et se lia d'amitié avec Claude Lorrain, dont il mit à profit, sinon les leçons, du moins les conseils et l'exemple. Il fit un voyage à Paris, où il travailla avec Patel à la décoration du cabinet de l'Amour de l'hôtel Lambert, et fut reçu de l'Académie royale de peinture en 1653. Retourné en Italie, il vécut jusqu'en 1690, et mourut à Rome.

Herman Van Swanevelt n'a guère fait que des paysages, dans lesquels il a beaucoup cherché la manière de Claude Lorrain ; mais sa touche n'a pas le moelleux de celle de ce maître, et ses teintes ne sont pas aussi largement empâtées. Son feuillé est naturel et vrai, ses sites sont bien choisis, et les figures et les animaux qu'il y a placés sont d'un bon goût de dessin et d'une exécution spirituelle.

LES BERGERS

(Peint sur cuivre, haut d'un pied et demi-pouce, large d'un pied quatre pouces et demi.)

Paysage qui représente des troupeaux dans différents lointains, avec des bergers et des bergères sur le devant.

MICHEL-ANGE (MICHELANGELO BUONAROTTI, DIT)

(ÉCOLE FLORENTINE)

Ce fameux artiste, à la fois architecte, sculpteur et peintre, naquit en 1474 dans le château de Chiusi, près d'Arezzo en Toscane. Ses parents le firent élever dans un village voisin de Florence, nommé Settignano, dont les habitants étaient pour la plupart sculpteurs et tailleurs de pierre, ce qui lui faisait dire dans la suite qu'il avait sucé l'art de la sculpture avec le lait de sa nourrice, qui était femme d'un sculpteur. A l'âge de seize ans, il taillait déjà le marbre avec tant d'art, que ses figures se soutenaient contre les antiques : il avait un grand goût et une grande précision dans le dessin, et il réussissait surtout dans le nu, quoiqu'avec une manière un peu sèche. Il a eu la plus grande part à la construction de l'église de Saint-Pierre de Rome. Ses plus beaux ouvrages de sculpture sont à Florence dans la chapelle des Médicis, et à Rome dans l'église de Saint-Pierre-aux-Liens, où il a fait le tombeau de Jules II. Son tableau le plus célèbre est celui du jugement dernier qu'il peignit à fresque dans la chapelle Sixtine à Rome. Il mourut dans cette ville en 1563, âgé de près de quatre-vingt-dix ans.

LA PRIÈRE AU JARDIN DES OLIVIERS

(Tableau peint sur bois, haut d'un pied dix pouces, large de deux pieds sept pouces. Fig. d'environ un pied.)

Jésus-Christ est de face à genoux qui prie, et à une petite distance on le voit encore, mais debout et tourné, reprenant saint

Pierre qui a la main sur sa poitrine, comme pour s'excuser. Les deux autres apôtres sont au-dessous, marquant par leurs attitudes bizarres qu'ils dorment profondément. Le fond est un paysage avec fabrique.

A l'exception du tableau de la *Sainte Famille* qui se voit dans la tribune de la galerie de Florence, on ne connaît pas de morceaux de chevalet bien authentiques de Michel-Ange. Cependant l'ancienne collection du Palais-Royal passait pour en contenir quatre. Mais comme on sait que Michel-Ange, uniquement livré dès sa jeunesse aux travaux de sculpture, eut beaucoup de peine à se décider à peindre à fresque, et qu'il faisait profession de mépriser la peinture à l'huile, qu'il appelait dédaigneusement un ouvrage de femmes ou de gens oisifs et paresseux, il est permis de croire que ces quatre tableaux de cabinet, ainsi que beaucoup d'autres qu'on attribue encore à ce maître, sont de la main de ses élèves, d'après ses dessins. Le tableau décrit ci-dessus avait été apporté d'Espagne par le duc d'Orléans.

A l'exposition de Londres, en 1798, il était estimé 200 guinées; mais il n'y trouva pas d'acquéreur à ce prix, et à la vente du 14 février 1800, il fut adjugé pour 52 livres sterling.

VALENTIN

(ÉCOLE FRANÇAISE. — *V. page* 84.)

LE CONCERT

(Peint sur toile, haut de trois pieds cinq pouces et demi, large de quatre pieds six pouces. Fig. de grandeur naturelle.)

On voit sur le devant, auprès d'une table, un homme qui touche du luth, et une jeune femme vis-à-vis qui joue du violon. Un vieillard appuyé sur la même table regarde le joueur de luth; il y a, à côté de lui, une jeune fille qui bat du tambour de basque, et tout proche un soldat qui boit.

Ce tableau a passé du cabinet de M. de Nancré dans celui du duc d'Orléans. A l'exposition de Londres, en 1798, il fut acheté 60 guinées par le duc de Bridgewater; il est à présent au comte d'Ellesmere.

TINTORET

(ÉCOLE VÉNITIENNE. — *V. page* 12.)

L'ARÉTIN. — LE TITIEN

(Deux tableaux de forme ovale, peints sur bois, hauts, chacun, de deux pieds, sur un pied six pouces de large.)

Deux portraits en buste: tous deux dans un âge avancé, et décorés d'une chaîne d'or.

A l'exposition de Londres, en 1798, ces deux portraits furent acquis, au prix de 60 guinées, par le comte de Gower : ils sont aujourd'hui à la duchesse de Sutherland (Stafford-House).

MIEL (JEAN)

(ÉCOLE FLAMANDE. — *V. page* 91.)

L'ABREUVOIR

(Peint sur toile, haut d'un pied cinq pouces, large de deux pieds un pouce.)

Ce tableau représente une halte de chasseurs. Sur le devant, une dame avec un chapeau tient un chien en laisse; plus loin, à droite, est un abreuvoir où deux femmes lavent du linge. Un piqueur y fait boire deux chevaux, et d'autres chasseurs sont assis entourés de leurs chiens ; une grande masse de roches d'où sort de l'eau occupe presque tout le second plan et se trouve en opposition avec un ciel clair et un lointain où l'on voit quelques fabriques.

BASSAN (LÉANDRE)

(ÉCOLE VÉNITIENNE. — *V. page* 76.)

L'ARCHE DE NOÉ

(Tableau peint sur bois, haut de trois pieds, large de quatre pieds trois pouces.)

Ce tableau représente l'embarquement de Noé et de sa famille, avec une couple de toute espèce d'animaux. Noé, au pied de la planche qui sert de pont pour arriver dans l'arche, dirige l'ordre de l'entrée des animaux, tandis que deux de ses fils les rassemblent, et que sa femme et ses autres enfants s'occupent à ramasser des provisions et à faire des ballots. Le peintre, par bizarrerie, a placé à l'ouverture de l'arche une fille de Noé repoussant un cochon qui avait précédé le lion, roi des quadrupèdes, et sa femelle marchant des premiers sur le pont. Il a figuré aussi auprès de la femme de Noé qui se baisse pour prendre un panier d'œufs, un singe assis sur une chaise de bois, tenant une quenouille chargée d'où pend un fuseau : plus haut est un cheval blanc sellé et bridé à la moderne. Le fond est un paysage.

Ce tableau a passé du cabinet de M. Alosse dans celui du duc d'Orléans. A l'exposition de Londres, en 1798, où il était attribué à François Bassan, le comte de Gower l'acheta 20 guinées ; il est à présent chez la duchesse de Sutherland.

CARACHE (ANNIBAL)

(ÉCOLE BOLONAISE. — *V. page* 27.)

LE REPOS

(Peint sur bois, haut d'un pied huit pouces, large d'un pied onze pouces. Fig. d'un pied.)

Sur le devant, la sainte Vierge, assise à l'ombre d'un palmier, tient sur ses genoux l'Enfant-Jésus endormi. Deux anges se prosternent et contemplent le Sauveur avec une admiration respectueuse. Deux autres anges voltigent dans les airs, et laissent tomber des fleurs sur la Vierge et sur son fils. Près de là on voit saint Joseph se disposant à faire boire l'âne à un ruisseau. Le fond est un paysage avec une mer dans le lointain et des vaisseaux.

Avant de passer dans la galerie du Palais-Royal, ce tableau faisait partie de la collection du président Tambonneau. A l'exposition de Londres, en 1798, il fut acquis, au prix de 700 guinées, par le comte de Gower. Il est à présent chez la duchesse de Sutherland.

DYCK (ANTHONIE VAN)

(ÉCOLE FLAMANDE. — *V. page* 16.)

LE DUC D'YORK

(Ovale, peint sur toile, haut de quatre pieds, large de trois pieds.)

Ce tableau était connu dans la collection du Palais-Royal pour être le portrait du duc d'York. Nous ne trouvons pas cependant que Van Dyck ait peint ce prince séparément : il l'a seulement peint dans les tableaux de famille. Van Dyck est mort en décembre 1641, et le duc d'York, ensuite Jacques II, était né en octobre 1633. Or, il n'avait, quand Van Dyck mourut, que sept ans à peu près. Il faut plutôt croire que c'est le portrait de Charles II, son frère, qui pouvait avoir onze ans, quand notre peintre mourut ; à moins que ce portrait ne soit peint par Walker qui a imité Van Dyck d'une manière étonnante, et qui lui a été postérieur.

BREUGHEL DE VELOURS (JEAN)

(ÉCOLE FLAMANDE. — *V. page* 72.)

LE GRAND CHEMIN

(Peint sur cuivre, haut d'un pied et demi, large d'un pied six pouces.)

Ce paysage représente un grand chemin rempli de chariots couverts et découverts, et sur le devant, des gens à cheval avec des vaches.

BLOEMAERT (ABRAHAM)

(ÉCOLE HOLLANDAISE)

Cet artiste, né à Gorcum en 1564 suivant Houbraken, en 1567 selon Sandrart et Van Mander, apprit de son père, qui était architecte, les premiers éléments du dessin, et se mit ensuite à peindre sous différents maîtres, trop faibles pour seconder ses heureuses dispositions. Son génie le fit peintre, mais peintre maniéré. En lui reprochant de n'avoir pas assez consulté la nature et d'avoir quelquefois peint de pratique, on ne laisse pas cependant d'estimer sa couleur, l'agrément de ses compositions, et la facilité de son pinceau. Il peignait l'histoire, le genre, le paysage, les animaux.

Il mourut à Utrecht, suivant quelques-uns en 1647, et suivant d'autres en 1657 et même en 1658.

LA PRÉDICATION DE SAINT JEAN-BAPTISTE

(Tableau peint sur bois, haut d'un pied deux pouces, large d'un pied huit pouces.)

Le Précurseur est assis au pied d'un grand arbre. Entre ses auditeurs on en voit un à côté de lui, couché à terre, levant la tête pour l'écouter, et vis-à-vis une femme qui a un chapeau à l'allemande. Tout sur le devant est un homme vu par le dos. Le fond est un paysage.

RUBENS (PIERRE-PAUL)

(ÉCOLE FLAMANDE. — *V. page* 20.)

THOMYRIS

(Tableau peint sur toile, haut de six pieds trois pouces, large de dix pieds dix pouces. Fig. de grandeur naturelle.)

La reine des Scythes ayant un grand voile qui laisse voir son diadème, regarde la tête de Cyrus, qu'un esclave a plongée dans une cuvette remplie de sang. On voit une femme à côté de Thomyris, et trois autres derrière, entre lesquelles il y a une vieille. La partie à droite de la composition représente des soldats et des spectateurs, et sur le devant du même côté un gros chien. Dans le fond, à gauche, un rideau avec des colonnes torses. Le reste est un ciel.

Ce tableau vient de la reine de Suède. A l'exposition de Londres, en 1798, il fut acquis, au prix de 1200 guinées, par le comte de Darnley : il est encore aujourd'hui à la famille de ce seigneur, à Cobhamhall.

VOUET (SIMON)

Né à Paris en 1590, mort dans la même ville en 1649

(ÉCOLE FRANÇAISE)

GAUCHER DE CHATILLON

(Peint sur toile, haut de six pieds huit pouces, large de quatre pieds.)

Il est debout, en corselet de fer et tournant le dos, la main gauche posée sur la hanche, et la droite appuyée sur une lance. Le fond est un paysage.

Simon Vouet peignit ce tableau pour orner la galerie des hommes illustres que faisait faire le cardinal de Richelieu.

POELENBURG (CORNELIS)

(ÉCOLE HOLLANDAISE)

Ce peintre est né à Utrecht en 1586, et fut élève d'Abraham Bloemaert, dont il quitta de bonne heure l'école, pour aller en Italie. Il eut beaucoup de vogue à Rome, et reçut aussi un accueil flatteur à Florence, où le grand-duc essaya vainement de le fixer. De retour dans sa patrie, il y réussit à merveille. On prétend même que Rubens fut si charmé de ses ouvrages qu'il avait vus en passant par Utrecht, qu'il chargea Sandrart de lui en envoyer. Charles Ier l'appela à Londres ; il s'y rendit, et travailla pour ce prince qui aurait souhaité l'attacher à son service. Mais les avantages dont Poelenburg jouissait à la cour d'Angleterre ne purent l'y retenir : il revint à Utrecht, et ne cessa d'y travailler jusqu'au dernier jour de sa vie. Quoique Houbraken fixe la date de sa mort en 1660, il figure encore cependant sur les registres de l'académie de peinture d'Utrecht à l'année 1665-1666.

Poelenburg a peint, en petit plus heureusement qu'en grand, des paysages historiés, c'est-à-dire, dont les figures représentent des sujets de l'histoire ou de la fable. Le plus souvent ce sont des femmes nues. Une grande douceur de pinceau, un terminé précieux et une bonne couleur font l'agrément de ses tableaux. Il avait, dit-on, étudié les ouvrages de Raphaël ; on ne s'en douterait jamais, son dessin dans le nu étant incorrect et d'un mauvais choix. Son paysage est touché de bon goût, et meublé de ruines antiques que lui avaient fournies les environs de Rome, et qu'il entendait très-bien à peindre.

LES VACHES

(Tableau peint sur cuivre, haut d'un pied trois pouces, large d'un pied neuf pouces.)

Paysage où l'on voit sur le devant trois figures avec des vaches, et sur une hauteur à droite un homme suivi d'un âne.

SÉBASTIEN DEL PIOMBO

(ÉCOLE VÉNITIENNE. — *V. page* 11.)

LA DESCENTE DE CROIX

(Tableau peint sur bois, haut de deux pieds quatre pouces, large d'un pied dix pouces. Fig. au-dessous de demi-nature.)

Le Christ, descendu de la croix, et étendu sur un linceul, est soutenu par une figure cachée ; à côté de lui est une femme qui l'adore, une autre est évanouie, une troisième témoigne la plus grande douleur : ce sont les trois Marie. Il y a encore plusieurs autres figures. Dans le lointain paraît le Calvaire.

Ce tableau a appartenu à M. de Bretonvilliers, avant de passer dans la galerie du Palais-Royal. A l'exposition de Londres, en 1798, il fut acheté 200 guinées par le duc de Bridgewater : il est à présent au comte d'Ellesmere.

GIORGION

(ÉCOLE VÉNITIENNE. — *V. page* 51.)

GASTON DE FOIX

(Peint sur bois, haut de sept pouces, large de six pouces. Fig. à mi-corps dans la proportion de dix-huit pouces.)

PIC DE LA MIRANDOLE

(Peint sur toile, haut de trois pieds sept pouces, large de deux pieds deux pouces. Buste.)

On a réuni dans cette estampe les portraits de deux personnages célèbres peints par le Giorgion.

Gaston de Foix a une cuirasse avec des brassards, et une écharpe où l'on remarque sur l'épaule une croix. Il y a devant lui un page qui lui accommode son armure.

Pic de la Mirandole est de profil, ayant un habillement d'écarlate avec une draperie bleue par-dessus, et une grande calotte rouge.

SCHALKEN (GOTFRIED)

(ÉCOLE HOLLANDAISE)

Ce peintre, né à Dort en 1643, eut pour premier maître Samuel Van Hoogstraeten, et acheva chez Gérard Dov d'acquérir le fini précieux qui a fait un des principaux mérites de ses ouvrages. Il se plut toujours à représenter des effets de lumière piquants, occasionnés ou naturellement par le soleil, ou artificiellement par une bougie, une lampe ou des flambeaux. Pour rendre des effets nocturnes, il plaçait son modèle éclairé par une lumière artificielle dans une chambre obscure voisine de son atelier, où il peignait au jour l'objet qu'il voyait par une petite ouverture pratiquée à cette intention. Il exécuta ainsi des tableaux de cabinet que leur singularité mit fort en vogue, et beaucoup de petits portraits. Il mourut à La Haye, le 16 novembre 1716.

LA BAGUE

(Tableau peint sur bois, haut d'un pied un pouce, large de onze pouces.)

Ce tableau représente deux figures éclairées par une grosse chandelle. L'une est une femme qui tient un gobelet, et l'autre, un homme qui est à côté d'elle, a la main sur son épaule, et lui présente en riant une bague.

GRIFFIER (JEAN)

(ÉCOLE HOLLANDAISE)

Cet artiste, né à Amsterdam, en 1645 ou en 1656, mort à Londres, en 1718 ou en 1724, élève de Roeland Rogman, a peint un grand nombre de vues de villes, de marines et de paysages. Ses tableaux ont été recherchés à cause de la richesse des sites, de l'étendue des lointains, et des petites figures bien touchées qui animent ses compositions et y répandent la variété.

LA RIVIÈRE

(Tableau peint sur bois, haut de cinq pouces et demi, large de six pouces et demi.)

Ce tableau représente une vue des bords du Rhin.

ALBANE

(ÉCOLE BOLONAISE. — *V. page 50.*)

LA SAINTE FAMILLE

(Tableau peint sur cuivre, haut d'un pied deux pouces, large de dix pouces et demi.)

La Vierge assise tient l'Enfant-Jésus sur le bras droit. Saint Joseph est à côté, appuyé sur un piédestal orné de bas-reliefs représentant une femme qui donne à boire à des enfants. Derrière le Sauveur il y a deux anges à genoux. Le fond est un paysage.

Ce tableau passa du cabinet de M. de Nancré dans celui du duc d'Orléans. A l'exposition de Londres, en 1798, il fut acquis au prix de 100 guinées, par le duc de Bridgewater : il est à présent au comte d'Ellesmere.

LESUEUR (EUSTACHE)

(ÉCOLE FRANÇAISE)

Né à Paris en **1617**, mort dans la même ville en **1655**, élève de Simon Vouet.

ALEXANDRE ET SON MÉDECIN

(Tableau peint sur une toile ronde de trois pieds de diamètre.)

Alexandre est à son séant sur un lit de camp, soutenu par un homme âgé, le bras droit appuyé sur son matelas, et tient de la main gauche une coupe proche de ses lèvres en regardant attentivement Philippe, son médecin, qui lit la lettre de Parménion. Un jeune garçon à gauche du lit tient une soucoupe, et un autre en deçà du côté droit, porte un vase sur un bassin. Du même côté on voit un soldat appuyé sur une table ; il a un casque et paraît surpris de l'affliction de deux jeunes gens placés derrière le vieillard qui soutient le roi. Tout se passe dans une tente dont le pavillon et l'aire pavée de carreaux figurés de marbre de différentes couleurs avec une cassolette sur le devant, composent le fond du tableau.

A l'exposition de Londres, en 1798, ce tableau fut acheté 300 guinées par lady Lucas.

DYCK (ANTHONIE VAN)

(ÉCOLE FLAMANDE V. page 16.)

CHARLES 1er
(Peint sur toile, ovale, haut de quatre pieds, large de trois pieds. Fig. de grandeur naturelle.)

Le roi d'Angleterre, représenté à mi-corps et couvert d'une armure, tient des deux mains le bâton du commandement ; son casque est posé à côté de lui sur un piédestal. Le fond est un paysage.

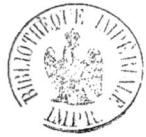

BRIL (PAUL)

(ÉCOLE FLAMANDE. — V. page 90.)

LES CHÈVRES
(Tableau peint sur toile, haut d'un pied neuf pouces, large de deux pieds quatre pouces.)

Ce tableau représente les ruines de quelque grand monument situé sur les bords d'une rivière. On voit des chèvres gardées par un homme assis sous une arcade. A droite sur le premier plan, un autre homme conduit un âne. Dans l'éloignement, on aperçoit une ville assise au pied des coteaux qui terminent l'horizon.

SCHIAVONE (ANDREA MELDOLA, DIT LE)

(ÉCOLE VÉNITIENNE)

André Schiavone, né à Sébénico, en Dalmatie, en 1522, se forma sur les ouvrages du Titien, de Giorgion et du Parmesan. Il a beaucoup travaillé et avec une grande facilité : cependant il est mort pauvre en 1582. Son dessin, quoique plein d'esprit, manque toujours de certitude et de correction ; mais ses ouvrages faits au premier coup, et tout de pratique, sont d'un excellent coloris joint à des tours de figures et à des airs de tête pleins de grâce, et capables de charmer même de sévères connaisseurs.

LE CHRIST MORT
(Peint sur toile, haut de trois pieds six pouces, large de deux pieds onze pouces. Fig. presque de grandeur naturelle.)

Le Christ mort, prêt à être mis dans le tombeau, est soutenu par des anges devant Nicodème. Le fond laisse entrevoir du paysage dans le coin à gauche.

A l'exposition de Londres, en 1798, ce tableau fut acheté 150 guinées par le comte de Douvres : il appartient aujourd'hui à la duchesse de Sutherland.

MOLA (PIETRO-FRANCESCO)

(ÉCOLE BOLONAISE. — *V. page* 58.)

LA PRÉDICATION DE SAINT JEAN-BAPTISTE

(Tableau peint sur toile, haut de deux pieds trois pouces, large de trois pieds.)

La scène est un paysage. Saint Jean-Baptiste est à gauche sur le devant, vêtu d'une peau de chameau avec une draperie d'écarlate par-dessus, tenant sa houlette surmontée d'une croix, et ayant auprès de lui un agneau. Il est assis sur une butte d'où il annonce la parole divine. En face et sur un terrain sont rangés ses auditeurs de tout âge, de tout sexe et de tout état.

Ce tableau est regardé des connaisseurs comme une des plus belles productions de ce maître. Il appartenait au baron de Breteuil, avant de passer dans le cabinet du duc d'Orléans. A l'exposition de Londres, en 1798, il fut acquis, au prix de 250 guinées, par le comte de Gower : il se trouve à présent, chez la duchesse de Sutherland.

TITIEN (LE)

(ÉCOLE VÉNITIENNE. — *V. page* 15.)

CLÉMENT VII

(Peint sur bois, haut de deux pieds dix pouces, large de deux pieds deux pouces.)

Ce pape a une barbe blanche, et est assis, les mains appuyées sur les bras de son fauteuil. Il a deux bagues à chaque main, une à l'index, et une à l'annulaire.

Ce tableau passa de la collection de M. Amelot dans celle du duc d'Orléans. A l'exposition de Londres, en 1798, il fut acheté 400 guinées par le duc de Bridgewater : il est aujourd'hui chez le comte d'Ellesmere.

WOUWERMAN (PHILIPPE)

(ÉCOLE HOLLANDAISE. — *V. page* 33.)

LE PRÉSENT DU CHASSEUR

(Peint sur bois, haut d'un pied six pouces, large de deux pieds.)

Ce tableau représente un retour de chasse. L'on voit sur le second plan, au milieu de la composition, un cheval blanc tenu par un page, tandis que le maître monte les degrés du château et présente un lièvre à une dame accompagnée d'une négresse qui tient un parasol ouvert au-dessus de la tête de sa maîtresse. Il y a, sur le même plan, une dame assise encore à cheval, l'oiseau sur le poing, avec un chien à côté d'elle, et un autre à terre à qui elle parle ; un cavalier près d'elle sonne du cor. Sur le devant, à droite, un piqueur et un fauconnier se reposent auprès de deux chevreuils tués, étendus à terre, et à gauche, une petite fille accroupie montre une friandise à une chèvre, sur laquelle est monté un enfant soutenu par sa bonne. Plus loin, du même côté, un chasseur à cheval, tenant son fusil devant lui, arrive ramenant un mulet chargé, et précédé d'un piqueur tenant un faucon et conduisant des chiens en laisse. L'entrée du château qui forme le fond à droite, est très-pittoresque par des treilles qui le décorent. D'un côté de la porte est une fontaine dont l'eau jaillit du sein d'une statue ; de l'autre côté est un piédestal surmonté de la statue de Diane. Dans l'éloignement, à gauche, on aperçoit une maison de campagne, et l'horizon se termine par une chaîne de collines.

A l'exposition de Londres, en 1798, ce tableau était estimé 200 guinées.

CARACHE (ANNIBAL)

(ÉCOLE BOLONAISE. — *V. page* 27.)

LE MARTYRE DE SAINT ÉTIENNE

(Peint sur cuivre, haut d'un pied huit pouces, large d'un pied quatre pouces. Fig. d'environ dix pouces.)

Saint Étienne est étendu à terre, trois bourreaux lui jettent des pierres, et un quatrième en ramasse. Saint Paul est assis sur le devant, et semble par son action exciter l'animosité des Juifs contre ce premier martyr. Le fond représente les murs d'une ville.

Ce tableau vient de la collection du cardinal de Mazarin : dans l'inventaire de ce ministre fait à Paris, en 1661, il est estimé 300 livres tournois. A l'exposition de Londres, en 1798, il devint la propriété du comte de Darnley qui le paya 250 guinées, et il est encore aujourd'hui à la famille de ce seigneur, à Cobhamhall.

POUSSIN (NICOLAS)

(ÉCOLE FRANÇAISE. — *V. page* 85.)

LA NAISSANCE DE BACCHUS

(Tableau peint sur toile, haut de trois pieds neuf pouces, large de cinq pieds six pouces. Fig. dans la proportion de vingt pouces.)

La scène du tableau est un paysage, où coule sur le devant un ruisseau. Mercure présente sur une grande draperie Bacchus, nouveau-né et couronné de pampre, à la nymphe Ino, assise à terre : derrière elle, une autre nymphe à genoux tourne la tête vers ses compagnes. A droite, on voit Jupiter dans les nuées, couché sur un lit à l'antique et buvant l'ambroisie dans une coupe que lui sert Hébé. A gauche quatre nymphes assises dans l'eau : une cinquième est derrière et s'appuye contre des ceps de vigne et des branches de lierre. Au-dessus de Bacchus, on aperçoit le dieu Pan, assis sur la croupe d'une montagne et jouant de la flûte. Dans le coin à droite, au bas du tableau, le peintre a représenté la fable de Narcisse. Il est étendu mort sur des fleurs qui portent son nom, et un peu plus loin on voit la nymphe Echo, assise, la tête appuyée sur son bras ; sa pâleur blanchâtre marque qu'elle est changée en pierre.

A l'exposition de Londres, en 1798, ce tableau fut acheté 500 guinées par M. Willet. En 1819, il passa dans le cabinet de M. Erard, à Paris, et à la vente des tableaux de cet amateur, en 1832, il fut acquis par le marquis de Montcalm, au prix de 17,000 francs. Remis en vente à Paris, en 1850, il a été adjugé pour 17,300 francs.

PALME LE VIEUX

(ÉCOLE VÉNITIENNE. — *V. page* 59.)

UNE JEUNE FILLE

(Tableau peint sur bois, haut de deux pieds trois pouces, large d'un pied huit pouces. Fig. de grandeur naturelle.)

Cette jeune fille paraît fort occupée à considérer un objet invisible pour les spectateurs. Ses longs cheveux blonds retenus à leur naissance par une guirlande de fleurs, flottent sur les épaules et tombent en partie par devant ; elle est fort décolletée, et a par-dessus une chemise très-plissée, une espèce de corps de robe qui n'est point lacé, en sorte que de sa main gauche elle semble soutenir sa robe, ayant l'autre appuyée sur une table recouverte d'un tapis et d'une portion de sa jupe.

A l'exposition de Londres, en 1798, ce tableau fut acheté 60 guinées par M. Skipp.

DOMINIQUIN (LE)

(ÉCOLE BOLONAISE. — *V. page* 53.)

LES MARINIERS

(Tableau peint sur toile, haut de trois pieds neuf pouces, large de cinq pieds trois pouces. Fig. dans la proportion de dix-huit pouces.)

La scène du tableau représente un paysage traversé par une rivière. Des fabriques ornées de tours s'élèvent sur des rochers et dominent la campagne voisine. Sur le devant, à gauche, une femme couchée, tenant un bouquet de fleurs et ayant le bras droit sur le manche d'une guitare, regarde un pêcheur qui met du poisson dans une barque. Derrière elle, un petit enfant presque nu tient des roses, et est à cheval sur un bâton. De l'autre côté, une barque conduite par deux mariniers et un petit garçon. Dans le lointain, une autre barque avec un marinier et trois passagers est arrêtée près d'une cascade, et en revenant en deçà on voit un troupeau de moutons que le berger mène boire.

Ce tableau appartenait à M. d'Hautefeuille avant de passer dans la galerie du Palais-Royal. A l'exposition de Londres, en 1798, il fut acquis au prix de 500 guinées, par le duc de Bridgewater : il est aujourd'hui chez le comte d'Ellesmere.

NETSCHER (GASPARD)

(ÉCOLE HOLLANDAISE. — *V. page* 13.)

L'OISEAU

(Peint sur bois, haut de neuf pouces et demi, large de sept pouces.)

C'est un petit paysage où l'on voit, sur le devant, deux enfants, dont un tient un oiseau avec lequel il badine ; l'autre a la main appuyée sur l'épaule de son camarade qu'il regarde en riant. Dans le fond, un jeune garçon parle à une jeune femme, et un berger garde ses moutons.

A l'exposition de Londres, en 1798, ce tableau était estimé 200 guinées.

CARACHE (AUGUSTIN)

(ÉCOLE BOLONAISE. — *V. page* 27.)

LE MARTYRE DE SAINT BARTHÉLEMI

(Peint sur toile, haut d'un pied cinq pouces et demi, large d'un pied un pouce et demi. Fig. d'un pied.)

Le saint, ayant les mains attachées à un poteau, est entre deux bourreaux qui l'écorchent. Celui qui est devant commence à lui couper la peau de la poitrine ; cette cruauté fait une telle impression au juge qu'il met la main devant ses yeux, et un satellite placé à l'extrémité à gauche en paraît également touché. Au-dessus du saint est un ange qui lui apporte une couronne. Le fond est un paysage.

A l'exposition de Londres, en 1798, ce tableau fut acheté 100 guinées par M. Willet : il est à présent chez la duchesse de Sutherland.

CARACHE (ANNIBAL)

(ÉCOLE BOLONAISE. — *V. page* 27.)

SAINT JEAN-BAPTISTE AU DÉSERT

(Peint sur toile, haut de quatre pieds, large de trois pieds. Figure de demi-nature.)

Le Précurseur, ayant une simple draperie autour du corps, est à moitié couché à terre, au pied d'un arbre, s'appuyant sur le bras gauche dont il tient une croix de roseau. Il se tourne un peu pour recevoir dans sa coupe l'eau qui sort d'un rocher. Le fond est un paysage.

A l'Exposition de Londres, en 1798, ce tableau fut acquis, au prix de 200 guinées, par le banquier Angerstein. En 1823, il passa avec les autres peintures de la collection de cet amateur dans la Galerie Nationale de Londres.

TINTORET

(ÉCOLE VÉNITIENNE. — *V. page* 12.)

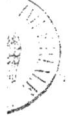

L'INCRÉDULITÉ DE SAINT THOMAS

(Esquisse sur toile, haute d'un pied six pouces, large de dix pouces.)

La scène du tableau est une salle qui en fait aussi le fond. Jésus-Christ tenant un étendard blanc surmonté d'une croix, est debout dans le milieu comme sur une estrade, entouré de ses Apôtres. Il fait mettre à saint Thomas le doigt dans la plaie de son côté. Au bas de l'estrade, sur le premier plan, à droite et à gauche, on voit deux dominicains à genoux (peut-être ceux qui avaient commandé le tableau, et que l'artiste aura été forcé d'introduire dans sa composition). L'un tient une palme; l'autre semble présenter à Jésus une flamme, symbole mystique de l'ardeur de sa foi.

A l'Exposition de Londres, en 1798, ce tableau fut acheté 40 guinées, par lord Falmouth.

CHAMPAGNE (PHILIPPE DE)

(ÉCOLE FRANÇAISE.)

Né à Bruxelles en 1602, mort à Paris en 1674; élève de Bouillon, de Michel Bourdeaux et de Fouquières.

LOUIS XIII

(Peint sur toile, de forme ovale, haut de deux pieds quatre pouces, large d'un pied huit pouces.)

Le roi est vu à mi-corps et cuirassé.

WAGNER (JEAN-GEORGES)

(ÉCOLE ALLEMANDE.)

Né à Misnie (Saxe), en 1744, mort dans la même ville en 1767; élève de Dietrich, son oncle du côté maternel.

LES RUINES

(Tableau peint à la gouache, haut de cinq pouces et demi, large de sept pouces et demi.)

C'est un paysage avec fabrique. Au milieu, sur le devant, on voit dans un chemin un homme qui conduit deux mulets et un bœuf.

MICHEL-ANGE

(ÉCOLE FLORENTINE. — *V. page 92.*)

LA SAINTE FAMILLE

(Tableau peint sur toile, haut d'un pied quatre pouces et demi, large de dix pouces et demi. Fig. dans la proportion de dix pouces.)

La Vierge, assise sur un banc, tient sur ses genoux l'Enfant-Jésus endormi; elle le contemple, et la crainte de l'éveiller lui fait retirer son bras gauche sur elle et écarter le bras droit dont elle tient un livre ouvert. Derrière, à droite, on voit saint Joseph qui est appuyé et considère Jésus, et de l'autre côté est saint Jean qui fait un signe de silence, ayant le doigt sur sa bouche. Dans le fond, un rideau relevé en festons, et le fût d'une colonne (V. le texte, à la page 93).

A l'Exposition de Londres, en 1798, ce tableau était estimé 400 guinées; mais n'ayant pas trouvé d'acquéreur à ce prix, il fut adjugé, à la vente du 14 février 1800, pour 90 guinées, à M. Henry Hope.

MOLA (PIETRO-FRANCESCO)

(ÉCOLE BOLONAISE. — *V. page* 58.)

LE REPOS EN EGYPTE

(Tableau peint sur toile, haut de onze pouces et demi, large d'un pied cinq pouces et demi. Fig. dans la proportion de quatre pouces et demi.)

C'est un paysage où l'on voit à gauche la Vierge assise tenant l'Enfant-Jésus, qui paraît dormir. Trois chérubins, portés sur des nuages, sont près de la Vierge, et à sa droite est saint Joseph qui se repose. A une assez grande distance derrière lui est son âne qui broute. A droite, on aperçoit tout dans le lointain un berger avec son troupeau.

A l'Exposition de Londres, en 1798, ce tableau fut acheté 80 guinées par M. Long.

JULES ROMAIN

(ÉCOLE ROMAINE. — *V. page* 39.)

LA NAISSANCE DE BACCHUS

(Tableau peint sur bois, haut de trois pieds onze pouces, large de deux pieds huit pouces. Fig. dans la proportion de dix-neuf pouces.)

Sémélé, victime de son orgueil, de la jalousie et des perfides conseils de Junon, est dévorée par le feu du Tonnerre, qu'il n'était pas donné à une mortelle d'approcher. Junon, dans un nuage qui la dérobe aux yeux de Jupiter, s'applaudit et du supplice de sa rivale et de la douleur de son volage époux qui, dans ce moment, remonte vers l'Olympe. Ino soutient par le bras sa sœur mourante, et Bacchus échappé aux feux dévorants, soutenu par une autre sœur de Sémélé, va être confié aux soins des Nymphes encore effrayées de la présence et de la majesté du maître des dieux. Des nuées, des arbres et un marécage font le fond du tableau.

Non vendu à l'Exposition de Londres, en 1798, où il était estimé 200 guinées; adjugé à la vente du 14 février 1800, pour 80 livres sterling.

(RIGAUD HYACINTHE)

(ÉCOLE FRANÇAISE.)

Né à Perpignan, en 1659, mort à Paris en 1743.

LA DUCHESSE D'ORLÉANS

(Tableau peint sur toile, haut de cinq pieds, large de trois pieds dix pouces. Fig. de grandeur naturelle.)

Charlotte-Élisabeth de Bavière, duchesse d'Orléans, femme de Monsieur, frère de Louis XIV, mère du Régent, à mi-corps, assise, et en manteau doublé d'hermine; elle a la main droite sur la poitrine, et de la gauche elle touche à une couronne placée sur une table.

TÉNIERS LE JEUNE (DAVID)

(ÉCOLE FLAMANDE. — *V. page* 25.)

LA FUMEUSE

(Tableau peint sur toile, haut d'un pied neuf pouces, large de deux pieds.)

On voit ici l'intérieur d'une maison de paysan et tous les ustensiles de ménage. Sur le devant est un homme d'un certain âge qui paraît en conter à une jeune flamande, et lui montrer à fumer. Une vieille femme est derrière eux et écoute d'un air jaloux les propos du vieillard. On aperçoit une chouette sur le volet de la fenêtre par laquelle elle regarde. Le fond du tableau représente des buveurs qui se chauffent.

CARACHE (ANNIBAL)

(ÉCOLE BOLONAISE. — *V. page* 27.)

LA DESCENTE DE CROIX

(Tableau peint sur toile, haut de deux pieds dix pouces, large de trois pieds quatre pouces. Figures de demi-nature.)

Le Christ est étendu à terre sur un linceul; sa tête et la moitié de son corps reposent sur les genoux de la sainte Vierge, qui est évanouie : une des trois Marie la soutient, tandis qu'une autre s'avance pour la secourir. La Madeleine, un genou en terre aux pieds de Jésus, les mains levées, les yeux tout gonflés de larmes, et fixés sur le Sauveur, semble lui adresser ses gémissements. Le fond du tableau est brun, et laisse seulement voir un bout de paysage dans le coin à gauche.

Ce tableau, connu sous le titre des *Trois Marie*, a été regardé par les artistes et les connaisseurs d'autrefois comme le chef-d'œuvre de l'art pour l'expression. Il avait appartenu au marquis de Seignelay, avant de passer dans la galerie du duc d'Orléans. A l'Exposition de Londres, en 1798, il fut acquis au prix de 4 000 guinées, par le comte de Carlisle : il est encore aujourd'hui à la famille de ce seigneur, à Castle-Howard.

(ALBANI FRANCESCO)

(ÉCOLE BOLONAISE. — *V. page* 50.)

LA PRÉDICATION DE SAINT JEAN-BAPTISTE

(Tableau peint sur cuivre, de forme ovale, haut de dix pouces et demi, large d'un pied deux pouces. Fig. dans la proportion de six pouces.)

La scène du tableau est un paysage. Saint Jean-Baptiste, assis sur une butte, prêche, et est écouté par un petit nombre de personnes, entre lesquelles sont deux femmes avec des enfants à la mamelle. Ces figures forment un groupe qui remplit presque tout le devant de la composition.

Le duc d'Orléans avait acheté ce tableau au maréchal d'Estrées. A l'Exposition de Londres, en 1798, M. Maitland s'en rendit acquéreur pour la somme de 100 guinées.

TITIEN

(ÉCOLE VÉNITIENNE. — *V. page* 15.)

VÉNUS QUI SE MIRE

(Tableau peint sur toile, haut de trois pieds huit pouces, large de trois pieds un pouce. Fig. de grandeur naturelle jusqu'aux genoux.)

Vénus assise sur un lit, et nue jusqu'à la ceinture, se détourne pour se regarder dans un miroir que l'Amour lui tient, et où paraît le profil de sa tête avec une épaule ; elle pose la main gauche sur son sein, et de la droite elle tient l'arc de l'Amour. Un rideau vert fait le fond.

Ce tableau vient de la reine de Suède ; il était fort endommagé, lorsqu'il faisait partie de la galerie du Palais-Royal. A l'Exposition de Londres, en 1798, il fut acheté 300 guinées par le comte de Darnley, et il est encore aujourd'hui à la famille de ce seigneur, à Cobhamhall.

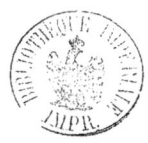

GUIDO (RENI)

(ÉCOLE BOLONAISE. — *V. page* 45.)

ÉRIGONE

(Tableau peint sur toile, haut d'un pied dix pouces, large de deux pieds un pouce. Presque demi-figure.)

Érigone, le sein nu et les cheveux à demi-épars, succombe au désir violent qu'elle éprouve de découvrir un vase chargé de grappes de raisin. Cette belle ignore encore que Bacchus, pour la séduire, a pris la forme du fruit qui l'enchante. Le fond du tableau est un ciel.

Ce tableau vient du cabinet de M. de Seignelay ; M. Crozat l'acheta, et le céda ensuite au duc d'Orléans. On ne le retrouve point dans le catalogue de l'Exposition de Londres, de 1798, et nous ignorons ce qu'il est devenu.

RUBENS (PIERRE-PAUL)

(ÉCOLE FLAMANDE. — *V. page* 20.)

HISTOIRE DE CONSTANTIN

(Douze esquisses peintes sur bois.)

1. Le *Mariage de Constantin*. Esquisse en largeur : vingt pouces sur dix-sept ; estimée 100 guinées, à l'Exposition de Londres, en 1793.

2. La *Croix miraculeuse*. Esquisse en largeur : vingt pouces sur dix-sept ; estimée 100 guinées à l'Exposition de Londres, en 1793.

3. Le *Labarum*. Esquisse en hauteur : onze pouces sur dix ; estimée 100 guinées, en 1793.

4. La *Défaite de Maxence*. Esquisse en largeur : vingt-quatre pouces sur quatorze ; estimée 200 guinées, en 1793, et achetée à ce prix par sir Philippe Stephens. En 1824, elle appartenait à la famille de lord Ranelagh.

5. La *Mort de Maxence*. Esquisse en largeur : vingt-quatre pouces sur quatorze; estimée 200 guinées, en 1793.

6. Le *Triomphe de Constantin*. Esquisse en largeur : treize pouces et demi sur onze; estimée 200 guinées, en 1793.

7. La *Réception de Constantin aux portes de Rome*. Esquisse en largeur : vingt-quatre pouces sur vingt-deux ; estimée 150 guinées, en 1793.

8. *Constantin rend la liberté aux Sénateurs*. Esquisse en largeur : vingt-quatre pouces sur vingt-deux ; estimée 150 guinées, en 1793.

9. *Constantin donne le commandement de sa flotte à Crispe, son fils*. Esquisse en hauteur : quatorze pouces sur onze ; estimée 100 guinées.

10. La *Fondation de la ville de Constantinople*. Esquisse de forme carrée : quinze pouces et demi ; estimée 70 guinées.

11. *Constantin adore la vraie Croix*. Esquisse en hauteur : treize pouces et demi sur douze ; estimée 80 guinées.

12. Le *Baptême de Constantin*. Esquisse en largeur : vingt pouces sur dix-sept ; estimée 100 guinées.

GIORDANO (LUCAS)

(ÉCOLE NAPOLITAINE. — *V. page* 87.)

LES VENDEURS CHASSÉS DU TEMPLE

(Tableau peint sur toile, haut de sept pieds onze pouces, large de neuf pieds six pouces. Fig. de grandeur naturelle.)

La scène du tableau représente le temple de Jérusalem dans un point de perspective qui en laisse voir l'intérieur. Jésus-Christ, suivi de trois apôtres, tient un fouet de la main droite, et chasse les vendeurs. Sur le devant, on remarque un homme baissé et appuyé sur l'anse d'un panier d'œufs ; derrière lui sont des moutons qui renversent un enfant. Une femme en pied, tenant un panier rempli de pigeonneaux, est assise à une petite distance du Sauveur qu'elle regarde avec beaucoup d'étonnement; derrière elle est un changeur qui craint pour son or : d'autres relèvent leurs mulets couchés à terre, ou sont courbés sous des fardeaux qu'ils emportent avec précipitation ; près d'eux on voit un enfant qui fuit. Un bout de paysage avec fabrique achève le fond du tableau à droite.

Non vendu à l'Exposition de Londres, en 1798, où il était estimé 100 guinées ; adjugé à la vente le 14 février 1800, pour 50 livres sterling.

CARACHE (LOUIS)

(ÉCOLE BOLONAISE. — *V. page* 27.)

LE COURONNEMENT D'ÉPINES

(Peint sur toile, haut de deux pieds trois pouces, large de deux pieds. Fig. de dix-huit pouces.)

Le lieu de la scène est le prétoire, éclairé par une lampe suspendue au plancher pour marquer que c'est la nuit. Jésus est assis sur le devant, revêtu du manteau de pourpre que les soldats lui ont mis, et un d'eux lui enfonce une couronne d'épines. Il y a deux Juifs à côté de la porte, et des soldats plus loin.

Ce tableau a passé du cabinet de M. Dorigny dans celui du duc d'Orléans. A l'Exposition de Londres, en 1798, il fut acheté 80 guinées par le comte de Gower.

SUSTRIS (LAMBERT)

(ÉCOLE HOLLANDAISE.)

Artiste originaire d'Amsterdam, étudia d'abord sous Christophe Schwartz, à Munich, et passa ensuite plusieurs années dans l'école du Titien, à Venise.

L'ENLÈVEMENT DE PROSERPINE
(Peint sur toile, haut de deux pieds, large de trois pieds. Fig. d'environ un pied.)

Il paraît que le peintre a représenté le moment où Pluton, après avoir enlevé Proserpine et traversé plusieurs lacs, arrive enfin à celui de Cyane. La nymphe de ce nom sort de ses eaux et veut en vain s'opposer au passage du ravisseur placé dans un quadrige qui roule sur les ondes.

Ce tableau a appartenu à M. d'Hautefeuille, avant de passer dans la galerie du duc d'Orléans : il est à présent à M. Evelyn Denison, et il a figuré à l'Exposition de Manchester, en 1857, sous le nom du Titien.

MIERIS LE VIEUX (FRANCIS VAN)

(ÉCOLE HOLLANDAISE. — V. page 17.)

LE DÉJEUNER D'HUITRES
(Peint sur bois, de forme cintrée, haut de dix pouces et demi, large de sept pouces et demi.)

Le fond du tableau est une chambre à coucher, où une femme en casaquin d'écarlate, fourré d'hermine, avec une jupe de satin blanc, est assise entre un lit et une table couverte d'un tapis de Turquie. Elle tient de la main gauche un verre plein de vin, et de la droite une huître, qu'elle vient de prendre dans un plat qui lui est présenté par un homme galant.

POELENBURG (CORNELIS)

(ÉCOLE HOLLANDAISE. — V. page 96.)

LES NYMPHES ET LES FAUNES
(Tableau peint sur bois, haut d'un pied trois pouces, large de deux pieds.)

Paysage où l'on voit d'un côté, une femme qui éveille un homme endormi à l'entrée d'une grotte, et de l'autre côté, un Faune dansant avec une Nymphe qui frappe sur un tambour de basque ; près d'eux, des bergers et des bergères se reposent, entourés de chèvres, de moutons et de vaches.

CARACHE (ANNIBAL)

(ÉCOLE BOLONAISE. — *V. page* 27.)

SAINT JEAN-BAPTISTE MONTRANT LE MESSIE

(Peint sur cuivre, haut d'un pied huit pouces, large d'un pied quatre pouces, Fig. dans la proportion de dix-huit pouces.)

Le Précurseur, à genoux sur le devant d'un paysage, à gauche, annonce le baptême de pénitence et la venue du Messie qu'il fait apercevoir dans le lointain à droite sur une montagne.

Le duc d'Orléans acheta ce tableau de M. Paillot. A l'Exposition de Londres, en 1798, il devint la propriété du duc de Bridgewater qui le paya 300 guinées : il est à présent au comte d'Ellesmere.

GUERCHIN

(ÉCOLE BOLONAISE. — *V. page* 19.)

LA PRÉSENTATION AU TEMPLE

(Tableau peint sur cuivre, haut de deux pieds trois pouces, large de deux pieds. Fig. au-dessous de demi-nature.)

La Vierge est à genoux, saint Joseph est à côté un genou en terre, tenant l'Enfant-Jésus, à qui le grand-prêtre, placé dans l'enceinte de l'autel, tend les bras. Un jeune garçon, debout auprès du grand-prêtre, tient un livre ouvert. Derrière la Vierge, on voit un homme et une femme avec un enfant; à droite, au bas des marches qui montent à l'autel, il y a une femme baissée, la tête entièrement tournée, qui tient deux tourterelles. Le fond représente le temple avec du paysage.

Ce tableau a passé du cabinet de l'abbé de Camps dans celui du duc d'Orléans. A l'Exposition de Londres, en 1798, il fut acquis au prix de 600 guinées, par le comte de Gower.

MIERIS (WILHEM VAN)

(ÉCOLE HOLLANDAISE.)

Né à Leyde en 1662, mort dans la même ville en 1747; fils et élève de Frans van Mieris le vieux.

LES BACCHANTES

(Tableau peint sur cuivre, haut de dix pouces et demi, large de huit pouces et demi.)

Une femme presque entièrement nue est assise à l'entrée d'une grotte. Elle tient une grappe de raisin et en exprime le jus dans une coupe que lui présente un satyre. Derrière elle, près d'un autre satyre qui joue de la flûte, une autre bacchante danse en frappant un tambour de basque. Le fond représente un paysage.

PORBUS LE JEUNE (FRANS)

(ÉCOLE FLAMANDE.)

Né à Anvers en 1570, mort à Paris en 1622; fils et élève de Frans Porbus le vieux.

HENRI IV

(Peint sur bois, haut d'un pied deux pouces, large de neuf pouces.)

Le roi est debout, ayant un habit de velours noir avec un ceinturon de la même étoffe, une longue épée et une fraise; il porte le cordon de l'ordre du Saint-Esprit. Sa main gauche est posée sur la hanche, et de la droite il s'appuie sur une table couverte d'un tapis.

BRIL (PAUL)

(ÉCOLE FLAMANDE. — *V. page* 90.)

LES NYMPHES ET LES SATYRES

Tableau peint sur toile, haut de deux pieds six pouces, large de deux pieds neuf pouces et demi.)

C'est un grand paysage, représentant à droite une roche couverte d'arbrisseaux, à gauche de grands arbres et au milieu, un temple dans le lointain avec quantité de figurines.

Sur le devant on voit des satyres, des nymphes et des enfants qui jouent et dansent.

CARACHE (LOUIS)

(ÉCOLE BOLONAISE. — *V. page* 27.)

LA VISION DE SAINTE CATHERINE

(Tableau peint sur toile, haut de quatre pieds trois pouces, large de trois pieds cinq pouces. Fig. de grande nature.)

La sainte est assise dormant, le visage appuyé sur sa main gauche. La Vierge, qui lui apparaît en songe, est à droite, aussi assise, et tenant l'Enfant Jésus qu'elle contemple. Derrière sainte Catherine il y a deux anges; l'un regarde la Vierge, et l'autre adore l'Enfant Jésus. Le fond du tableau est un ciel où paraissent des chérubins.

Ce tableau a passé du cabinet de M. de Nancré dans celui du duc d'Orléans. A l'Exposition de Londres, en 1798, il fut acheté 600 guinées par le duc de Bridgewater; il est à présent au comte d'Ellesmere.

PORDENONE

(ÉCOLE VÉNITIENNE. — *V. page* 12.)

HERCULE ET ACHÉLOÜS

(Peint sur toile, haut de six pieds un pouce, large de sept pieds un pouce. Fig. de grande nature.)

A l'Exposition de Londres, en 1798, ce tableau fut acheté 40 guinées par le comte de Darnley.

MOLA (PIETRO-FRANCESCO)

(ÉCOLE BOLONAISE. — *V. page* 58.)

LA MORT D'ARCHIMÈDE

(Tableau peint sur toile, haut de trois pieds onze pouces, large de trois pieds. Fig. de grandeur naturelle.)

A l'Exposition de Londres, en 1798, ce tableau fut acheté 40 guinées par le comte de Gower : il appartient aujourd'hui à la duchesse de Sutherland.

SÉBASTIEN DEL PIOMBO

(ECOLE VÉNITIENNE. — *V. page* 11.)

MICHEL-ANGE

(Peint sur bois, haut d'un pied six pouces et demi, large d'un pied un pouce et demi. Fig. de grandeur naturelle.)

Il est de face, ayant un bonnet blanc d'une forme pittoresque. On lit au bas :

MICHA · ANGE · BONAROTANVS
FLORENTINVS · SCVLPTOR · OPTIMVS
ANNO · ÆTATIS · SVÆ · 47

CERQUOZZI (MICHELANGELO)

(ÉCOLE ROMAINE.)

Né à Rome en 1602, mort dans la même ville en 1660 ; élève de Pietro Paolo Bonzi. Il réussissait si bien à peindre des batailles, que le surnom de *Michelangelo delle Battaglie* (Michel-Ange des Batailles) lui en est resté ; mais comme il donnait aussi dans le goût du Bamboche, et qu'il se plaisait à peindre des pastorales, des marchés, des foires avec des animaux, il eut encore le surnom de *Michelangelo delle Bambocciate* (Michel-Ange des Bambochades).

UNE MASCARADE

(Tableau peint sur toile, haut d'un pied et demi, large de deux pieds un pouce.)

Le lieu de la scène est une salle où l'on voit à droite une table, autour de laquelle il y a plusieurs musiciens, et des masques qui entrent.

GUIDO (RENI)

(ÉCOLE BOLONAISE. — *V. page* 45.)

LA DÉCOLLATION DE SAINT JEAN-BAPTISTE.

(Tableau peint sur toile, haut de dix pieds un pouce, large de six pieds neuf pouces. Fig. de grandeur naturelle.)

La fille d'Hérodiade est accompagnée de quatre femmes, dont une reçoit dans un bassin la tête de saint Jean-Baptiste qu'apporte le bourreau, la tenant par les cheveux. Le corps du saint est sur le devant, avec l'épée qui a servi à le décapiter. Le fond représente une prison.

Acheté 250 guinées par M. Bryan, à l'Exposition de Londres, en 1798.

POUSSIN (NICOLAS)

(ÉCOLE FRANÇAISE. — *V. page* 35.)

LE RAVISSEMENT DE SAINT PAUL

(Peint sur bois, haut d'un pied trois pouces, large de onze pouces. Fig. dans la proportion de dix pouces.)

Ce tableau représente une vision de saint Paul que l'apôtre des Gentils raconte lui-même aux Corinthiens dans une de ses épîtres (IIe *Épitre aux Corinthiens*, chap. 12) : il est supporté par des anges jusqu'au troisième ciel ; les bras étendus, et dans un ravissement extatique, il regarde l'éternelle félicité.

Félibien rapporte que M. de Chantelou pria Poussin, dont il était ami particulier, de lui peindre le *Ravissement de saint Paul*, pour faire pendant à la *Vision d'Ézéchiel*, de Raphaël, qu'il avait acheté à Bologne : Poussin n'y consentit qu'à condition que son tableau servirait de couverture à celui de Raphaël, et qu'ils ne seraient jamais vus en parallèle. Lorsque Poussin envoya son ouvrage à M. de Chantelou, il lui rappela encore ses engagements dans sa lettre du 2 décembre 1643. M. de Chantelou le lui promit, et fit effectivement servir le tableau de Poussin de couverture à la boîte qui renfermait celui de Raphaël. M. de Launay, directeur de la monnaie des médailles, les ayant acquis tous deux en cet état du frère de M. de Chantelou, les vendit ainsi au duc d'Orléans. A l'Exposition de Londres, en 1798, le tableau du *Ravissement de saint Paul*, fut acheté 400 guinées par W. Smith.

PALME LE VIEUX

(ÉCOLE VÉNITIENNE. — *V. page 59.*)

VÉNUS ET L'AMOUR

(Tableau peint sur toile, haut de trois pieds sept pouces, large de six pieds cinq pouces. Fig. de grandeur naturelle.)

La déesse, couchée sur une draperie au bas d'un rocher, étend le bras gauche pour donner une flèche à l'Amour. Le fond est occupé par une vieille assise sur un terrain élevé, au pied duquel on voit serpenter une rivière.

Ce tableau vient de la reine de Suède. Non vendu à l'Exposition de Londres, en 1798, où il était estimé 250 guinées ; adjugé pour 52 livres sterling, à la vente du 14 février 1800.

ESPAGNOLET

(ÉCOLE NAPOLITAINE. — *V. page 81.*)

HÉRACLITE

(Peint sur toile, haut de neuf pieds un pouce, large de six pieds un pouce. Fig. de grandeur naturelle.)

Vieillard à grande barbe grise, et pleurant à chaudes larmes ; vêtu d'un morceau de bure qui lui sert en même temps de capuchon, il est debout, portant la main gauche à sa tête, et étendant le bras droit comme pour montrer le monde. Le fond est un paysage.

Acheté 20 guinées par le comte de Gower, à l'Exposition de Londres, en 1798.

ROOS (JOHANN-HEINRICH)

(ÉCOLE ALLEMANDE.)

Né en 1631, à Otterberg, dans le Bas-Palatinat, mort à Francfort-sur-le-Mein, en 1685 ; élève d'Adrien de Bye.

LE PATRE

(Peint sur toile, haut d'un pied six pouces, large de deux pieds.)

Dans un paysage entrecoupé de collines, un pâtre assis sur une pierre garde son troupeau ; plus loin, sur une hauteur, un villageois conduit deux mulets chargés.

CARACHE (LOUIS)

(ÉCOLE BOLONAISE. — *V.* page 27.)

UN ECCE HOMO

(Peint sur toile, haut d'un pied quatre pouces, large d'un pied un pouce. Fig. de grande nature.)

Ce tableau a passé du cabinet de M. Dorigny dans celui du duc d'Orléans. A l'Exposition de Londres, en 1798, il fut acheté 60 guinées par le comte de Gower : il est à présent chez la duchesse de Sutherland.

DOMINIQUIN

(ÉCOLE BOLONAISE. — *V.* page 50.)

SAINT JÉROME EN MÉDITATION

(Peint sur cuivre, haut d'un pied six pouces et demi, large d'un pied deux pouces.)

Ce tableau a appartenu à M. Paillot avant de passer dans la galerie du duc d'Orléans. M. W.-H. Hope en fit l'acquisition au prix de 350 guinées, à l'Exposition de Londres, en 1798.

TINTORET

(ÉCOLE VÉNITIENNE. — *V.* page 12.)

JUPITER ET LÉDA

(Tableau peint sur toile, haut de cinq pieds un pouce, large de six pieds neuf pouces. Fig. de grande nature.)

Ce tableau vient du cardinal Mazarin. A l'Exposition de Londres, en 1798, il fut acheté 200 guinées par M. Willett : il appartient aujourd'hui à M. Peter Norton.

ESPAGNOLET

(ÉCOLE NAPOLITAINE. — *V. page* 81.)

DÉMOCRITE

(Peint sur toile, haut de neuf pieds un pouce, large de six pieds un pouce. Fig. de grandeur naturelle.)

Il est assis sur un pan de mur, devant une table où il y a un grand livre avec une écritoire et un globe terrestre, sur lequel il pose la main gauche, tenant de l'autre un compas, et riant aux éclats. Le fond représente une fabrique ruinée et un bout de ciel.

Acheté 20 guinées par M. Nesbit, à l'Exposition de Londres, en 1798.

BREEMBERG (BARTHOLOMEUS)

(ÉCOLE HOLLANDAISE.)

Né à Utrecht en 1620, mort en 1660 ou 1663.

LES BERGERS

(Tableau peint sur cuivre, haut de onze pouces, large d'un pied cinq pouces et demi.)

Paysage : sur le devant on voit des bergers qui gardent des moutons et des chèvres ; plus loin, sous la voûte d'un rocher percé, se trouvent quelques figures et des animaux.

GUIDO (RENI)

ÉCOLE BOLONAISE. — *V. page* 45.)

SAINT SÉBASTIEN

(Peint sur toile, haut de sept pieds un pouce, large de cinq pieds trois pouces. Fig. grande nature.)

Non vendu à l'Exposition de Londres en 1798, où il était estimé 60 guinées ; adjugé pour 22 livres sterling à la vente du 14 février 1800.

GIORGION

(ÉCOLE VÉNITIENNE. — *V. page* 51.)

MILON DE CROTONE

(Peint sur toile, haut de six pieds un pouce, large de sept pieds un pouce. Fig. de grande nature.)

Acheté 40 guinées par le comte de Darnley à l'Exposition de Londres, en 1798 : appartient encore aujourd'hui à la famille de ce lord, à Cobhamhall.

VINCI (LÉONARD DE)

(ÉCOLE FLORENTINE. — *V. page* 89.)

LA COLOMBINE

(Tableau peint sur bois, haut de deux pieds quatre pouces, large d'un pied dix pouces. Demi-figure de grandeur naturelle.)

Jeune femme blonde, dont les cheveux sont nattés autour de sa tête; elle tient du jasmin dans sa main droite. Le fond est brun, tout rempli de différentes fleurs.

Ce tableau a passé du cabinet de milord Melford dans celui du duc d'Orléans.

A l'Exposition de Londres, en 1798, il fut acquis, au prix de 250 guinées, par M. Robert Udney. Il a appartenu depuis à Guillaume II, roi de Hollande, et il est aujourd'hui à la galerie de l'Ermitage, à Saint-Pétersbourg.

MOL (PIETER VAN)

(ÉCOLE FLAMANDE.)

Né à Anvers en 1580, mort à Paris en 1650 ; élève de Rubens.

LA DANSE

(Tableau peint sur bois, haut d'un pied deux pouces, large d'un pied sept pouces et demi.)

On y voit un homme et une femme dansant : ce sont deux nouveaux mariés. Les parents et amis sont spectateurs, et la plupart debout.

CARACHE (ANNIBAL)

(ÉCOLE BOLONAISE. — *V. page 27.*)

LES CHASSEURS

(Tableau peint sur toile, haut de trois pieds neuf pouces, large de cinq pieds trois pouces.)

Paysage où se fait une chasse au faucon. Sur le devant, dans le milieu, deux cavaliers montés, l'un sur un cheval noir et l'autre sur un cheval blanc, vont à toutes brides pour joindre d'autres chasseurs qui courent dans les montagnes.

Ce tableau a appartenu à M. d'Hautefeuille, avant de passer dans la galerie du duc d'Orléans. A l'Exposition de Londres, en 1798, il fut acheté 600 guinées par le comte de Carlisle : il est encore aujourd'hui à la famille de ce lord, à Castle-Howard.

GIORGION

(ÉCOLE VENITIENNE. — *V. page 51.*)

L'INVENTION DE LA VRAIE CROIX

Tableau peint sur toile, haut de quatre pieds deux pouces, large de sept pieds six pouces. Fig. dans la proportion de dix-huit pouces.)

Le lieu de la scène est un port de mer ; sainte Hélène est à droite, accompagnée de trois femmes et d'un jeune garçon qui lui montre le puits où est la vraie croix. A droite de ce jeune garçon, il y a un vieillard habillé en Turc ; vis-à-vis, deux gardes armés de pertuisanes indiquent ce puits à un esclave effrayé qui a les mains liées et une écharpe au cou. Tout proche, quatre autres gardes amènent trois autres esclaves. A l'extrémité, à gauche, un soldat en sentinelle, à moitié assis sur une butte, et à une certaine distance, un chien noir et blanc. Le reste du tableau est un paysage où l'on aperçoit dans différents éloignements plusieurs groupes de figures.

M. de la Chataigneraye a possédé ce tableau avant qu'il fît partie de la collection du duc d'Orléans. Il ne paraît pas avoir été transporté en Angleterre ; du moins il ne se retrouve pas dans le livret de l'Exposition de Londres de 1798.

PARMESAN

(ÉCOLE LOMBARDE. — *V. page 67.*)

LE MARIAGE DE SAINTE CATHERINE

(Tableau peint sur cuivre, haut de neuf pouces et demi, large de six pouces et demi. Fig. de quinze pouces.)

Acheté 250 guinées par M. Troward, à l'Exposition de Londres, en 1798.

CARACHE (ANNIBAL)

(ÉCOLE BOLONAISE. — *V. page 27.*)

LE BAIN DE DIANE

(Peint sur toile, haut de deux pieds neuf pouces, large de trois pieds un pouce.)

Paysage avec un ruisseau sur le devant, et huit figures de femmes nues qui représentent Diane découvrant la grossesse de Calisto.

Ce tableau a passé de la collection du président Tombonneau dans celle du duc d'Orléans. A l'Exposition de Londres, en 1798, il fut acheté 1,200 guinées par le duc de Bridgwater : il est à présent au comte d'Ellesmere.

RUBENS (PIERRE-PAUL)

(ÉCOLE FLAMANDE. — *V. page 20.*)

L'AVENTURE DE PHILOPŒMEN

(Tableau peint sur toile, haut de huit pieds, large de neuf pieds deux pouces. Fig. de grandeur naturelle.)

La scène représente la cuisine d'une hôtellerie garnie de toutes sortes d'ustensiles et de comestibles. Philopœmen, dans l'action d'un homme qui fend du bois, est arrêté par l'hôtesse, qui reconnaît sa méprise par l'étonnement que marque son mari. Les animaux et les accessoires de la cuisine sont dus au pinceau de *Snyders*.

A l'Exposition de Londres, en 1793, ce tableau était estimé 600 guinées.

TENIERS LE JEUNE (DAVID)

(ÉCOLE FLAMANDE. — *V. page 25.*)

LE VIEILLARD

(Peint sur toile, haut d'un pied deux pouces et demi, large d'un pied huit pouces et demi.)

Intérieur d'estaminet : sur le devant, au milieu, un groupe de cinq figures autour d'une table. Un homme assis et tenant sa pipe, prête une attention singulière à ce que lui dit un vieillard debout, appuyé sur la table, et qui a l'air de lui proposer de jouer l'écot à pair ou non. Une jeune femme apportant une assiette et une cruche, regarde en souriant les joueurs. Un pot d'étain, un manteau et un chapeau sont posés sur un banc qui est sur le devant à gauche, et dans le fond à droite on voit, au devant de la cheminée, trois fumeurs qui causent le verre à la main. Tableau signé du nom de l'auteur et portant la date de 1649.

PARMESAN

(ÉCOLE LOMBARDE. — *V. page* 67.)

L'OFFRANDE A L'ENFANT JÉSUS

(Tableau en hauteur.)

L'Enfant Jésus, assis sur les genoux de la Vierge, reçoit un agneau que le jeune saint Jean lui présente. Deux anges en adoration assistent à cette scène, qui se passe sur les nuages.

Acheté 150 guinées par M. Coles, à l'Exposition de Londres, en 1798.

CORRÉGE

(ÉCOLE LOMBARDE. — *V. page* 18.)

DANAÉ

(Tableau peint sur toile, haut de quatre pieds dix pouces, large de cinq pieds dix pouces. Fig. de grandeur naturelle.)

Danaé, assise sur un lit, regarde les gouttes d'or qui tombent d'un nuage ; près d'elle un amour adolescent, les yeux fixés sur ce nuage, soutient la draperie qui sert à recevoir la pluie d'or. Au bas, à droite, deux autres petits amours tiennent une pierre de touche, sur laquelle l'un éprouve une pièce d'or, et l'autre une flèche de ce même métal. A gauche, on voit dans l'éloignement une fabrique avec un ciel.

Le Corrége peignit la *Danaé* ainsi que la *Léda*, qui lui servait de pendant et qu'on voit maintenant au Musée de Berlin, pour Frédéric II, duc de Mantoue. Ce prince en fit hommage à Charles-Quint, lorsque cet empereur vint à Bologne, pour s'y faire couronner par Clément VII, en 1530. La *Léda* et la *Danaé* du Corrége passèrent alors en Allemagne. Sous le règne de Rodolphe II, elles furent placées, avec beaucoup d'autres chefs-d'œuvre, dans le château impérial de Prague. Cette ville ayant été prise par les Suédois commandés par le général Kœnigsmarck, en 1648, le vainqueur ordonna que les plus beaux tableaux qui se trouvaient dans le cabinet de l'empereur, fussent enlevés et envoyés à Stockholm, pour y servir à l'ornement de la résidence royale. Mengs prétend qu'à Stockholm, la *Danaé* et la *Léda* du Corrége servirent de contrevents aux fenêtres d'une écurie. On doit regarder cette anecdote comme supposée. Deux peintures sur toile employées pendant quelques semaines seulement à un pareil usage, n'en auraient pas été retirées sans des accidents notables dont les traces seraient restées visibles. La vérité est que ces deux tableaux étaient placés dans un garde-meuble, jusqu'à l'arrivée de Sébastien Bourdon à la cour de Stockholm. Ce peintre fit connaître à la reine tout le mérite de ces deux merveilles. Christine y prit tant de goût que, trouvant plus difficile de s'en détacher que du trône où son rang l'avait placée, elle les emporta à Rome avec ce qu'elle avait de plus précieux et de plus en rapport avec ses inclinations. Après la mort de cette princesse, ces deux tableaux devinrent la propriété de don Livio Odescalchi, des héritiers duquel le duc d'Orléans, régent de France, les acheta avec 55 autres, pour 90,000 écus romains, environ 473,000 fr. A l'Exposition de Londres, en 1798, la *Danaé* du Corrége était estimée 1,000 guinées ; mais elle n'y trouva pas d'acquéreur à ce prix, et à la vente du 14 février 1800, elle fut adjugée à M. H. Hope pour 650 livres sterling. Revendue après la mort de cet amateur, elle descendit à 250 livres sterling (6,250 francs), et passa dans les mains de M. Emmerson, qui la vendit au chevalier Féréol Bonnemaison. Ce dernier la rapporta en France, où il essaya vainement de trouver un acheteur pour la *Danaé* du Corrége. Il existait à Paris particulièrement les plus forts préjugés contre cet ouvrage. Mais M. Henri, expert du Musée royal, établit si bien les preuves de l'originalité de ce tableau, et la confiance qu'il inspira était si grande, qu'à la mort du chevalier Bonnemaison, en 1827, ce chef-d'œuvre, méconnu jusqu'alors, fut vendu publiquement 30,000 francs. C'était peu, sans doute pour un Corrége, mais ce tableau était endommagé : il orne aujourd'hui la galerie du prince Borghèse, à Rome.

VALENTIN

(ÉCOLE FRANÇAISE. — *V. page* 84.)

DES CINQ SENS

(Tableau peint sur toile, haut de trois pieds dix pouces, large de cinq pieds quatre pouces. Fig. de grandeur naturelle.)

Ils sont représentés : la Vue, par un homme qui regarde avec une lunette ; l'Odorat, par un autre qui flaire un melon ; le Goût, par un troisième qui boit au goulot ; l'Ouïe, par une femme qui joue de la guitare, et le Toucher, par deux hommes qui se donnent des coups de poing.

Vendu 33 guinées à l'Exposition de Londres, en 1798.

TITIEN

(ÉCOLE VENITIENNE. — *V. page* 15.)

CHARLES-QUINT

(Peint sur toile, haut de deux pieds huit pouces, large de deux pieds cinq pouces.)

L'empereur, armé de toutes pièces et tenant une lance, est sur un cheval noir. Le fond présente un paysage.

Acheté 150 guinées par le banquier Angerstein, à l'Exposition de Londres, en 1798.

PŒLENBURG (CORNELIS)

(ÉCOLE HOLLANDAISE. — *V. page* 98.)

LES NYMPHES AU BAIN

(Tableau peint sur bois, haut de cinq pouces et demi, large de sept pouces et demi.)

Paysage boisé, avec une rivière et six femmes qui se baignent.

CALIARI (CARLO OU CARLETTO)

(ÉCOLE VÉNITIENNE.)

Né en 1570, mort en 1596, élève de Paul Véronèse, son père, et de Jacques Bassan.

L'ADORATION DES ROIS

(Peint sur toile, haut de deux pieds neuf pouces, large de quatre pieds dix pouces. Fig. de petite nature.)

CARACHE (ANNIBAL)

(ÉCOLE BOLONAISE. — *V. page 27.*)

UN CRUCIFIX

(Peint sur bois, haut de deux pieds sept pouces, large d'un pied trois pouces. Fig. de vingt pouces.)

LEBRUN (CHARLES)

(ÉCOLE FRANÇAISE. — *V. page 63.*)

HERCULE ASSOMMANT LES CHEVAUX DE DIOMÈDE

(Peint sur toile, haut de huit pieds huit pouces, large de cinq pieds sept pouces. Fig. de grandeur naturelle.)

DICK (ANTHONI VAN)

(ÉCOLE FLAMANDE. — *V. page 16.*)

LA REINE DE BOHÊME
LA PRINCESSE DE PHALSBOURG

(Peints sur toile, hauts de six pieds sept pouces, large de quatre pieds. Fig. de grandeur naturelle.)

Le premier de ces deux portraits, désigné dans la collection des tableaux de la galerie du Palais-Royal pour être celui d'une *princesse veuve*, représente Élisabeth d'Angleterre, reine de Bohème et électrice palatine, femme de Frédéric V. Elle est debout, habillée en veuve, ayant un voile noir qui tombe par derrière, et une robe noire fermée par devant et bordée de perles avec une ceinture et des agréments tout au long de même. Elle tient une grande canne à la main droite, et de la gauche elle semble prendre un mouchoir posé sur une table dressée près d'elle. Un rideau de brocart à fleurs sert de fond.

Le second portrait est celui de Henriette de Lorraine, princesse de Phalsbourg. Elle est représentée debout, s'appuyant sur un jeune nègre qui tient une corbeille remplie de fleurs. Elle a un corps d'étoffe d'argent à fleurs avec la jupe de même et par-dessus une robe noire abattue et ouverte avec des manches coupées. Le fond offre une draperie d'étoffe d'or à fleurs, suspendue à un mur de manière à laisser apercevoir un peu de ciel et quelques arbustes qui indiquent l'entrée d'un jardin. Au bas, à gauche, on lit : *Henrietta Lotharinga, princeps de Phalsbourg*. 1634.

Ces deux tableaux viennent de la galerie du cardinal Mazarin.

BREEMBERG (BARTHOLOMEUS)

(ÉCOLE HOLLANDAISE. — *V. page* 116.)

LA TOUR

(Tableau peint sur cuivre et rond, de huit pouces de diamètre.)

Paysage avec une tour sur une hauteur et un troupeau en bas : sur le devant on voit un homme et une femme avec deux petits enfants.

PORDENONE

(ÉCOLE VÉNITIENNE. — *V. page* 47.)

LA FEMME ADULTÈRE

(Tableau peint sur toile, haut de trois pieds sept pouces, large de cinq pieds dix pouces. Fig. de grandeur naturelle et presque à mi-corps.)

RUBENS (PIERRE-PAUL)

(ÉCOLE FLAMANDE. — *V. page 20.*)

L'ENLÈVEMENT DE GANYMÈDE

(Peint sur toile, haut de sept pieds, large de six pieds dix pouces. Fig. dans la proportion du naturel.)

GUIDO (RENI)

(ÉCOLE BOLONAISE. — *V. page 45.*)

UNE SIBYLLE.

(Tableau peint sur toile, haut de deux pieds quatre pouces, large de deux pieds. Fig. de grandeur naturelle et à mi-corps.)

Ce tableau vient du cardinal Mazarin; il est porté à 300 livres tournois dans l'inventaire de ce ministre, mort à Paris, en 1661. A l'Exposition de Londres, en 1798, M. Hibbert en fit l'acquisition au prix de 350 guinées; en 1858, il était chez M. W. Wells, à Redleaf.

GIORGION

(ÉCOLE VÉNITIENNE. — *V. page 51.*)

UN CHEVALIER BLESSÉ

(Peint sur toile, haut d'un pied six pouces, large d'un pied huit pouces. Fig. de dix pouces.)

La scène du tableau est une chapelle où se voit un chevalier au pied de l'autel, un genou en terre et soutenu par un cordelier, qui lui montre Jésus-Christ peint avec la Vierge au-dessus du même autel. Ce sujet nous est inconnu. On cherche en vain les traces des blessures du guerrier, qui paraît plutôt en extase pour quelque vision ou en pénitence pour quelque péché. L'on peut présumer aussi que c'est un chevalier consacrant ses armes à la Vierge, son casque et sa lance sont posés à terre près de lui. On aperçoit, à droite, à travers une fenêtre ouverte, son cheval sur une montagne dans le lointain d'un paysage.

MOUCHERON (FREDERIK DE)

(ÉCOLE HOLLANDAISE.)

Né à Emblien en 1632 ou 1633, mort à Amsterdam en 1686; élève d'Asselyn.

LA CHUTE D'EAU

Paysage orné de figures et d'animaux par *Adrien Van de Velde*.

CORRÉGE

(ÉCOLE LOMBARDE. — *V. page* 18.)

JÉSUS ET LA MADELEINE

(Tableau peint sur toile, haut de trois pieds huit pouces, large de deux pieds onze pouces. Fig. dans la proportion de deux pieds.)

Ce tableau vient de la reine Christine de Suède. A l'Exposition de Londres, en 1798, il fut acheté 400 guinées par M. R. Udney.

CARRACHE (LOUIS)

(ÉCOLE BOLONAISE. — *V. page* 27.)

LE MARIAGE DE SAINTE CATHERINE

Peint sur bois, haut de onze pouces, large de huit pouces. Fig. dans la proportion de quinze pouces.)

La Vierge présente à son fils la main de sainte Catherine. Déjà l'Enfant Jésus lui tient le doigt; mais avant d'y placer l'anneau nuptial, il lève les yeux sur sa mère comme pour lui demander son aveu.

Ce tableau est une copie d'une peinture du Corrége qui fit autrefois partie de la célèbre galerie du duc de Modène, et que ce prince donna au comte Brühl à l'époque où il céda son cabinet à Auguste III, roi de Pologne et électeur de Saxe. Le tableau original se voit aujourd'hui à l'Ermitage de Saint-Pétersbourg. La copie, peinte par Louis Carrache à peu près dans la dimension de l'original et conservée anciennement dans la galerie du Palais-Royal, venait de la collection de madame de Foix. A l'Exposition de Londres, en 1798, elle fut achetée 150 guinées par le duc de Bridgwater ; elle est à présent chez lord Ellesmere.

TITIEN

(ÉCOLE VÉNITIENNE. — *V. page* 15.)

LE DÉPART D'ADONIS

(Peint sur toile, haut de cinq pieds sept pouces, large de dix pieds deux pouces.)

Vénus, vue par le dos, est assise sur le premier plan et tient Adonis enlacé de ses bras. Ce dernier debout, armé d'un javelot et tenant en laisse deux gros chiens de chasse, fait un mouvement en avant pour se dégager des étreintes de la déesse. Au second plan, l'Amour est endormi au pied de deux arbres, à l'un desquels est suspendu son carquois.

ESPAGNOLET

(ÉCOLE NAPOLITAINE. — *V. page* 81.)

HÉRACLITE — DÉMOCRITE

(Peints sur toile, hauts de deux pieds trois pouces, larges d'un pied dix pouces.)

Deux figures à mi-corps, de grandeur naturelle. On a donné le nom d'Héraclite à ce vieillard à longue barbe blanche, ayant l'air triste et dont la main pose sur une béquille ; et celui de Démocrite à cet homme à barbe noire fort épaisse et au rire goguenard qui, posant l'une des extrémités de son compas sur un globe, est supposé se moquer des folies humaines.

BRIL (PAUL)

(ÉCOLE HOLLANDAISE. — *V. page* 90.)

LA CHASSE AUX CANARDS

(Tableau peint sur toile, haut d'un pied sept pouces, large de deux pieds trois pouces.)

Paysage offrant l'entrée d'un bois dont la profondeur est indiquée par une route où sont deux voyageurs, l'un debout, l'autre assis au pied d'un arbre. Sur le devant plusieurs chasseurs sont à l'affût près d'un étang où l'on voit des canards et autres oiseaux aquatiques.

CORRÉGE

(ÉCOLE LOMBARDE. — *V. page* 18.)

LA MADELEINE

(Peint sur toile, haut d'un pied six pouces, large d'un pied deux pouces. Fig. de petite nature.)

WERFF (ADRIAAN VAN DER)

(ÉCOLE HOLLANDAISE. — *V. page* 70.)

LE JUGEMENT DE PARIS

(Peint sur bois, haut de deux pieds, large de deux pieds cinq pouces.)

MIEL (JEAN)

(ÉCOLE HOLLANDAISE. — *V. page* 91.)

LA VENDANGE

(Tableau peint sur toile, haut d'un pied onze pouces, large de deux pieds sept pouces.)

TENIERS FILS (DAVID)

(ÉCOLE FLAMANDE. — *V. page* 25.)

LE BERGER

(Peint sur toile, haut d'un pied un pouce, large d'un pied dix pouces.)

PARMESAN

(ÉCOLE LOMBARDE. — *V. page* 67.)

LA SAINTE FAMILLE

(Tableau peint sur toile, haut de onze pouces et demi, large de huit pouces et demi. Fig. dans la proportion de neuf pouces.)

La Vierge est assise tenant sur ses genoux l'Enfant Jésus, et s'avançant pour l'aider à recevoir la croix que le petit saint Jean lui présente. Une chambre avec un rideau fait le fond : une fenêtre ouverte laisse voir au dehors, et dans le lointain, saint Joseph conduisant son âne.

Esquisse terminée : elle vient du cabinet de M. de Menars, et fut achetée 100 guinées par le comte de Carlisle, à l'Exposition de Londres, en 1798.

ALBANE

(ÉCOLE BOLONAISE. — *V. page* 50.)

SAINT LAURENT JUSTINIEN

(Peint sur toile, haut de neuf pieds neuf pouces, large de cinq pieds neuf pouces. Fig. plus grande que nature.)

Ce saint, qui a été évêque de Venise et premier patriarche de cette ville, en habit de chanoine régulier, sa croix patriarcale et sa mitre à côté de lui, est assis devant une table sur laquelle il écrit. Il est interrompu par l'apparition de la Vierge, qui est sur une nuée, lui montrant de la main droite le Saint-Esprit au haut du tableau.

Ce tableau vient de la reine Christine de Suède. A l'Exposition de Londres, en 1798, M. Thomas Hope l'acheta 150 guinées.

CARACHE (ANNIBAL)

(ÉCOLE BOLONAISE. — *V. page* 27.)

LA TOILETTE DE VÉNUS

(Tableau peint sur toile, haut de deux pieds neuf pouces, large de trois pieds un pouce. Fig. de dix pouces.)

La scène se passe sur le devant d'un paysage boisé. Vénus est sur son char attelé de deux colombes qui se becquètent. Les Grâces sont occupées à parer la déesse. Une arrange sa chevelure, une autre s'apprête à la revêtir de sa tunique, et la troisième lui tient un miroir. Deux amours présentent à leur mère des parfums et des bijoux posés sur un plateau d'argent, un troisième les suit portant sur son épaule une aiguière remplie d'eau qu'il vient de puiser à une fontaine. Deux autres amours voltigent dans les airs.

Ce tableau a passé du cabinet du président Tomboneau dans celui du duc d'Orléans. A l'Exposition de Londres, en 1798, il fut acheté 800 guinées par lord Berwick ; il est à présent chez le comte de Darnley, à Cobhamhall.

NETSCHER (CONSTANTIN)

(ECOLE HOLLANDAISE.)

Né à la Haye en 1670, mort dans la même ville en 1722 ; élève de Gaspard Netscher, son père.

LE REPOS

(Peint sur toile, haut de deux pieds deux pouces, large d'un pied neuf pouces.)

Une femme nue, vue de dos et couchée sur un lit à colonnes et à rideaux.

C'est à tort que ce tableau a été gravé sous le nom de Gaspard Netscher, qui n'a peint que des figures drapées ; il est certainement de la main de Constantin Netscher, qui se plaisait à peindre le nu.

BOURGUIGNON (JACQUES COURTOIS, SURNOMMÉ LE)

(ÉCOLE FRANÇAISE.)

Né à Saint-Hippolyte, près de Besançon, en 1621, mort à Rome en 1675 ; élève de Jean Courtois, son père.

CHOC DE CAVALERIE

(Peint sur cuivre, haut de trois pieds trois pouces, large de quatre pieds neuf pouces.)

TINTORET

(ÉCOLE VÉNITIENNE. — *V. page* 12.)

UNE DESCENTE DE CROIX

(Tableau peint sur toile, haut de six pieds trois pouces, large de quatre pieds sept pouces. Fig. dans la proportion de petite nature.)

Le corps de Jésus descendu de la croix est porté par quatre hommes précédés de deux femmes qui tiennent des flambeaux. La Vierge évanouie est à terre sur le devant. Une sainte femme lui soutient la tête, et une autre est à ses pieds. Un paysage fait le fond.

Au haut à gauche, on voit dans le lointain le Calvaire avec les trois croix, et plusieurs personnages qui marchent dans un chemin creux. Autrefois un ange terminait cette composition, mais la partie où il se trouvait ayant été endommagée, au lieu de la restaurer, on l'a coupée.

A l'Exposition de Londres, en 1798, ce tableau fut acheté 600 guinées par le duc de Bridgewater. Il se voit aujourd'hui dans la galerie du comte d'Ellesmere.

RENI (GUIDO)

(ÉCOLE BOLONAISE. — *V. page* 45.)

SAINTE APOLLINE

(Tableau peint sur cuivre, haut d'un pied quatre pouces, large d'un pied. Fig. à peu près d'un pied.)

Cette martyre est attachée à un pilier, et un bourreau, placé devant elle, s'apprête à lui arracher les dents avec de longues tenailles. Au-dessus de la sainte, dans une nuée, paraît un ange tenant une palme et une couronne ; à gauche on voit un bout de colonne avec un piédestal. Le fond est un paysage.

Ce tableau fut rapporté de Rome par le cardinal d'Estrées. Il passa ensuite dans le cabinet de l'abbé d'Estrées, archevêque de Cambrai, et de là dans la galerie du duc d'Orléans. Il était porté à 350 guinées dans l'estimation qui servait de base à la vente des tableaux italiens de cette galerie à Londres, en 1798, où il fut acquis à ce prix par M. Troward.

VAGA (PIERINO BUONACCORSI OU PERINO DEL)

(ECOLE ROMAINE.)

Né en 1509, mort à Rome en 1547 ; élève de Raphaël.

LES TROIS DÉESSES

(Tableau peint sur bois, haut d'un pied onze pouces, large d'un pied six pouces.)

M. Dubois de Saint-Gelais, dans la *Description des Tableaux du Palais-Royal*, a désigné celui-ci sous la dénomination du *Bain de Vénus* ; mais il y a lieu de croire que le peintre a eu l'intention de représenter les trois déesses, Junon, Vénus et Minerve, sortant du bains avant le jugement de Pâris. Chacune de ces trois déesses est accompagnée de ses suivantes. Vénus a encore auprès d'elle deux amours qui la servent. Le haut du tableau est rempli d'autres amours voltigeant dans les airs et répandant des fleurs ; un d'eux tient une couronne au-dessus de la tête de Vénus et semble lui décerner d'avance le prix de la beauté.

Ce tableau, qui est tout à fait dans le goût de Raphaël, a passé, dans l'opinion de plusieurs connaisseurs, pour être de Jules Romain ; mais il paraît constant par la pluralité des suffrages qu'il est de Perin del Vague. Il vient de la collection de Charles Ier, roi d'Angleterre. Le roi Charles II l'avait donné à la duchesse de Portsmouth, de qui M. Dorat l'avait acheté. Ce dernier le céda au duc d'Orléans. A l'Exposition de Londres, en 1798, M. Nesbitt en fit l'acquisition au prix de 80 guinées.

VINCI (LÉONARD DE)

(ECOLE FLORENTINE. — *V. page* 89.)

PORTRAIT DE FEMME

(Peint sur bois, haut d'un pied un pouce, large de dix pouces. Fig. de petite nature.)

Buste de jeune femme ayant la tête penchée. Une partie de sa chevelure, tressée en nattes, la ceint en guise de diadème; l'autre partie retombe en ondoyant, et flotte sur ses épaules.

Ce tableau a passé du cabinet M. Legrand dans celui du duc d'Orléans. A l'Exposition de Londres, en 1798, il fut acheté 60 guinées par le duc de Bridgewater; on le voit maintenant chez le duc d'Ellesmere.

BAMBOCHE (PIETER VAN LAAR, SURNOMMÉ)

(ÉCOLE HOLLANDAISE.)

Né à Laaren, près de Naarden (en Hollande), vers 1613, mort à Haarlem, en 1674 ou en 1675, suivant les différents biographes.

LES ENFANTS

(Tableau peint sur toile, haut de deux pieds un pouce, large d'un pied huit pouces.)

Paysage représentant des ruines avec une aire sur le devant, où sont des enfants qui se jettent des pierres.

CARACHE (ANNIBAL)

(ÉCOLE BOLONAISE. — *V. page* 27.)

SAINT ROCH

(Peint sur toile, haut de sept pieds deux pouces, large de quatre pieds onze pouces. Fig. de grandeur naturelle.)

Saint Roch à genoux invoque la Vierge, qui lui apparaît rayonnante de gloire et entourée de chérubins. Elle soutient d'une main l'Enfant Jésus, qui est debout, et de l'autre elle étend son manteau sur le saint pèlerin, dont la cuisse gauche découverte laisse voir la marque de la peste; son bourdon et sa besace sont au bas du tableau, et son chien est devant lui, ayant un pain dans la gueule.

Ce tableau était autrefois placé dans une des chapelles de l'église de Saint-Eustache, à Paris. Le duc d'Orléans régent le paya 20,000 livres, et le fit remplacer par une copie. A l'Exposition de Londres, en 1798, il fut acheté 500 guinées par M. Willett. Il est à présent chez MM. Wadmore.

RUBENS (PIERRE-PAUL)

(ÉCOLE FLAMANDE. — *V. page* 20.)

SAINT GEORGE

(Peint sur toile, haut de quatre pieds sept pouces, large de sept pieds. Fig. dans la proportion de dix-huit pouces.)

La scène du tableau est un paysage divisé en deux par une grande rivière sur laquelle il y a une barque à voile avec plusieurs petits bateaux, dont quatre voguent ensemble; à gauche, au delà de cette rivière, est une ville où l'on fait des feux de joie, et dans la partie qui est en deçà, s'étend un marais avec des arbres fort hauts. Au milieu, saint George, armé de pied en cap, présente à Cléodelinde, fille du roi de Silène, un bout de la ceinture qu'elle lui avait accordée pour enchaîner le dragon, qui perd son sang, et sur lequel il marche. La princesse est richement vêtue et suivie d'un mouton destiné à devenir avec elle la pâture du monstre. Derrière elle sont trois femmes qui semblent être de sa suite; elles se tiennent l'une l'autre, et témoignent par leurs attitudes une frayeur mêlée de joie. D'un côté, et sur le devant, un page tient par la bride le cheval du saint, et sur lequel sont montés un cavalier monté sur un cheval blanc porte un étendard de taffetas blanc, qu'une croix rouge sépare en quatre. Du même côté et sur la même ligne du saint, est un antre couvert d'arbres, et sur lequel sont montés quantité de gens pour voir plus en sûreté l'événement du combat. Du côté opposé sont des femmes de tout âge, qui se sont approchées après la défaite du dragon. Quelques-unes ont leurs petits enfants avec elles; et toutes, en diverses manières, rendent grâces au ciel de leur avoir envoyé un libérateur. Au milieu et sur le devant, sont différents restes de cadavres dont s'est repu l'horrible animal. L'on voit une gloire dans le ciel où deux anges tiennent chacun une couronne, l'une de fleurs pour la princesse, et l'autre de laurier pour le saint vainqueur.

Dans le catalogue de la collection de Charles Ier d'Angleterre, il est fait mention d'un tableau de Rubens, désigné sous le titre du *Grand Saint-George*, et selon le même catalogue, le roi avait acheté cet ouvrage à M. Endymion Porter; ce qui pourrait faire croire que ce *Grand Saint-George* n'est pas le même que celui dont nous donnons l'estampe. Car on prétend que Rubens, dans son ambassade en Angleterre, ayant été comblé de bienfaits et d'honneurs par le roi Charles Ier, fit ce tableau pour en marquer sa reconnaissance, et qu'il choisit exprès le sujet de saint George à cause de la vénération particulière que la noblesse anglaise avait autrefois pour ce saint. Il était loin de soupçonner qu'il peignait un martyr futur des dissensions civiles et une princesse infortunée, en donnant à saint George les traits de Charles Ier et à la princesse Cléodelinde ceux de Henriette-Marie de France, épouse de ce monarque. Le fond du tableau représente la vue de Windsor, sur les bords de la Tamise, pour désigner le lieu que le roi Édouard choisit pour y instituer, en 1345, l'ordre de la Jarretière, sous les auspices de saint George, et où les chevaliers de cet Ordre avaient coutume de célébrer tous les ans la fête de leur patron.

Après la vente de la galerie de Charles Ier, qui eut lieu à Londres en 1650, ce tableau passa en France, où il entra dans la collection du duc de Richelieu, et ensuite dans celle du duc d'Orléans. Il était porté à 1,000 guinées dans l'estimation qui précéda l'Exposition de Londres, en 1793, où il fut acquis à ce prix par M. Morland. Il est à présent dans le cabinet de la reine d'Angleterre, au palais de Buckingham.

CARACHE (ANNIBAL)

(ÉCOLE BOLONAISE. — *V. page* 27.)

JUPITER ET DANAÉ

(Tableau peint sur toile, haut de cinq pieds cinq pouces, large de huit pieds dix pouces. Fig. de grandeur naturelle.)

A l'Exposition de Londres, en 1798, ce tableau fut acheté 500 guinées par le duc de Bridgewater; il est aujourd'hui chez lord Ellesmere.

TITIEN

(ÉCOLE VÉNITIENNE. — *V. page* 15.)

PERSÉE ET ANDROMÈDE

(Tableau peint sur toile, haut de cinq pieds six pouces, large de six pieds deux pouces. Fig. de grandeur naturelle.)

Ce tableau a passé du cabinet de M. de Lavrillière dans celui du duc d'Orléans. N'ayant pas été vendu à l'Exposition de Londres, en 1798, où il était estimé 700 guinées, il fut adjugé, à la vente du 14 février 1800, à M. Bryan, pour 310 liv. sterl.

BAMBOCHE

(ÉCOLE HOLLANDAISE. — *V. page* 131.)

LES SBIRES

(Tableau peint sur toile, haut d'un pied onze pouces, large d'un pied sept pouces.)

Paysage représentant à droite une ruine percée en arcade, qui laisse voir dans le lointain des arbres avec des figurines. A l'entrée et devant sont des sbires qui arrêtent des enfants.

SCHIAVONE

(ÉCOLE VÉNITIENNE. — *V. page* 99.)

JÉSUS-CHRIST DEVANT PILATE

(Peint sur toile, haut de trois pieds dix pouces, large de six pieds. Fig. de grandeur naturelle.)

Ce tableau est du nombre de ceux qui, de la collection de la reine Christine de Suède, passèrent entre les mains de don Livio Odescalchi, avant d'arriver dans la galerie du duc d'Orléans. Dans l'estimation des tableaux italiens qui servit de base à la vente de cette galerie, à Londres, en 1798, il fut porté à 250 guinées, et acquis à ce prix par le duc de Bridgewater ; il est aujourd'hui chez lord Ellesmere.

TITIEN

(ÉCOLE VÉNITIENNE. — *V. page* 15.)

LA MADELEINE

(Tableau peint sur toile, haut de trois pieds sept pouces, large de trois pieds. Fig. grande comme nature.)

Ce tableau vient aussi de la reine de Suède. A l'Exposition de Londres, en 1798, il fut acheté 350 guinées par M. Maitland.

LA MORT D'ACTÉON

(Tableau peint sur toile, haut de cinq pieds six pouces, large de six pieds un pouce. Fig. approchantes de la grandeur naturelle.)

Au milieu d'une forêt, Diane poursuit Actéon ; elle vient de lui tirer une flèche, sa tête est déjà changée en tête de cerf, ses chiens le méconnaissent et courent après lui.

Ce tableau, traité en esquisse, vient encore du cabinet de la reine Christine de Suède. A l'Exposition de Londres, en 1798, il fut payé 200 guinées par sir Abraham Hume.

PADOUAN (ALESSANDRO VAROTARI, DIT IL PADOVANINO OU LE)

(ÉCOLE VÉNITIENNE.)

Né à Padoue, en 1590, mort en 1650 ; élève de Dario Varotari, son père.

MARS ET VÉNUS

(Tableau peint sur toile, haut de cinq pieds six pouces, large de six pieds cinq pouces. Fig. de grandeur naturelle.)

Malgré les armures, la caisse de tambour et autres accessoires de nouvelle date qu'on remarque dans ce tableau, il est très-probable que l'auteur a voulu représenter *Mars et Vénus*. Ce ne peut être *Renaud et Armide*, comme l'indiquait l'inscription qui se lisait primitivement au bas de l'estampe que nous publions ; car le paysage ne retrace guère ces jardins enchantés desquels le Tasse fait une si belle peinture, et ce poëte était trop délicat pour donner à penser à son lecteur qu'Armide peut être aussi déshabillée que nous la voyons ici.

Acheté 350 guinées par M. Henry Hope, à l'Exposition de Londres, en 1798.

DOMINIQUIN

(ÉCOLE BOLONAISE. — *V. page* 53.)

SAINT JÉRÔME DANS LE DÉSERT

(Peint sur bois, haut d'un pied quatre pouces et demi, large d'un pied dix pouces.)

C'est un paysage dont le lointain représente la mer avec des vaisseaux. A gauche, il y a une roche dont le dessous forme une caverne, à l'entrée de laquelle saint Jérôme est assis sur une pierre, les bras appuyés sur une autre pierre qui lui sert de table, où l'on voit un livre ouvert, une tête de mort, une écritoire et un rouleau à l'antique ; vis-à-vis est une croix de roseau plantée dans la terre, et à gauche, en bas, on aperçoit un chapeau de cardinal avec un livre fermé. Tout sur le devant est couché le lion.

BASSANO (FRANCESCO)

(ÉCOLE VÉNITIENNE. — *V. page* 75.)

LE PARALYTIQUE

(Peint sur toile, haut de quatre pieds huit pouces, large de cinq pieds un pouce. Fig. de huit pouces.)

Du cabinet de mylord Melford. Payé 20 guinées par M. Willett, à l'Exposition de Londres, en 1798.

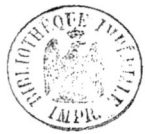

TINTORET

(ÉCOLE VÉNITIENNE. — *V. page* 12.)

L'ALLAITEMENT D'HERCULE

(Peint sur toile, haut de quatre pieds huit pouces, large de cinq pieds un pouce. Fig. de grande nature.)

Jupiter, accompagné d'un amour, tient Hercule enfant, qu'il présente à Junon pour l'allaiter. La Fable nous dit que cette déesse donnant à teter à cet enfant, il lui pressa si rudement le sein, qu'elle fit un effort pour se soustraire à la douleur qu'il lui causait ; dans cet instant son lait jaillit, et forma sur la voûte céleste une trace lumineuse qui fut appelée *Voie lactée*.

Du cabinet de M. de Seignelay. Acheté 50 guinées par M. Bryan, à l'Exposition de Londres, en 1798. Aujourd'hui chez le comte de Durnley, à Cobhamhall.

MORO (ANTONI)

(ÉCOLE HOLLANDAISE.)

Né à Utrecht, mort à Anvers en 1581 ; élève de Jean Schoreel.

HUGUES GROTIUS

(Peint sur toile de forme ovale. Fig. de grandeur naturelle.)

Le portrait de cet homme jeune encore, portant cheveux courts et moustaches, une fraise sur le cou, un pourpoint taillade à l'insertion des manches, un manteau attaché seulement à l'une des épaules, passe pour être celui de Hugues Grotius. Quoique l'époque de la naissance d'Antoni Moro soit incertaine, il n'est point probable que ce portrait soit en même temps celui de Grotius et l'ouvrage de l'artiste auquel il est attribué.

SCORZA (SINIBALDO)

(ÉCOLE GÉNOISE.)

Né à Voltaggio (dans le territoire de Gênes), en 1589, mort à Gênes en 1681; élève de J.-B. Paggi.

LE MARCHÉ

(Peint sur toile, haut d'un pied dix pouces, large de deux pieds onze pouces.)

Paysage représentant sur le devant une place où se tient la foire, sous des tentes. On y voit un grand nombre de figures et d'animaux.

CARACHE (AUGUSTIN)

(ÉCOLE BOLONAISE. — *V. page 27.*)

JÉSUS ET LA MADELEINE

(Peint sur toile, haut de sept pieds, large de quatre pieds. Fig. de grandeur naturelle.)

C'est à tort que ce tableau a été gravé sous le titre de *Jésus et la Madeleine;* il représente *Jésus apparaissant à la Vierge.* Le Sauveur a son linceul qui laisse à découvert le côté de son corps avec la plaie, et la Vierge est à ses pieds, les deux mains étendues; un pupitre chargé d'un livre ouvert est derrière elle. Il y a dans le fond un ange qui tient un étendard. Au haut du tableau sont encore deux anges.

On voit dans la galerie de Dresde un tableau attribué au Guide représentant le même sujet dont les trois figures principales sont les mêmes que dans celui-ci : le Guide s'est contenté d'ajouter, dans le fond du tableau, le portrait d'un cardinal et quelques anges.

A l'Exposition de Londres, en 1798, ce tableau fut acheté 500 guinées par le comte de Fitzwilliam, qui l'a légué à l'Université de Cambridge, où on le voit maintenant dans le musée qui porte le nom de cet amateur.

DOMINIQUIN

(ÉCOLE BOLONAISE. — *V. page 53.*)

SAINT FRANÇOIS

(Peint sur cuivre, haut d'un pied six pouces et demi, large d'un pied deux pouces. Fig. d'un pied.)

Du cabinet de M. Paillot. Acheté 300 guinées par le duc de Bridgewater, à l'Exposition de Londres, en 1798; à présent chez lord Ellesmere.

RENI (GUIDO)

(ÉCOLE BOLONAISE. — *V. page* 45.)

L'AMOUR

(Peint sur toile, haut de quatre pieds, large de trois pieds.)

Acheté 350 guinées par M. Henry Hope, à l'Exposition de Londres, en 1798.

SCORZA (SINIBALDO)

(ÉCOLE GÉNOISE. — *V. page* 136.)

LE REPOS DES CHASSEURS

(Peint sur toile, haut d'un pied dix pouces, large de deux pieds onze pouces.)

Paysage où l'on voit des chasseurs, leurs piqueurs et leurs chiens arrêtés au pied d'un arbre et près d'une pièce d'eau pour y goûter la fraîcheur et le repos. Il y a encore un berger et son troupeau.

CARACHE (ANNIBAL)

(ÉCOLE BOLONAISE. — *V. page* 27.)

SAINT JEAN EN PRIÈRE

(Peint sur cuivre, haut d'un pied six pouces et demi, large d'un pied deux pouces. Fig. d'environ dix pouces.)

Du cabinet de M. de Nancré. Payé 400 guinées par M. Troward, à l'Exposition de Londres, en 1798.

DOMINIQUIN

(ÉCOLE BOLONAISE. — *V. page* 53.)

SAINT JEAN L'ÉVANGÉLISTE

(Peint sur toile, haut de deux pieds onze pouces, large de deux pieds trois pouces. Demi-figure de grandeur naturelle.)

De la collection du chevalier de Lorraine. Exposé à Londres en 1798, et acheté alors 600 guinées par le comte de Carlisle ; à présent, chez le même seigneur, à Castle-Howard.

CARAVAGE (POLIDORO CALDARA, DIT POLIDORE DE)

(ÉCOLE ROMAINE.)

Né à Caravaggio (bourg dans le Milanais), mort en 1543 ; élève de Raphaël.

LES TROIS GRACES

(Tableau peint sur bois, haut de sept pieds, large d'un pied trois pouces. Fig. de treize pouces.)

Non vendu à l'Exposition de Londres, en 1798, où il été estimé 40 guinées ; adjugé à la vente du 14 février 1800, pour 18 livres sterling.

CAMBIASO (LUCA)

(ÉCOLE GÉNOISE.)

Né à Gênes en 1527, mort vers 1585 ; élève de Giovanni Cambiaso, son père.

VÉNUS ET ADONIS

(Tableau peint sur toile, haut de trois pieds deux pouces, large de deux pieds six pouces. Fig. de petite nature.)

Adonis blessé expire dans les bras de Vénus. L'Amour en pleurs considère le malheureux objet des tendres soins de sa mère. Le fond est un paysage qui indique la proximité d'une forêt.

Du cabinet de mylord Melford. Acheté 100 guinées par le comte de Gower, à l'Exposition de Londres, en 1798 ; à présent dans la collection de la duchesse de Sutherland.

WYNANTS (JEAN)

(ÉCOLE HOLLANDAISE.)

Né à Harlem, vers 1600, mort après 1677.

LE RETOUR DES BESTIAUX

(Peint sur toile, haut d'un pied onze pouces, large d'un pied dix pouces.)

C'est à tort que ce tableau a été gravé sous le nom d'*Aart van der Neer*; il est certainement de *Jean Wynants*. C'est un paysage pris à l'effet du soleil couchant; il représente une campagne arrosée par une rivière. L'on voit des bestiaux qui reviennent au village : sur le chemin qui est en avant, un homme conduit une charrette, dans laquelle est assise une femme. Les figures et les animaux sont peints par *Adrien van de Velde*.

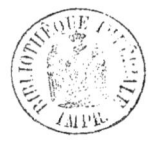

ALBANE

(ÉCOLE BOLONAISE. — *V. page* 53.)

LE BAPTÊME DE JÉSUS

(Peint sur cuivre, haut de deux pieds trois pouces, large de deux pieds onze pouces. Fig. d'un peu plus d'un pied.)

Ce tableau vient de M. de Nancré, dont la collection avait été acquise par le duc d'Orléans. A l'Exposition de Londres, en 1798, le comte de Temple le paya 700 guinées; il est aujourd'hui dans le cabinet du duc de Buckingham, à Stove.

MATTEIS (PAOLO DE)

(ÉCOLE NAPOLITAINE.)

Né en 1662, mort à Rome en 1728; élève de Luca Giordano.

SALMACIS ET HERMAPHRODITE

(Peint sur toile, haut de cinq pieds six pouces, large de six pieds sept pouces. Fig. de petite nature.)

Adjugé à la vente faite à Londres, le 14 février 1800, pour 30 livres sterling.

GIORGION

(ÉCOLE VÉNITIENNE. — *V. page* 51.)

PORTRAIT DU PORDENONE

(Peint sur toile, haut de deux pieds trois pouces, large d'un pied huit pouces. Fig. de grandeur naturelle.)

Ce tableau représente les traits du Pordenone sous la figure de David; il est cuirassé, tenant d'une main son épée, et de l'autre la tête de Goliath.

Acheté 50 guinées par M. Nesbitt, à l'Exposition de Londres, en 1798.

BREEMBERG (BARTHOLOMEUS)

(ÉCOLE HOLLANDAISE. — *V. page* 116.)

LES ROCHERS

(Tableau peint sur cuivre et rond, de huit pouces de diamètre.)

Paysage où il y a une masse de rochers couronnée d'arbres, avec un troupeau de moutons au bas et sur le devant quelques figures.

CARACHE (ANNIBAL)

(ÉCOLE BOLONAISE. — *V. page* 27.)

L'ENFANT PRODIGUE

(Peint sur toile, haut de huit pieds cinq pouces, large de cinq pieds neuf pouces. Fig. de grandeur naturelle.)

SAINT ROCH AVEC UN ANGE

(Peint sur toile, haut de deux pieds, large de deux pieds six pouces. Demi-figures de grandeur naturelle.)

Acheté 100 guinées par le vicomte de Fitz-William, à l'Exposition de Londres, en 1798, et légué par ce seigneur au musée de Cambridge.

SARTE (ANDRÉ DEL)

(ÉCOLE FLORENTINE. — *V. page* 61.)

LA MORT DE LUCRÈCE

(Tableau peint sur bois, haut de quatre pieds cinq pouces, large de trois pieds trois pouces. Fig. de grandeur naturelle.)

Du cabinet de M. Dorat. Vendu 100 guinées à l'Exposition de Londres, en 1798, et acquis alors par M. Mitchell.

BREUGHEL DE VELOURS

(ÉCOLE FLAMANDE. — *V. page* 72.)

LA TONTE DES MOUTONS

(Tableau peint sur toile, haut de trois pieds cinq pouces, large de quatre pieds six pouces.)

ALBANE

(ÉCOLE BOLONAISE. — *V. page* 50.)

JÉSUS ET LA MADELEINE

(Peint sur cuivre, et ovale, haut de six pouces et demi, large de neuf pouces. Fig. de cinq pouces.)

Du cabinet de M. de Nancré. Acheté 150 guinées par M. Maitland, à l'Exposition de Londres, en 1798.

CARACHE (ANNIBAL)

(ÉCOLE BOLONAISE. — *V. page* 27.)

SAINT ÉTIENNE

(Peint sur bois et cintré du haut, haut de dix pouces, large de six pouces. Fig. d'environ huit pouces.)

De la collection du cardinal Mazarin. Vendu 50 guinées, à l'Exposition de Londres, en 1798, et acquis alors par le comte de Gower; à présent chez la duchesse de Sutherland.

ROMAIN (JULES)

(ÉCOLE ROMAINE. — *V. page* 39.)

LES AMOURS DE JUPITER

Cinq cartons coloriés en détrempe sur du papier. Les figures sont beaucoup plus grandes que nature.

I. *Jupiter et Sémélé*. Haut de neuf pieds un pouce et demi, large de onze pieds deux pouces.
II. *Jupiter et Alcmène*. Mêmes dimensions que le précédent.
III. *Jupiter et Io*. Haut de huit pieds six pouces, large de huit pieds onze pouces.
IV. *Jupiter et Junon*. Mêmes dimensions que le précédent.
V. *Jupiter et Danaé*. Haut de sept pieds six pouces, large de huit pieds huit pouces.

Jules Romain avait peint ces cinq cartons pour servir de patrons à des tapisseries. On juge par là que la reine Christine de Suède, de chez laquelle ils viennent, les avait trouvés en Flandre, où les tapisseries avaient été fabriquées par ordre du duc de Mantoue, ou qu'ils étaient du nombre des tableaux que le général suédois Koenigsmarck enleva de Prague, où ils avaient été portés de Mantoue, lorsque cette ville fut saccagée par les Impériaux en 1630. Nous ignorons ce que sont devenus ces cartons; ils ne se retrouvent point dans le livret de l'Exposition de Londres, en 1798.

POELEMBURG (CORNELIS)

(ÉCOLE HOLLANDAISE. — *V. page* 96.)

LES RUINES

(Tableau peint sur bois, haut d'un pied quatre pouces, large d'un pied dix pouces.)

TITIEN.

(ÉCOLE VÉNITIENNE. — *V. page* 15.)

JÉSUS ET LA MADELEINE

(Peint sur toile, haut de trois pieds trois pouces, large de deux pieds neuf pouces. Fig. de dix-huit pouces.)

Ce tableau était autrefois à Vérone dans la collection de MM. Christophe et François Muselli. Le marquis de Seignelay envoya MM. Forest et Alvarez en Italie pour l'acheter. Il a passé ensuite du cabinet de M. Seignelay dans celui de M. Bertin, avant de faire partie de la galerie du Palais-Royal. A l'exposition de Londres, en 1798, il fut vendu 400 guinées. M. Rogers, poëte et amateur anglais, à Londres, l'a possédé depuis.

RENI (GUIDO)

(ÉCOLE BOLONAISE. — *V. page* 45.)

HÉRODIADE

(Tableau peint sur bois et ovale, haut de deux pieds deux pouces, large de deux pieds huit pouces. Figures de grandeur naturelle à mi-corps.)

De la collection du cardinal Mazarin. Porté à 400 livres tournois dans l'inventaire de ce ministre, mort à Paris en 1661.

ALBANE

(ÉCOLE BOLONAISE. — *V. page* 50.)

SALMACIS ET HERMAPHRODITE

(Tableau peint sur toile et ovale, haut d'un pied neuf pouces, large de deux pieds un pouce. Fig. d'environ deux pieds.)

Ce tableau passa de la collection de l'abbé de Camps dans celle du duc d'Orléans. A l'exposition de Londres, en 1798, il fut acheté 60 guinées par le duc de Bridgewater; il est aujourd'hui chez le comte d'Ellesmere.

SCORZA (SINIBALDO)

(ÉCOLE GÉNOISE. — V. page 106.)

LE PONT

(Peint sur toile, haut d'un pied dix pouces, large de deux pieds onze pouces.)

Paysage avec un pont de bois élevé sur une rivière, près d'une chute d'eau.

VOLTERRE (DANIELE RICCIARELLI, DIT DANIEL DE)

(ÉCOLE FLORENTINE.)

Né à Volterra (dans la Toscane) en 1509, mort en 1566; élève de Sodoma et de Baldassare Peruzzi.

LA DESCENTE DE CROIX

(Tableau peint sur bois, haut de deux pieds neuf pouces, long de trois pieds deux pouces. Fig. de demi-nature.)

Du cabinet de M. de Bretonvilliers. Acheté 100 guinées par le comte de Suffolk, à l'exposition de Londres, en 1798.

RENI (GUIDO)

(ÉCOLE BOLONAISE. — V. page 45.)

LA MADELEINE

(Tableau peint sur toile, haut de deux pieds six pouces, large de deux pieds un pouce.)

Elle est de grandeur naturelle à mi-corps, et a les yeux levés vers le ciel; les cheveux épars lui retombent sur les épaules, et de la main gauche elle retient son vêtement sur la poitrine.

Ce tableau avait appartenu au marquis de Seignelay, avant de passer dans la collection du duc d'Orléans. A l'exposition de Londres, en 1798, il fut acheté 400 guinées par M. Henry Hope.

SALVIATI (GIUSEPPE PORTA, DIT LE)

(ÉCOLE FLORENTINE.)

Né à Castello Nuovo della Grafignana (dans l'État de Modène), vers 1520, mort à Venise en 1570; élève de Francesco Rosso, dit le Salviati.

L'ENLÈVEMENT DES SABINES

(Peint sur toile, haut de cinq pieds, large de six pieds six pouces. Fig. de grandeur naturelle.)

Il est difficile de dire ce que le Salviati a voulu représenter dans le tableau dont il est ici question. Il est cité dans la *Description des tableaux du Palais-Royal,* sous le titre de l'*Enlèvement des Sabines;* mais on croirait plutôt que ce sont des femmes d'un rang distingué surprises dans le bain, et emmenées de force par des soldats.

Non vendu à l'exposition de Londres, en 1798, où il était estimé 150 guinées; adjugé à la vente du 14 février 1800, pour 34 livres sterling.

ROMBOUTS (THÉODORE)

(ÉCOLE FLAMANDE. — *V. page* 89.)

L'ASSEMBLÉE DES DIEUX

(Tableau peint sur toile, haut de trois pieds, large de quatre pieds six pouces.)

A droite, Jupiter assis sur des nuages entre Junon et Diane, détourne la tête, tandis que Vulcain, placé au milieu de la composition, semble lui exposer ses griefs contre Vénus, son épouse, qui est debout à gauche, entourée des trois Grâces et de l'Amour qui lui tient un miroir. On pourrait croire aussi que le sujet de ce tableau est Vulcain présentant à Jupiter la statue animée qu'il avait faite, et à propos de laquelle les dieux de l'Olympe s'assemblèrent pour la rendre parfaite en lui donnant chacun une qualité.

STALBENT (ADRIAAN VAN)

(ÉCOLE FLAMANDE.)

Né à Anvers, en 1580, mort dans la même ville en 1662.

LA PÊCHE

(Tableau peint sur cuivre et ovale, haut de huit pouces, large de dix pouces.)

Vue des bords de la mer, avec fabriques et figures.

ALBANE

(ÉCOLE BOLONAISE. — *V. page* 50.)

LA SAMARITAINE

(Tableau peint sur cuivre, haut d'un pied un pouce, large de dix pouces et demi. Fig. de huit pouces et demi.)

Ce tableau passa du cabinet de M. Penotier dans celui du duc d'Orléans. N'ayant pas trouvé d'acquéreur à l'exposition de Londres, en 1798, où il était estimé à 200 guinées, il fut adjugé à la vente du 14 février 1800, pour 42 livr. sterl.

ROMAIN (JULES)

(ÉCOLE ROMAINE. — *V. page* 39.)

LA NOURRITURE D'HERCULE

(Tableau peint sur bois, haut de trois pieds onze pouces, large de deux pieds huit pouces. Fig. dans la proportion de dix-neuf pouces.)

Le sujet de ce tableau est Hercule enfant allaité par une nymphe qui se penche et considère avec étonnement les traits de force surnaturelle qui caractérisent déjà son nourrisson. Minerve s'appuie sur la nymphe et soutient l'enfant par le bras ; c'est sans doute pour indiquer qu'elle fut sa protectrice. Derrière ce groupe on voit un satyre qui tient dans une peau de chèvre des pommes et des raisins qu'il vient de cueillir ; près de lui sont une femme et un enfant. Sur le devant est un paon qui tient dans son bec une petite vipère ; il semble être là pour rappeler les deux énormes serpents que Junon envoya contre Hercule enfant, et qu'il étouffa dans son berceau. Enfin le paysage et les deux pommiers qu'on y remarque, et sur l'un desquels deux enfants montent pour en dérober des fruits, semblent avoir aussi quelque rapport avec le jardin des Hespérides, où Hercule alla cueillir des pommes d'or.

Ce tableau fait le pendant de la *Naissance de Bacchus*, dont nous avons donné l'estampe. A l'exposition de Londres, en 1798, il fut acheté 300 guinées par le duc de Bridgewater ; il est aujourd'hui dans la collection du comte d'Ellesmere.

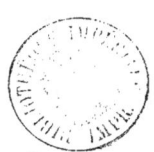

POELEMBURG (CORNELIS)

(ÉCOLE HOLLANDAISE. — *V. page* 96.)

CÉPHALE ET PROCRIS

(Peint sur cuivre, haut de dix pouces, large d'un pied deux pouces.)

BREEMBERG (BARTHOLOMEUS)

(ECOLE HOLLANDAISE. — *V. page* 116.)

LES RUINES

(Tableau peint sur bois, haut de onze pouces, large d'un pied cinq pouces et demi.)

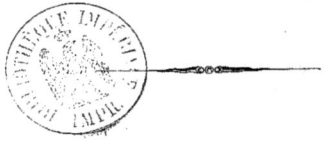

BELLIN (GIOVANNI BELLINI, DIT JEAN)

(ÉCOLE VÉNITIENNE.)

Né à Venise vers 1426, mort dans la même ville vers 1516 ; élève de Jacques Bellin, son père.

LA CIRCONCISION.

Tableau peint sur bois, haut de deux pieds cinq pouces, large de trois pieds deux pouces. Fig. au-dessus de demi-nature, et un peu plus qu'à mi-corps.)

Ce tableau avait appartenu au duc de Grammont, avant de passer dans la collection du duc d'Orléans. A l'exposition de Londres, en 1798, il fut payé 100 guinées par le comte de Carlisle ; la famille de ce seigneur le possède encore aujourd'hui, à Castle-Howard.

CAGNACCI (GUIDO CANLASSI, DIT GUIDO)

(ÉCOLE BOLONAISE.)

Né à Castel-San-Arcangelo, près de Rimini, en 1601, mort à Vienne en Autriche, en 1681 ; élève de Guido Reni.

JEUNE MARTYRE

(Tableau peint sur toile, haut de trois pieds cinq pouces, large de quatre pieds quatre pouces. Fig. de petite nature.)

Une jeune fille étendue à terre, ayant seulement une draperie au-dessous des reins, et la tête appuyée sur une espèce de banc ; près d'elle sont les instruments du supplice épars dans la prison.

Tableau endommagé. Non vendu à l'exposition de Londres, en 1798, où il était estimé 50 guinées ; adjugé à la vente du 14 février 1800, pour 10 livr. sterl.

DYCK (ANTHONI VAN)

(ÉCOLE FLAMANDE. — *V. page* 16.)

LA FAMILLE DE CHARLES Ier

(Tableau peint sur toile, haut de dix pieds un pouce, large de sept pieds huit pouces. Fig. de grandeur naturelle.)

Le roi Charles Ier d'Angleterre est assis dans un fauteuil qui lui sert en même temps à soutenir le bras chargé du manteau royal. Il tient un papier de l'autre main posée sur une table couverte d'un tapis de velours à franges d'or; son sceptre et sa couronne sont placés dessus. Son fils aîné, le prince de Galles, qui fut depuis Charles II, est debout près de lui. De l'autre côté est assise Henriette-Marie de France, épouse de Charles Ier. Elle tient dans ses bras son second fils, le duc d'York, connu depuis sous le nom de Jacques II. Au bas du tableau on voit deux petits chiens, dont un caresse la reine. Le fond représente une espèce de vestibule avec un rideau et laisse voir un paysage dans le lointain, où l'on découvre le palais de Whitehall et Westminster.

Ce tableau est du nombre de ceux que le duc d'Orléans trouva dans la succession paternelle. Il était porté à 1,000 guinées dans l'estimation qui précéda l'exposition des tableaux flamands et hollandais de la galerie du Palais-Royal, qui eut lieu à Londres, en 1793, où il fut acquis à ce prix par M. Hammersley. Revendu à Londres en 1801, il a été payé 1,500 guinées. Il est à présent au duc de Richmond.

WAGNER (JEAN-GEORGE)

(ECOLE ALLEMANDE. — *V. page* 104.)

LES VOYAGEURS

(Tableau peint à la gouache, haut de cinq pouces et demi, large de sept pouces et demi.)

Paysage, où l'on voit à gauche une masure transformée en hôtellerie, à la porte de laquelle sont des voyageurs auprès de leurs chevaux. Sur un plan plus reculé, à droite, quelques animaux broutent l'herbe ou se reposent en attendant l'heure du départ.

SCHIAVONE

(ÉCOLE VÉNITIENNE. — *V. page* 99.)

LE CHRIST MORT

(Peint sur bois, haut de dix pouces, large de huit pouces. Fig. de neuf pouces).

Ce tableau ou plutôt cette esquisse terminée représente Jésus mort descendu au tombeau par un ange, qui, groupé sur le second plan, le soutient, et tenant un linge blanc, semble vouloir l'envelopper.

Du cabinet de M. Forest.

ROTTENHAMMER (JOHANN)

(ÉCOLE ALLEMANDE.)

Né à Munich en 1564, mort à Augsbourg en 1623; élève de Thomas Rottenhammer, son père.

JUPITER ET DANAÉ

(Peint sur cuivre, haut de six pouces et demi, large de cinq pouces et demi.)

VOS (MARTIN DE)

(ÉCOLE FLAMANDE.)

Né à Anvers en 1524, mort dans la même ville en 1603 ou en 1604; élève de Pieter de Vos, son père, et de Franc-Flore.

PAN ET SYRINX

(Peint sur toile, haut de six pieds quatre pouces, large de neuf pieds dix pouces. Fig. de grande nature.)

La scène du tableau représente un paysage coupé par un gros arbre, autour duquel grimpe un cep de vigne chargé de fruits. Pan est appuyé contre, et semble cueillir une grappe de raisin; Syrinx, vue par le dos, est assise près de lui, et a la main posée sur son épaule. Au-dessous est un groupe de deux enfants et de trois tigres qui jouent ensemble.

GRIFFIER (JEAN)

(ÉCOLE HOLLANDAISE. — *V. page* 98.)

LES DEUX MONTAGNES

(Tableau peint sur bois, haut de cinq pouces et demi, large de six pouces et demi.)

Vue des bords du Rhin, enrichie de fabriques et de figures.

GUERCHIN

(ÉCOLE BOLONAISE. — *V. page* 19.)

SAINT JÉRÔME

(Peint sur toile, haut d'un pied cinq pouces, large d'un pied sept pouces. Fig. d'environ dix-huit pouces.)

Saint Jérôme est représenté dans le désert, couché sur une natte, et se réveillant au son de la trompette du jugement dernier qu'un ange lui fait entendre.

Non vendu à l'exposition de Londres, en 1798, où il était estimé 80 guinées; adjugé à la vente du 14 février 1800, pour 39 livr. sterl.

VÉRONÈSE (PAUL)

(ÉCOLE VÉNITIENNE. — *V. page* 14.)

JUPITER ET LÉDA

(Peint sur toile, haut de trois pieds sept pouces et demi, large de trois pieds. Fig. de petite nature.)

Ce tableau passa du cabinet de M. Bertin dans celui du duc d'Orléans. A l'exposition de Londres, en 1798, il fut acheté 300 guinées par le comte de Gower ; il est aujourd'hui dans la collection de la duchesse de Sutherland.

VOS (MARTIN DE)

(ÉCOLE FLAMANDE. — *V. page* 149.)

LES FLEUVES

(Peint sur toile, haut de six pieds onze pouces, large de huit pieds huit pouces. Fig. de grande nature.)

Ce tableau représente les dieux des principaux fleuves de l'Asie et de l'Afrique avec des naïades. Le Nil tenant un aviron est assis à gauche sur une hauteur avec une nymphe ; devant eux, un autre fleuve vu par le dos, ayant un bras appuyé sur une urne et de l'autre soutenant une naïade moresque qui se détourne. Au-dessous de ce groupe on voit des enfants qui jouent avec un crocodile, et qui paraissent l'animer contre une lionne qui allaite ses petits. Cette lionne est sur le rivage à droite, où se trouvent l'Euphrate et un autre fleuve, accompagnés chacun d'une naïade. Un marécage fait le fond du tableau.

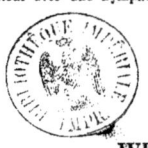

WEENIX (GIOVANNI BATTISTA)

(ÉCOLE HOLLANDAISE.)

Né à Amsterdam en 1621, mort au château de Termeyen, près d'Utrecht, en 1660 ; élève d'Abraham Bloemaert et de Cl. Moijaert.

LA GAIETÉ BACHIQUE

(Tableau peint sur bois, haut d'un pied neuf pouces, large de deux pieds trois pouces.)

Intérieur d'une chambre, où l'on voit quatre hommes et autant de femmes, rassemblés auprès d'une table servie ; ils sont au dessert et leurs attitudes sans gêne annoncent qu'ils ont fait de copieuses libations.

BREUGHEL LE DROLE

(ÉCOLE FLAMANDE. — *V. page* 72.)

LE CONCERT DES CHATS.

(Peint sur cuivre, haut de deux pouces et demi, large de trois pouces et demi.)

Un concert composé de quatorze chats, auprès d'un pupitre, sur lequel est un livre de musique noté au verso, et représentant au recto des souris avec un rat : les uns chantent et les autres accompagnent avec des instruments ; plusieurs ne sont là sans doute qu'en amateurs et paraissent écouter. On voit sur le devant une basse de viole, un hautbois, un violon et des livres.

C'est le même tableau que celui qui se trouve gravé dans le *Cabinet Choiseul*, sous le n° 5 ; il y est attribué avec raison à Breughel de Velours.

TABLE

Notice historique. 2

ALBANE (l'). La Sainte Famille. 50
ALBANE (François). La Communion de la Madeleine . . . 94
— La Sainte Famille 98
— La Prédication de saint Jean-Baptiste 106
— Saint Laurent Justinien 128
— Le Baptême de Jésus 139
— Jésus et la Madeleine 141
— Salmacis et Hermaphrodite 143
— La Samaritaine 146
ALLORI (Alessandro). Vénus et l'Amour. 56
BAMBOCHE. Les Enfants. 131
— Les Sbires. 133
BASSAN (les) 75
BASSAN (Francesco). Le Midi 86
— Le Paralytique 135
BASSAN (Léandre). L'Arche de Noé 94
BASSAN LE VIEUX. La Circoncision 75
BAROCHE (le). Le Repos en Égypte 42
— La Sainte Famille 56
BELLIN (Jean). La Circoncision. 147
BLOEMAERT (Abraham). La Prédication de saint Jean-Baptiste. 95
BOL (Jean). La Fuite en Égypte 82
BOURDON (Sébastien). Christine, reine de Suède . . . 40
— Jean Warin 94
BOURGUIGNON (le). Choc de cavalerie 129
BREEMBERG (Bartholomeus). Les Bergers. 116
— La Tour 123
— Les Rochers 140
— Les Ruines 147
BREUGHEL (les). 72
BREUGHEL LE DRÔLE. Le Concert des Chats. 151
BREUGHEL DE VELOURS. Le Chariot 72
— Le Grand Chemin 95
— La Tonte des moutons 141
BRIL (Paul). Le Repos en Égypte. 90
— Les Chèvres 99
— Les Nymphes et les Satyres 111
— La Chasse aux canards 126
CAGNACCI (Guido). Jeune martyre. 147
CALIARI (Carletto). L'Adoration des Rois. 122
CAMBIASI (Luca). Judith 8
— Vénus et Adonis. 138
CARACHE (les) 27
CARACHE (Annibal). La Sainte Famille 29
— Hercule enfant 43
— Le Batelier 68
— La Vision de saint François 69
— La Samaritaine 79
— Le Portrait de l'auteur 80
— La Descente de Croix 80
— Le Repos 94
— Le Martyre de saint Étienne 101
— Saint Jean-Baptiste au désert 103
— La Descente de croix. 106
— Saint Jean-Baptiste montrant le Messie 110
— Les Chasseurs 118
— Le Bain de Diane 119
— Un Crucifix 122
— La Toilette de Vénus. 129
— Saint Roch. 131
— Jupiter et Danaé 132
— Saint Jean en prière. 137
— L'Enfant prodigue, saint Roch avec un Ange. . . 140
— Saint Étienne. 142
CARACHE (Augustin). Le Martyre de saint Barthélemy . . 102
— Jésus et la Madeleine 136
CARACHE (Louis). Suzanne au bain 51
— La Mise au Tombeau 64
— Le Couronnement d'épines. 108
— La Vision de sainte Catherine 111
— Un Ecce-Homo 115
— Le Mariage de sainte Catherine 125
CARAVAGE (le). Portrait du Caravage 8
CARAVAGE (Michel-Ange). Le Sacrifice d'Isaac 29
— Le Flûteur. 72
— Les Trois Grâces. 138
CERQUOZZI (Michel Angelo) .Une Mascarade. 113
CHAMPAGNE (Philippe de). Louis XIII. 103
CIGNANI (Carlo). Jésus et la Madeleine 31
CORRÈGE (le). La Sainte Famille 18

CORRÈGE (le). L'Éducation de l'Amour 32
— Le Muletier 38
— Danaé 120
— Jésus et la Madeleine 125
— La Madeleine. 127
CORTONE. La Fuite de Jacob. 42
DOMINIQUIN (le). Un Portement de croix. 53
— Une Sibylle. 69
— Le Sacrifice d'Isaac. 78
— Les Mariniers 102
— Saint Jérôme en méditation 115
— Saint Jérôme dans le désert. 134
— Saint François 136
— Saint Jean l'Évangéliste 138
DON (Gerrit). La Hollandaise 10
— La Vieille à la lampe 26
DYCK (van). Le Portrait du comte d'Arundel 16
— Le Roi de Bohème. — La Duchesse d'Orléans . 76
— Le Marquis d'Entramp. 79
— Le Duc d'York 94
— Charles Ier 99
— La Reine de Bohème. — La Princesse de Phalsbourg. 122
— La Famille de Charles Ier 148
ESPAGNOLET (l'). Jésus au milieu des docteurs . . . 84
— Héraclite 114
— Démocrite 116
— Héraclite - Démocrite 126
FETI (Domenico). La Fileuse 32
GIORDANO (Luca). La Piscine 87
— Les Vendeurs chassés du Temple 108
GIORGION (le). L'Amour piqué. 97
— Gaston de Foix. — Pic de la Mirandole. . . . 81
— Milon de Crotone. 117
— L'Invention de la vraie croix 118
— Un Chevalier blessé. 124
— Portrait de Pordenone. 140
GRIFFIER (Jean). La Rivière 98
— Les Deux montagnes 150
GUERCHIN (Giovanni). David et Abigaïl. 19
— La Présentation au Temple. 140
— Saint Jérôme 150
GUIDE (le). David et Abigaïl. 46
— L'Enfant Jésus 68
— La Vierge et l'Enfant Jésus 71
— Suzanne au bain. 76
— Ecce-Homo. — Mater dolorosa 86
— Érigone. 107
— La Décollation de saint Jean-Baptiste 113
— Saint Sébastien 116
— Une Sibylle 124
— Sainte Apolline 130
— L'Amour 137
— Hérodiade 143
— La Madeleine 144
JOSEPIN (le). Suzanne au bain 63
LEBRUN (Charles). Le Massacre des Innocents . . . 63
— Hercule assommant les chevaux de Diomède. . 122
LESUEUR (Eustache). Alexandre et son médecin . . . 98
LORRAIN (Claude). Un Soleil couchant 46
MARATTE (Carle). Le Triomphe de Galathée 73
MATTEIS (Paolo de). Salmacis et Hermaphrodite . . 139
MICHEL-ANGE. La Prière au Jardin des Oliviers . . . 92
— La Sainte Famille 104
MIEL (Jean). La Danse 91
— L'Abreuvoir 93
— La Vendange 127
MIERIS LE VIEUX. Le Chimiste 17
— Le Déjeuner d'huîtres 109
MIERIS (Wilhelm van). Les Bacchantes 110
MOL (Pieter van). La Danse 117
MOLA. Agar et Ismaël. 58
MOLA (Francesco). La Prédication de saint Jean-Baptiste . 100
— Le Repos en Égypte. 105
— La Mort d'Archimède 112
MORO (Antoni). Hugues Grotius 135
MOUCHERON (Frédérik de). La Chute d'eau 125
NEER (van der). Le Moulin. 41
NETSCHER (Constantin). Le Repos 129
NETSCHER (Gaspard). Portrait de l'auteur 13
— L'Instruction maternelle. 30
— L'Offrande à Vénus. 38
— L'Entremetteuse. 57

— 154 —

NETSCHER (Gaspard) La Diseuse de bonne aventure..	77
— L'Oiseau	102
NICOLO (Abati). L'Enlèvement de Proserpine . .	76
PADOUAN (le). Mars et Vénus.	134
PALME LE VIEUX. Sainte Catherine	59
— Hérodiade	73
— Vénus qui se peigne	80
— Une Jeune fille	101
— Vénus et l'Amour	114
PARMESAN (le). L'Amour taillant son arc. . . .	67
— L'Éducation de l'Enfant Jésus.	73
— Le Mariage de sainte Catherine	118
— L'Offrande à l'Enfant Jésus	120
— La Sainte Famille	128
POELENBURG (Cornelis). Les Vaches	96
— Les Nymphes et les Faunes.	109
— Les Nymphes au bain	121
— Les Ruines.	142
— Céphale et Procris	146
PORBUS LE JEUNE. Henri IV.	111
PORDENONE (le). Judith	47
— Hercule et Achéloüs	112
— La Femme adultère	123
POTTER (Paul). La Chasse au cerf.	84
POUSSIN (Nicolas). Le Frappement du Rocher. .	35
— Moïse exposé	43
— Les sept sacrements : I. La Confirmation . .	48
— — II. L'Ordre . . .	51
— — III. La Pénitence .	54
— — IV. La Cène ou l'Eucharistie	56
— — V. Le Mariage . .	59
— — VI. Le Baptême . .	60
— Moïse enfant	80
— La Naissance de Bacchus	101
— Le Ravissement de saint Paul.	143
REMBRANDT. Paysage.	9
— La Veillée hollandaise	13
— Le Bourgmestre	37
— Deux têtes.	65
— Saint François	78
RIGAUD (Hyacinthe). La duchesse d'Orléans. . .	105
ROMAIN (Jules). Les Six Frises :	
— I. L'Enlèvement des Sabines	39
— II. La Paix entre les Romains et les Sabins .	39
— III. Coriolan	40
— IV. La Prise de Carthagène.	40
— V. La Vertu de Scipion	40
— VI. Les Récompenses militaires	40
— L'Enfance de Jupiter	78
— La Naissance de Bacchus	103
— Les Amours de Jupiter	112
— La Nourriture d'Hercule	146
ROMBOUTS (Théodore). Le Serment d'Annibal . .	88
— L'Assemblée des Dieux.	145
ROOS (Johann-Heinrich). Le Pâtre.	114
ROTTENHAMMER. Jupiter et Danaé.	149
RUBENS (Pierre-Paul). La Continence de Scipion	20
— Le Retour de Diane	37
— Le Jugement de Pâris	49
— Thomyris	95
— Histoire de Constantin	107
— L'Aventure de Philopœmen.	119
— L'Enlèvement de Ganymède	124
— Saint George	132
SACCHI (Andrea). Adam pleurant la mort d'Abel .	85
SALVIATI (le). L'Enlèvement des Sabines. . . .	145
SANTERRE (Jean-Baptiste). Le Régent.	30
SANZIO (Raphaël). La Sainte Famille.	7
— La Sainte Vierge.	14
— La Vierge avec l'Enfant Jésus.	22
— La Sainte Famille	44
— Jules II	45
— La Sainte Famille	58
— Saint Jean au désert.	66
— Trois sujets de la Passion	85
— I. Jésus en prière au Jardin des Oliviers .	85
— II. Jésus portant sa croix.	85
— III. Jésus mort sur les genoux de la Vierge	86
SARTE (André del). Léda	61
— La Mort de Lucrèce.	141
SCHALKEN (Gotfried). La Bague	97
SCHIAVONE (le). Le Christ mort	99
— Jésus-Christ devant Pilate.	133
— Le Christ mort	149
SCRIDONE (Bartolommeo). L'Éducation de l'Enfant Jésus.	34
SCORZA (Sinibaldo). Le Marché.	136
— Le Repos des Chasseurs	137
— Le Pont	144
SÉBASTIEN (del Piombo). La Résurrection de Lazare .	11
— La Descente de croix	97
— Michel-Ange	112
STALBENT (Adriaan van). La Pêche	145
SUSTRIS (Lambert). L'Enlèvement de Proserpine .	109
SWANEVELT (Hermann van). Les Bergers. . . .	92
TENIERS (David). L'Estaminet	25
TENIERS LE JEUNE. Le Chimiste	57
— La Guitare.	62
— Le Marchand de chansons.	65
— Le Cabaret.	87
— La Fumeuse	106
— Le Vieillard	119
— Le Berger	128
TINTORET. Les ducs de Ferrare	12
— L'Arétin. — Le Titien	93
— L'Incrédulité de saint Thomas	103
— Jupiter et Léda	115
— Une Descente de croix	130
— L'Allaitement d'Hercule.	135
TITIEN. Les Ages de l'homme	15
— La Cassette du Titien	22
— Diane et Actéon	24
— Vénus à la coquille	30
— Diane et Calisto	54
— L'Éducation de l'Amour	59
— Philippe II et sa maîtresse.	62
— L'Enlèvement d'Europe.	74
— Le Portrait de l'auteur	74
— Le Repos en Égypte.	77
— L'Esclavone	85
— Titien et sa maîtresse	88
— Clément VII	100
— Vénus qui se mire	107
— Charles-Quint.	121
— Le Départ d'Adonis	126
— Persée et Andromède.	133
— La Madeleine. — La mort d'Actéon. . .	134
— Jésus et la Madeleine	143
VOL (van). La Cuisinière.	49
VAGA (Perrino del). Les Trois déesses.	130
VALENTIN. Les Quatre Ages.	84
— Le Concert	93
— Les Cinq Sens.	121
VASARI (Giorgio). Les Six Poëtes.	55
VELASQUEZ. Moïse sauvé des eaux.	23
— Loth et ses filles..	54
VÉRONÈSE (Alexandre). Les Trois Anges. . . .	66
— La Chasteté de Joseph	69
VÉRONÈSE (Paul). Loth et ses filles sortant de Sodome .	44
— L'Enlèvement d'Europe.	20
— Les Israélites sortant d'Égypte.	31
— Le Jugement de Salomon	38
— La Mort d'Adonis	46
— La Fille de Paul Véronèse.	49
— Les Pèlerins d'Emmaüs.	65
— Moïse sauvé des eaux	74
— Dix sujets tirés de la Fable et de l'Allégorie .	82
— I. Mercure et Hersé	83
— II. Mars et Vénus	83
— III. Mars désarmé par Vénus.	83
— IV. Mars et Vénus liés par l'Amour . .	83
— V. La Sagesse compagne d'Hercule . . .	83
— VI. L'Homme entre le Vice et la Vertu .	83
— VII. Le Respect	83
— VIII. L'Infidélité	84
— IX. L'Amour heureux	84
— X. Le Dégoût.	84
— Jupiter et Léda	89
VINCI (Léonard de Vinci). Hérodiade	
— La Colombine.	131
— Portrait de femme	144
VOLTERRE (Daniel de). La Descente de croix . .	154
VOS (Martin). Les Fièvres	115
— Pan et Syrinx.	96
VOUET (Simon). Gaucher de Châtillon	
WAGNER (Jean-Georges). Les Ruines.	105
— Les Voyageurs	148
WATTEAU (Antoine). Le Bal champêtre. . . .	63
WEENIX (Battista). La Gaîté bachique	70
WERFF (van der). Le Vendeur d'œufs.	
— La Vendeuse de marée.	127
— Le Jugement de Pâris	33
WOUWERMAN (Philippe). La Chasseresse . . .	74
— La Curée	82
— La Conduite des dames pour la chasse. .	
— Le Présent du Chasseur	100
WYNANTS (Jean). Le Retour des bestiaux . . .	132

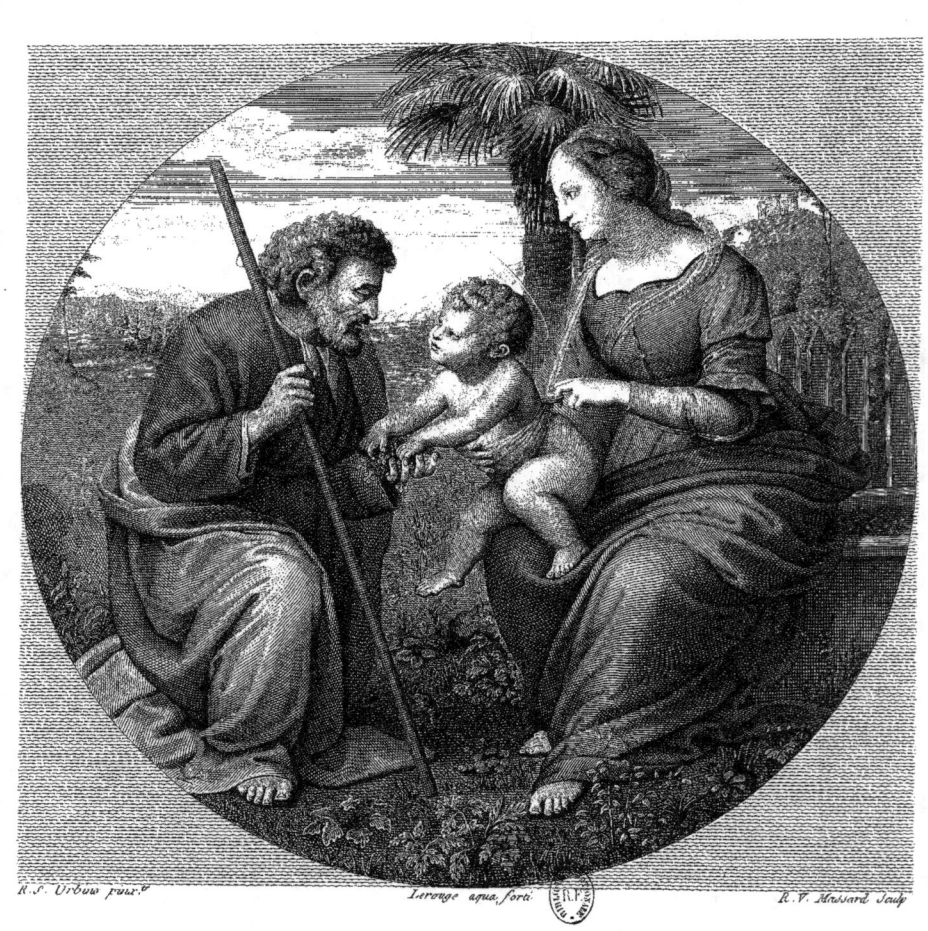

SAINTE FAMILLE.   DIE HEILIGE FAMILIE.

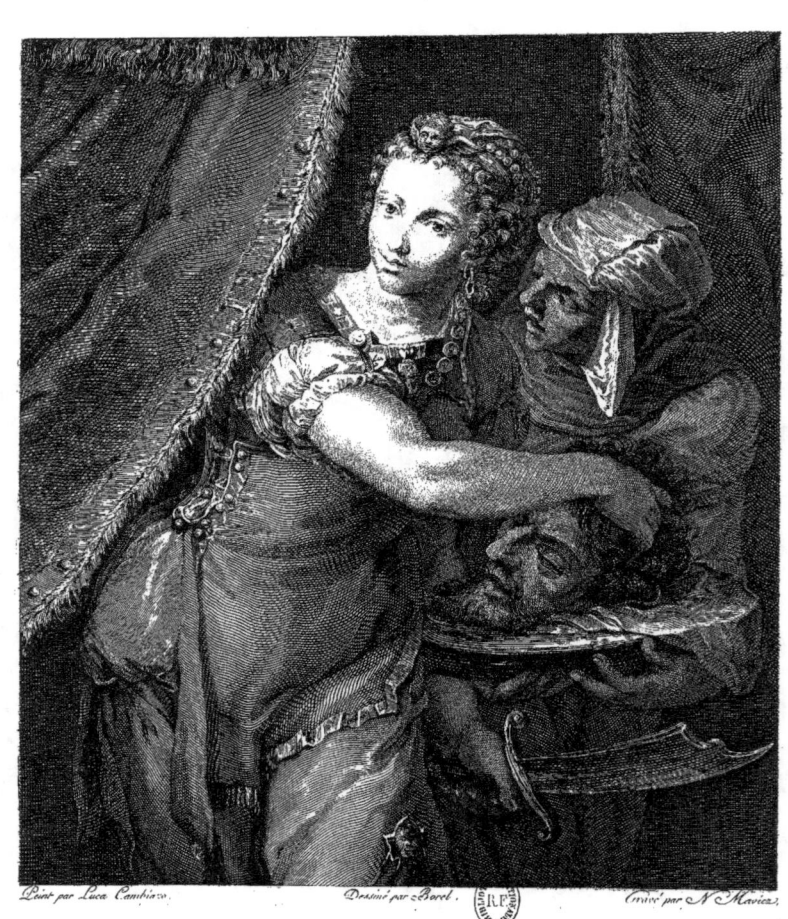

Peint par Luca Cambiaso. Dessiné par Borel. Gravé par N. Maviez.

JUDITH & HOLOPHERNE.

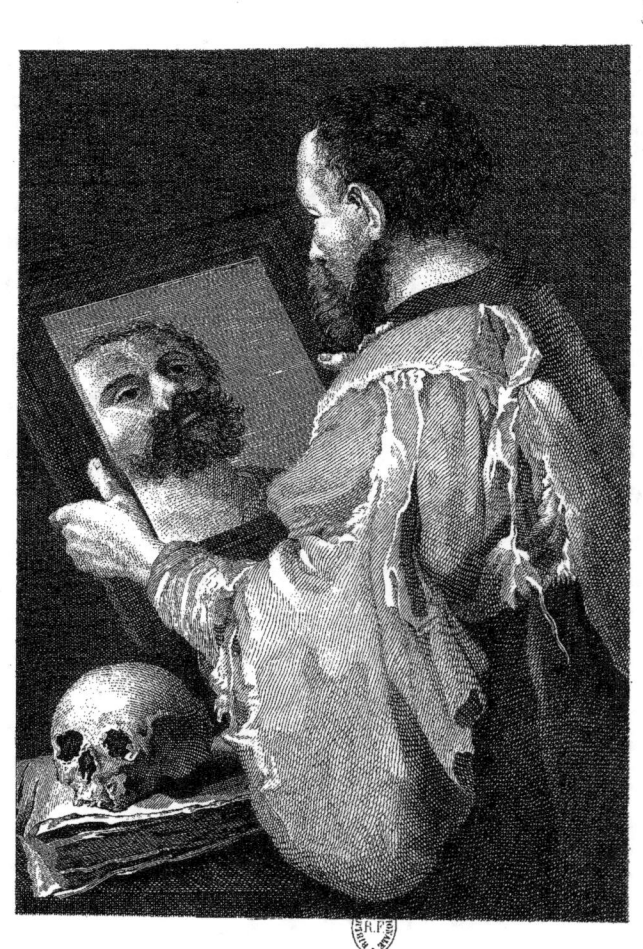

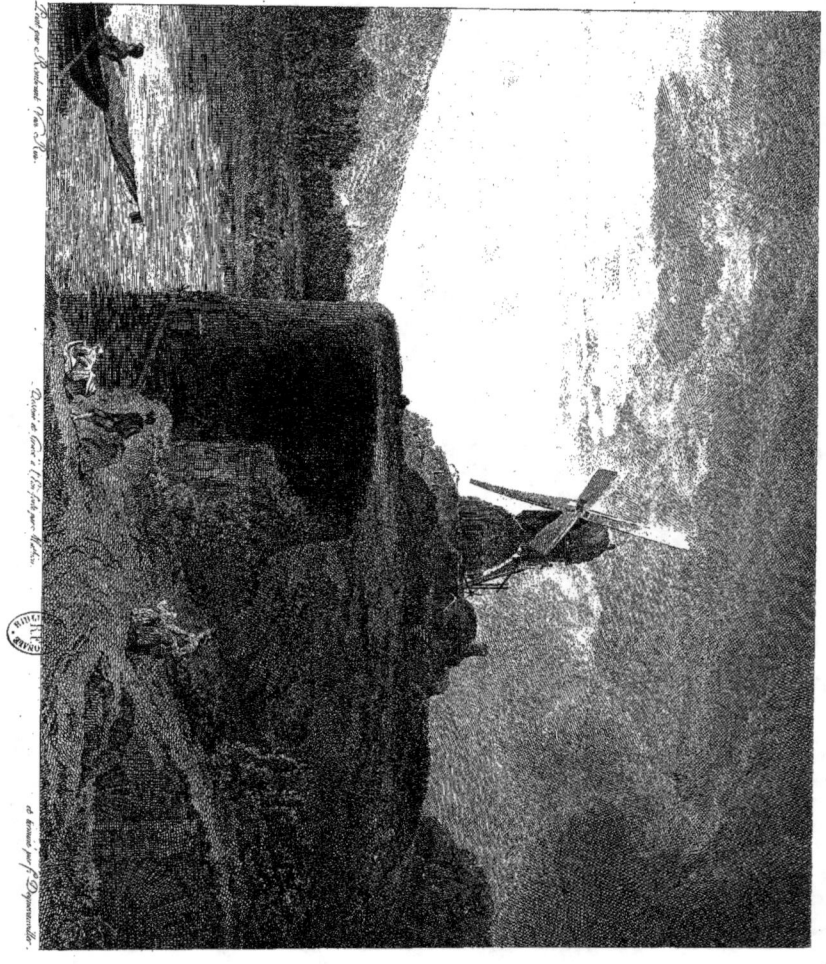

LE MOULIN DE MÉRÉ

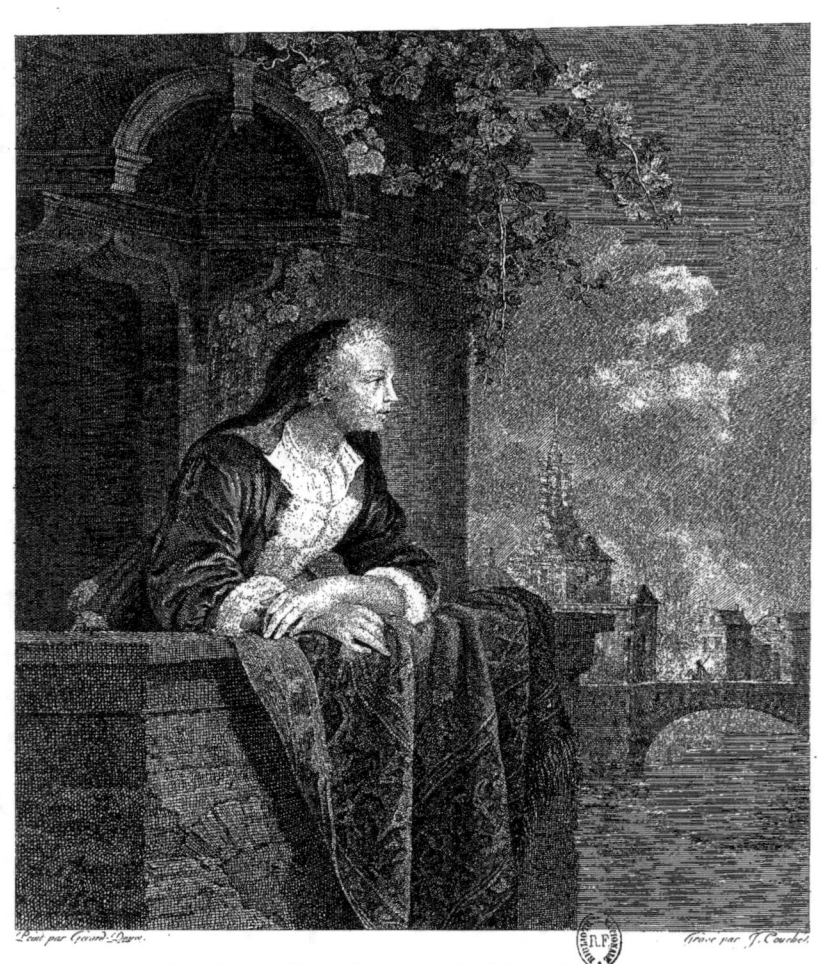

LA HOLLANDAISE   DIE HOLLANDERIN

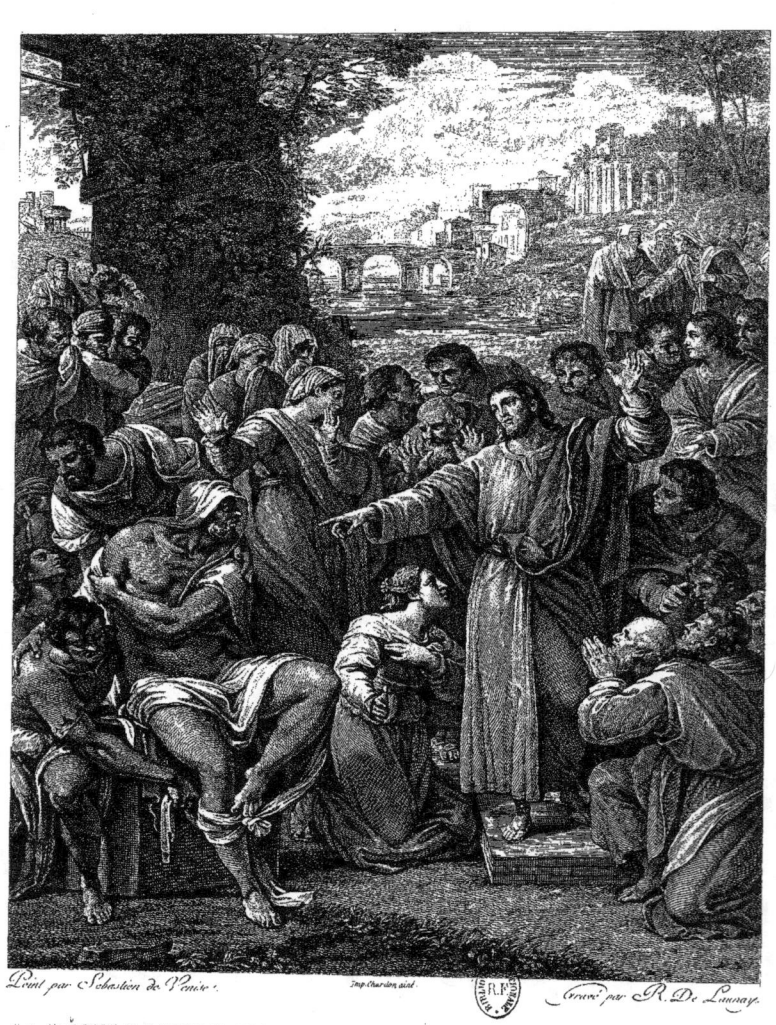

LA RÉSURRECTION DU LAZARE   DIE AUFERWECKUNG DES LAZARUS

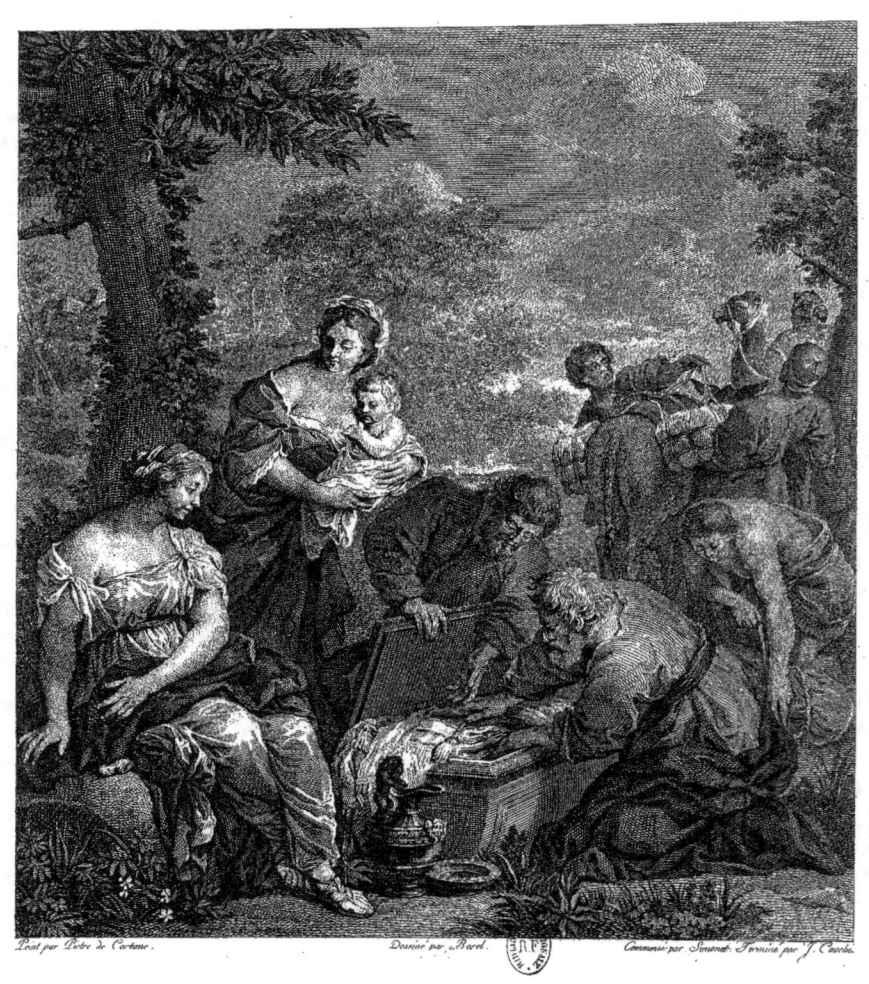

LA FUITE DE JACOB   DIE FLUCHT JACOB'S

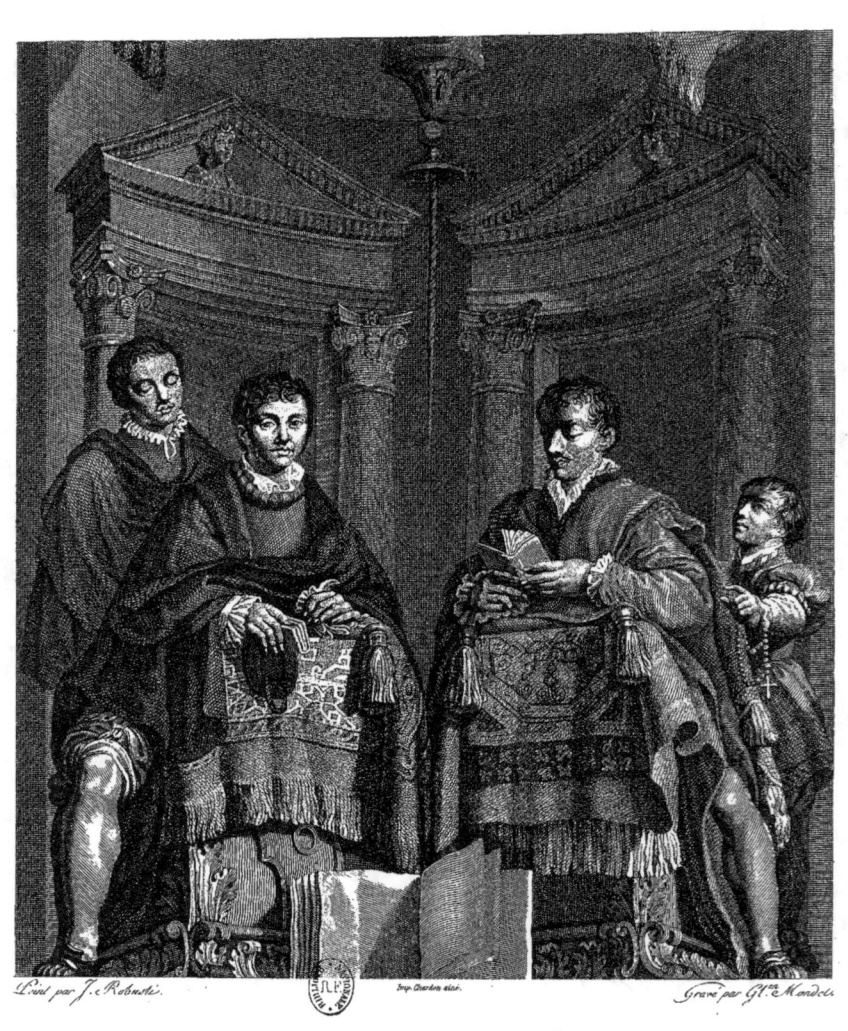

LES DUCS DE FERRARE   DIE HERZÖGE VON FERRARA

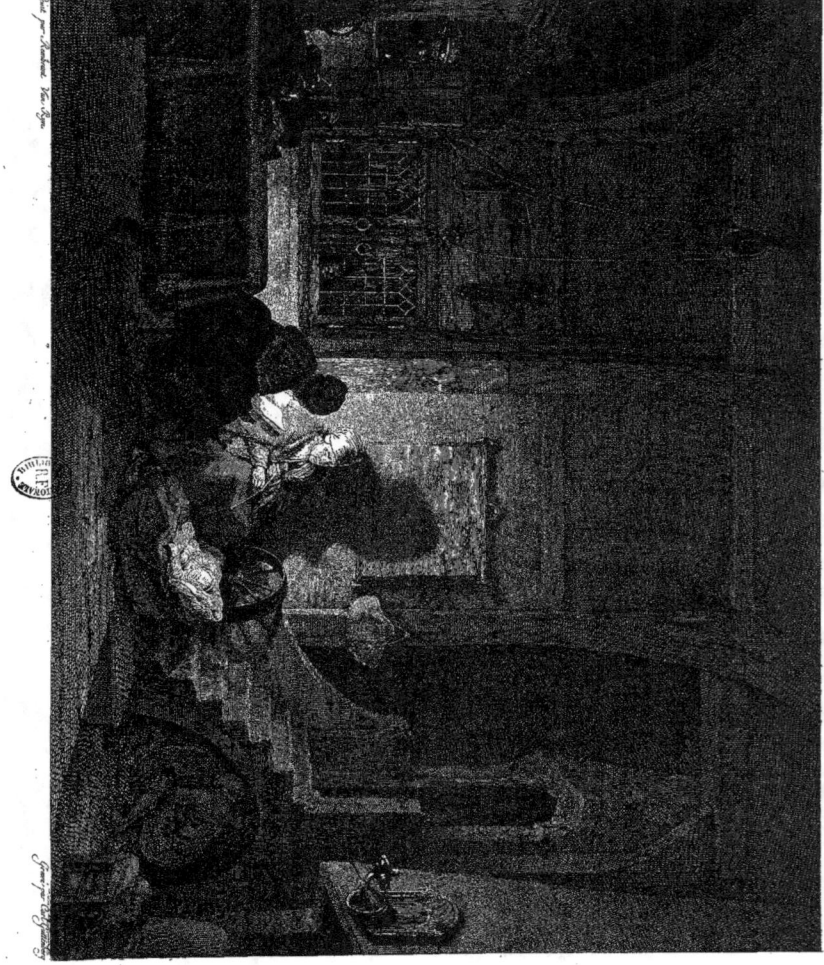

LA VIEILLE HOLLANDAISE. DIE ALTE HOLLÄNDERINN.

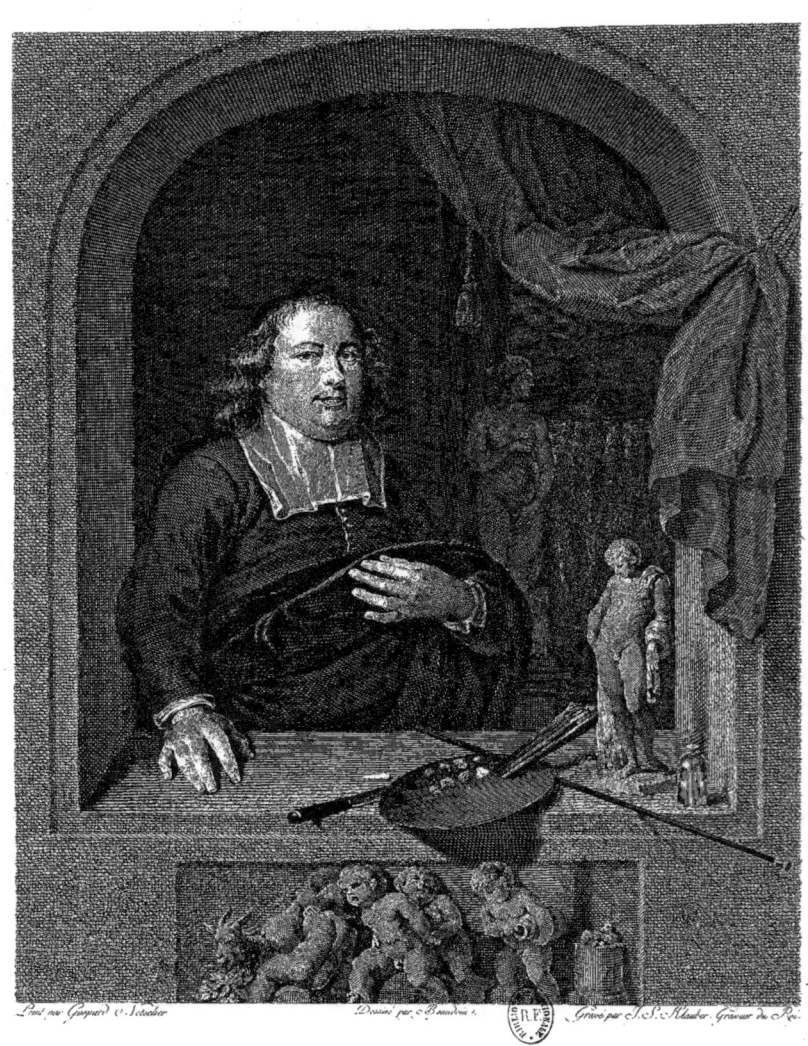

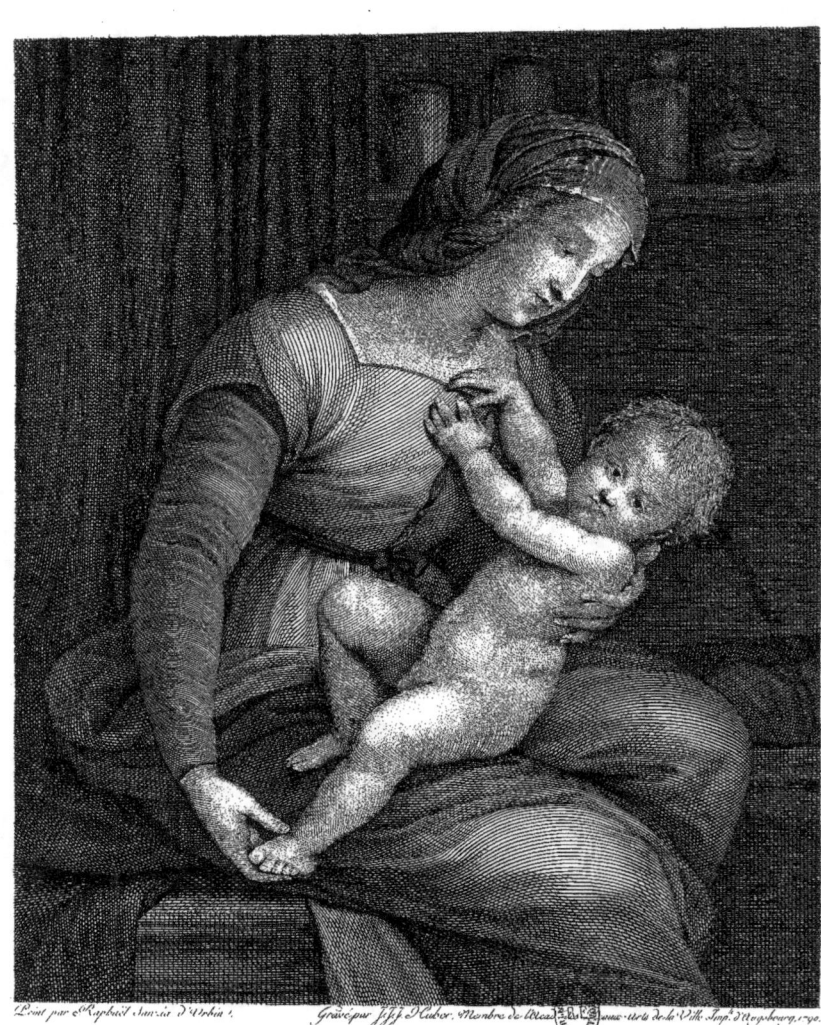

Peint par Raphaël Sanzio d'Urbin. Gravé par J.J. d'Huber, Membre de l'Académie des Beaux-Arts de la Ville Imp. d'Augsbourg, 1790.

Imp. Chardon ainé, à Paris.

L'EMBRASEMENT DE SODOME SODOM'S UNTERGANG

LES TROIS AGES

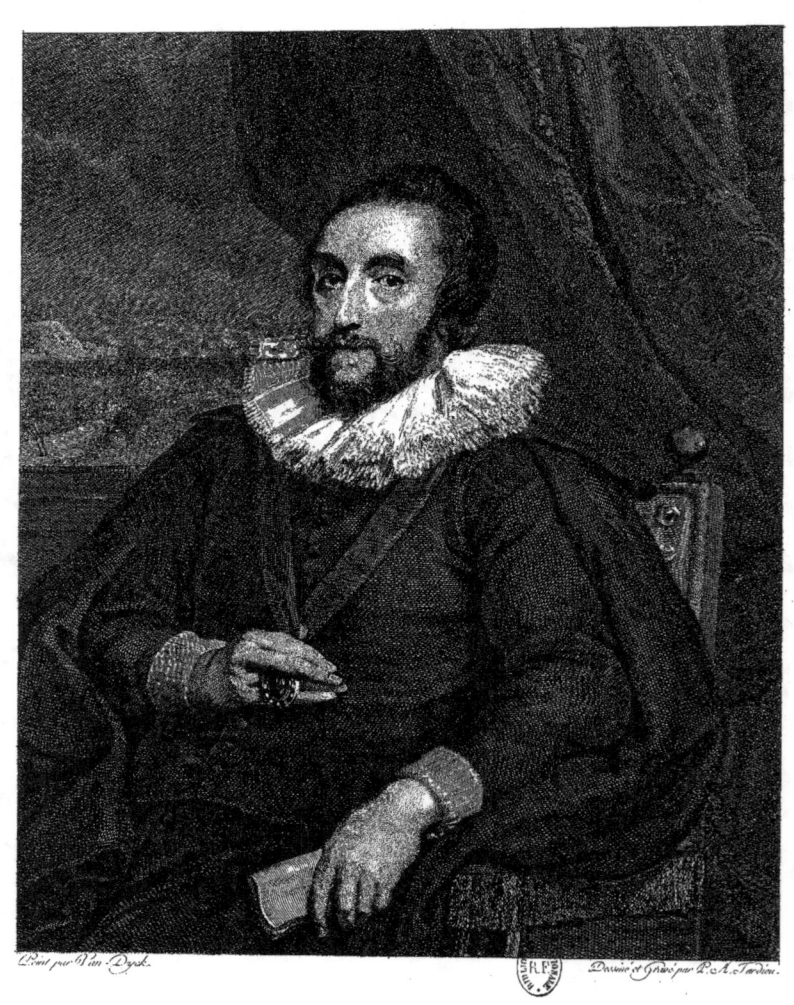

LE COMTE D'ARUNDEL.

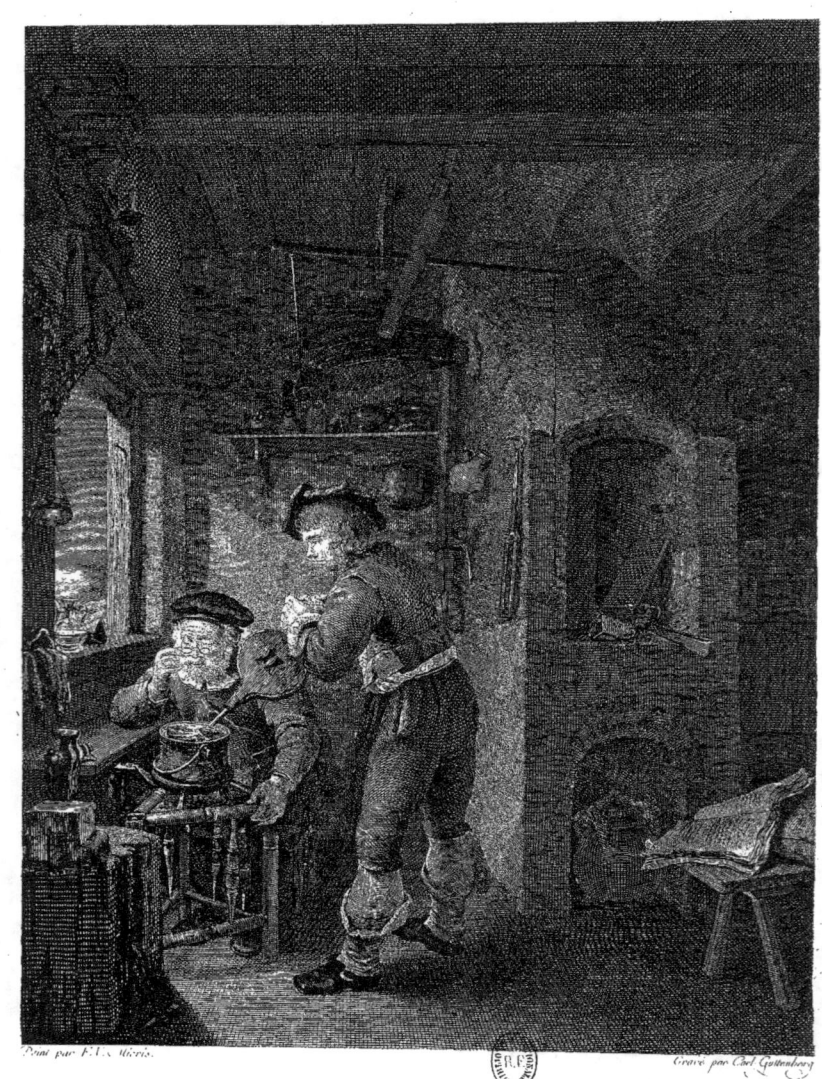

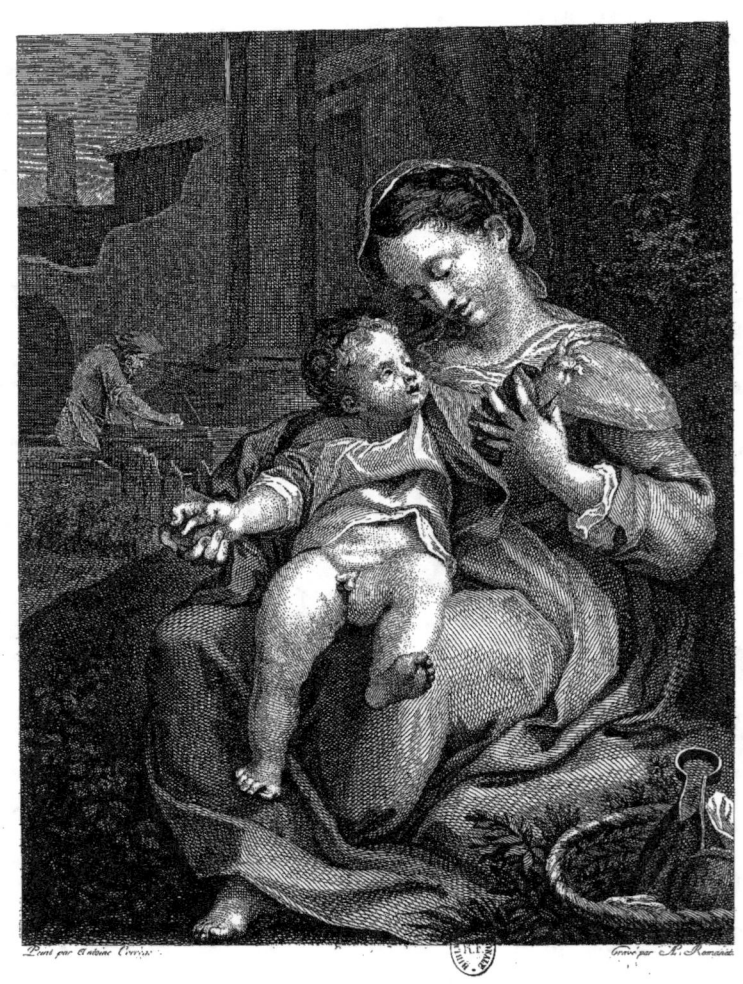

LA VIERGE AU PANIER

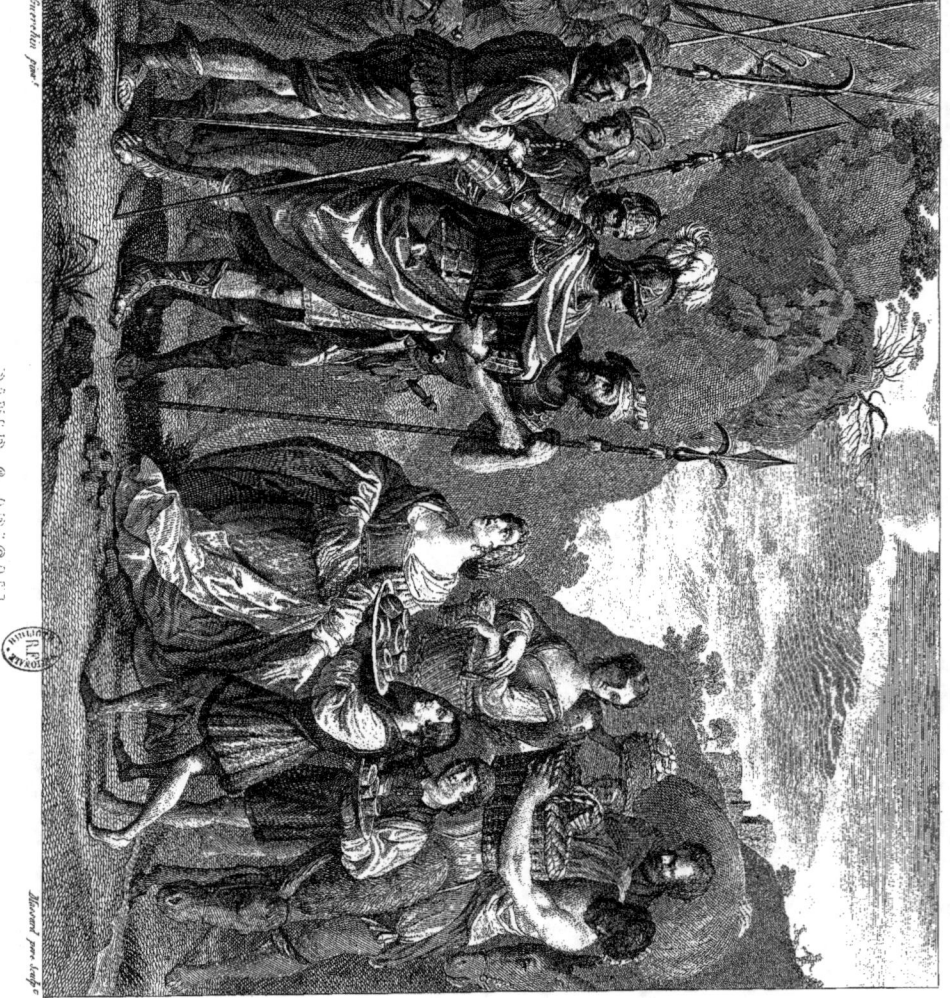

Peint par Paul Véronèse.　　　Gravé par R. De Launay.

L'ENLÈVEMENT D'EUROPE

Imp. Chardon ainé, à Paris

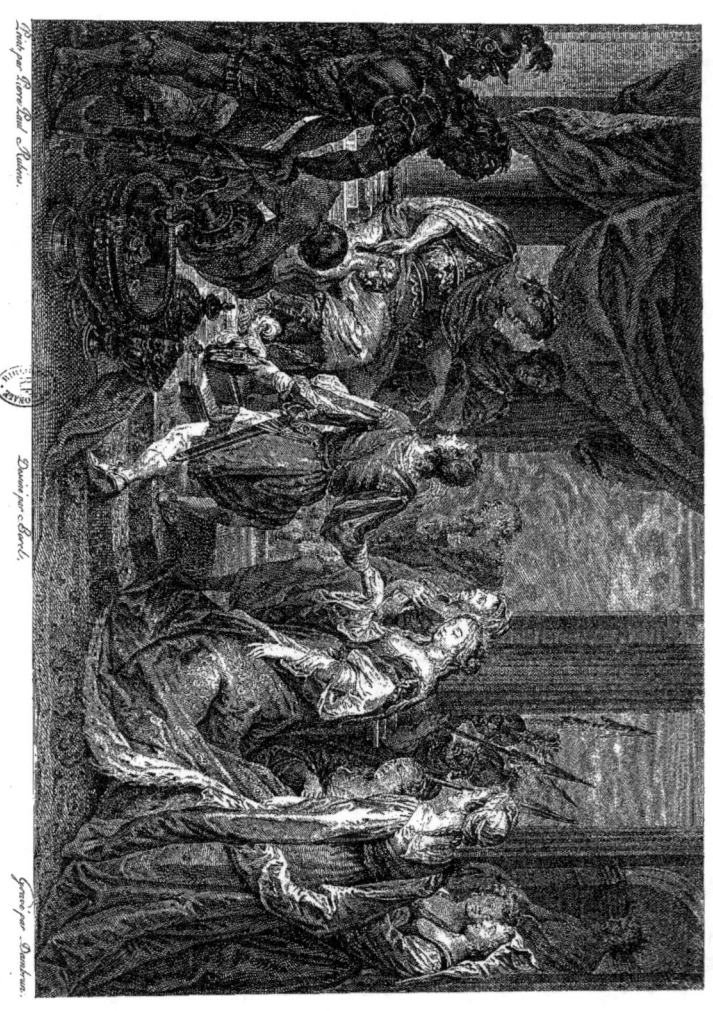

CONTINENCE DE SCIPION

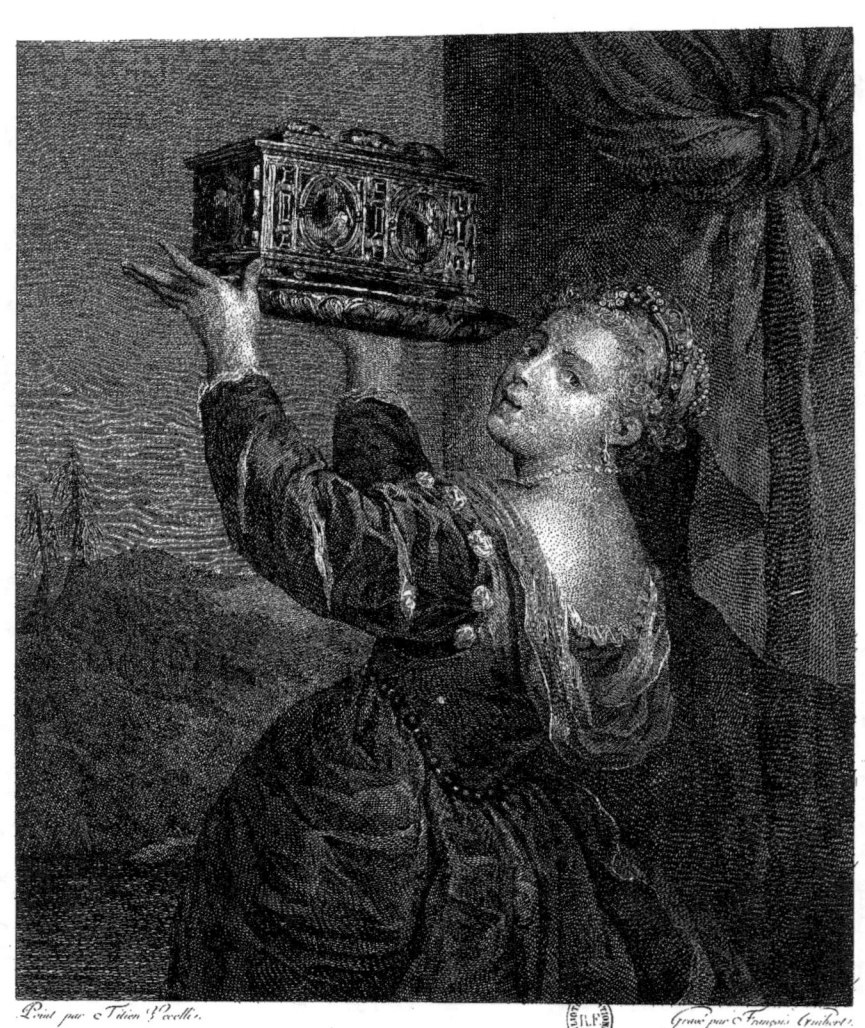

Peint par Titien Vecelli. Gravé par François Guibert.

Imp. Chardon ainé, à Paris

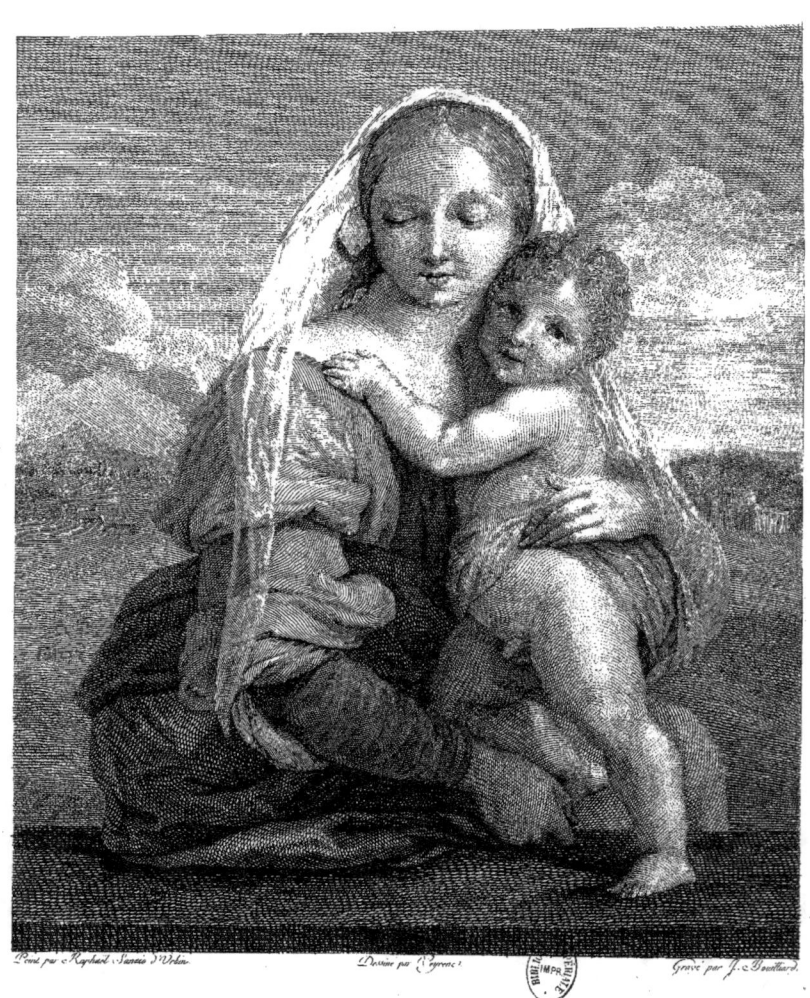

LA SAINTE VIERGE ET L'ENFANT JÉSUS

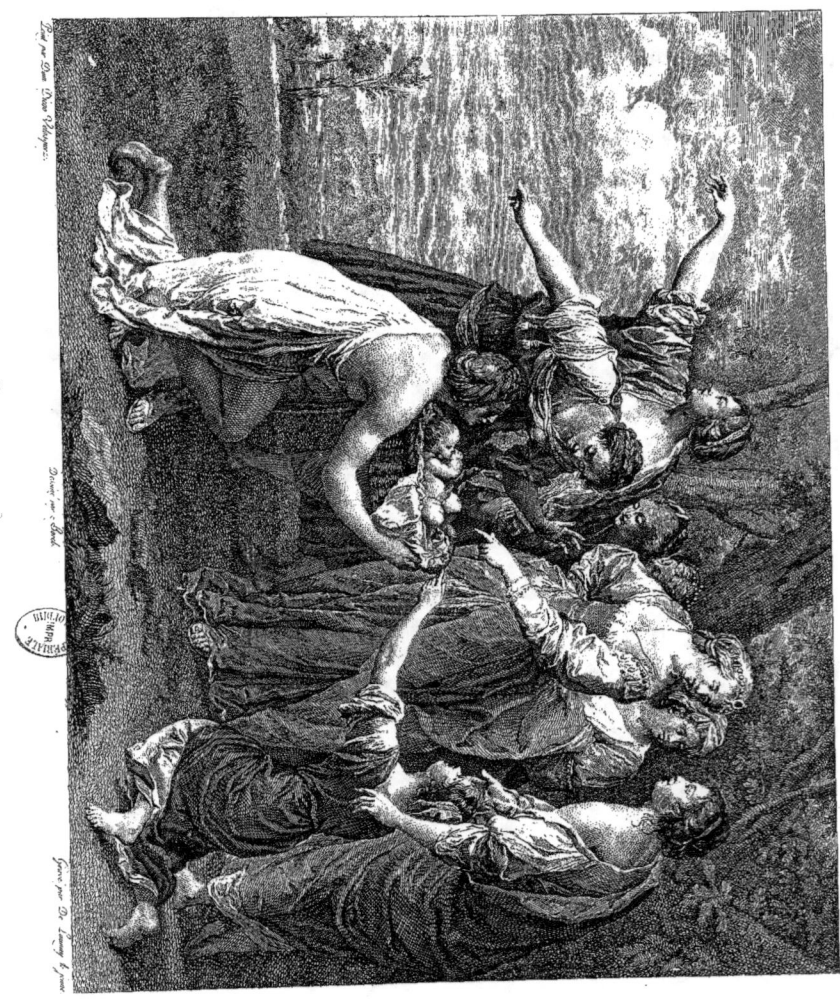

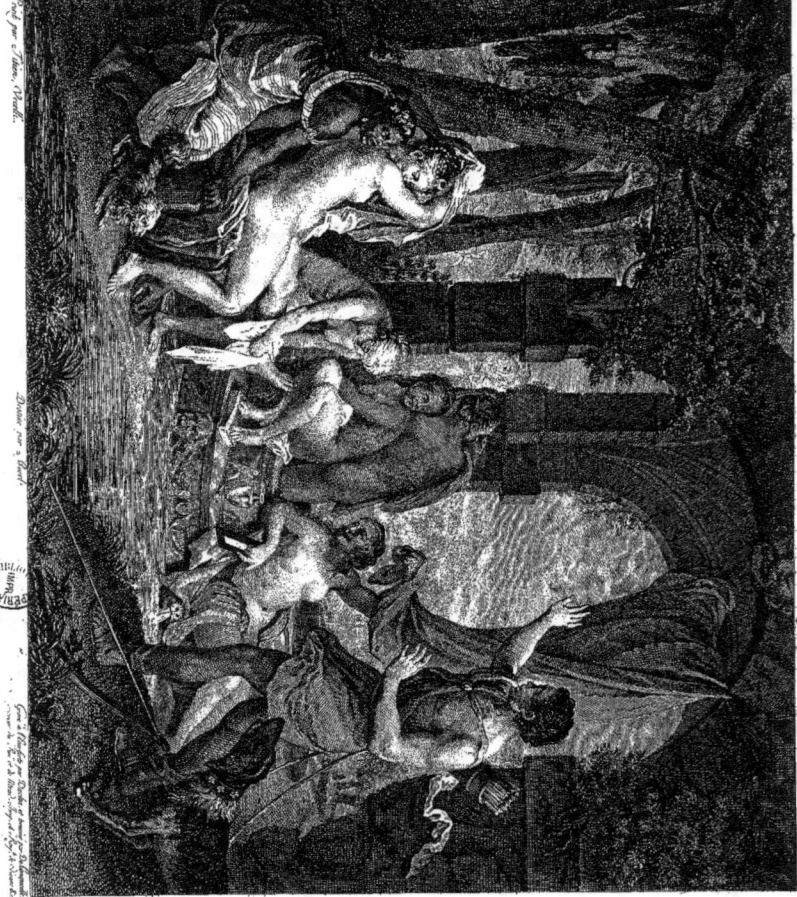

DIANE & ACTÉON

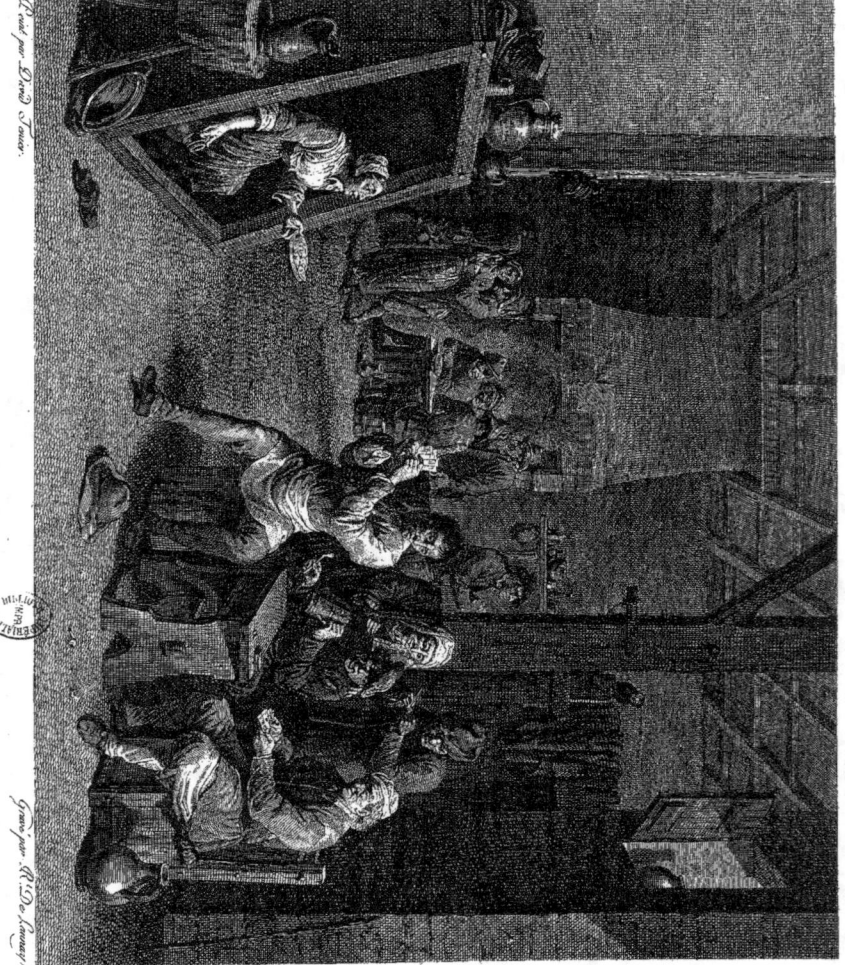

Peint par David Teniers. Gravé par R. De Launay.

L'ESTAMINET

Imp. Chardon ainé à Paris.

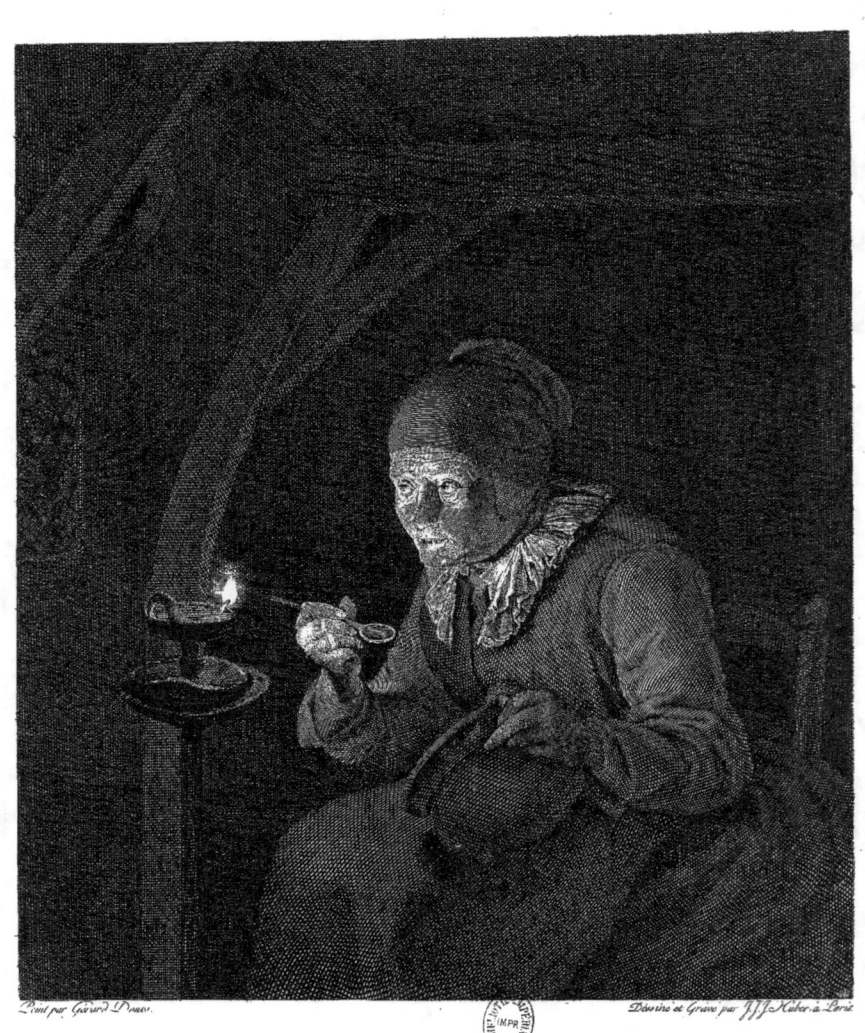

LA VIEILLE À LA LAMPE.

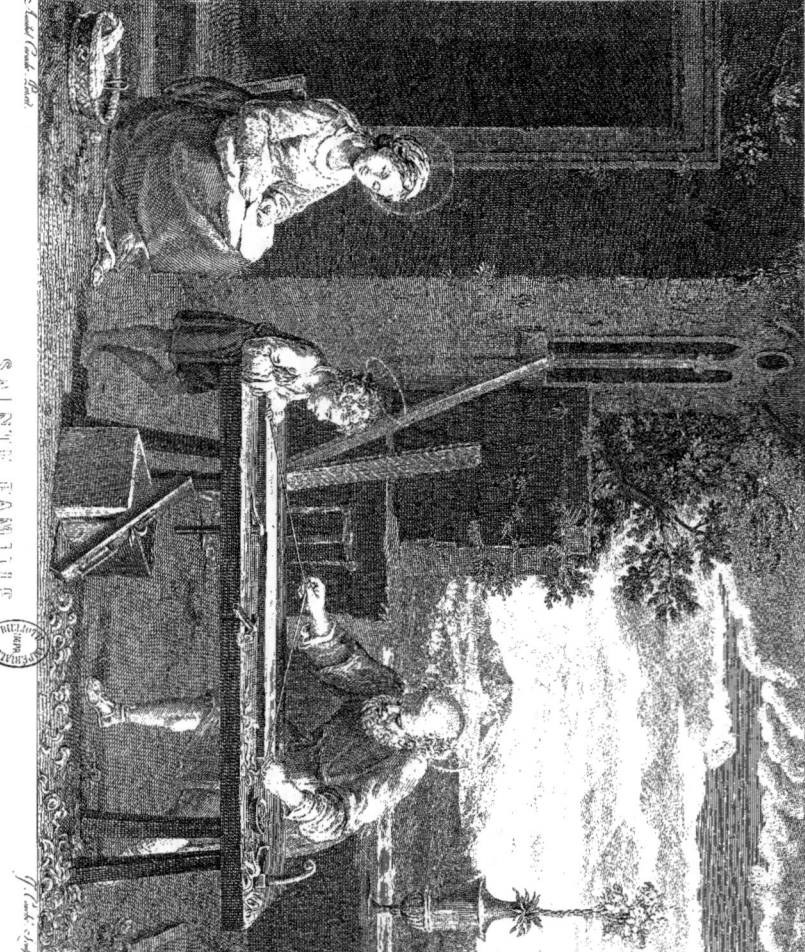

SAINTE FAMILLE
(LE RABOTEUR)

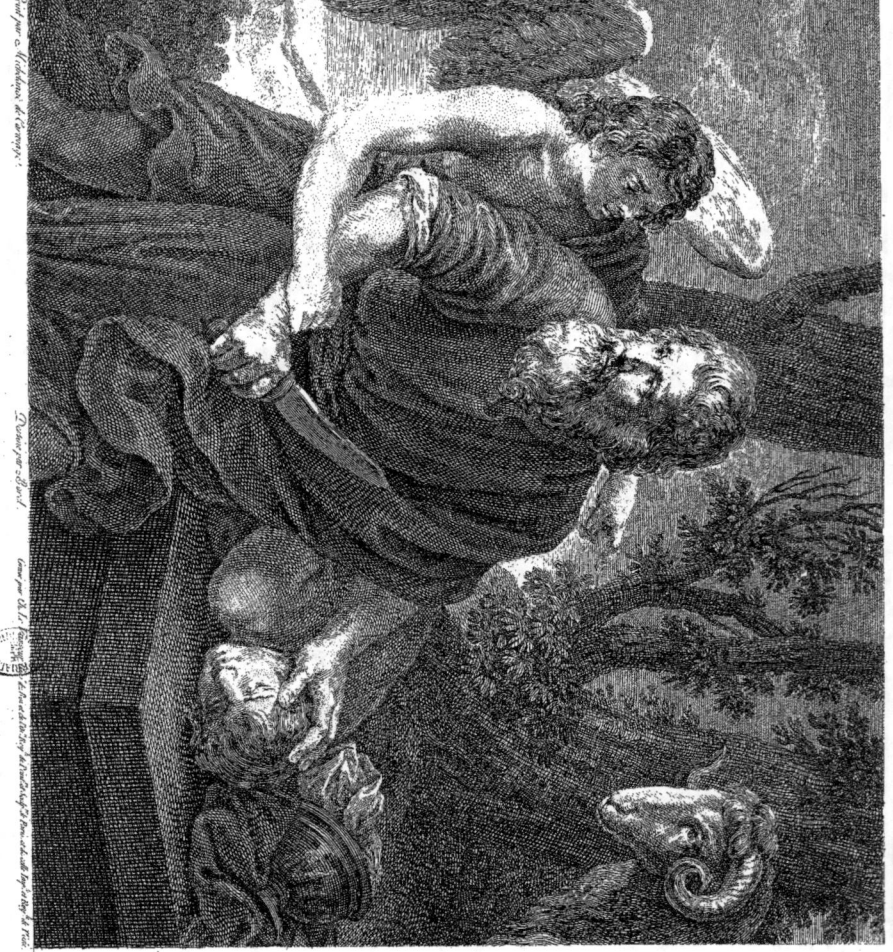

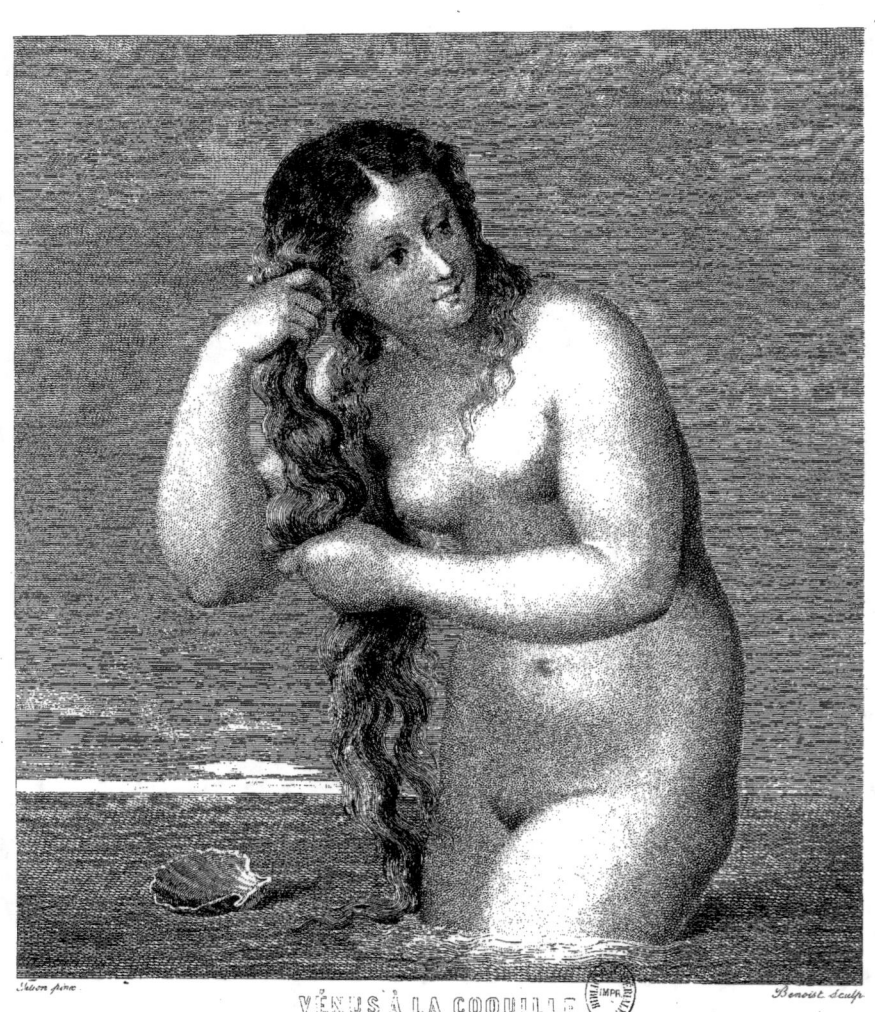

VÉNUS À LA COQUILLE.

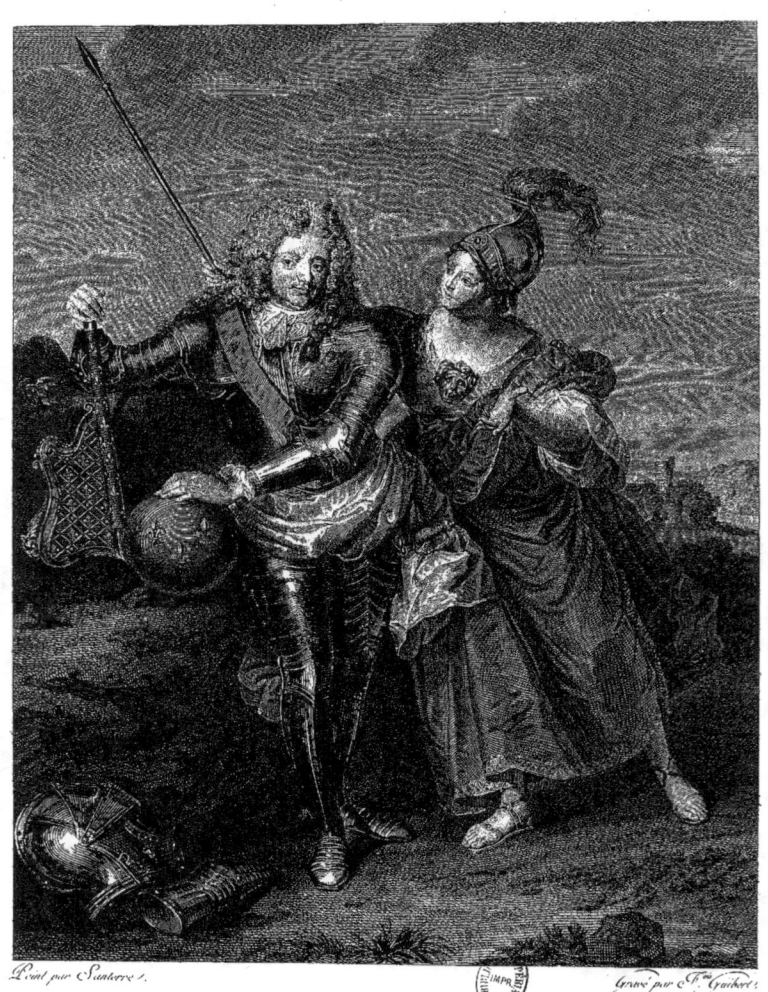

LE RÉGENT

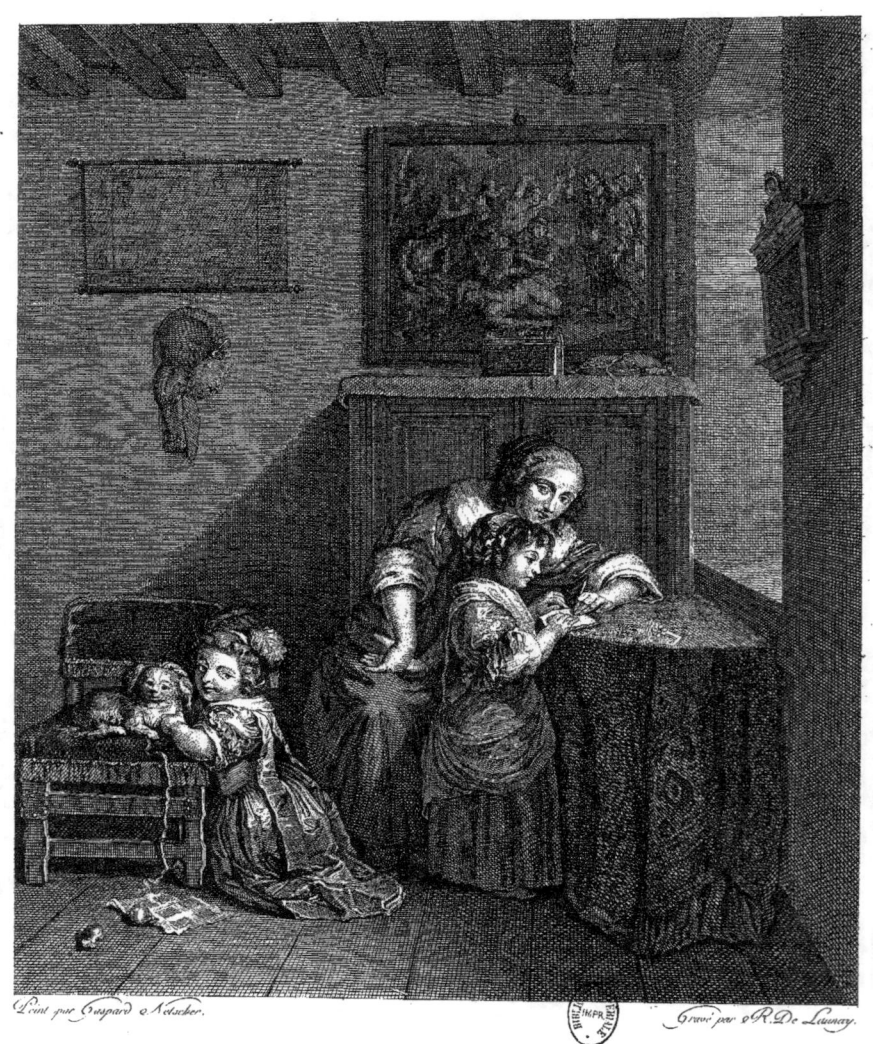

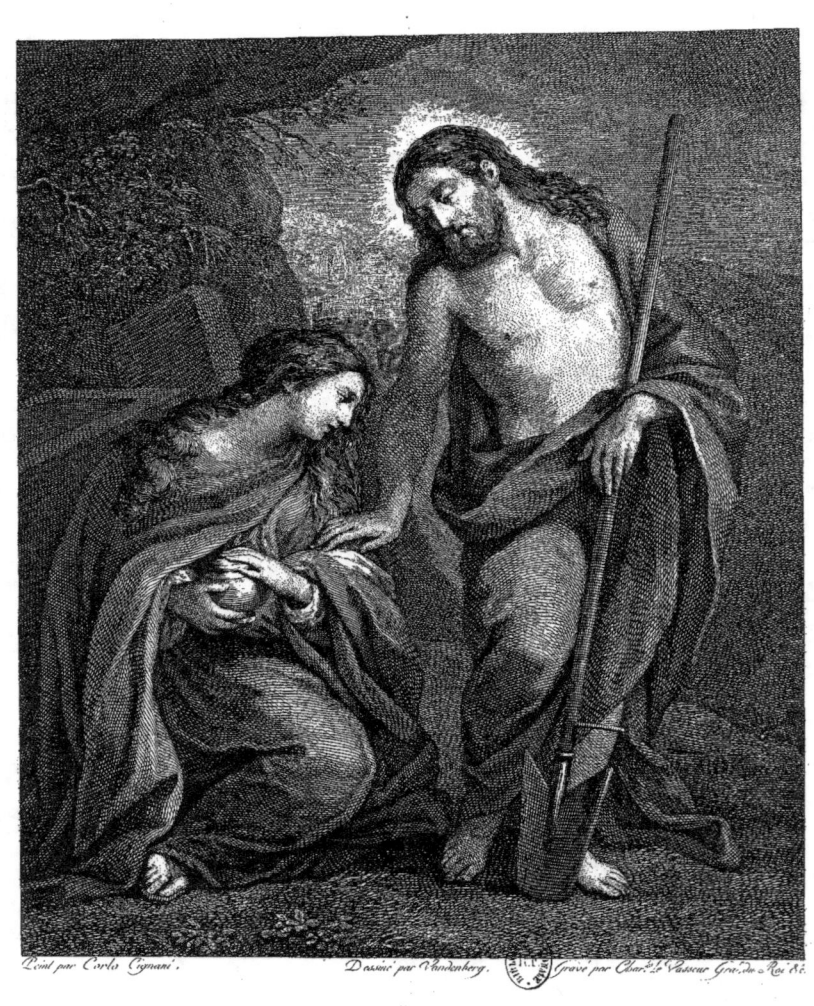

JÉSUS-CHRIST & LA MADELEINE

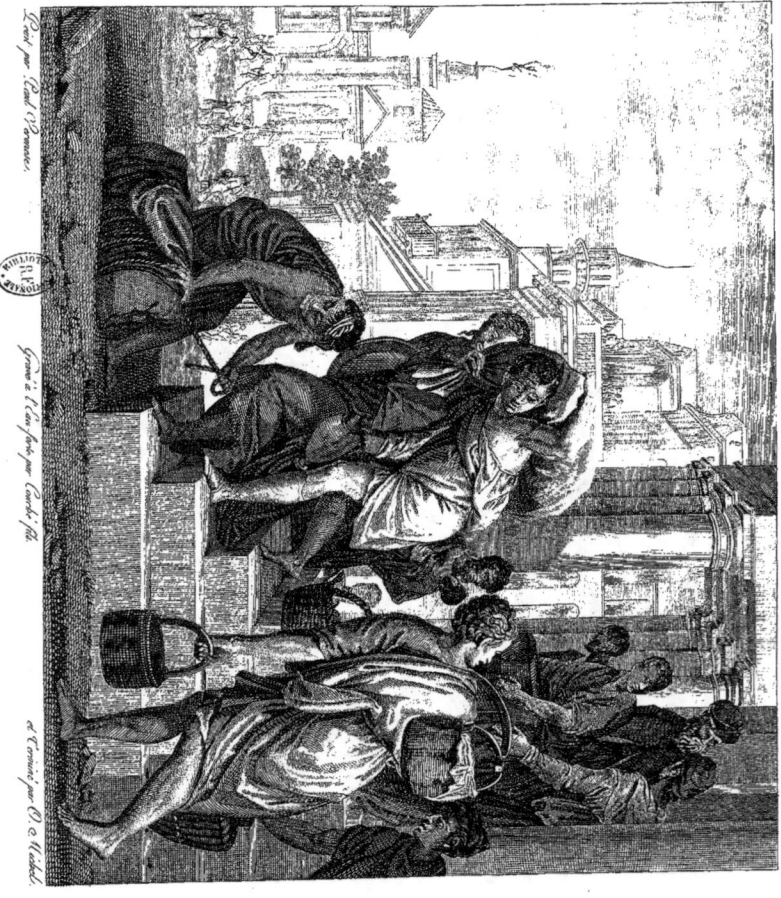

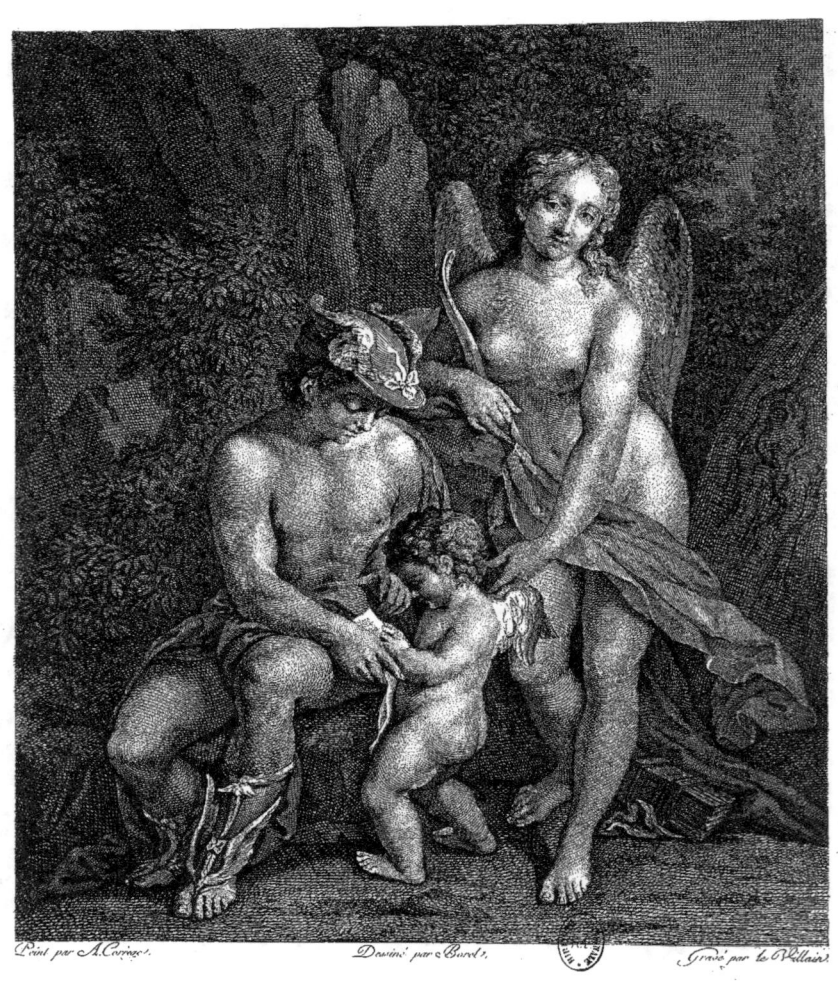

Peint par A. Corrège.   Dessiné par Buvel.   Gravé par le Villain.

ÉDUCATION DE L'AMOUR

Imp. Chardon ainé, à Paris.

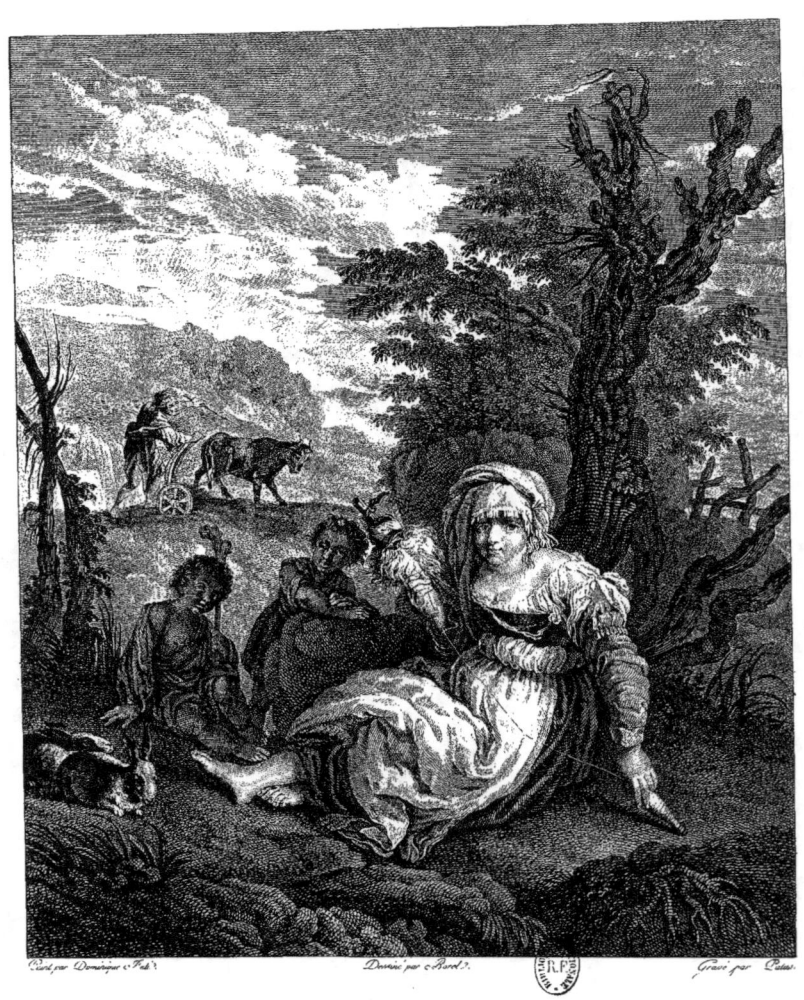

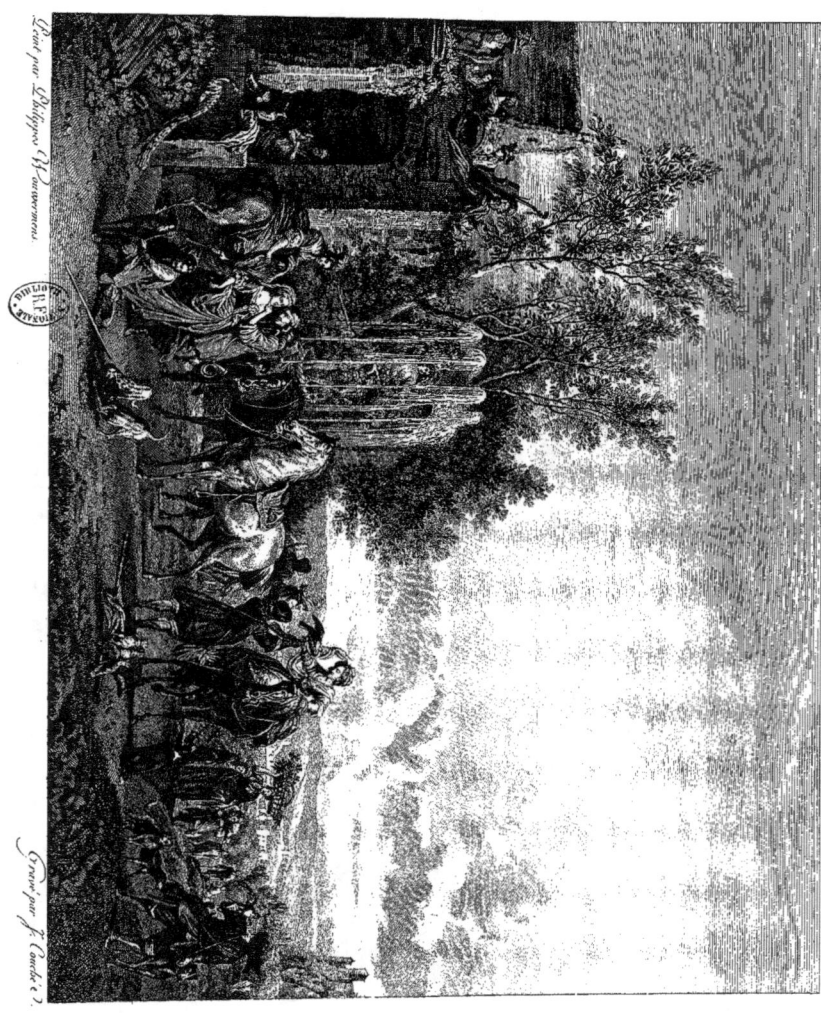

LA CHASSERESSE

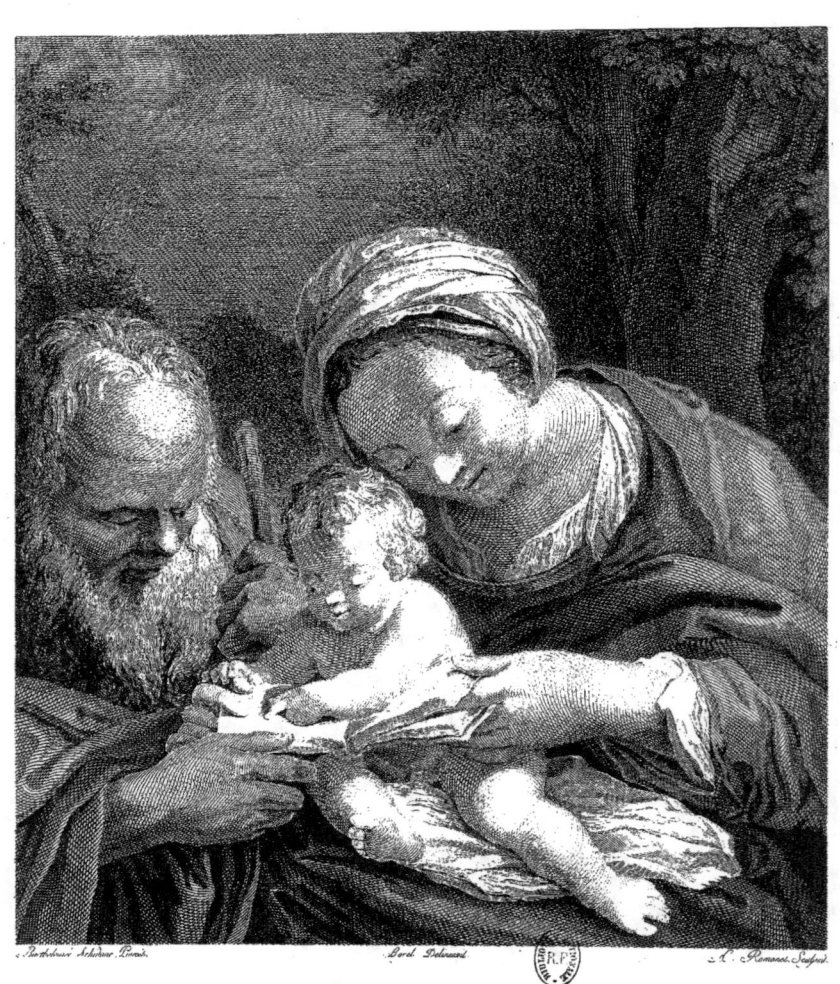

LA VIERGE

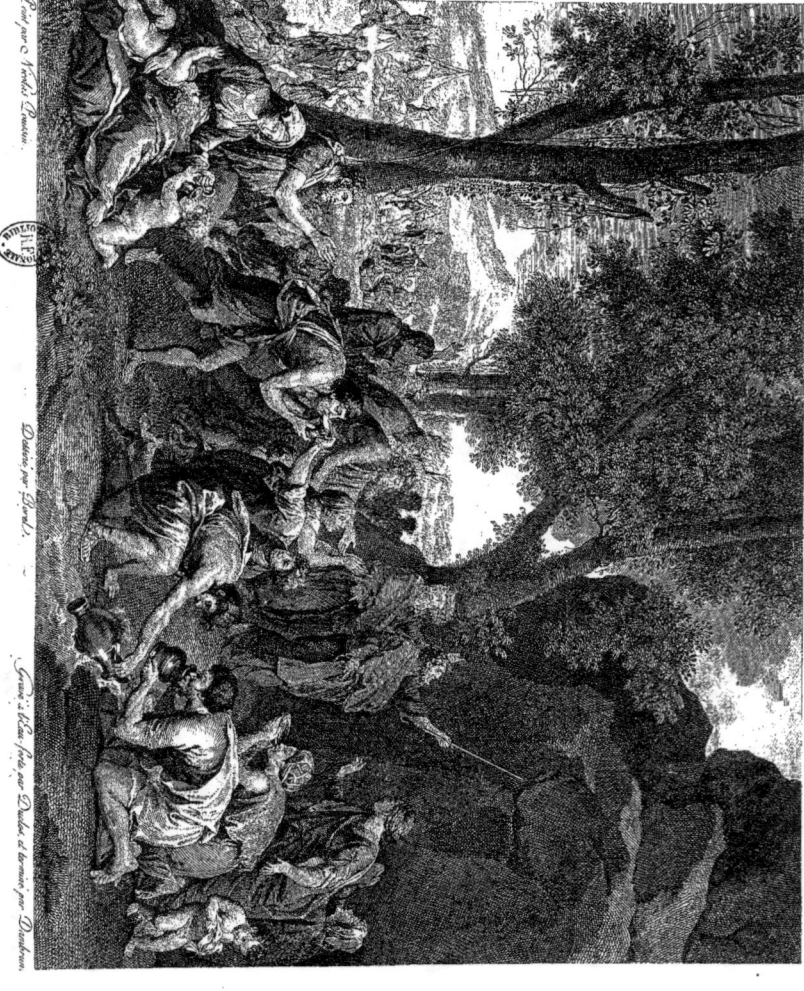

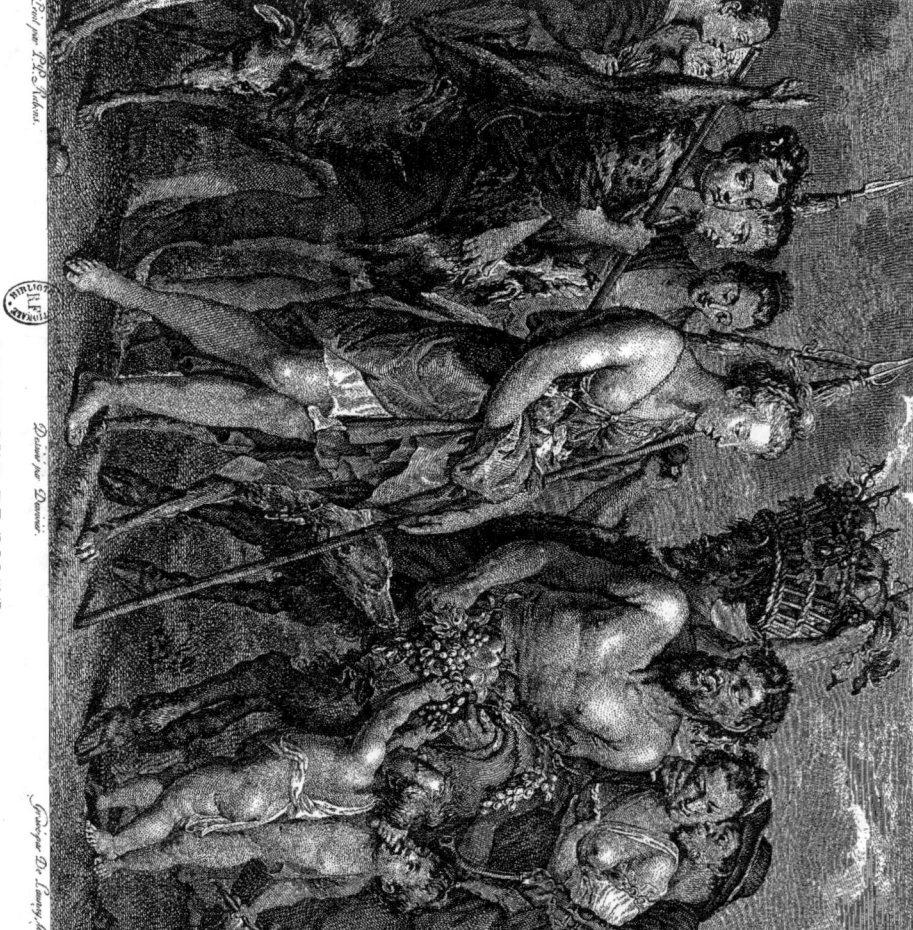

LE RETOUR DE DIANE

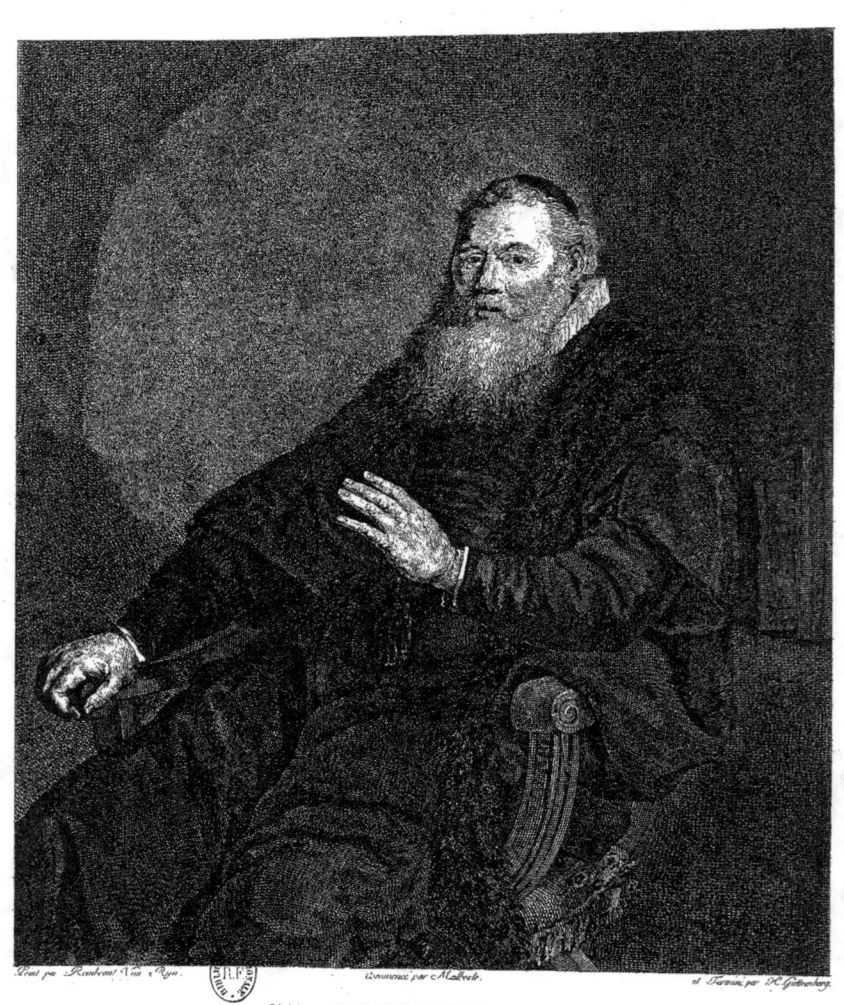

UN BOURGUEMESTRE

Imp. Chardon aîné, à Paris.

LES MULETIERS

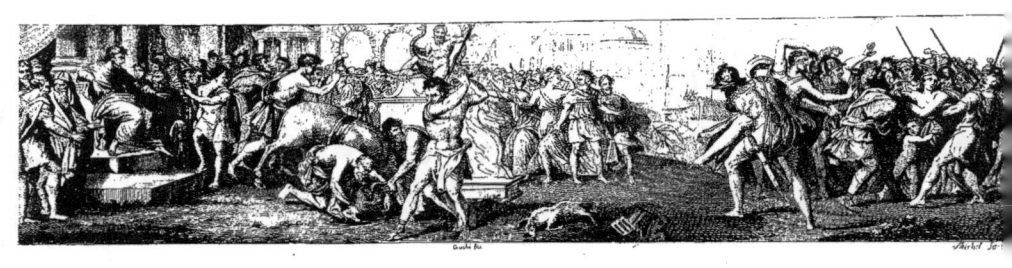

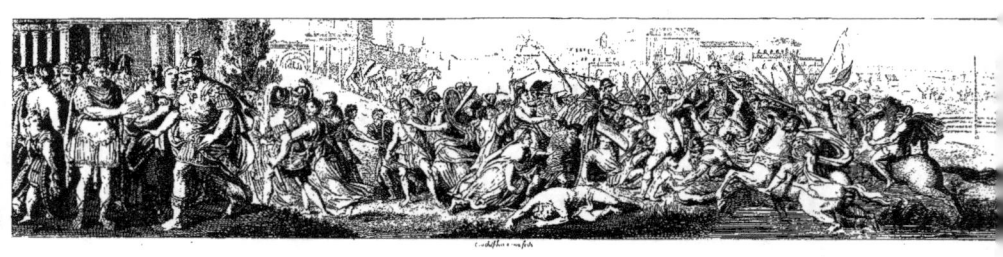

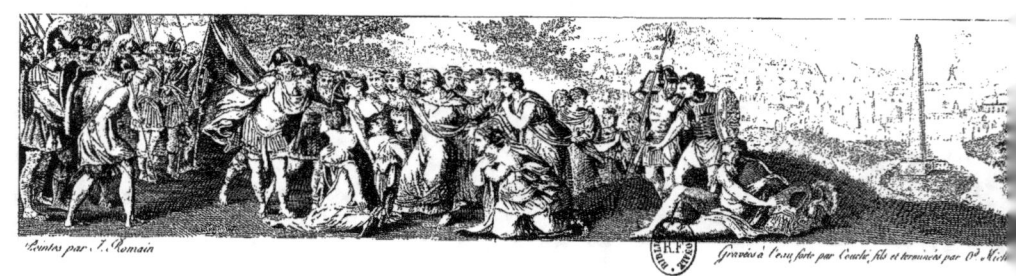

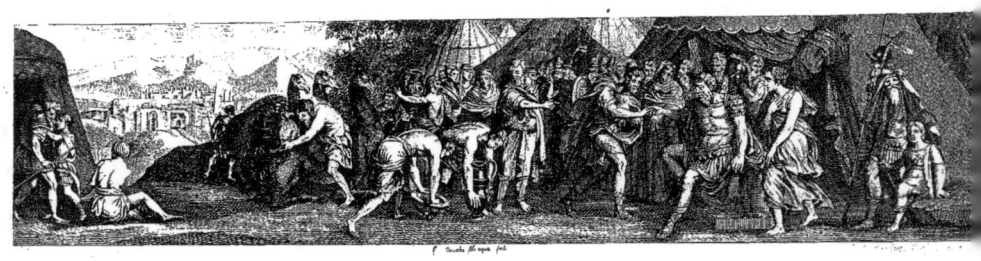

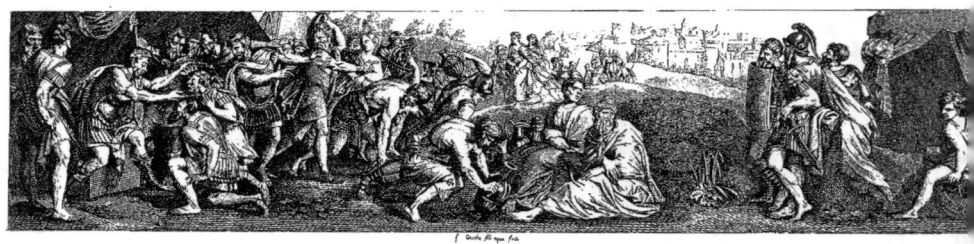

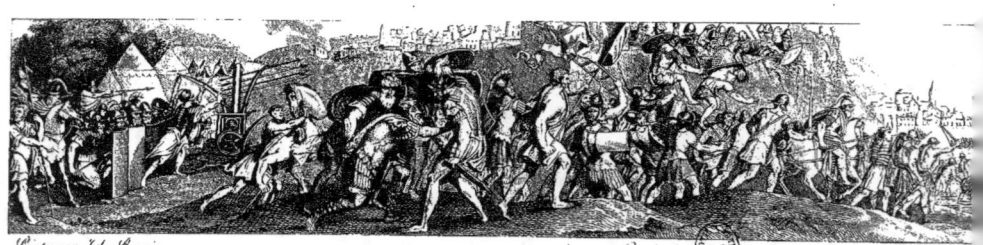

Peints par Jules Romain. Gravées à l'eau forte par Couché fils, et terminées par J.B. Racine

Imp. Chardon ainé, à Paris.

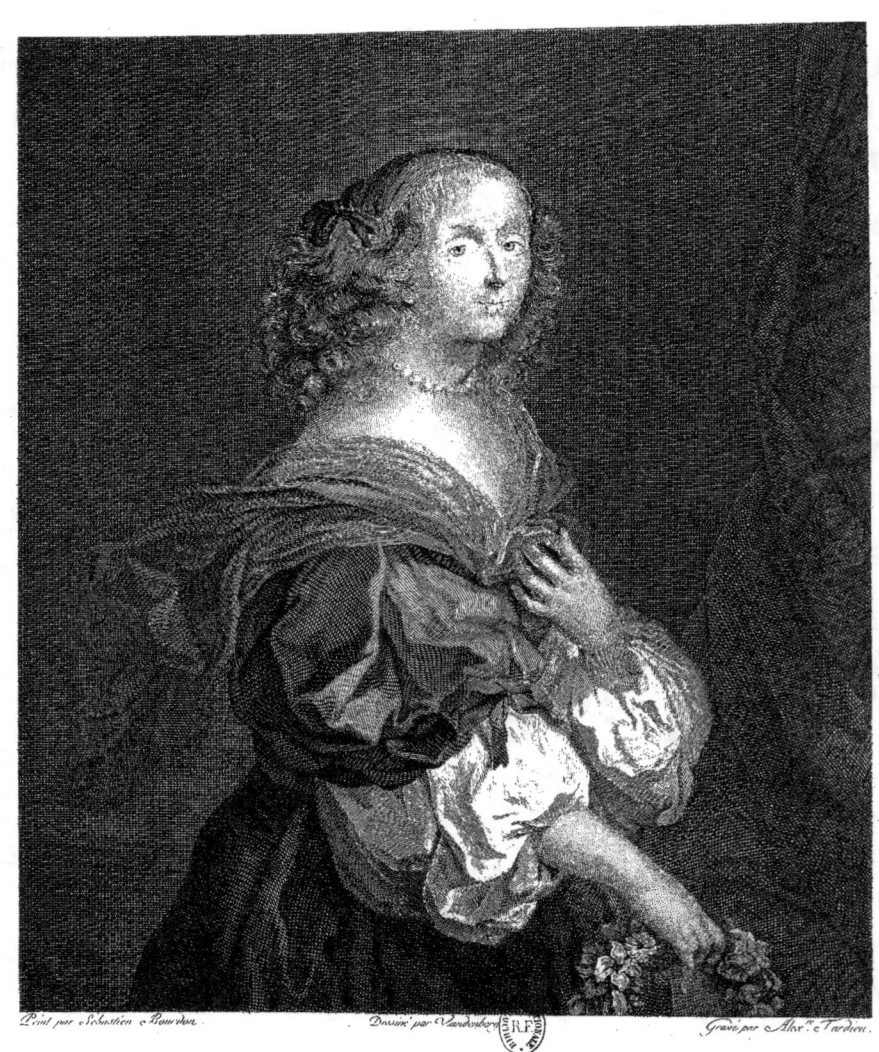

Peint par Sebastien Bourdon. Dessiné par Vandenberghe. Gravé par Alexre Tardieu.

CHRISTINE REINE DE SUÈDE.

Imp. Chardon ainé, à Paris.

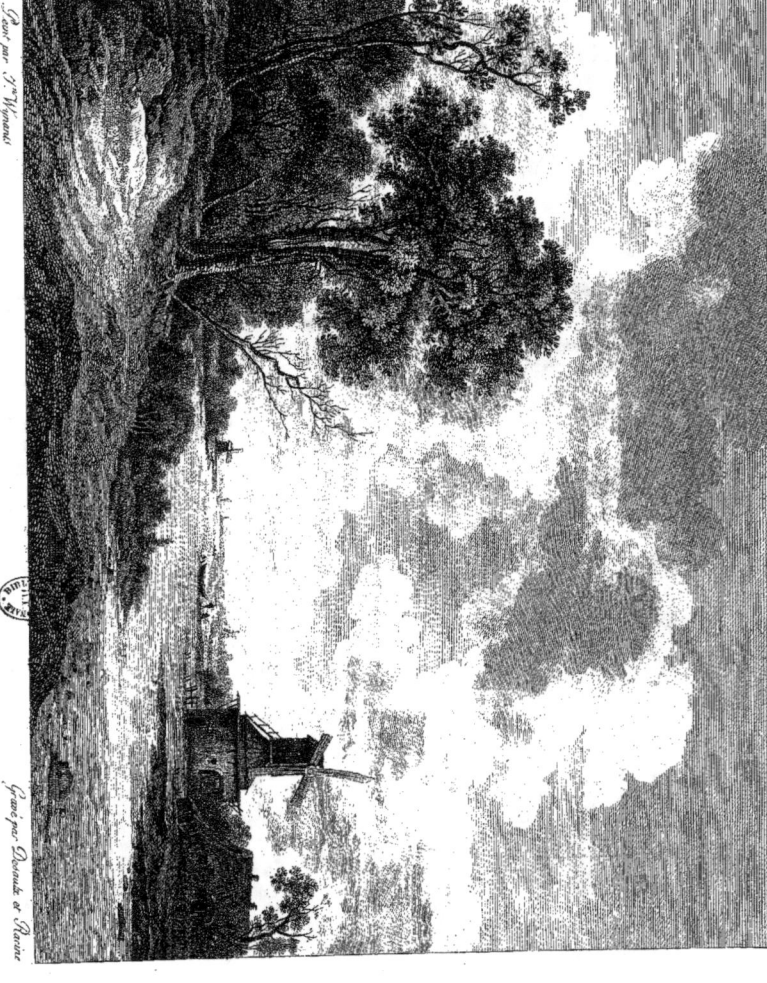

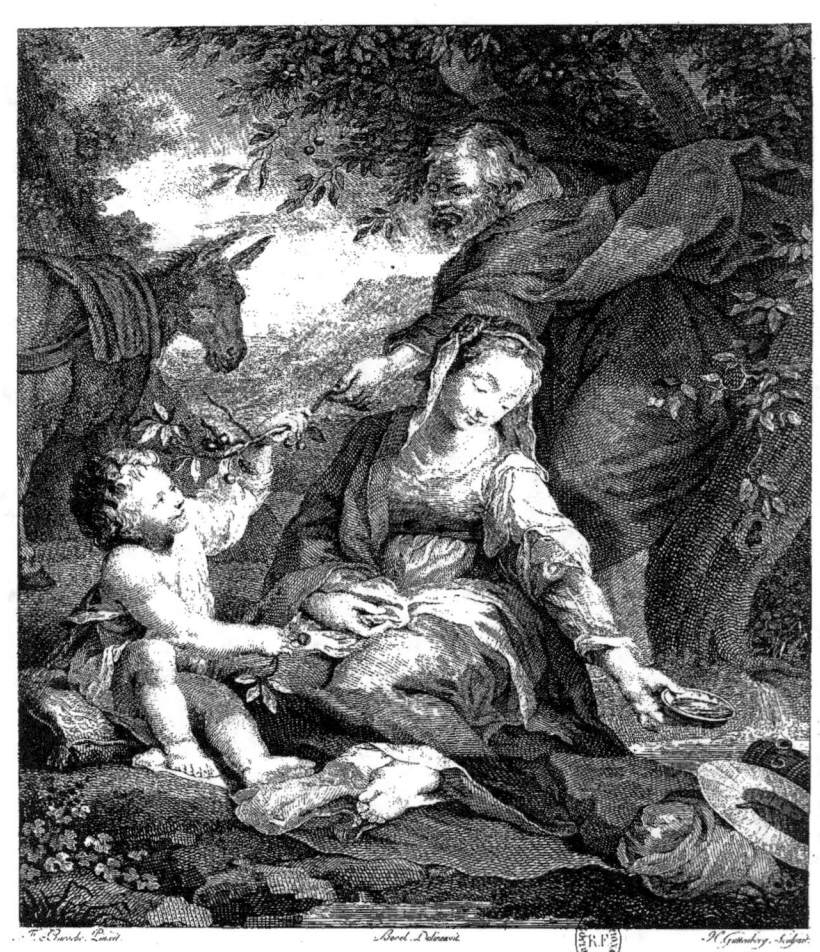

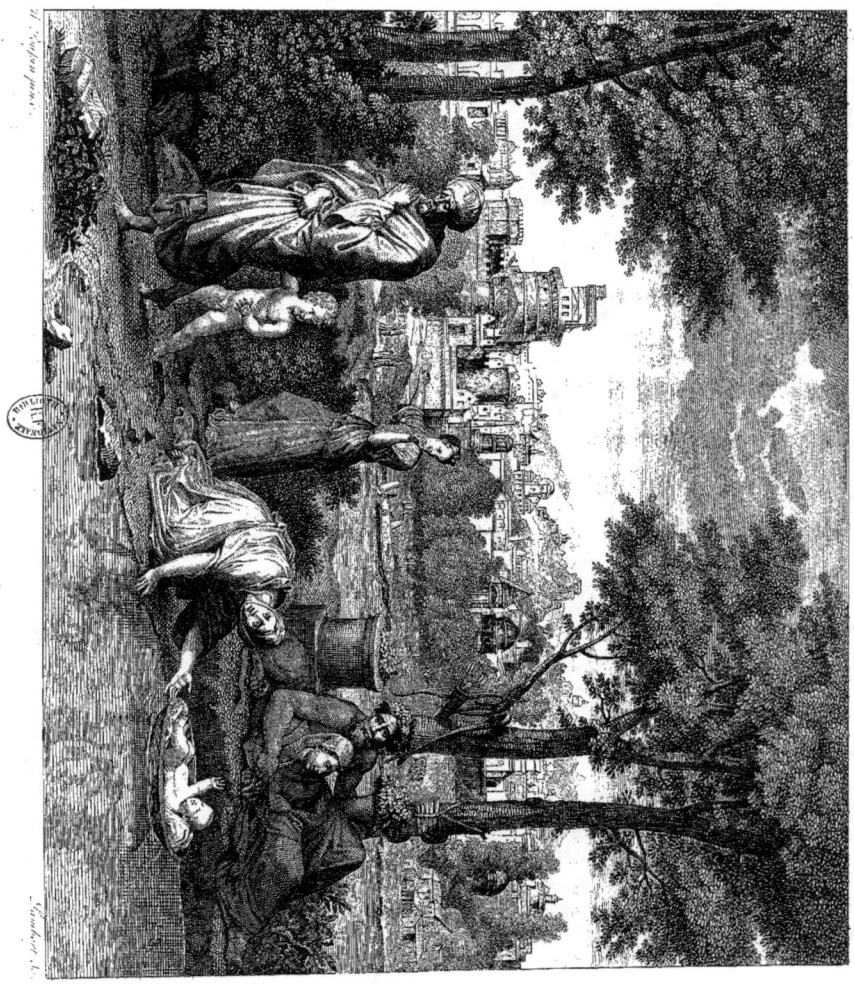

MOYSE EXPOSÉ.

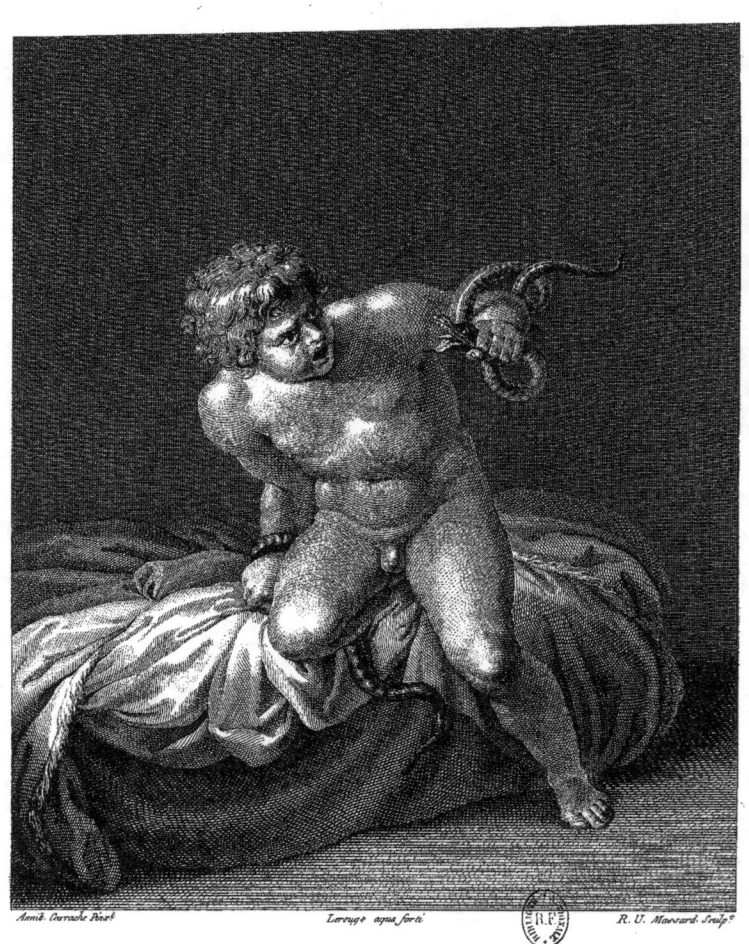

HERCULE ENFANT

Imp. Chardon ainé, à Paris.

Peint par Antoine Watteau

LE BAL CHAMPÊTRE | TANZ IM FREIEN

Gravé par J. Courbé

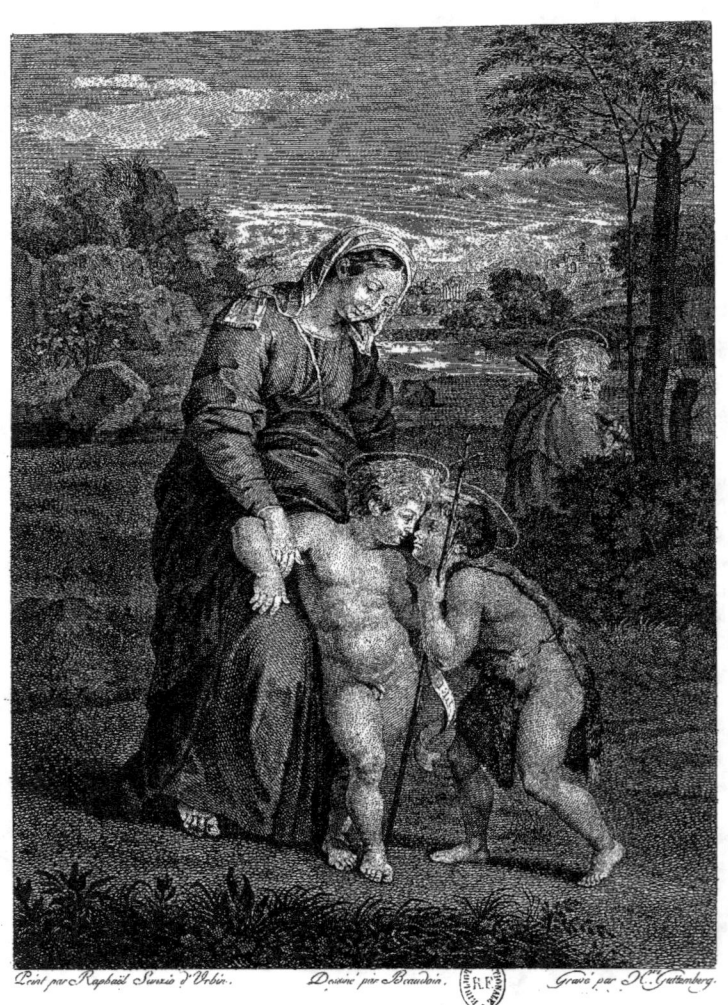

Peint par Raphaël Sanzio d'Urbin.   Dessiné par Beaudoin.   Gravé par H. Guttenberg.

SAINTE FAMILLE.

Imp. Chardon ainé, à Paris.

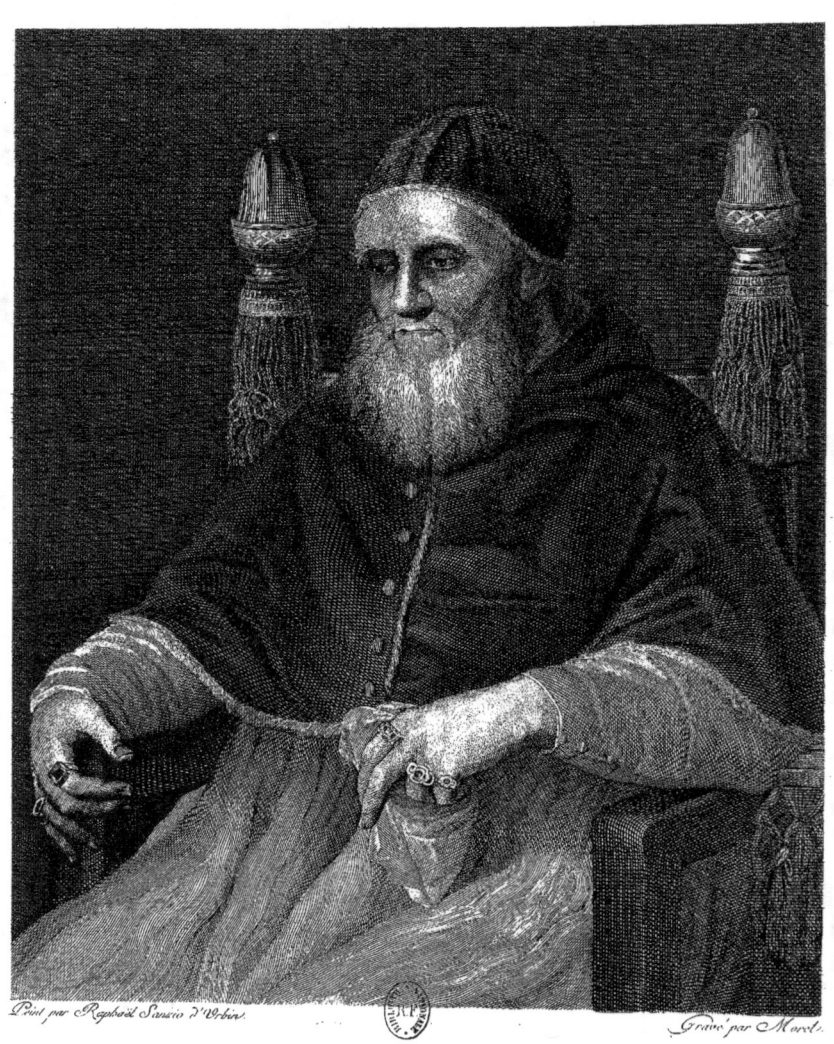

JULES II.

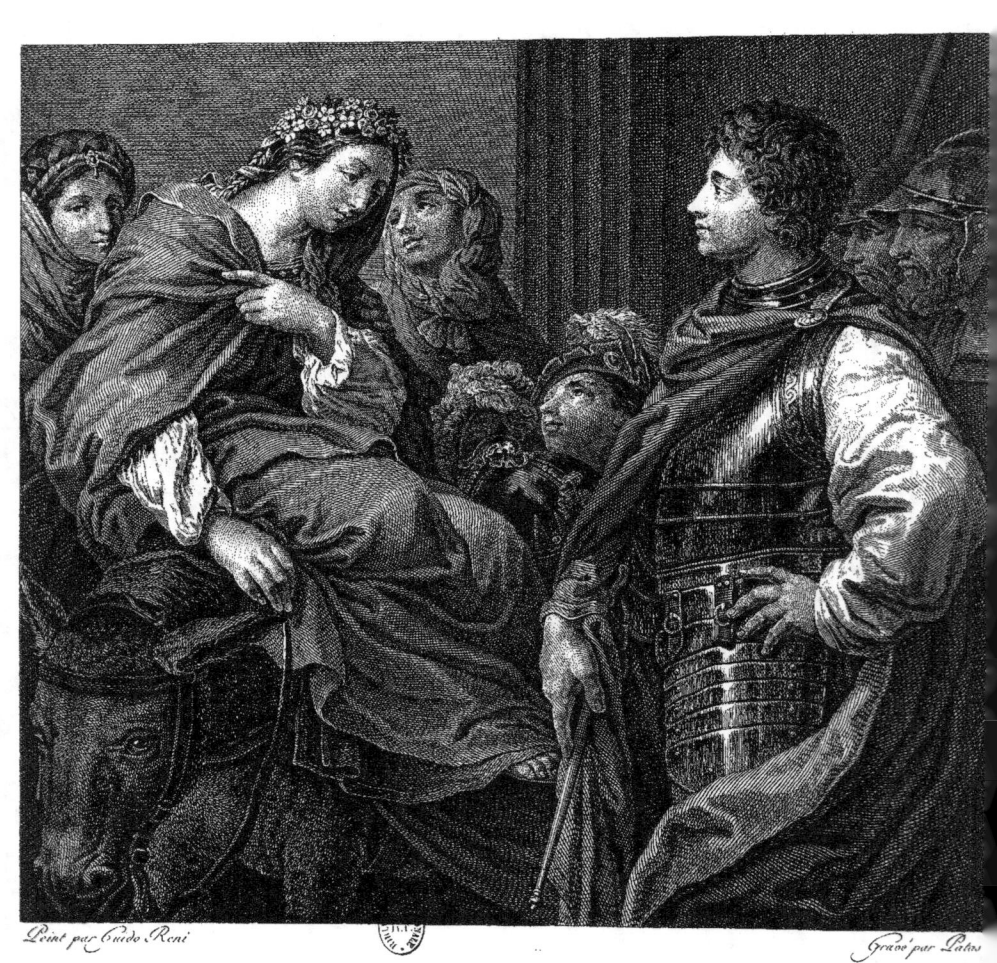

Peint par Guido Reni — Gravé par Patas

DAVID & ABIGAIL

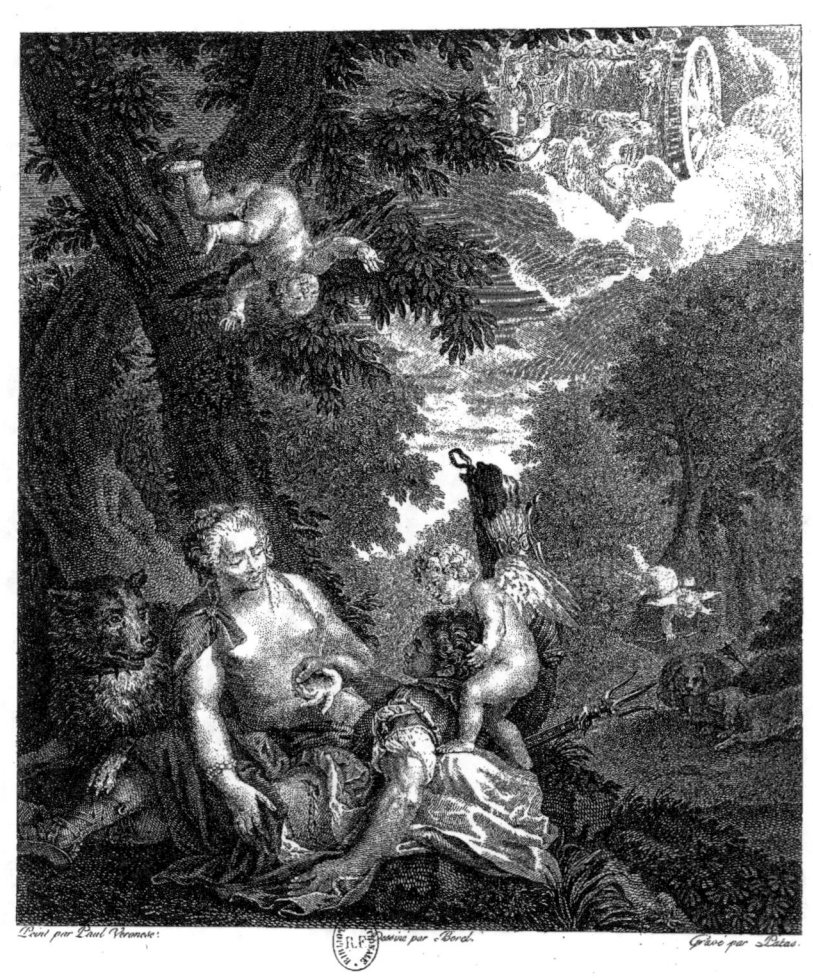

LA MORT D'ADONIS

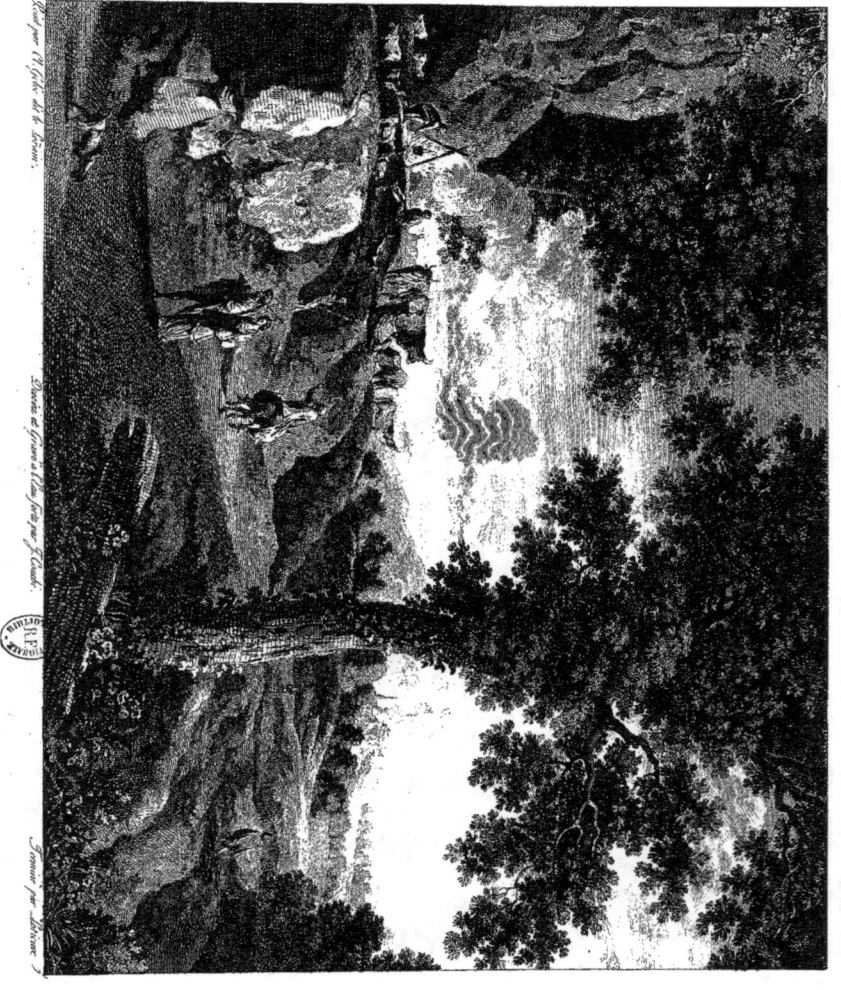
SOLEIL COUCHANT

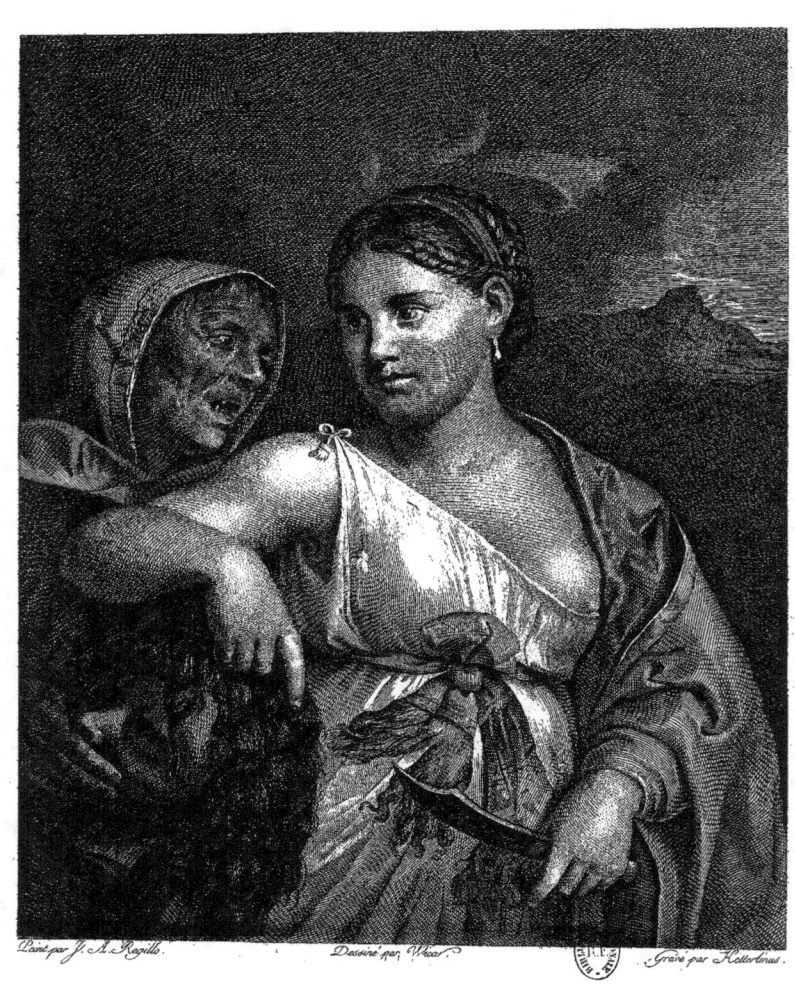

JUDITH & HOLOFERNE

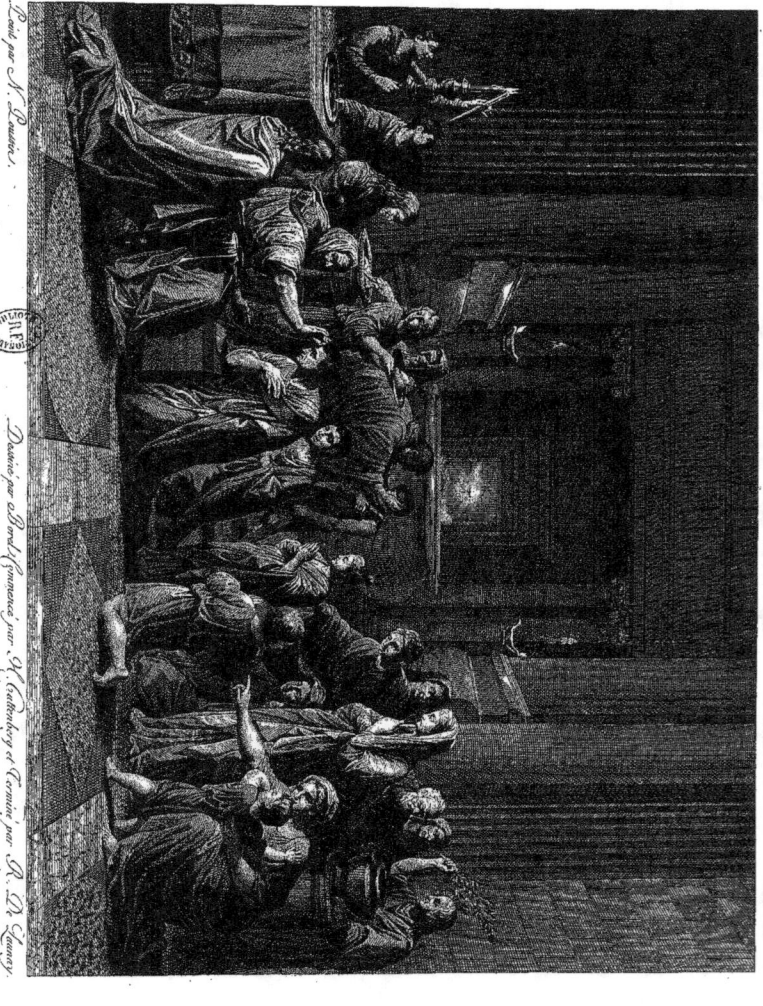

Peint par N. Poussin. Dessiné par Bord.[commencé par H. Cathelin] et terminé par R. De Launay.

LA CONFIRMATION

Imp. Chardon aîné, à Paris.

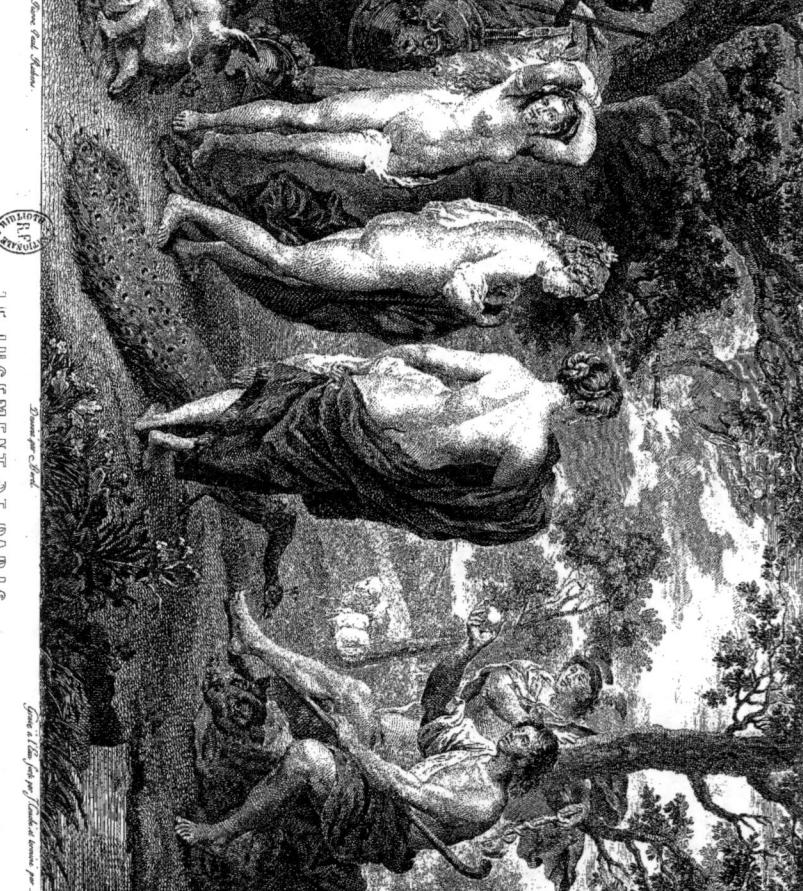

LE JUGEMENT DE PARIS

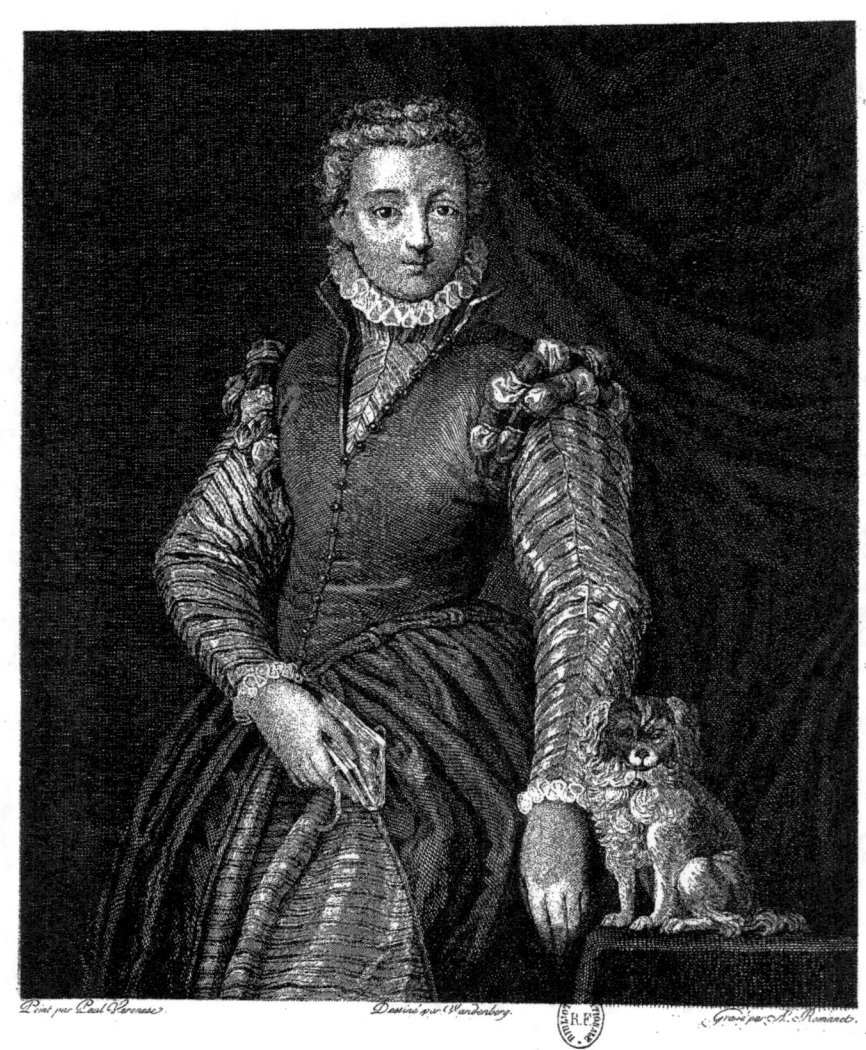

LA FILLE DE PAUL VÉRONÈSE.

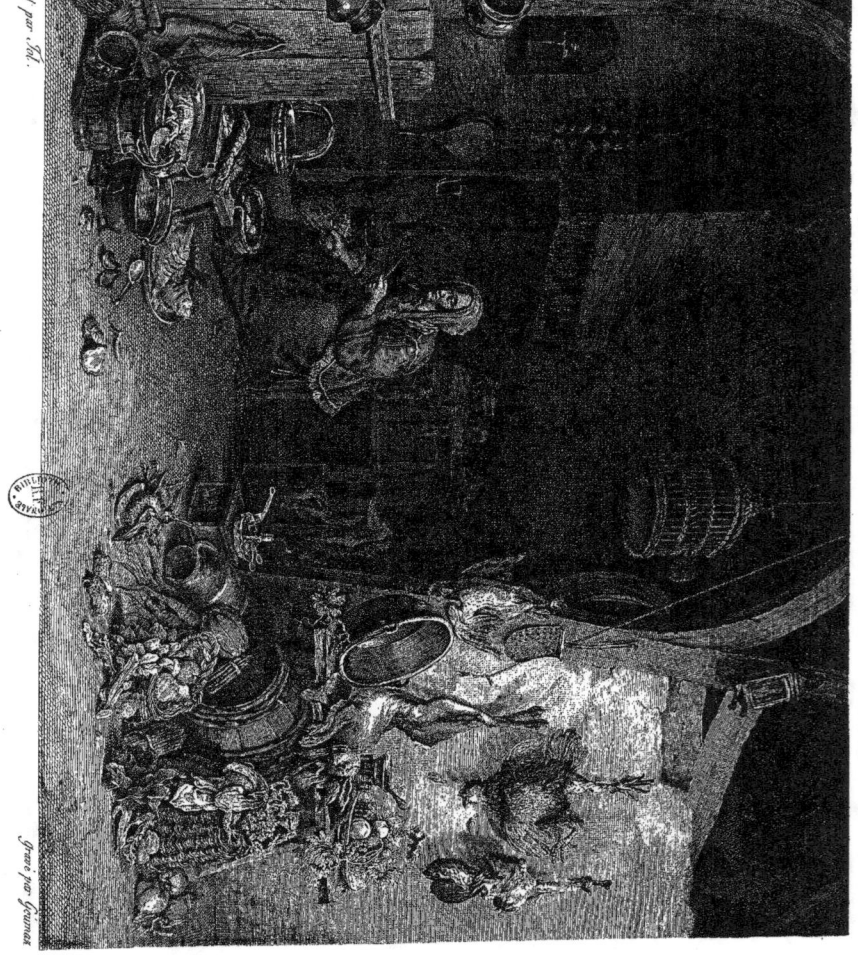

LA CUISINIÈRE

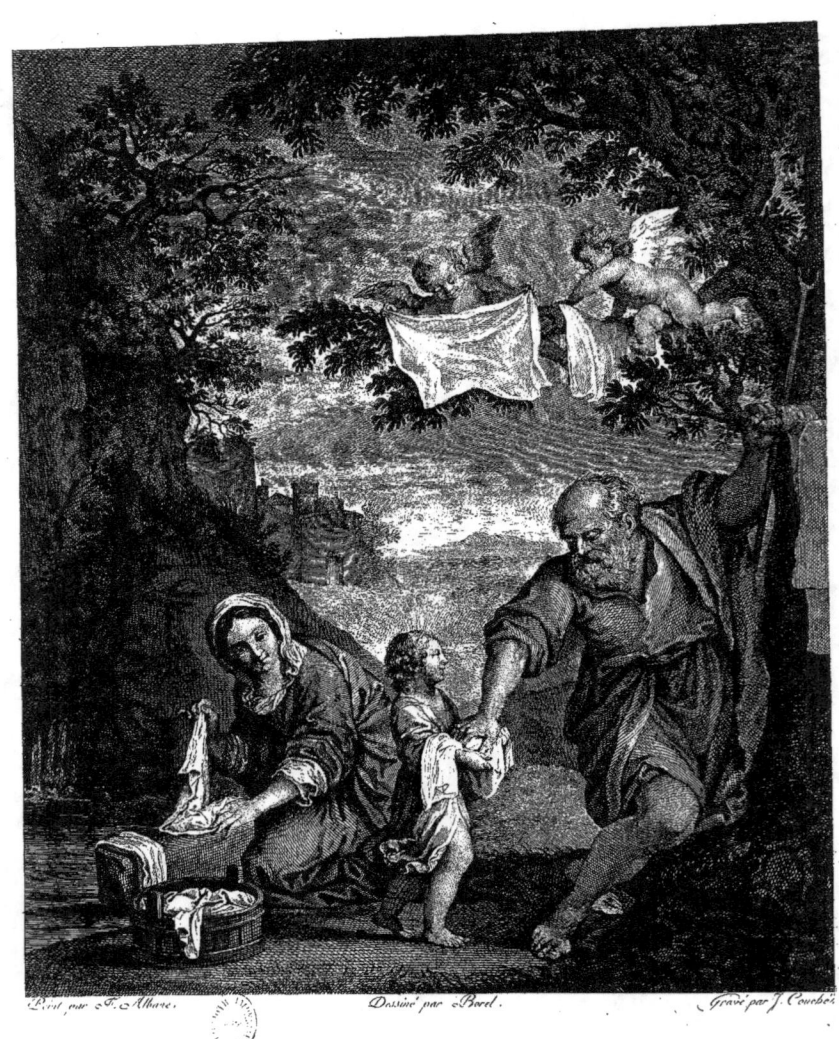

(LA LAVEUSE)

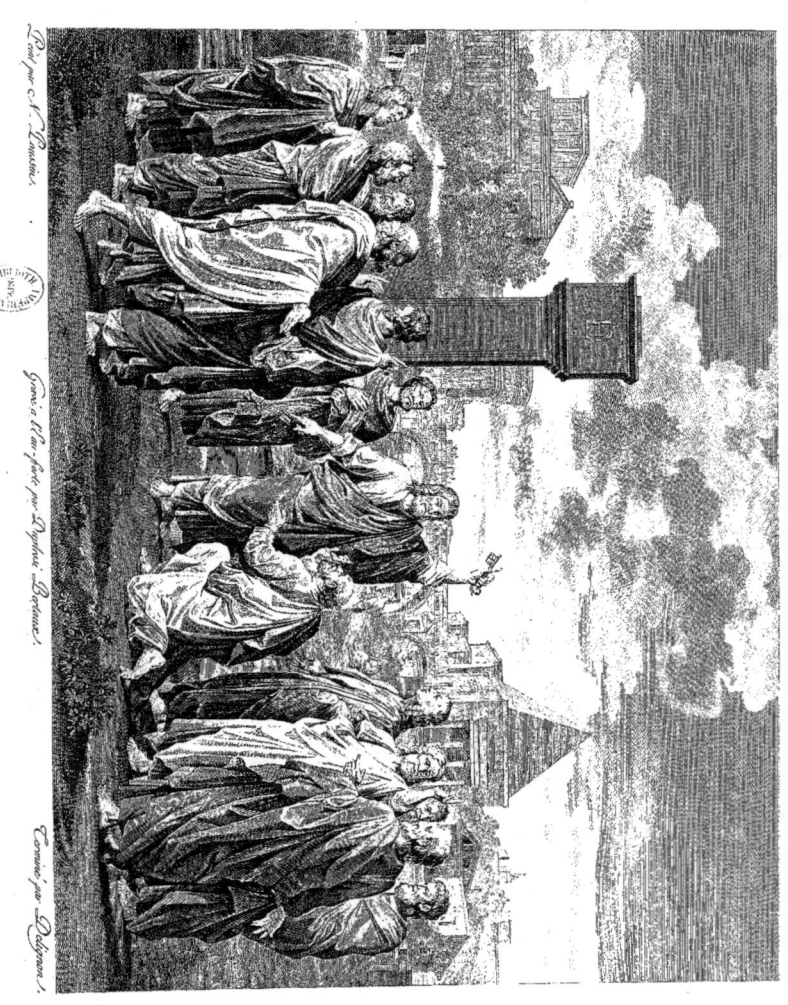

Peint par N. Poussin. Gravé à l'eau forte par Baptiste Bérenc. Terminé par Dalignon.

L'IDRE

Imp. Chardon ainé, à Paris.

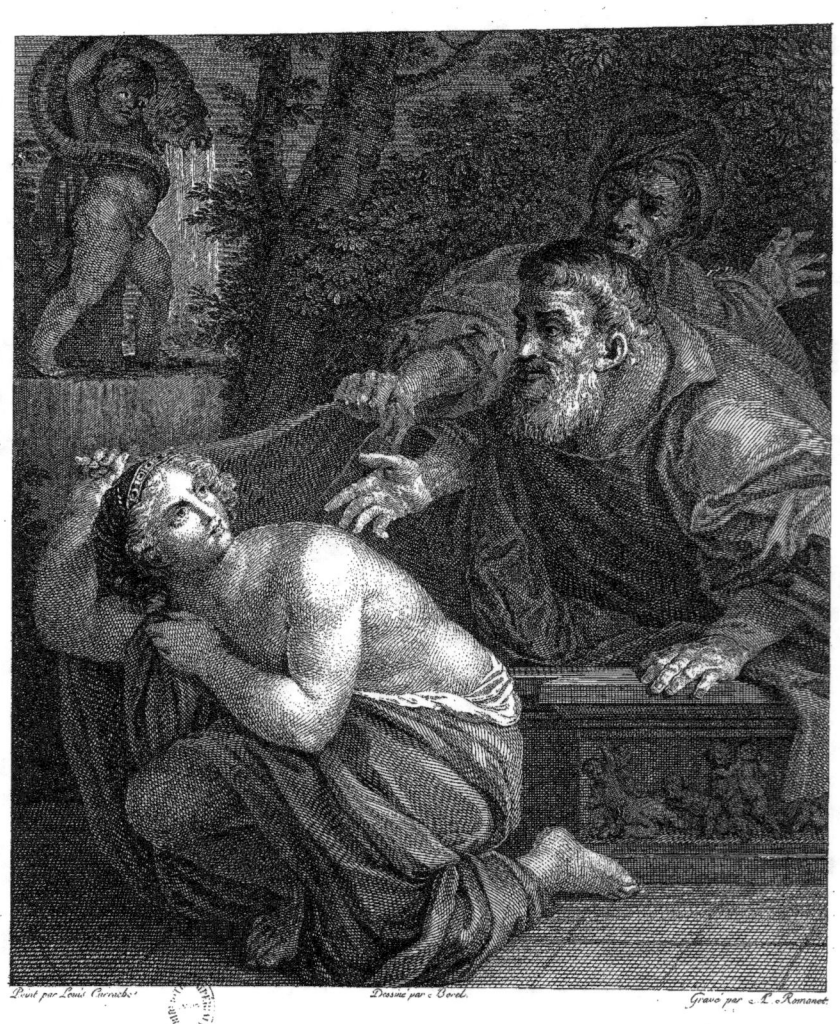

SUSANNE AU BAIN

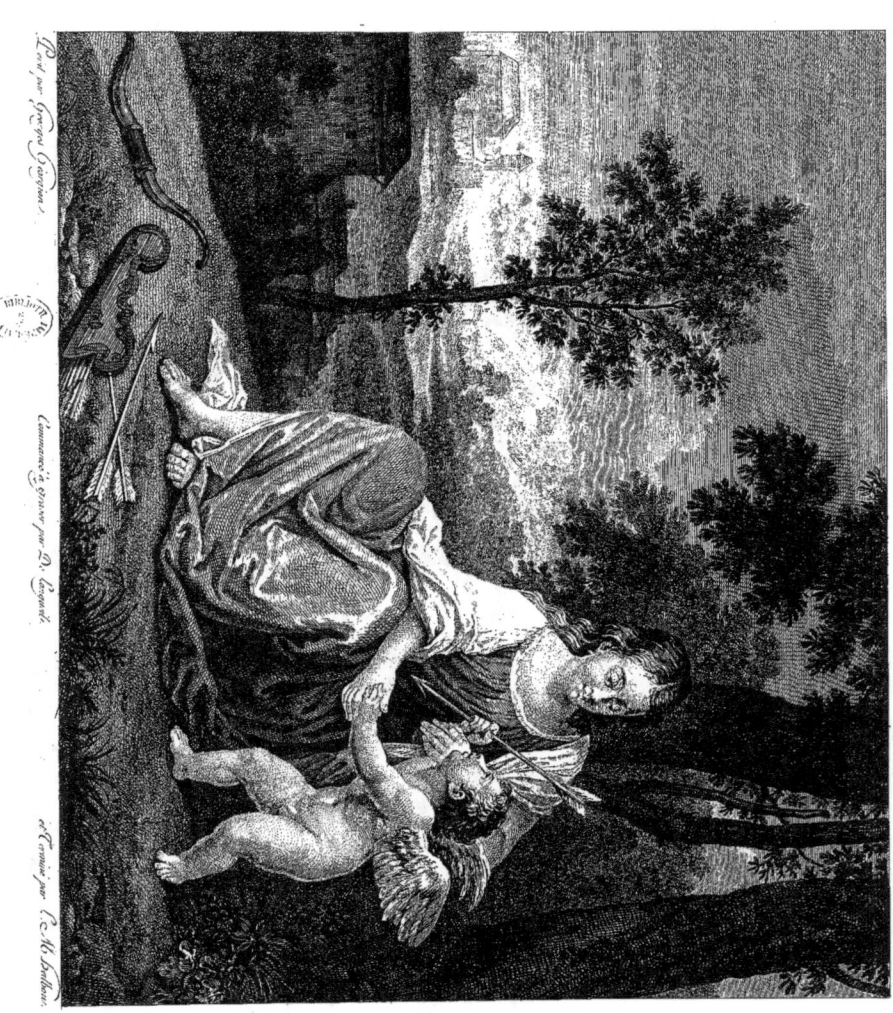

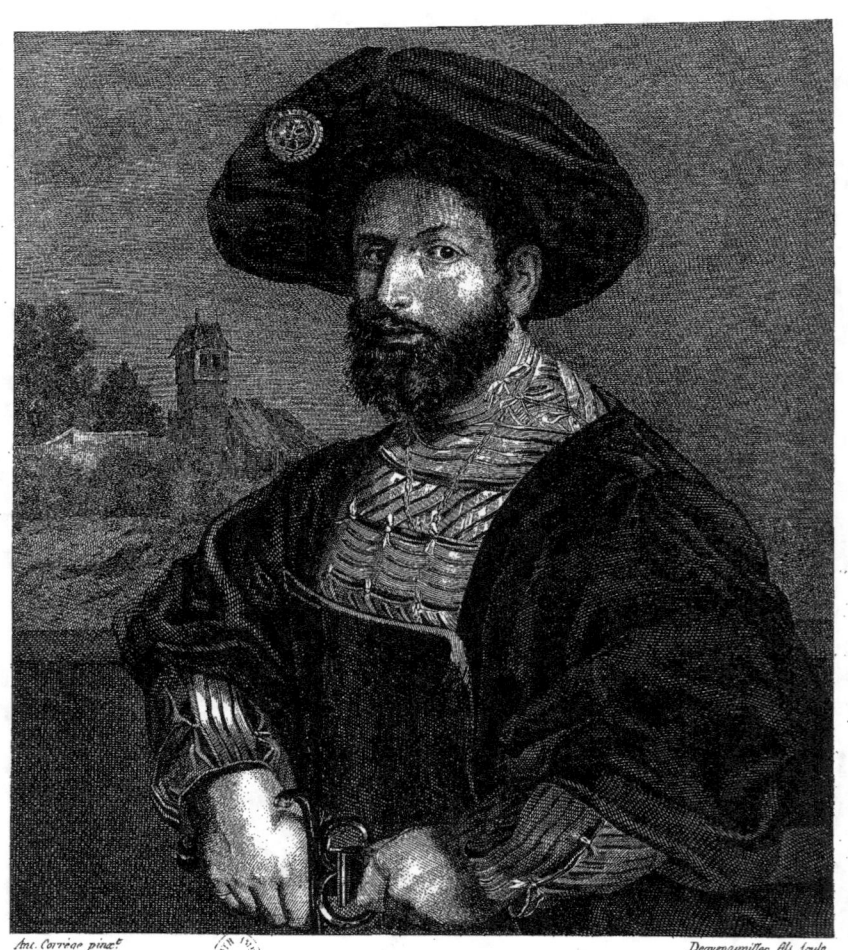

LE DUC VALENTIN

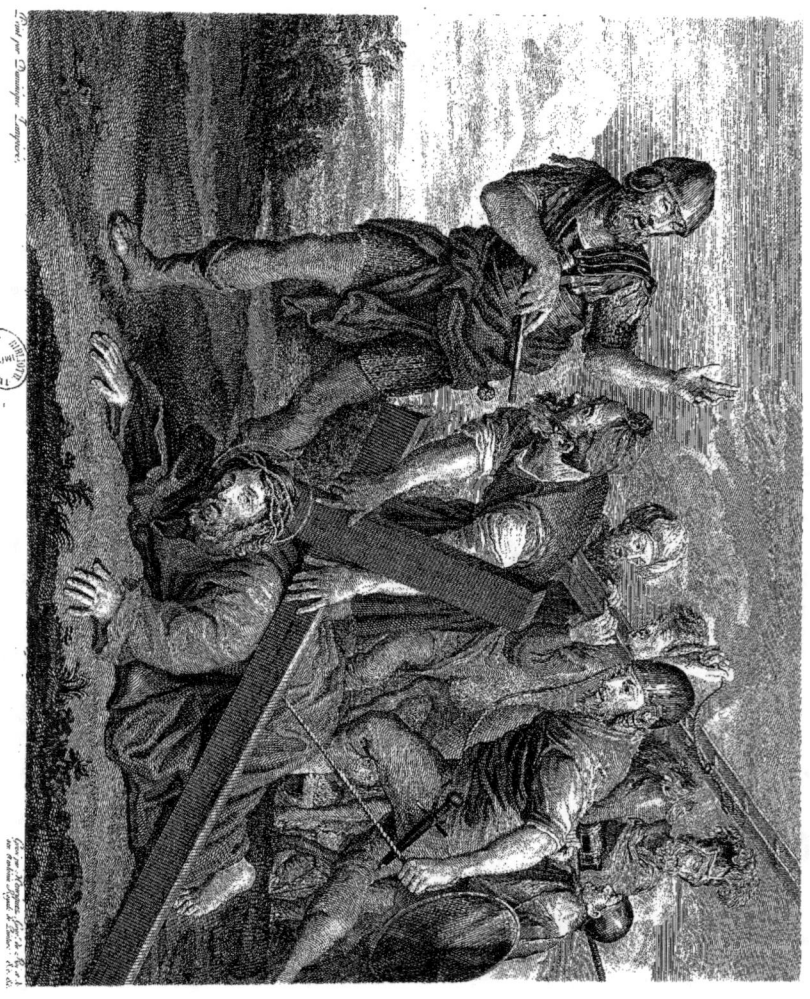

PORTEMENT DE CROIX

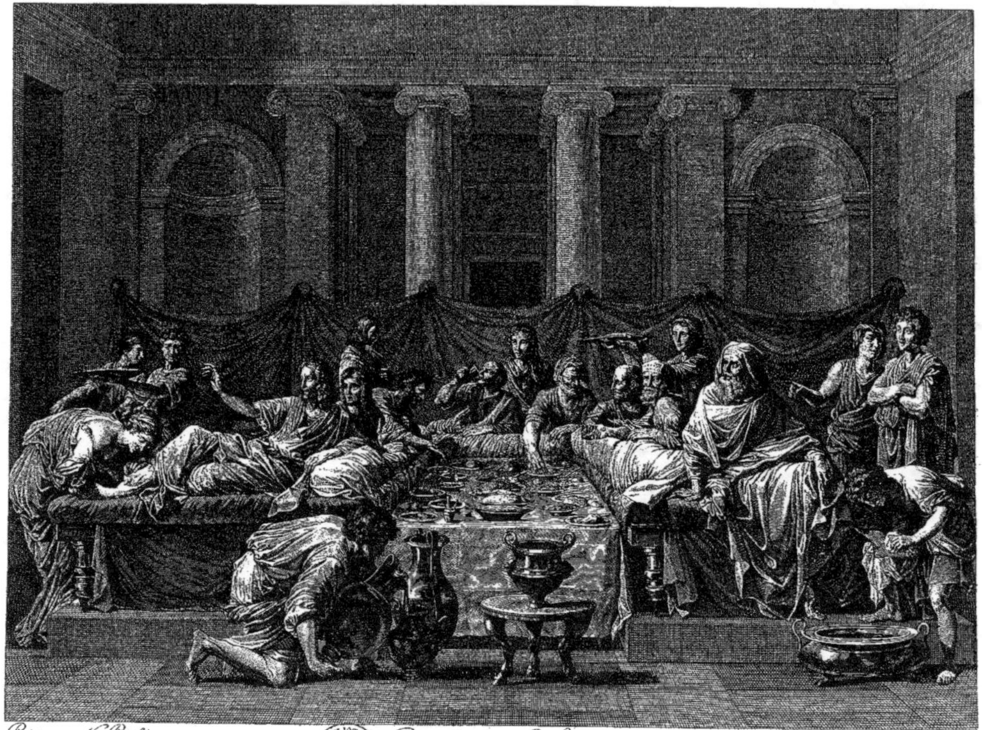

LA PÉNITENCE

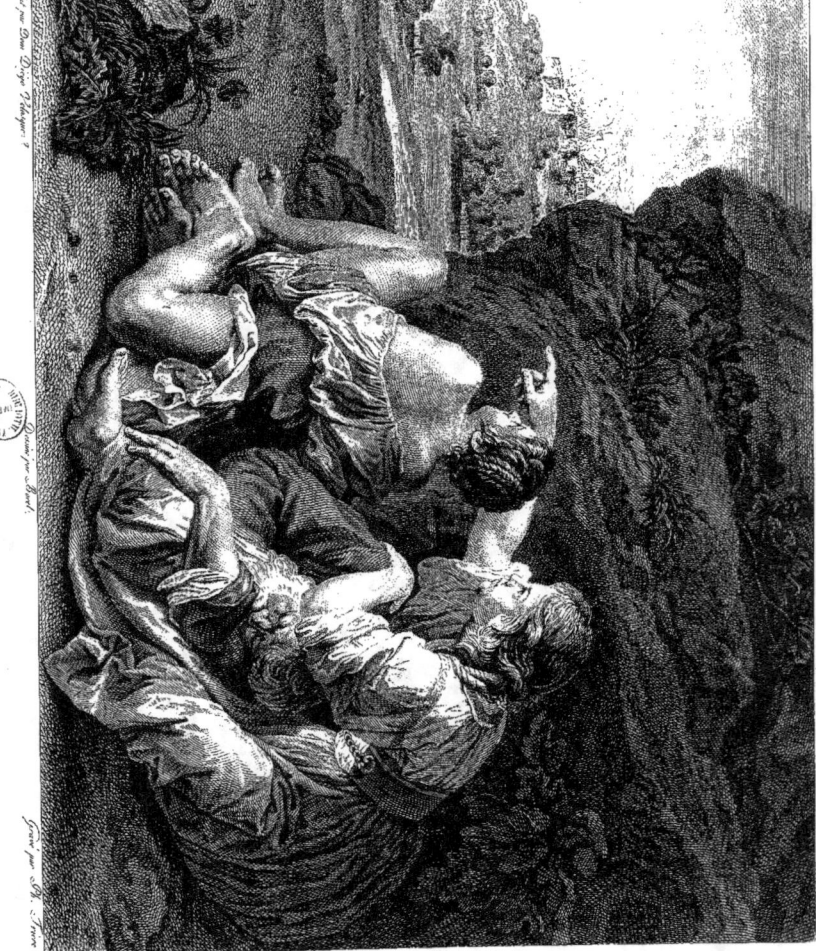

LOTH & SES FILLES

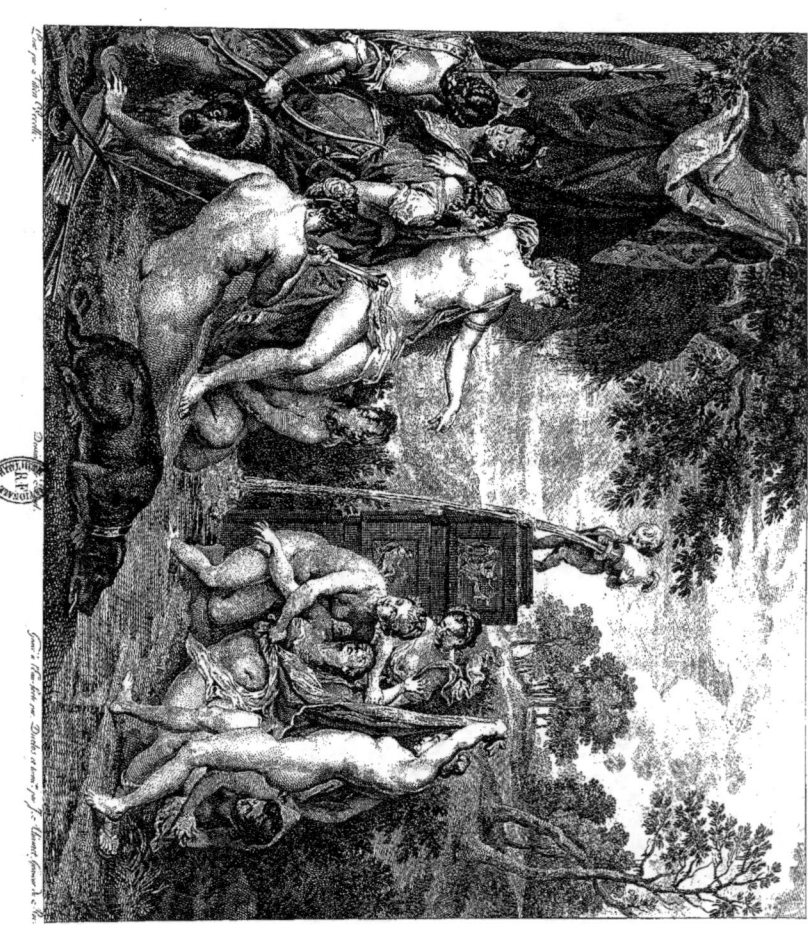

DIANE & CALISTO

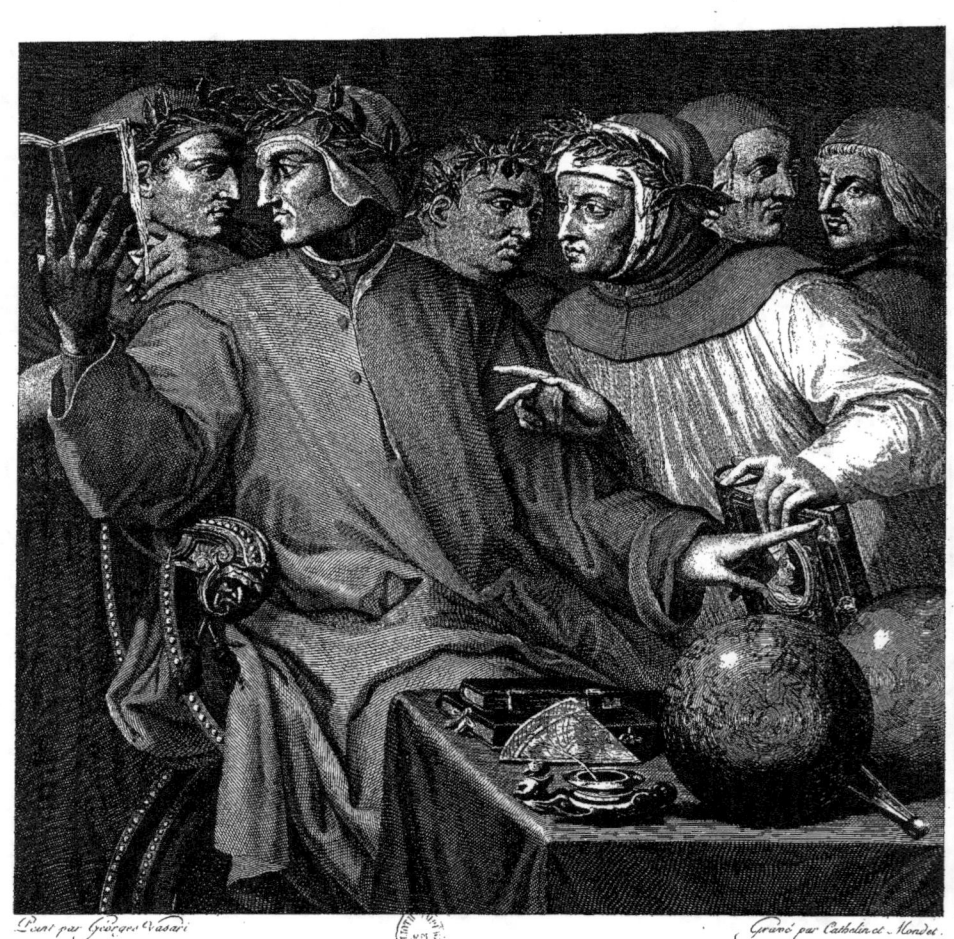

Peint par Georges Vasari.   Gravé par Catholin et Mondet.

LES SIX POËTES

Imp. Chardon ainé, à Paris.

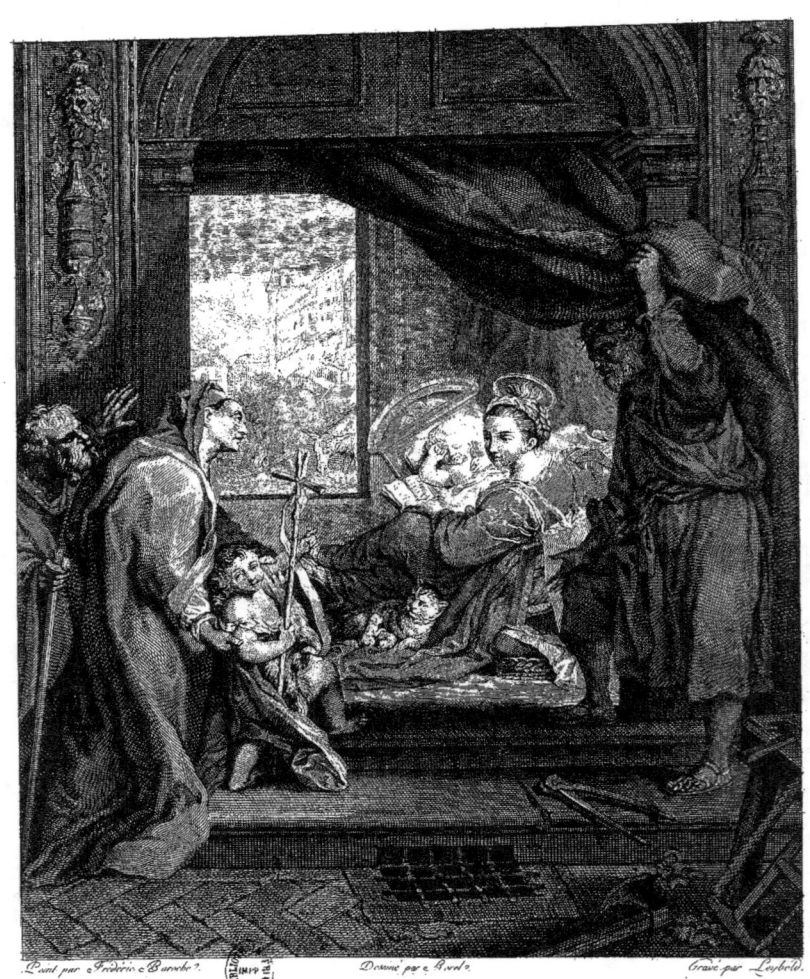

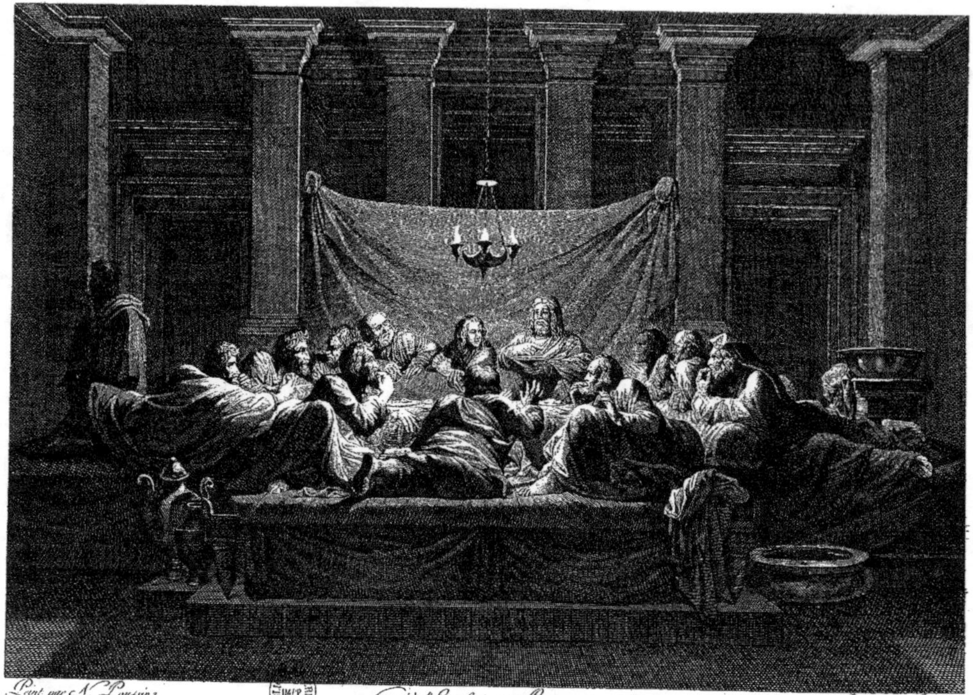

LA CÈNE

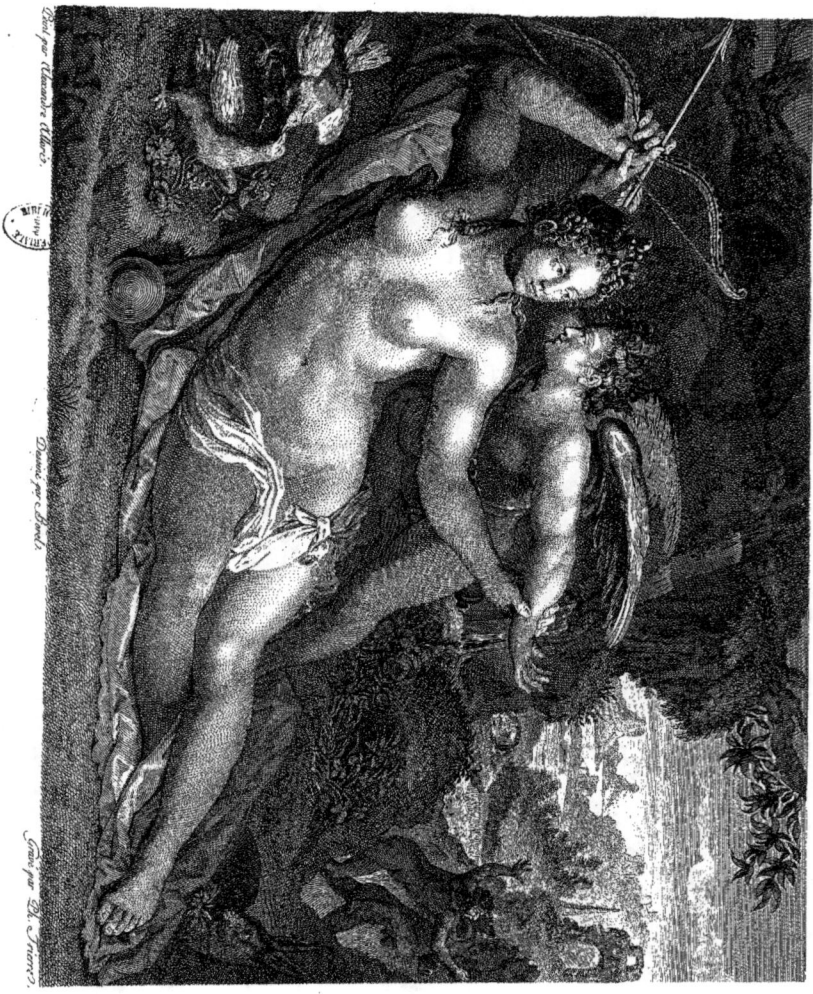

VÉNUS & L'AMOUR

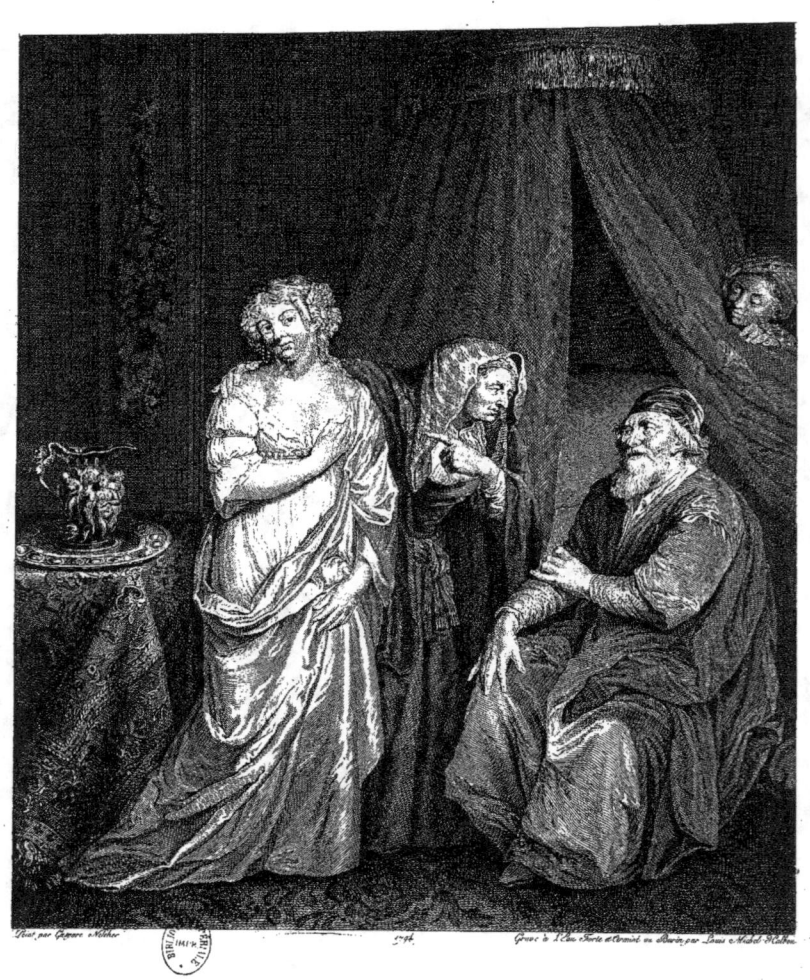

L'ENTREMETTEUSE

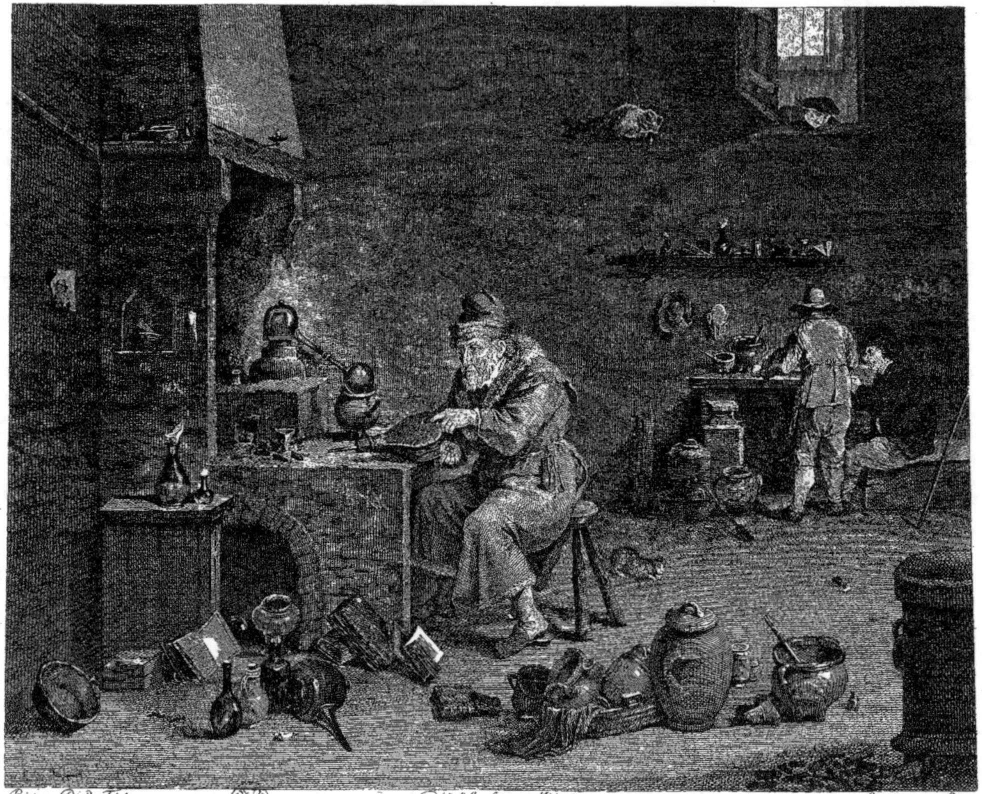

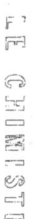

LE CHIMISTE

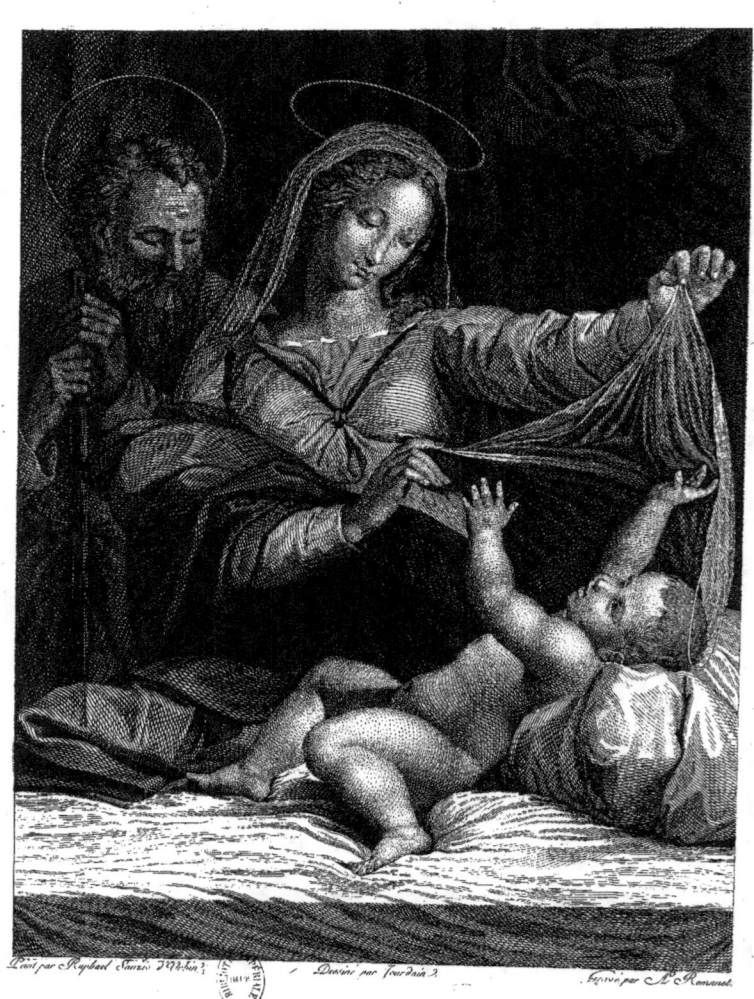

SAINTE FAMILLE

Imp. Chardon ainé, à Paris

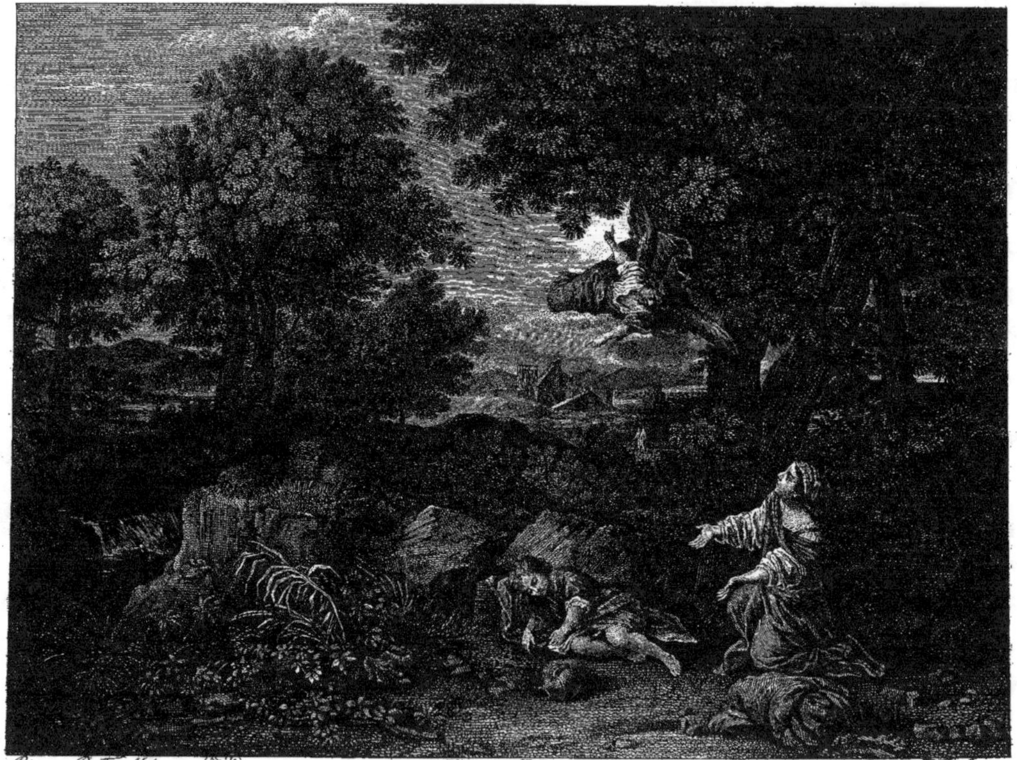

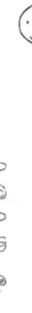

AGAR & ISMAEL

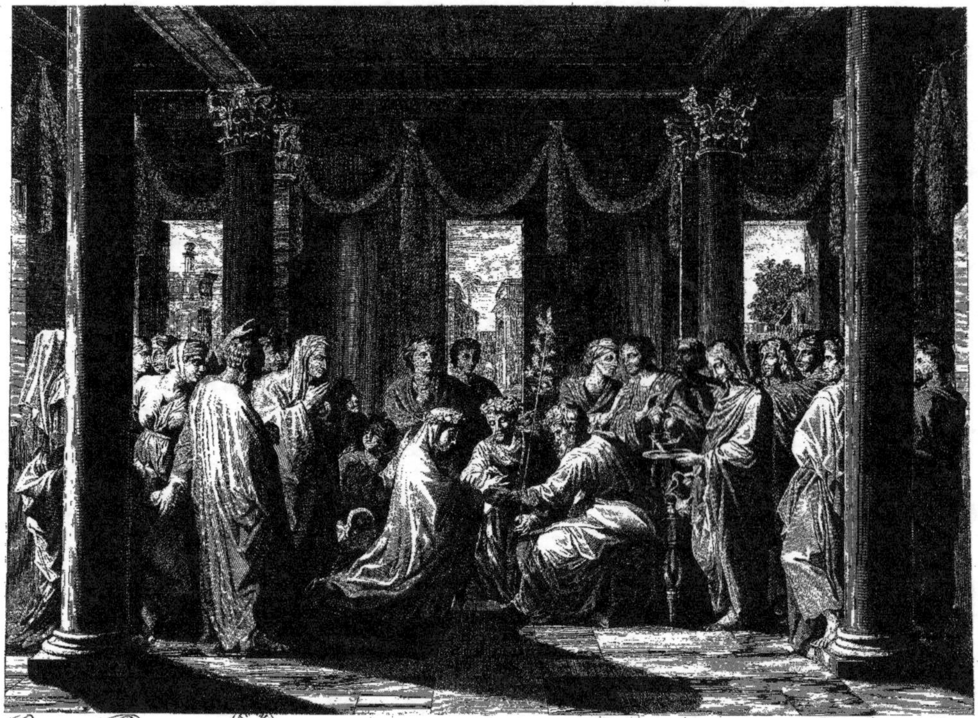

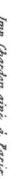

LE MARIAGE

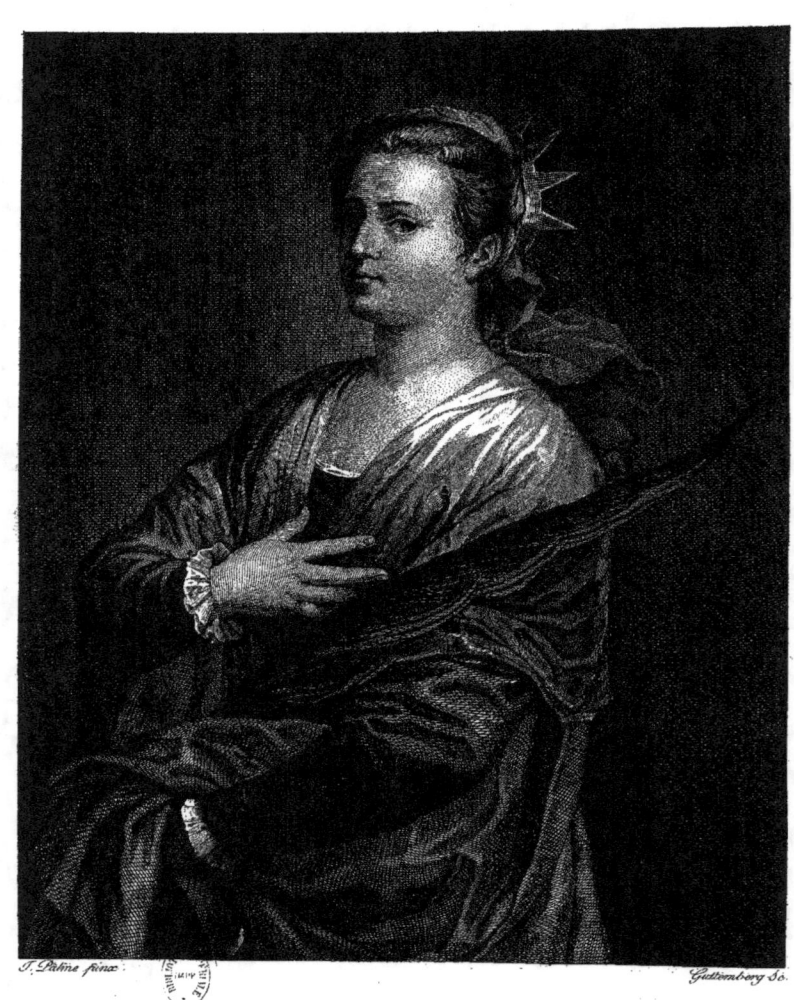

Ste CATHERINE

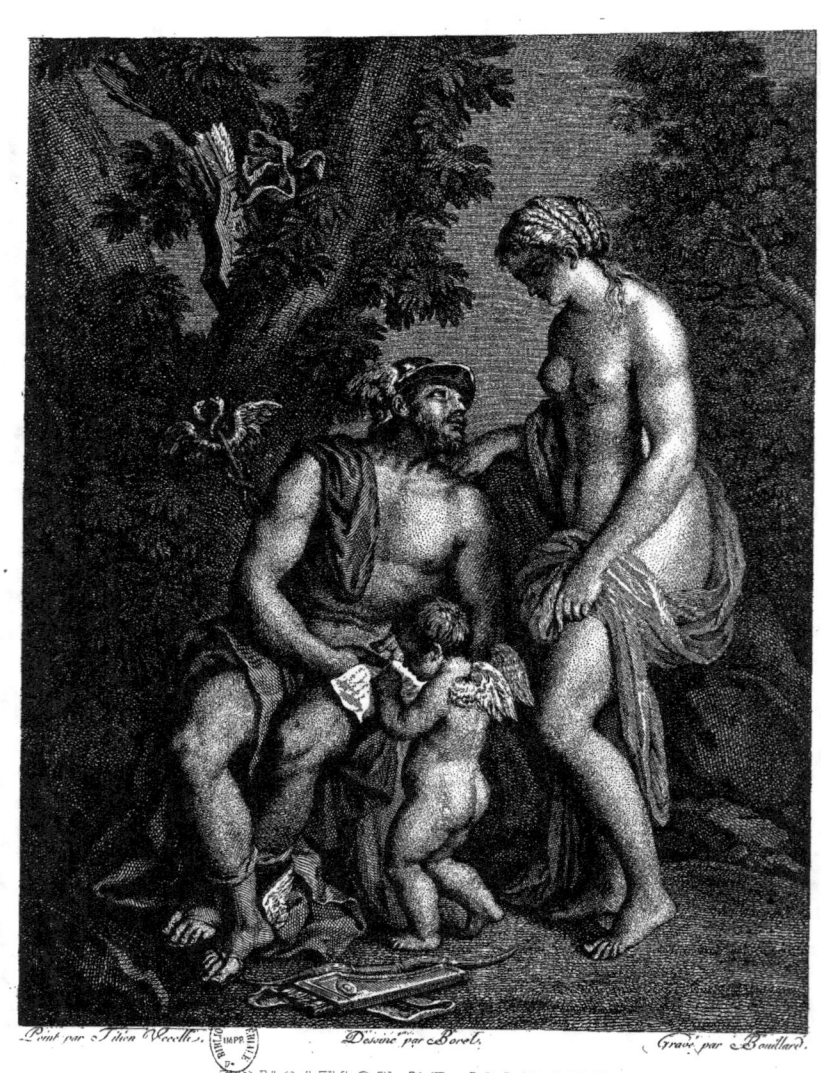

EDUCATION DE L'AMOUR

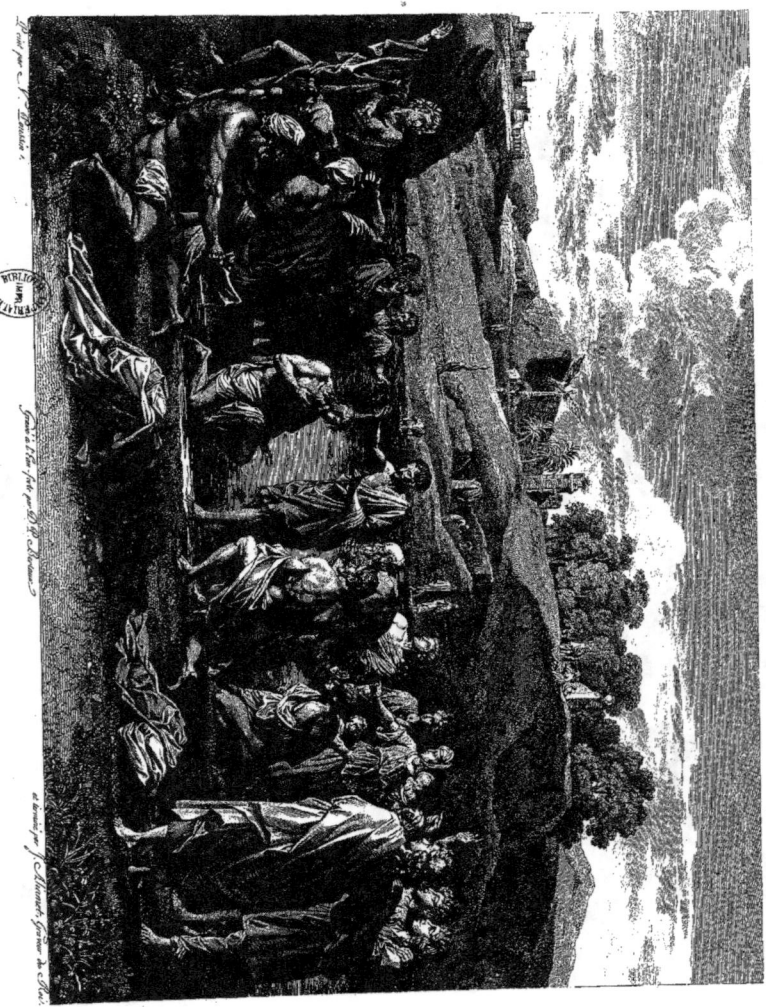

LE BAPTÊME

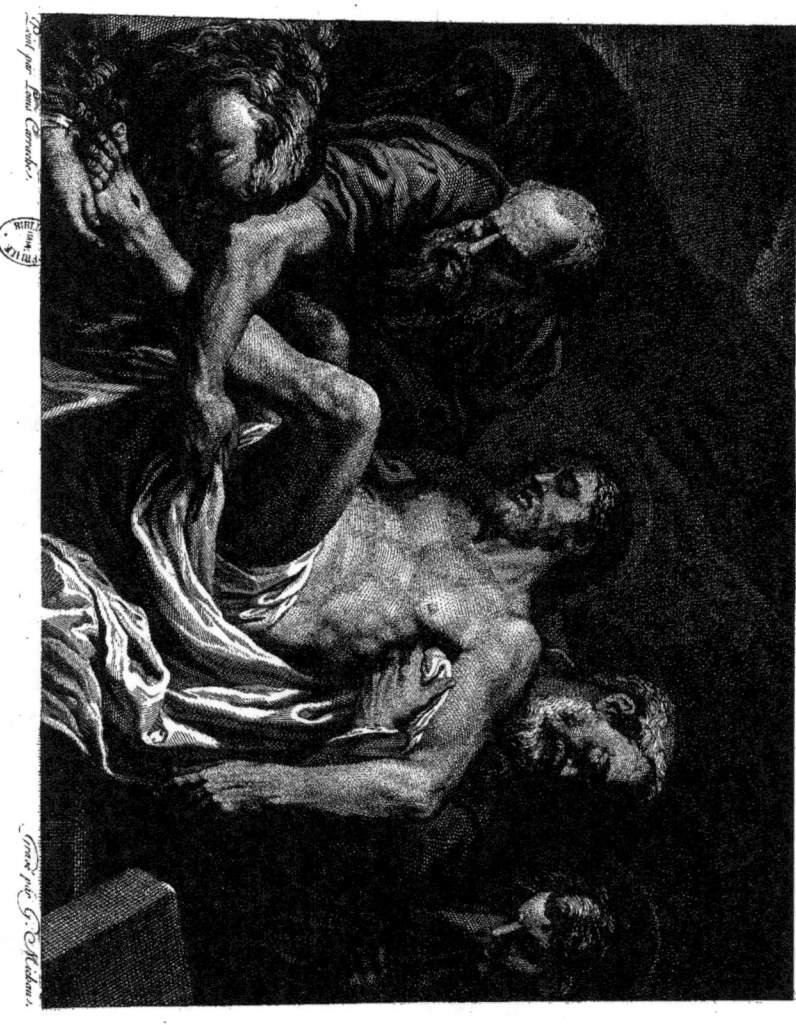

DESCENTE DE CROIX

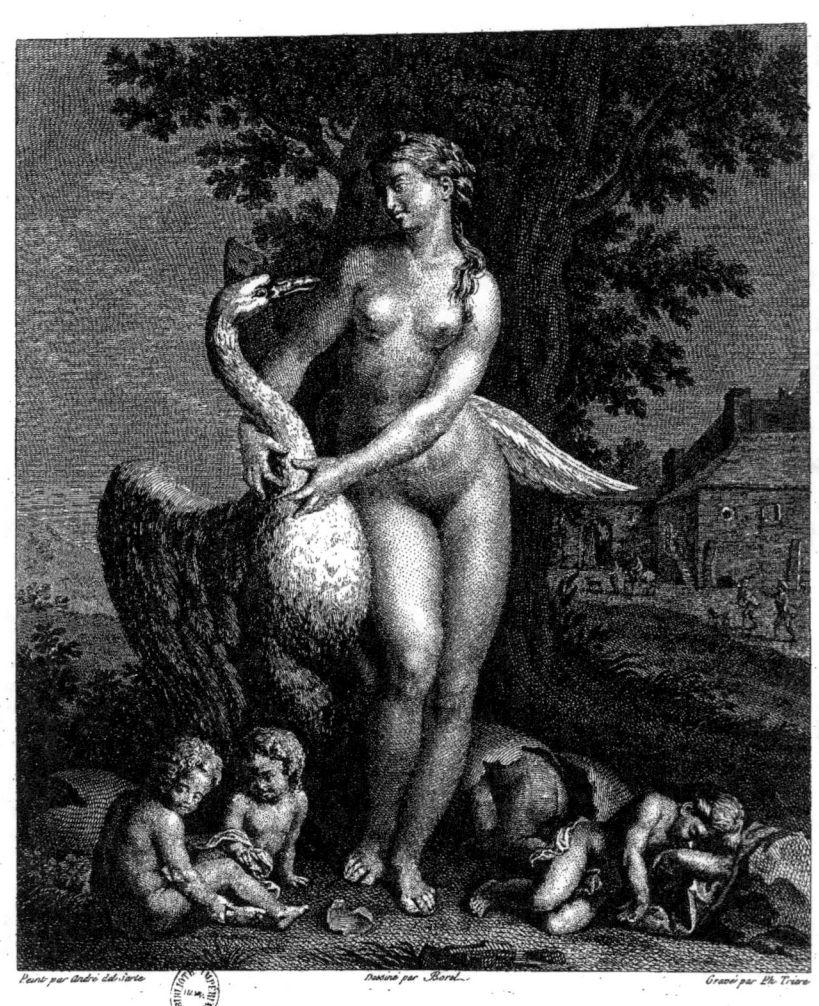

JUPITER & LÉDA

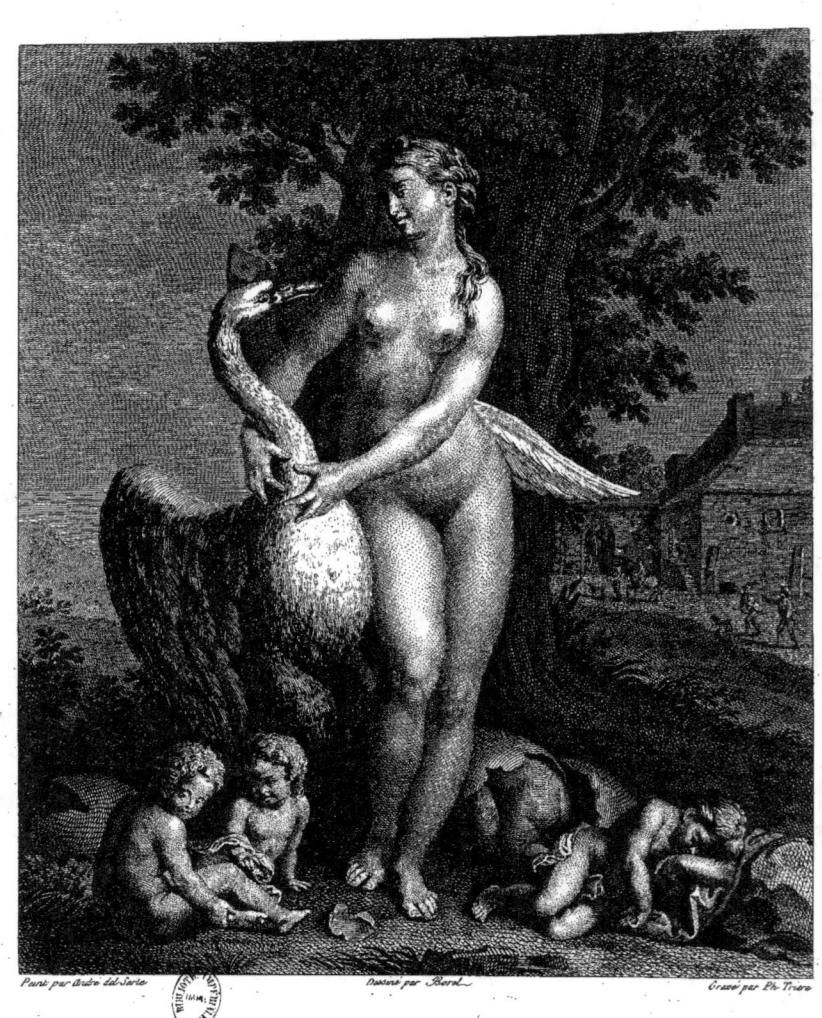

JUPITER & LÉDA

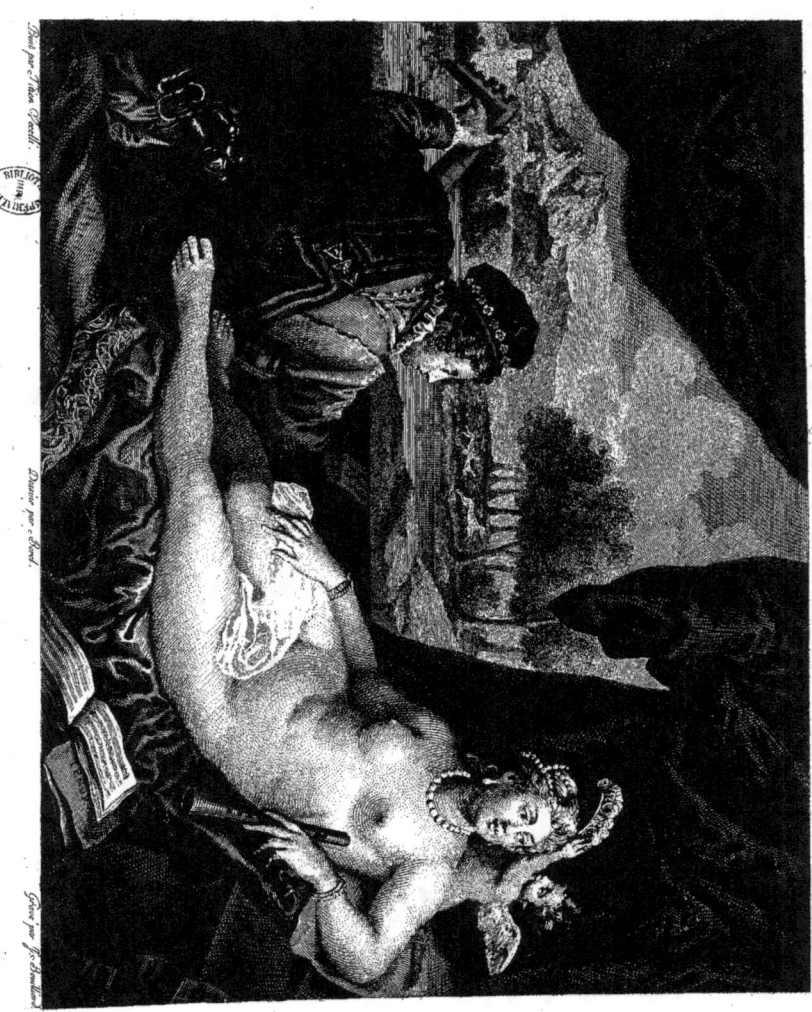

PHILIPPE II & SA MAITRESSE

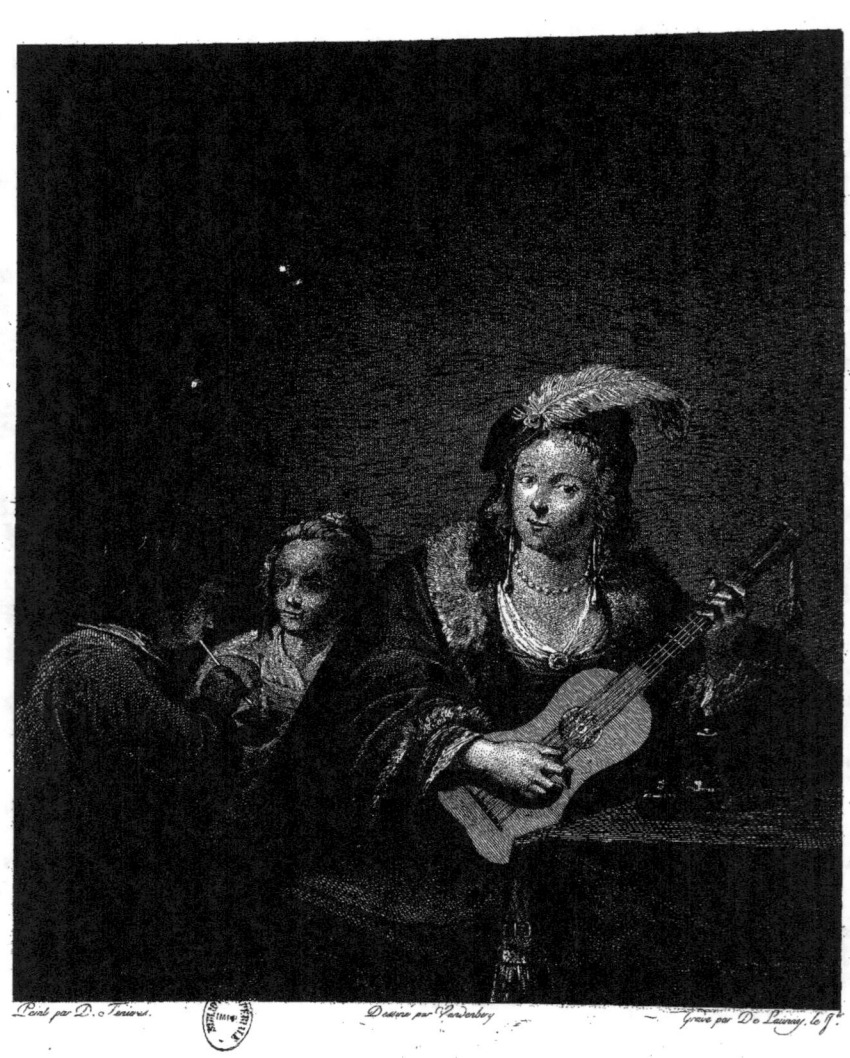

LA GUITARE

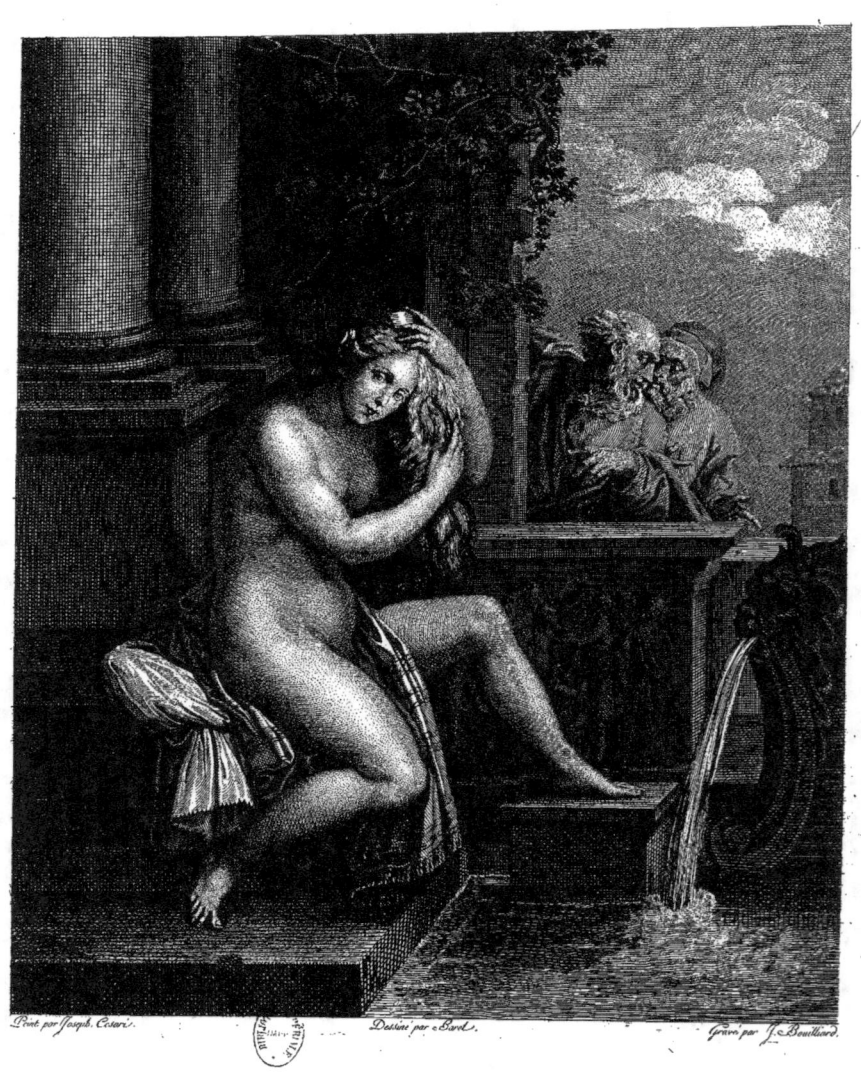

SUSANNE AU BAIN

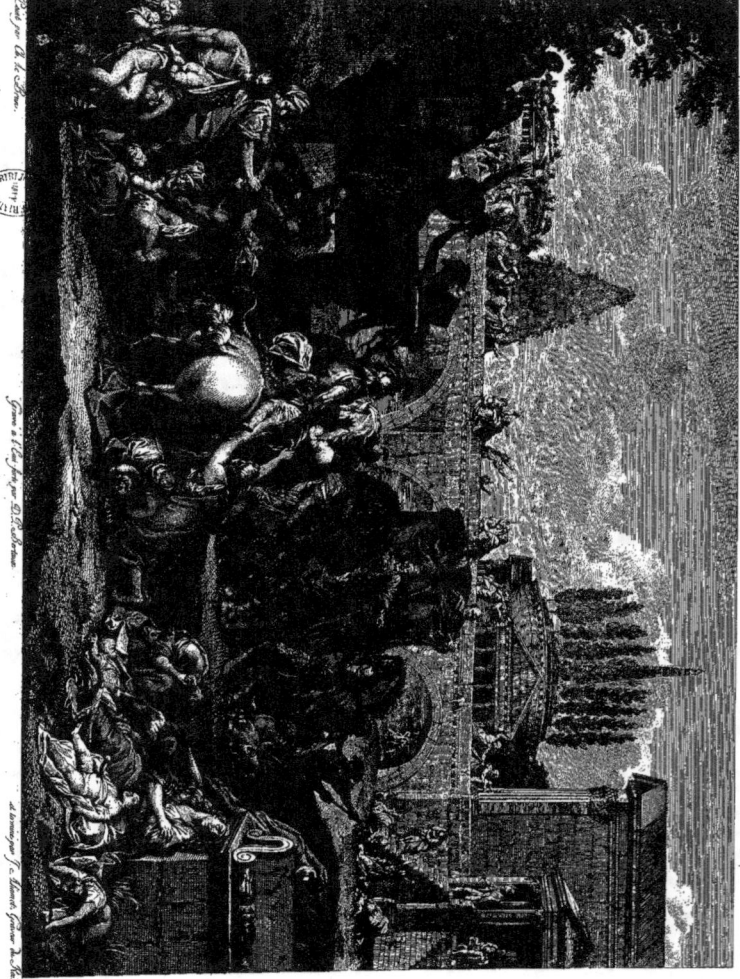

LE MASSACRE DES INNOCENTS

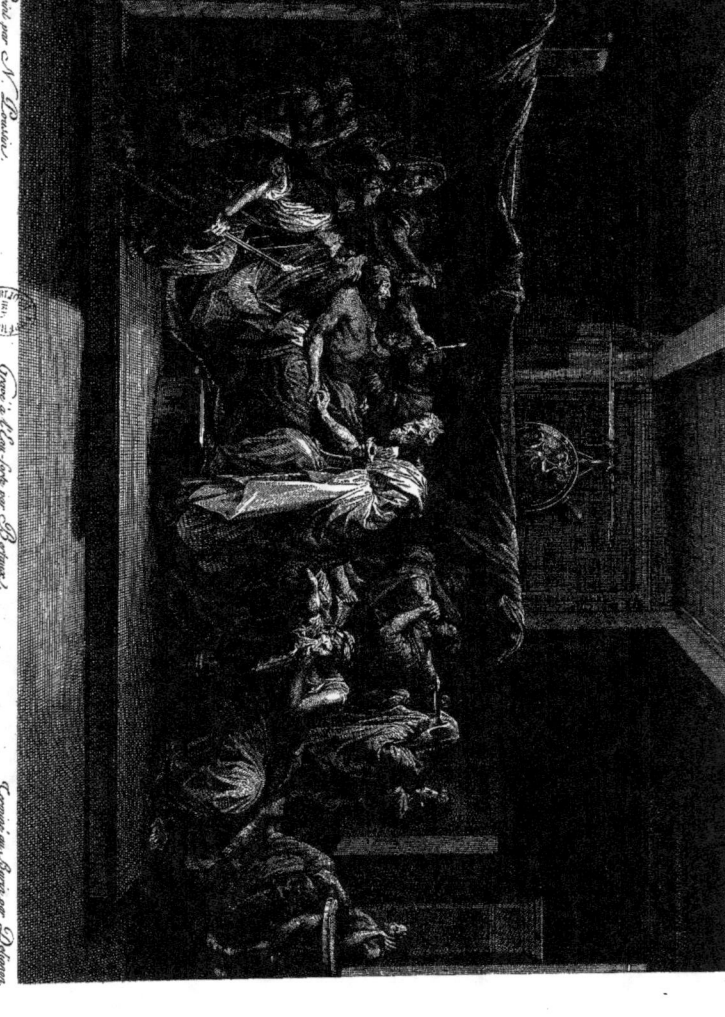

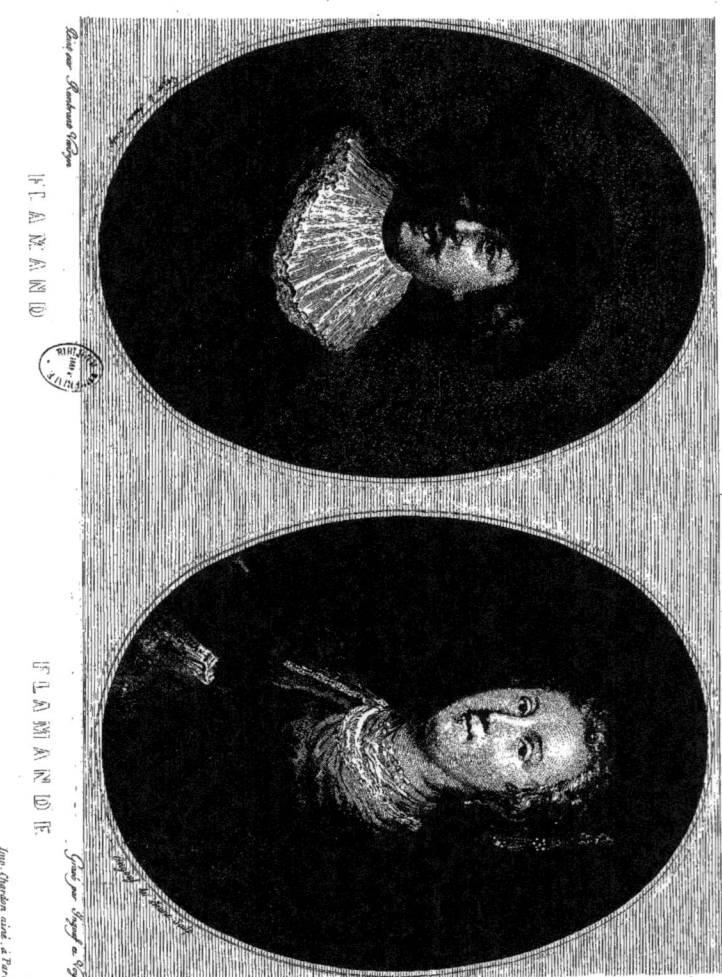

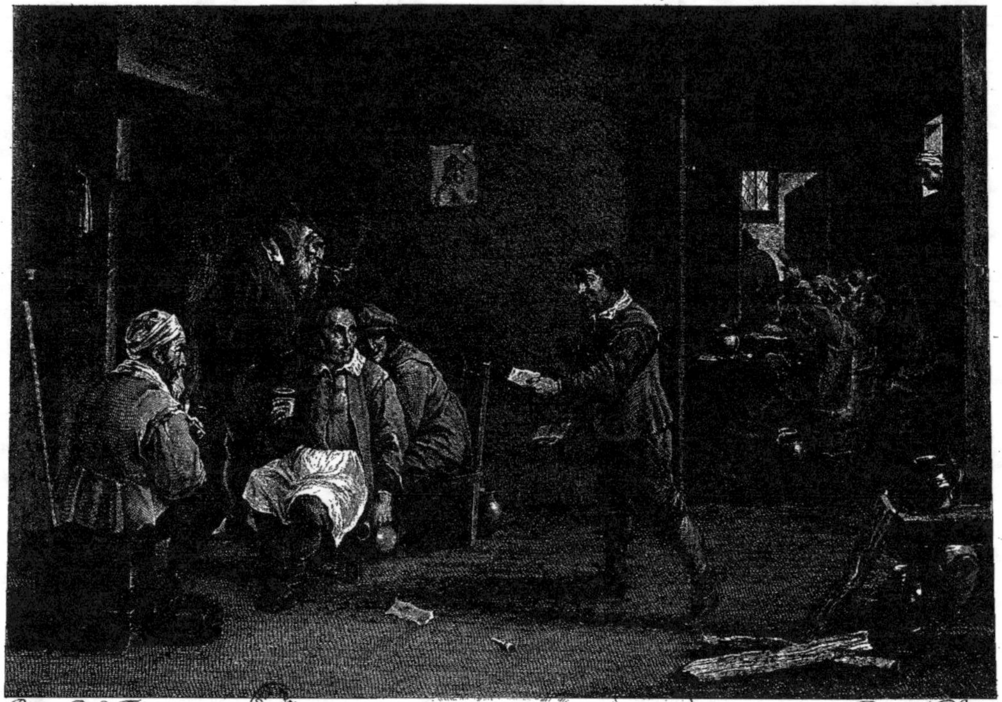

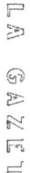

LA GAZETTE

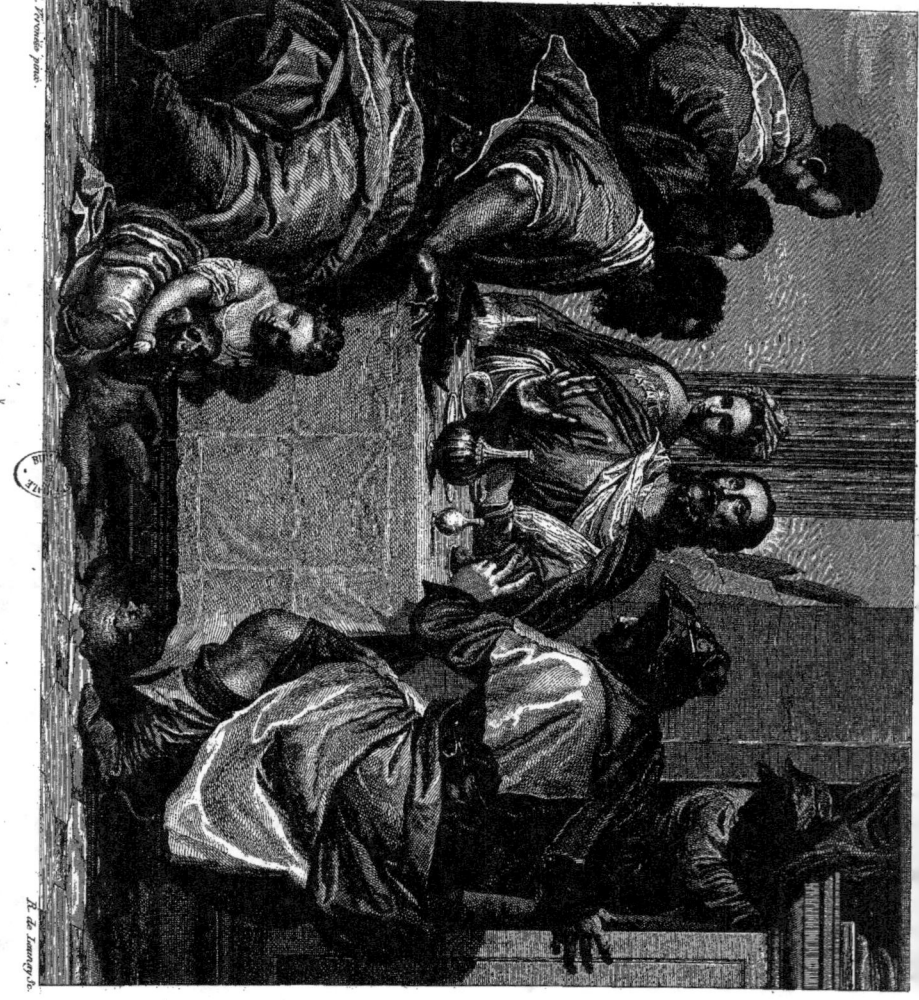

LES PÈLERINS D'EMAÜS

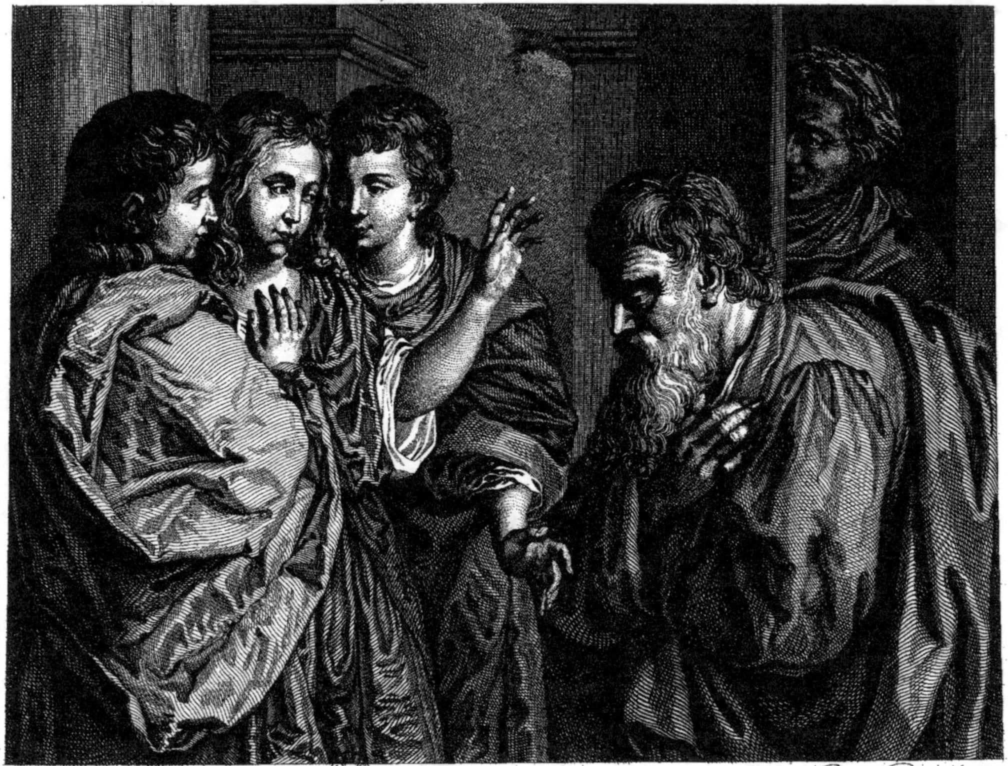

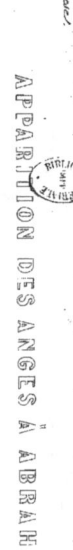

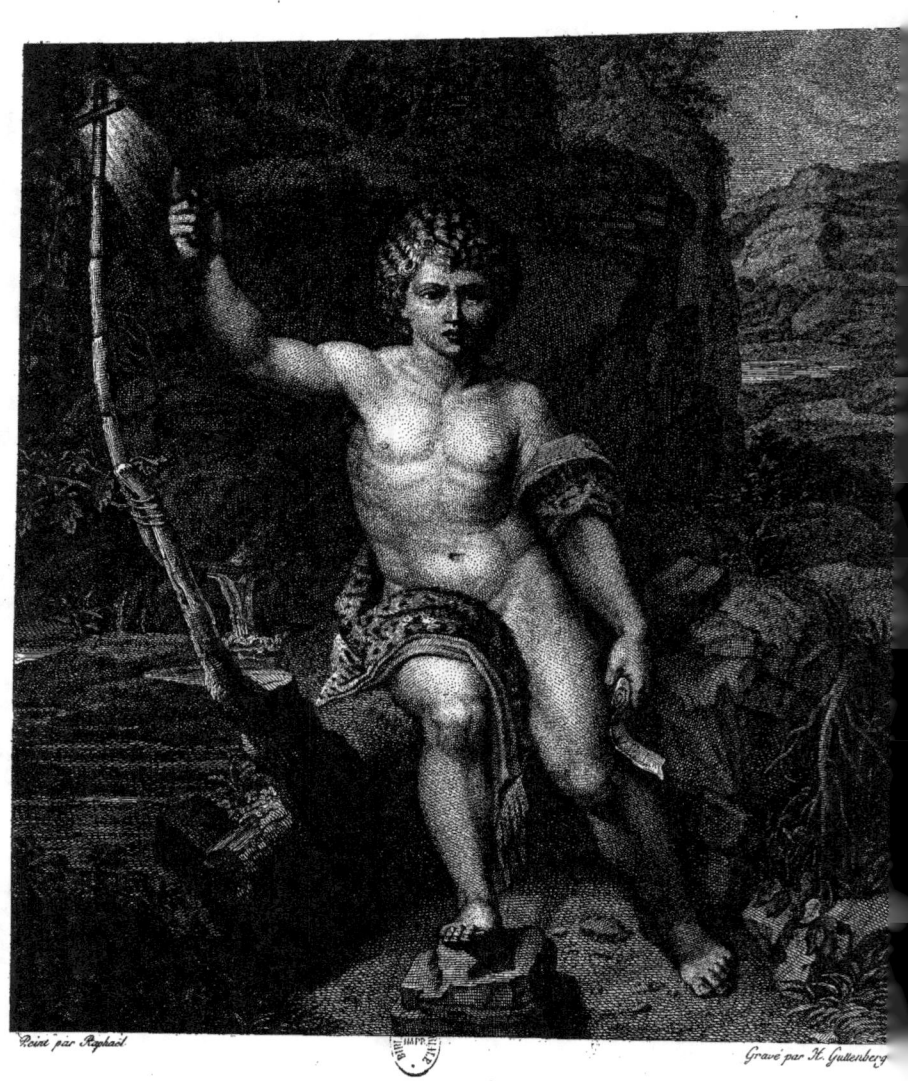

Peint par Raphaël. Gravé par H. Guttenberg.

ST JEAN AU DÉSERT

Imp. Chardon ainé, à Paris

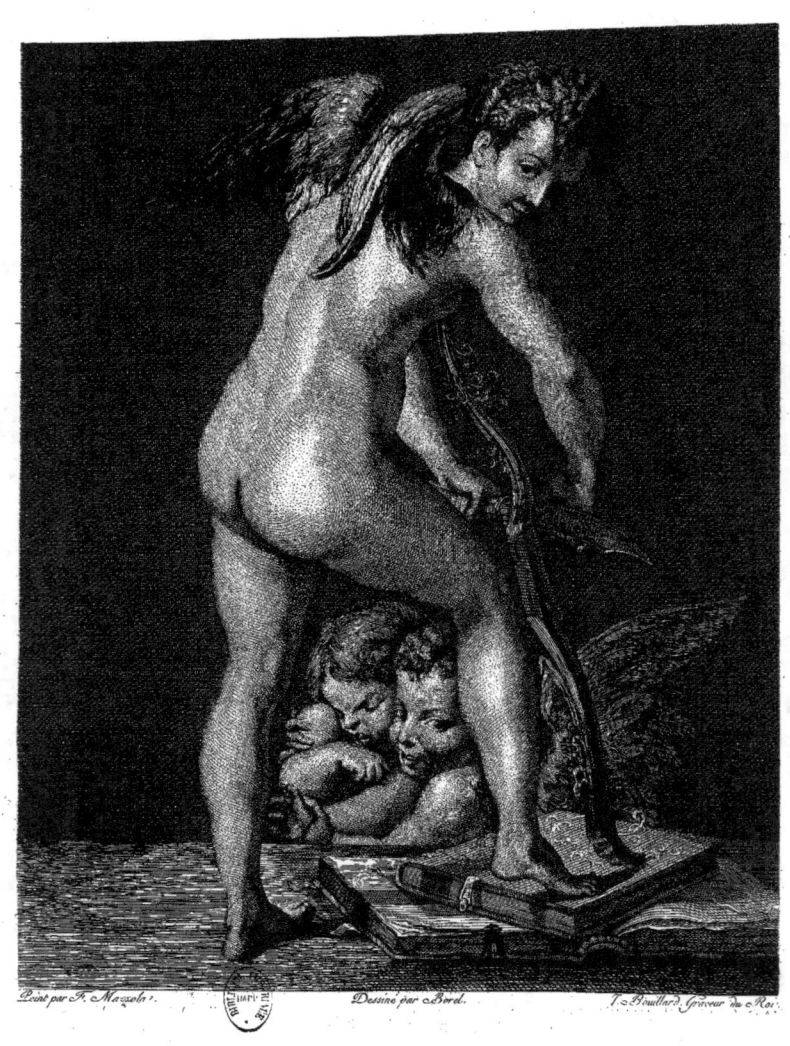

L'AMOUR TAILLANT SON ARC

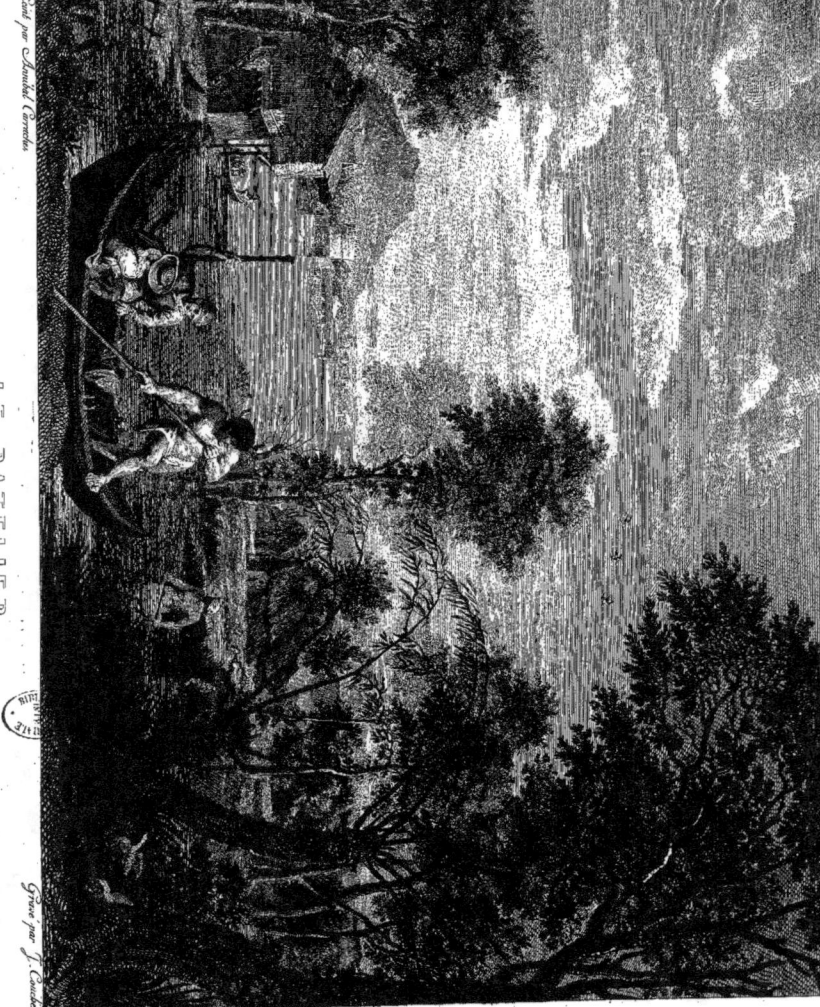

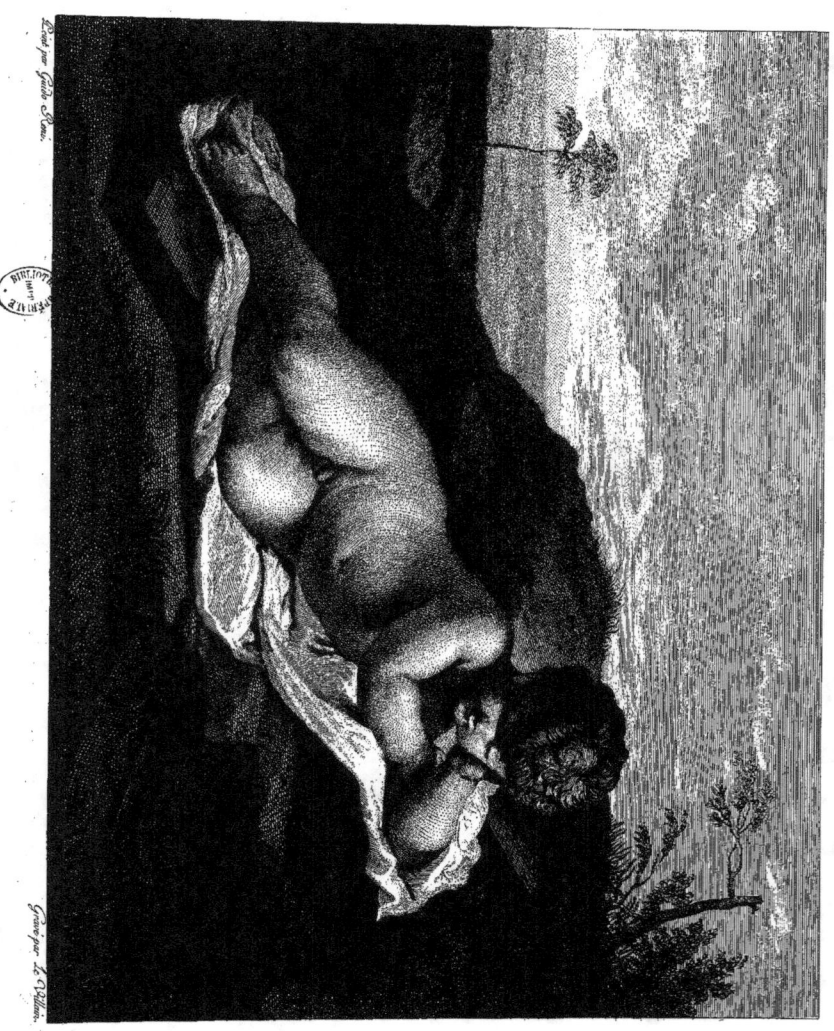

L'ENFANT JÉSUS

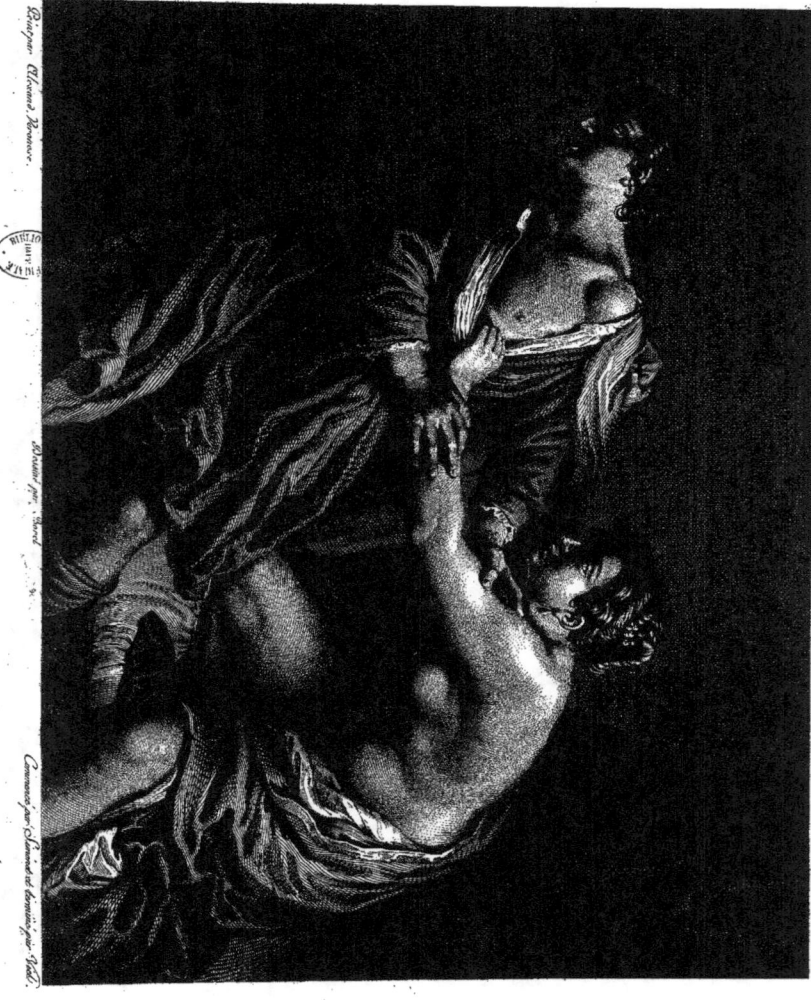

LA CHASTETÉ DE JOSEPH

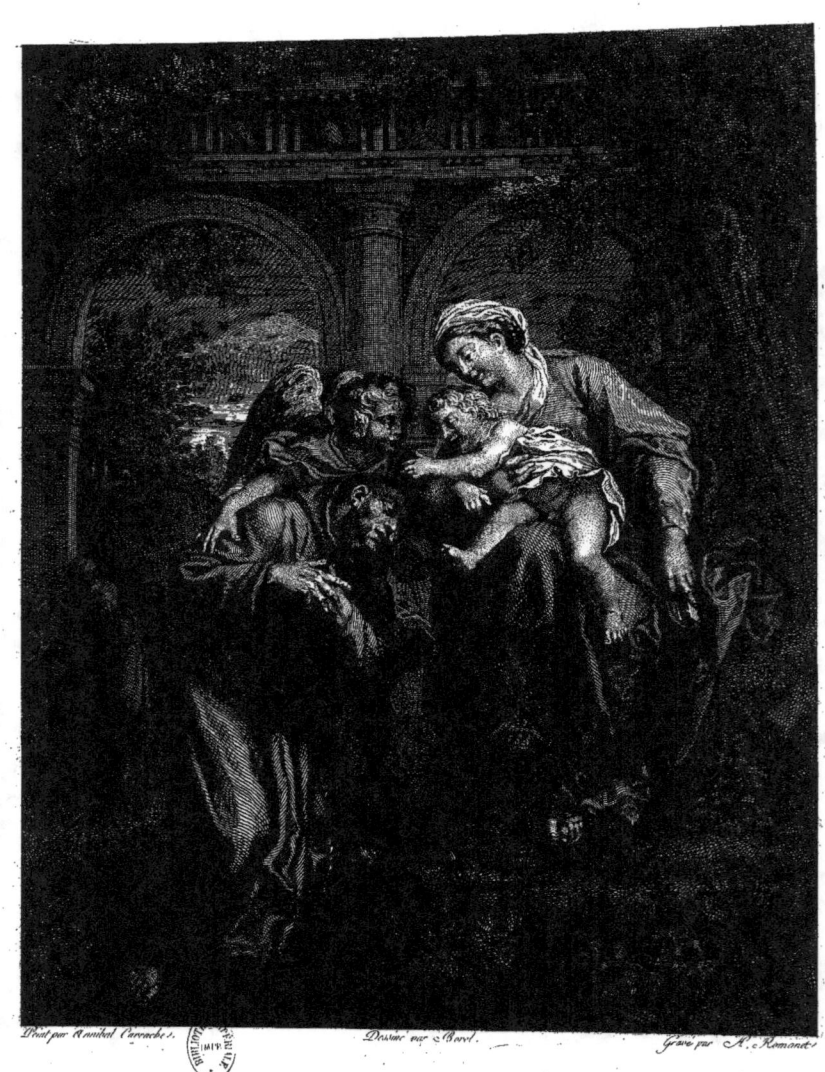

LA VISION DE St FRANÇOIS

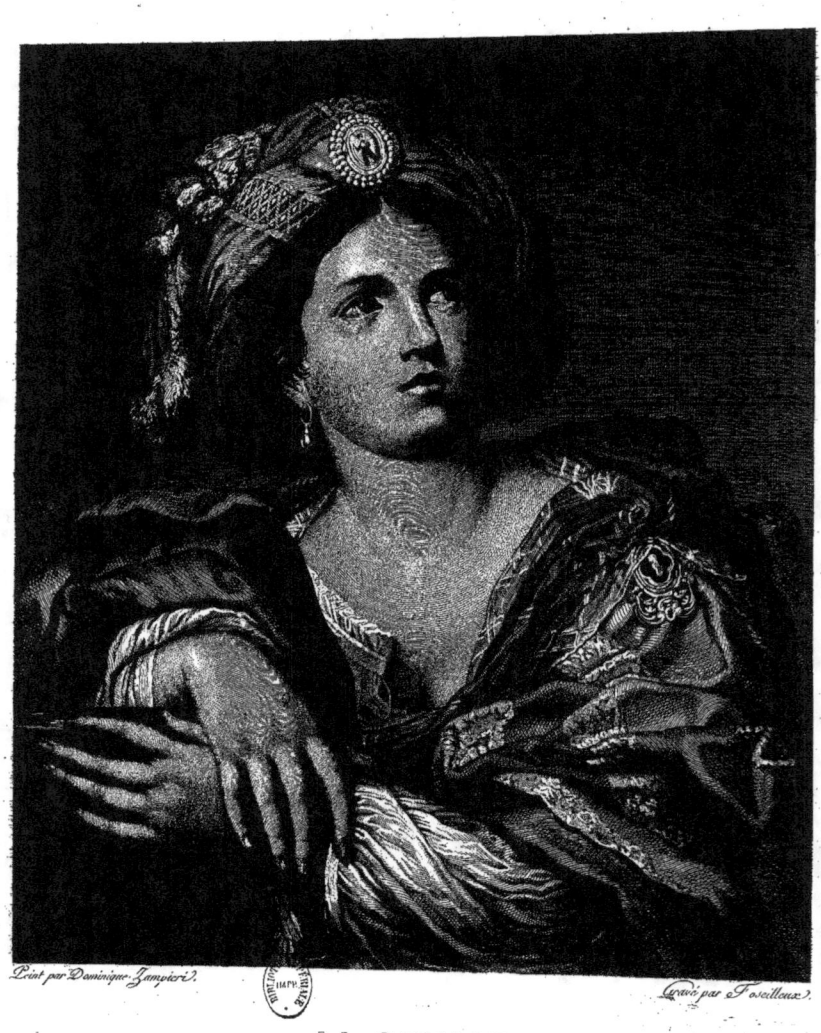

Peint par Dominique Zampieri. Gravé par Foscilloux.

LA SIBILLE

Imp. Chardon ainé, à Paris.

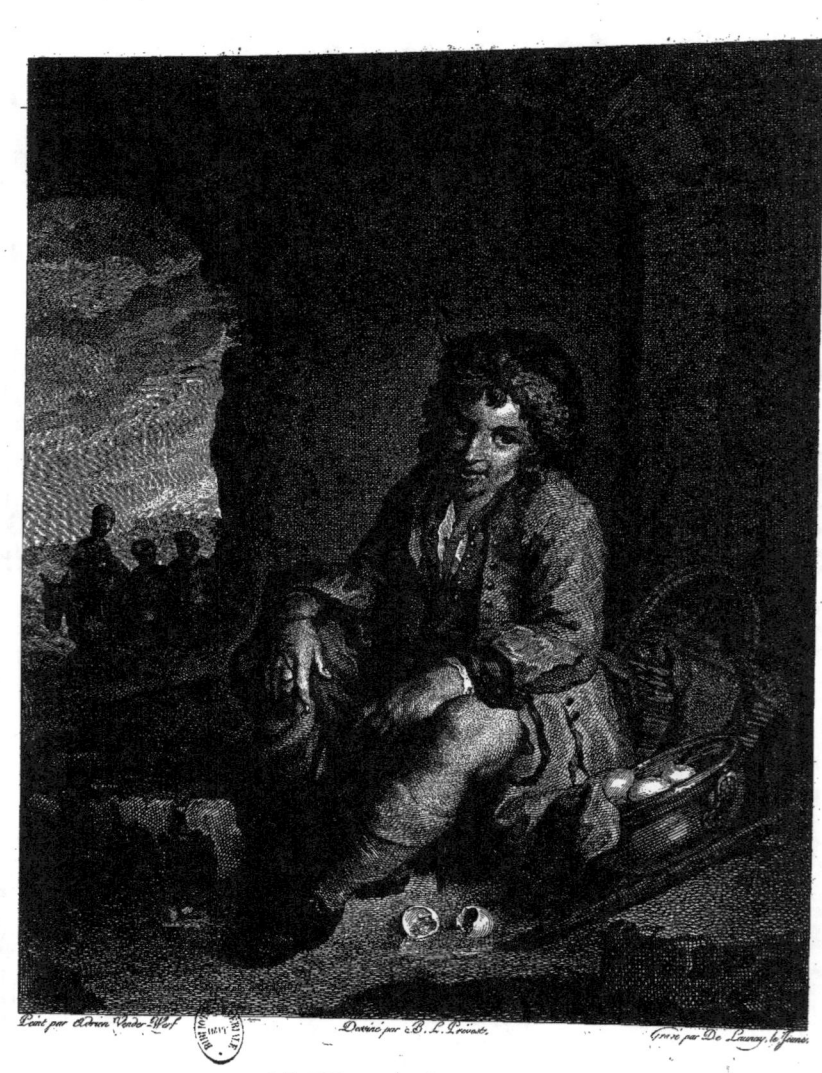

LE VENDEUR D'ŒUFS

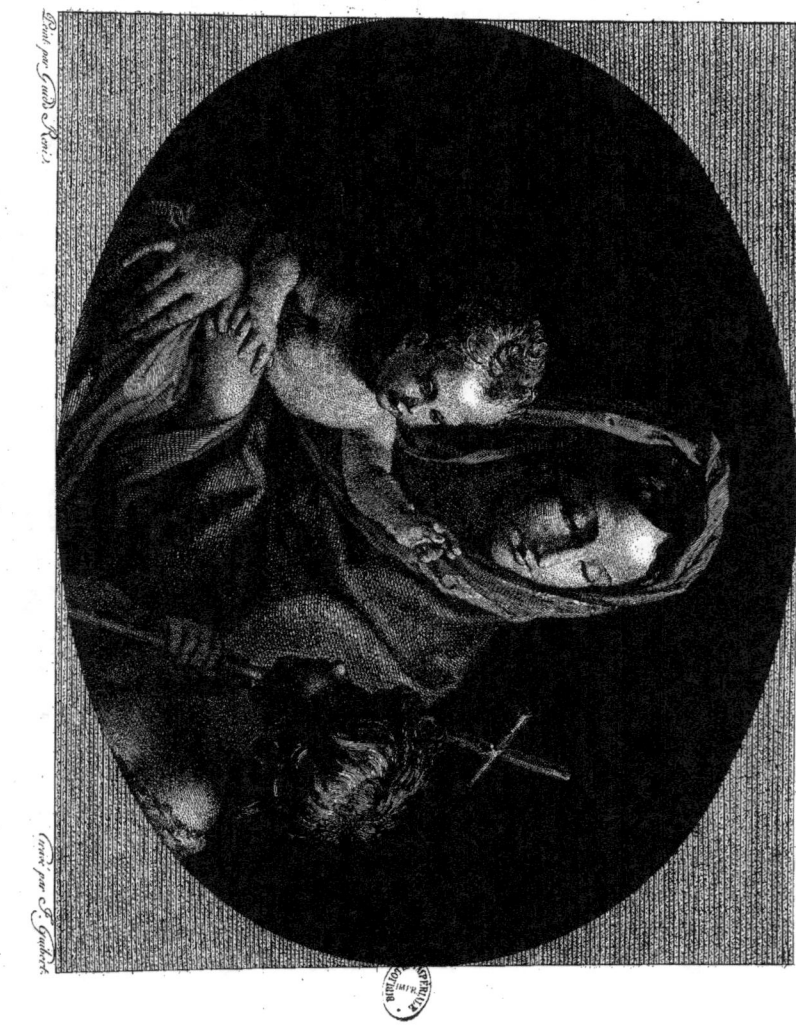

LA VIERGE & L'ENFANT JÉSUS

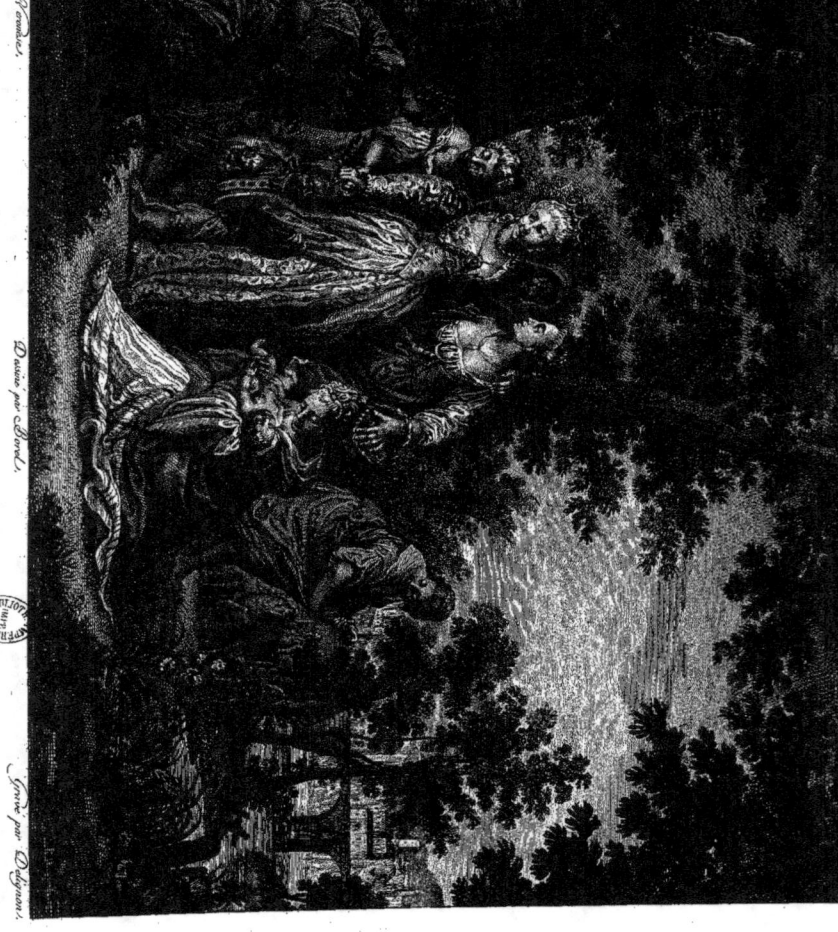

MOYSE SAUVÉ

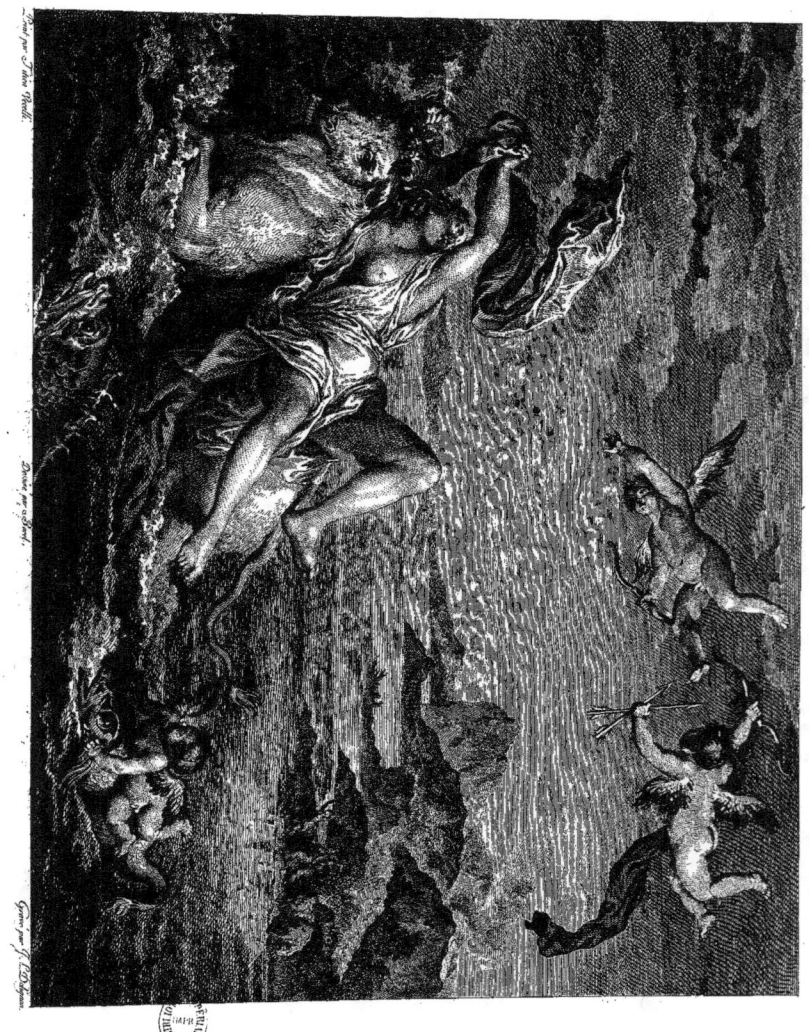

L'ENLÈVEMENT D'EUROPE

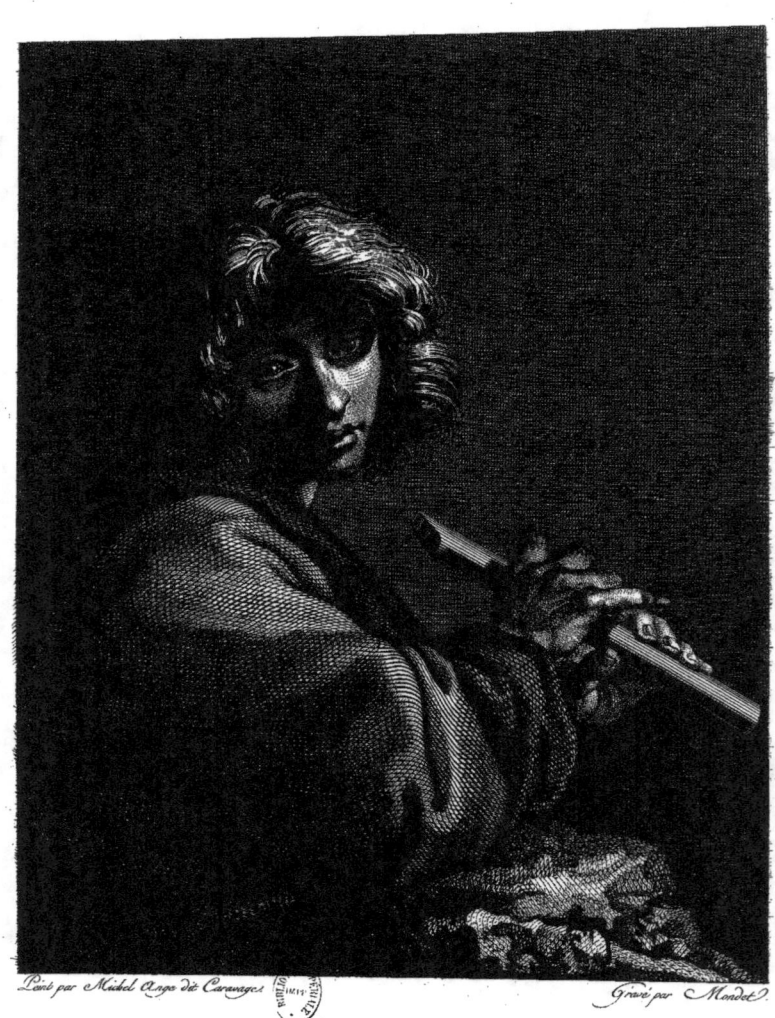

Peint par Michel Ange dit Caravages. Gravé par Mondet.

LE FLUTEUR

Imp. Chardon ainé, à Paris.

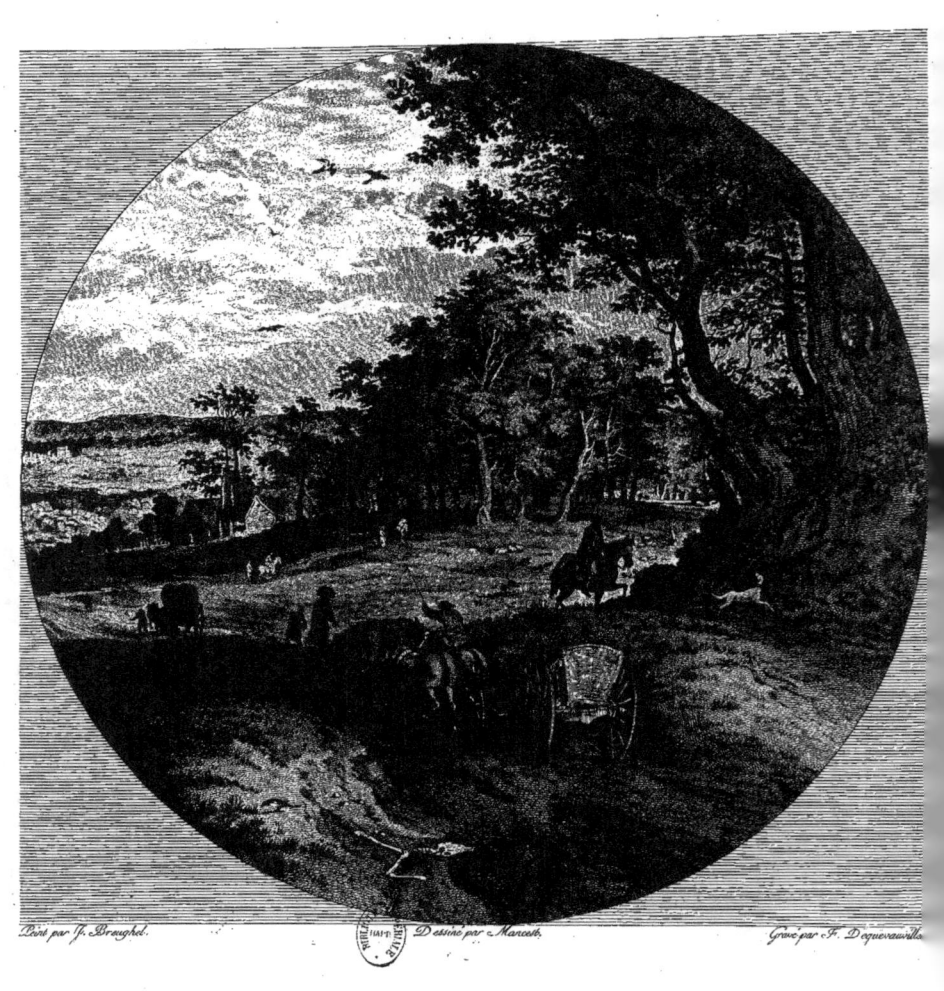

LE CHARIOT

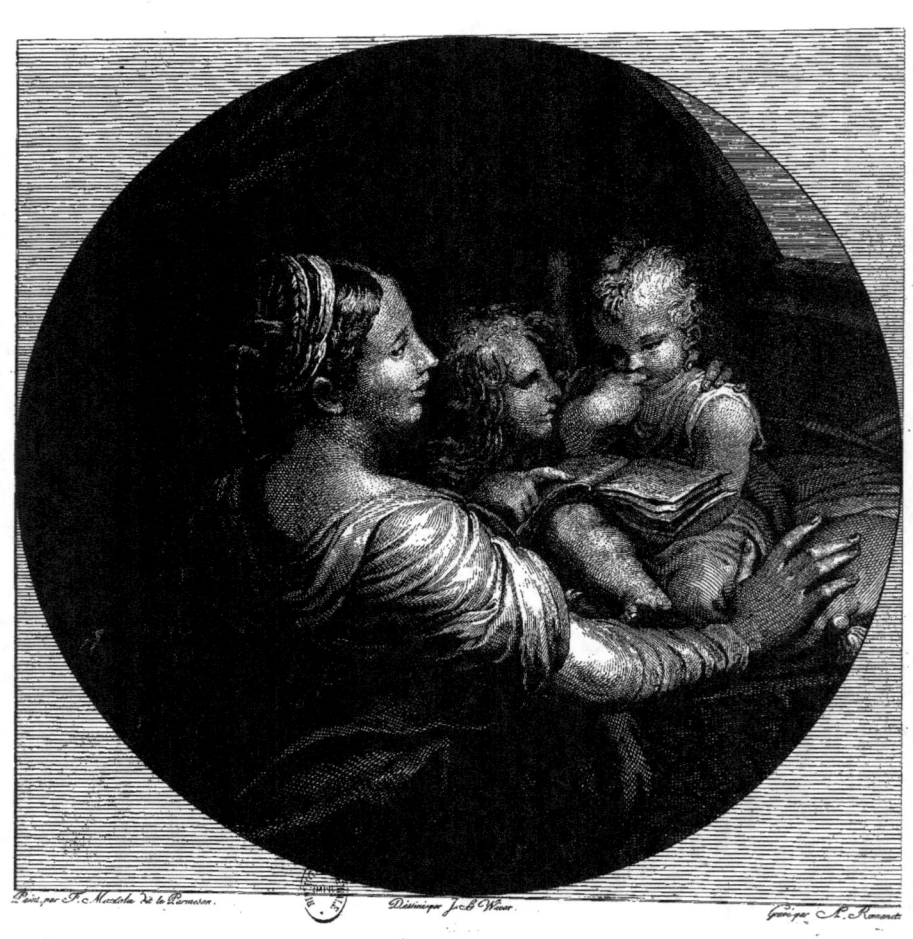

ÉDUCATION DE L'ENFANT JÉSUS

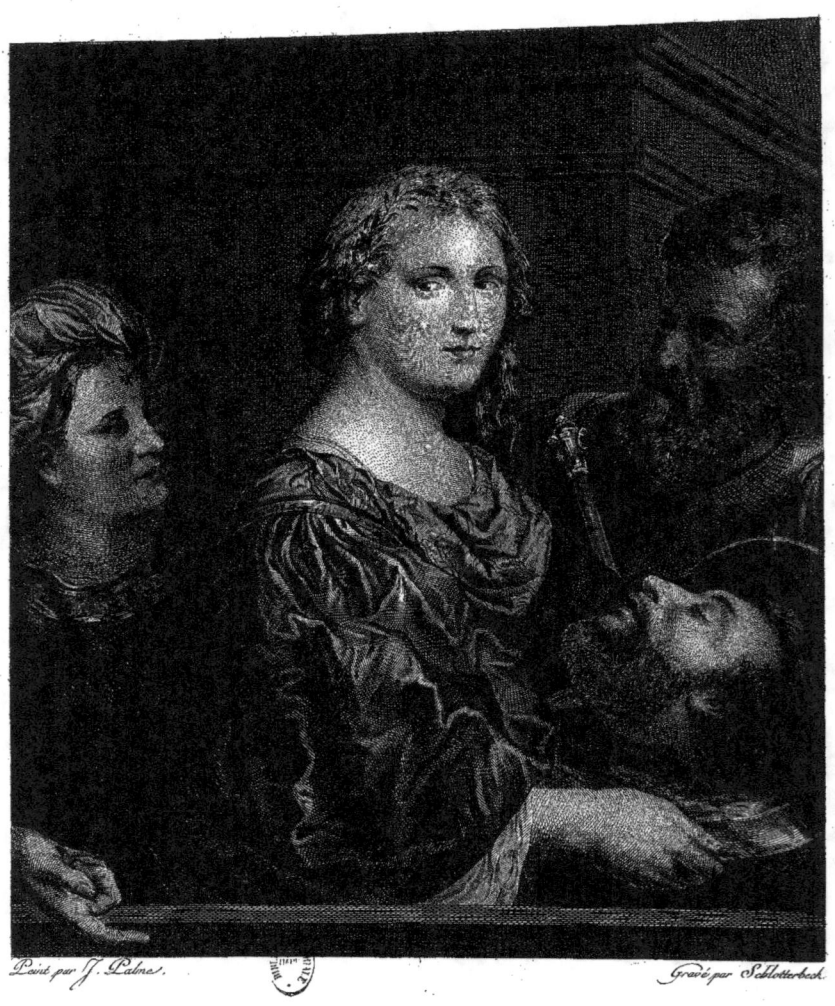

HERODIAS

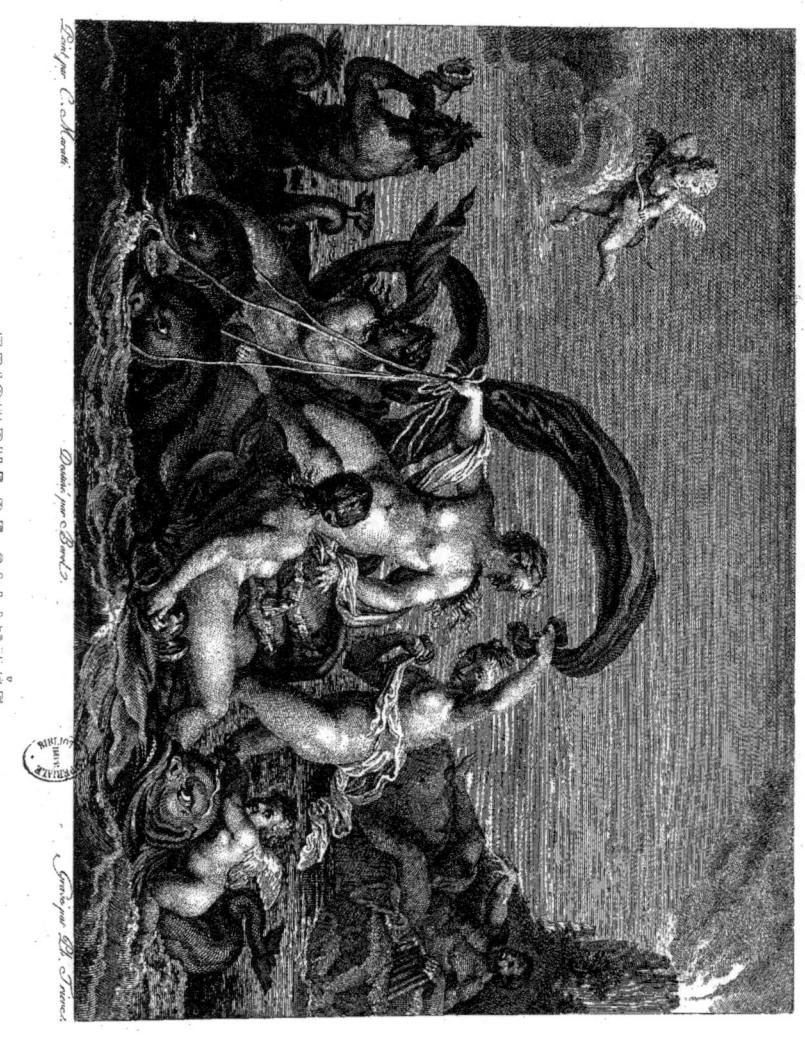

TRIOMPHE DE GALATHÉE

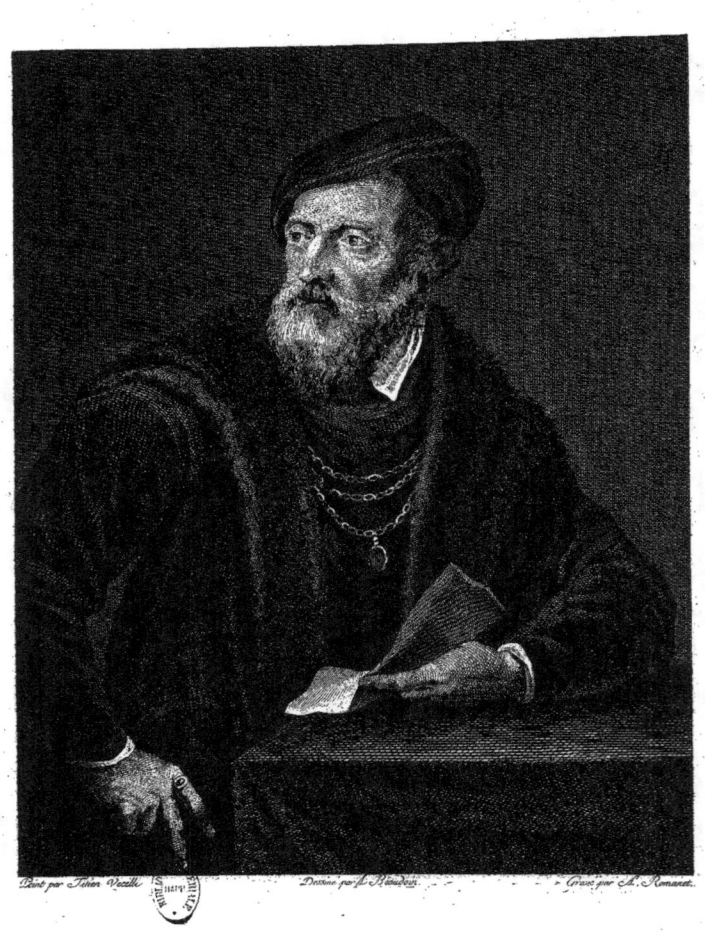

PORTRAIT DE TITIEN

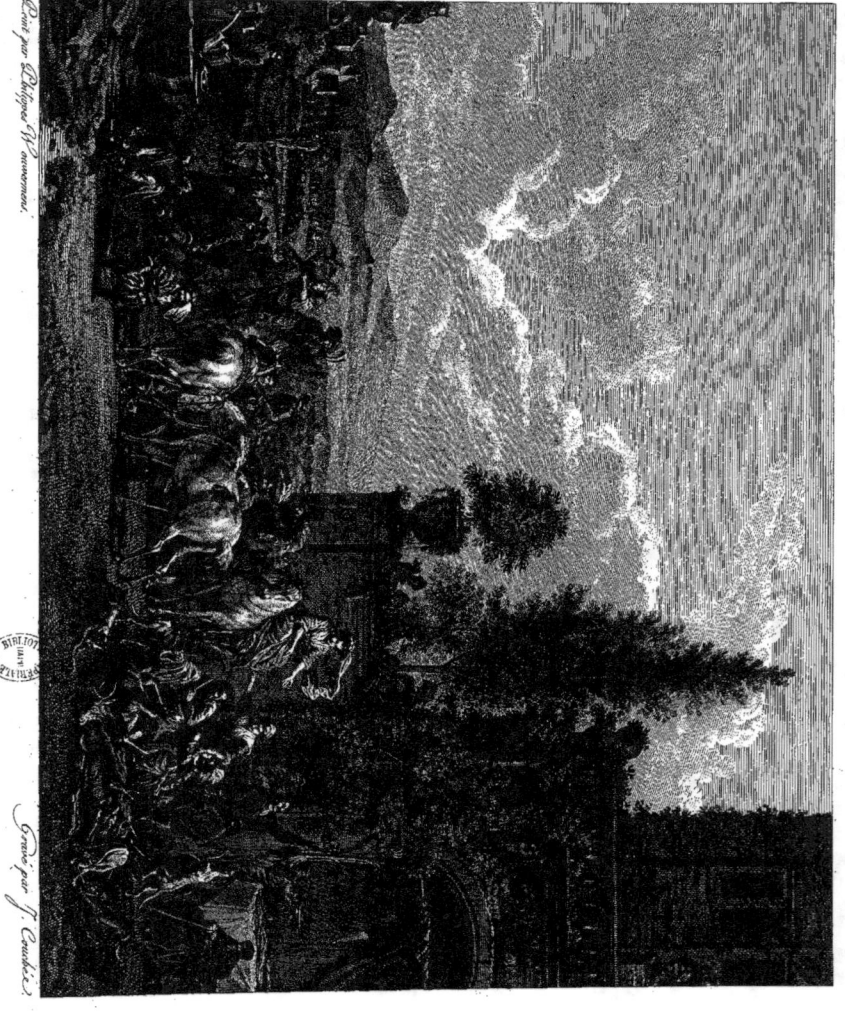

Peint par Philippes W...   Gravé par J. Couché

LA CURÉE

Imp. Chardon ainé, à Paris

LA CIRCONCISION DE NOTRE SEIGNEUR

SUZANNE SURPRISE AU BAIN

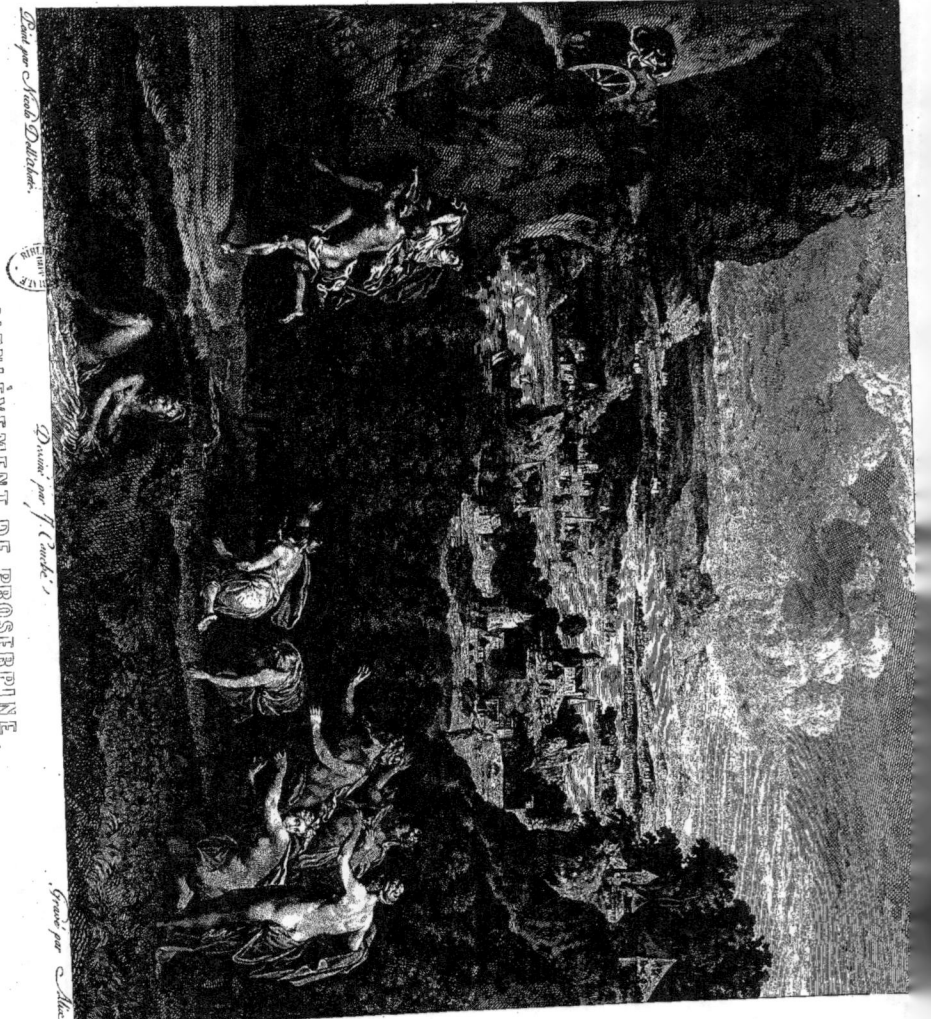

L'ENLÈVEMENT DE PROSERPINE

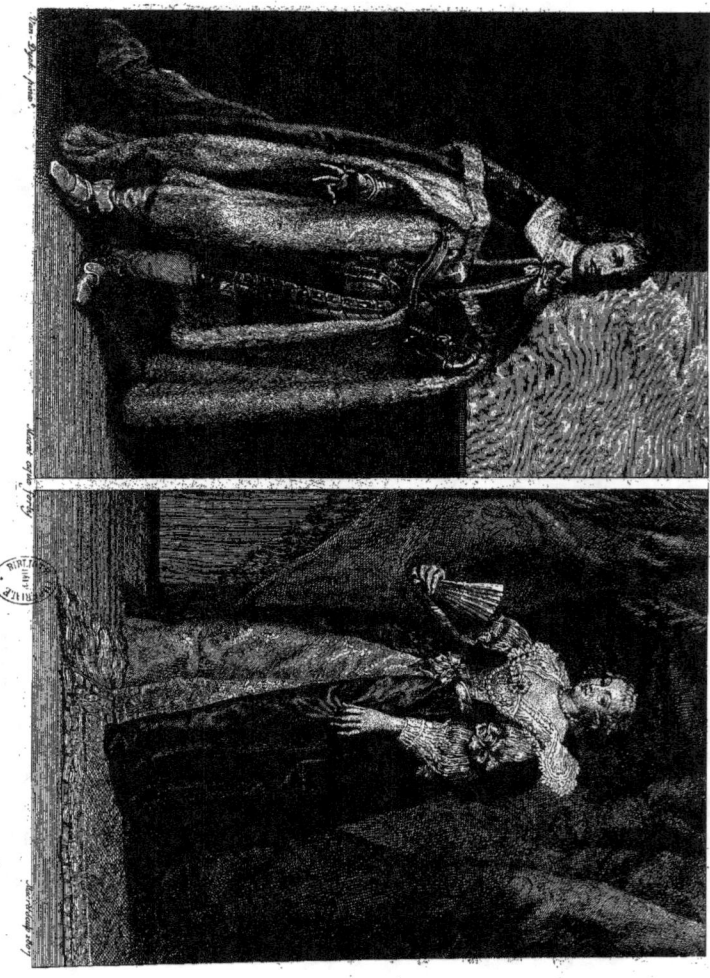

PORTRAIT INCONNU

PORTRAIT INCONNU

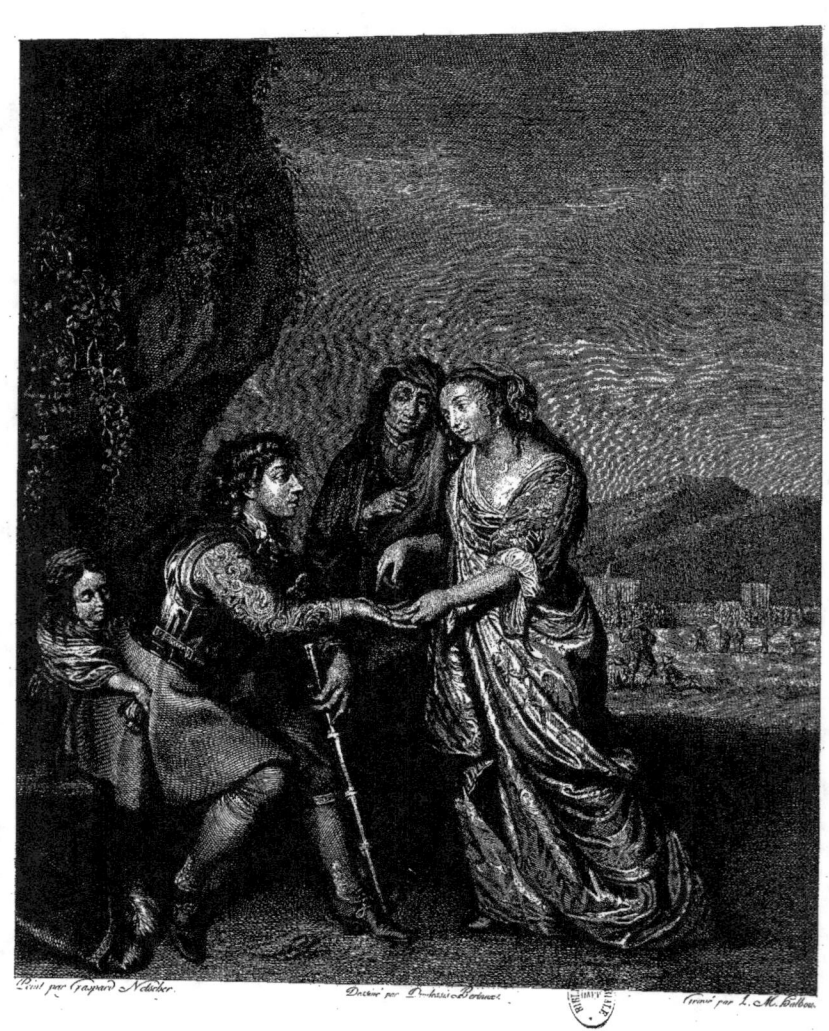

LES BOHÉMIENNES

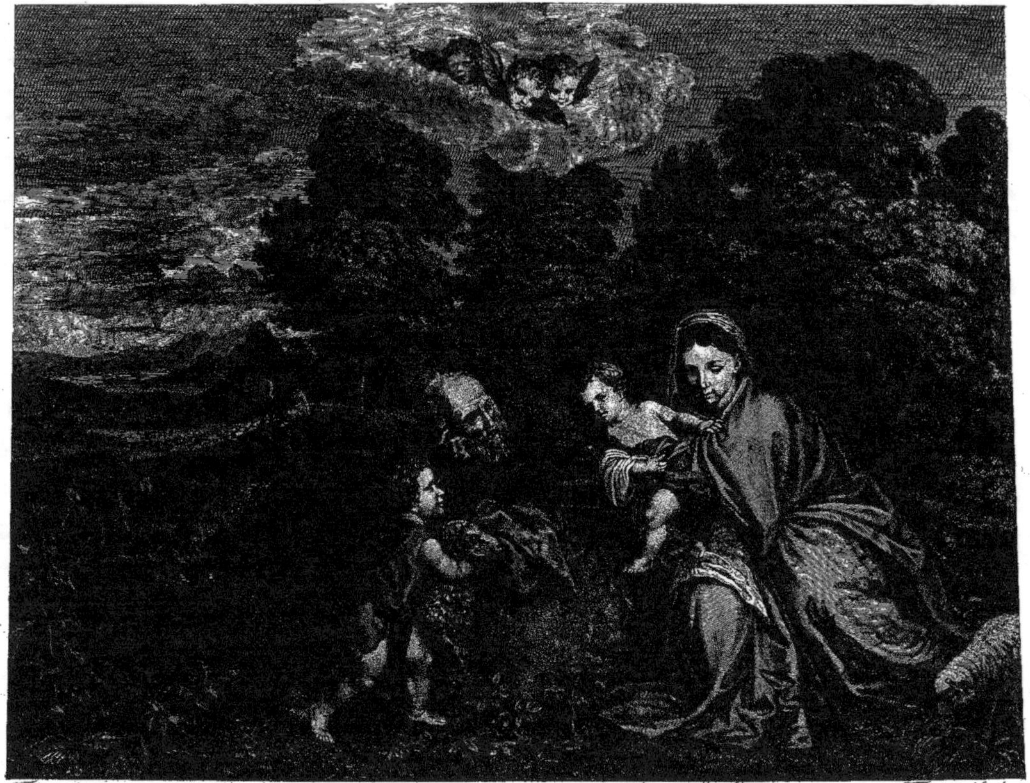

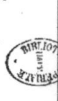

Titien pinx.
Fichelier Sculp.
Imp. Chardon ainé, à Paris.

REPOS EN ÉGYPTE

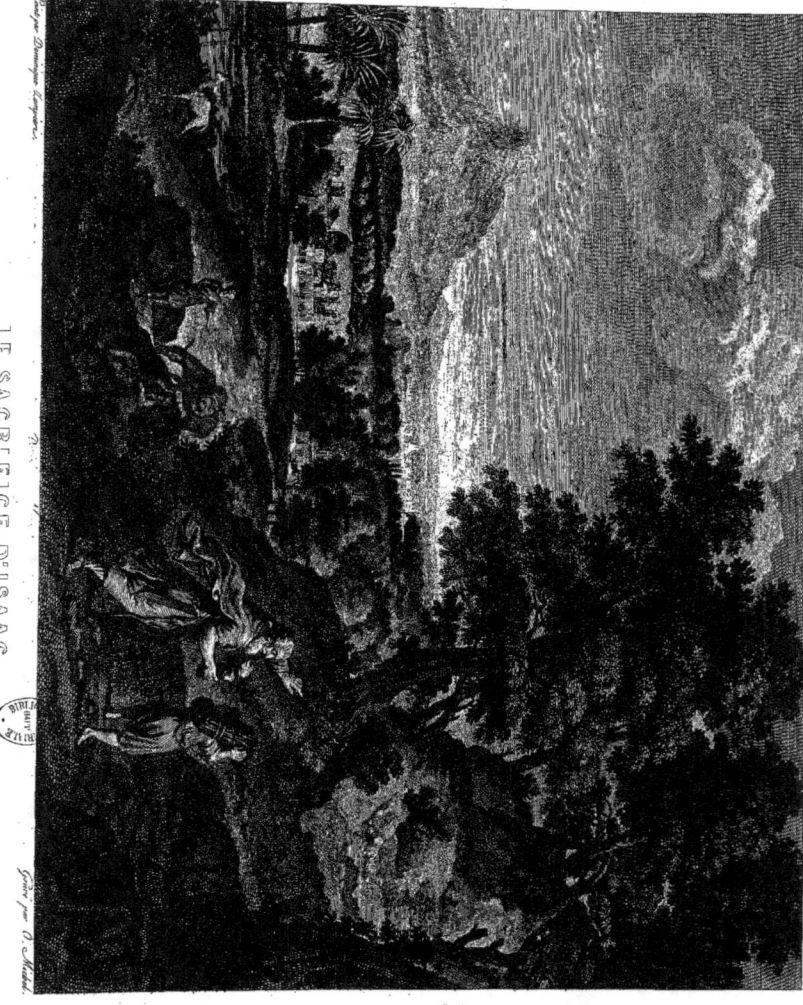

LE SACRIFICE D'ISAAC

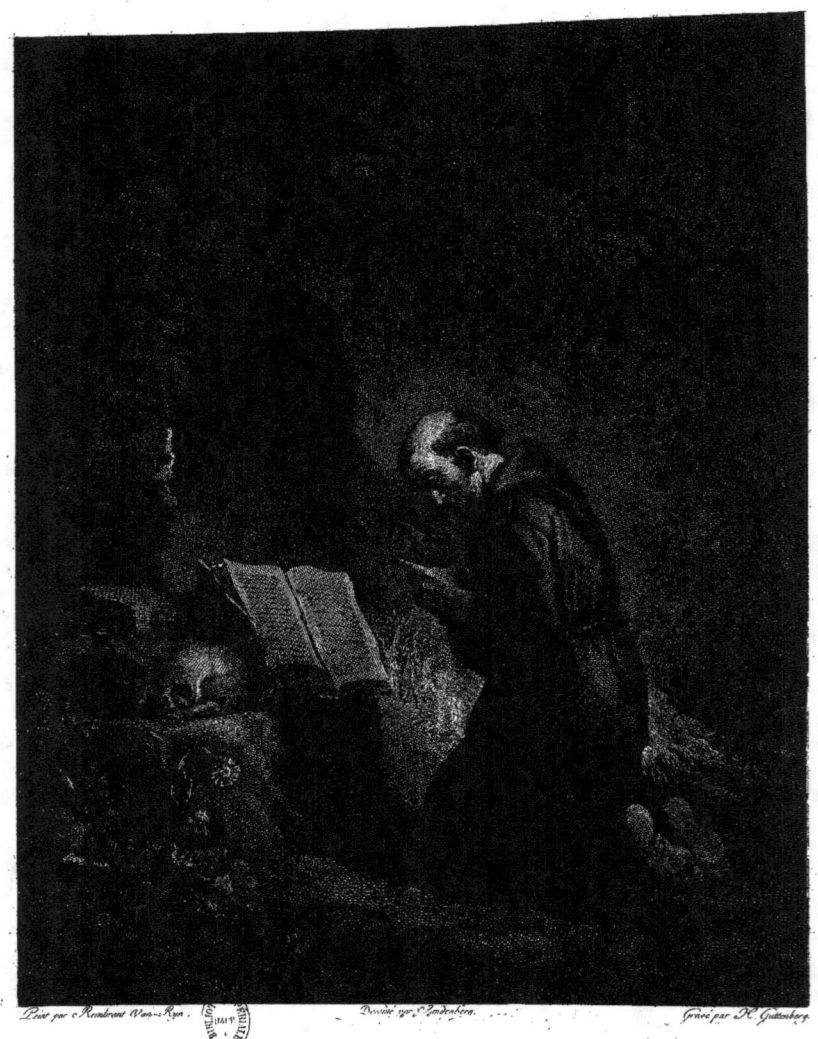

St FRANÇOIS

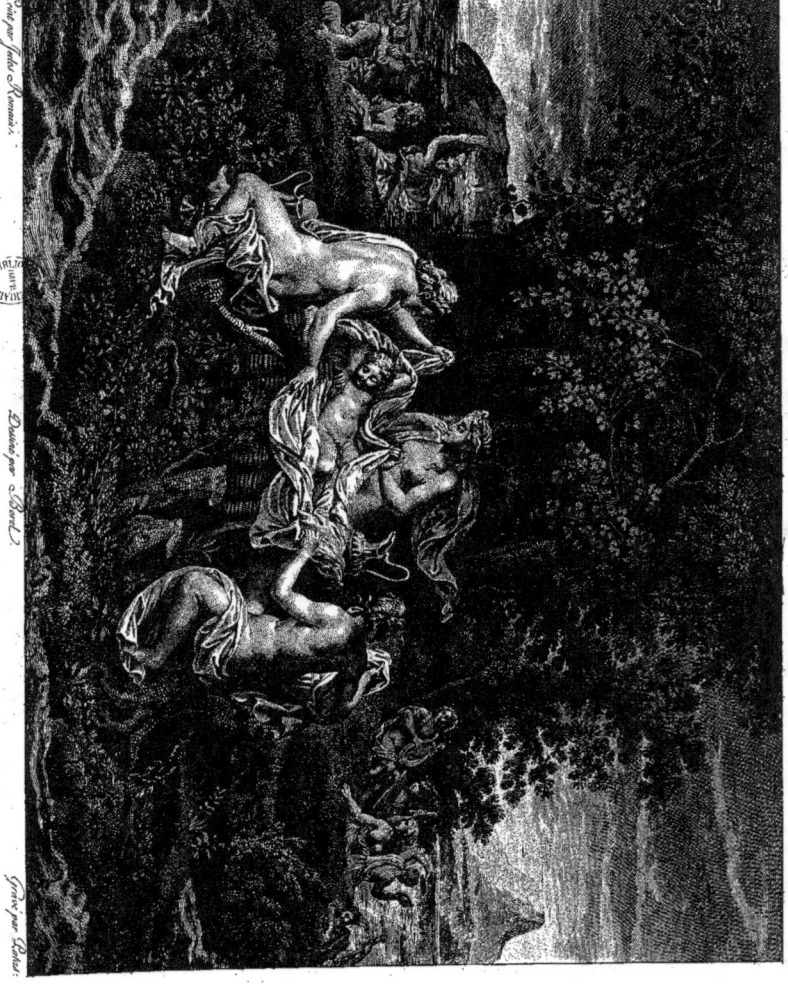

L'ENFANCE DE JUPITER

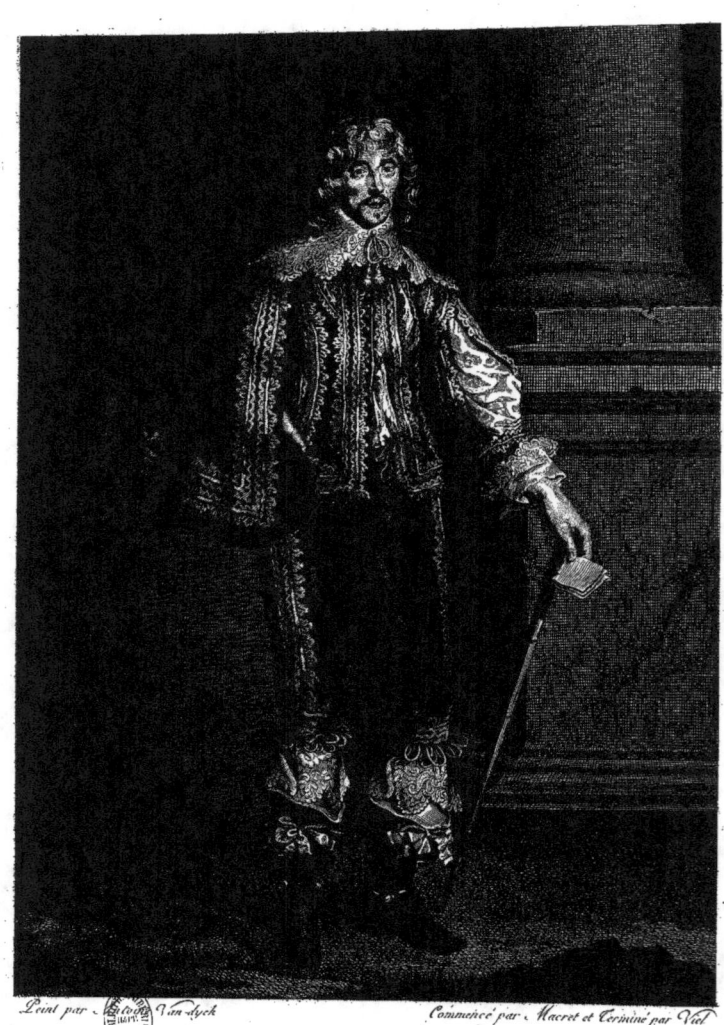

LE MARQUIS D'ENTRAMP

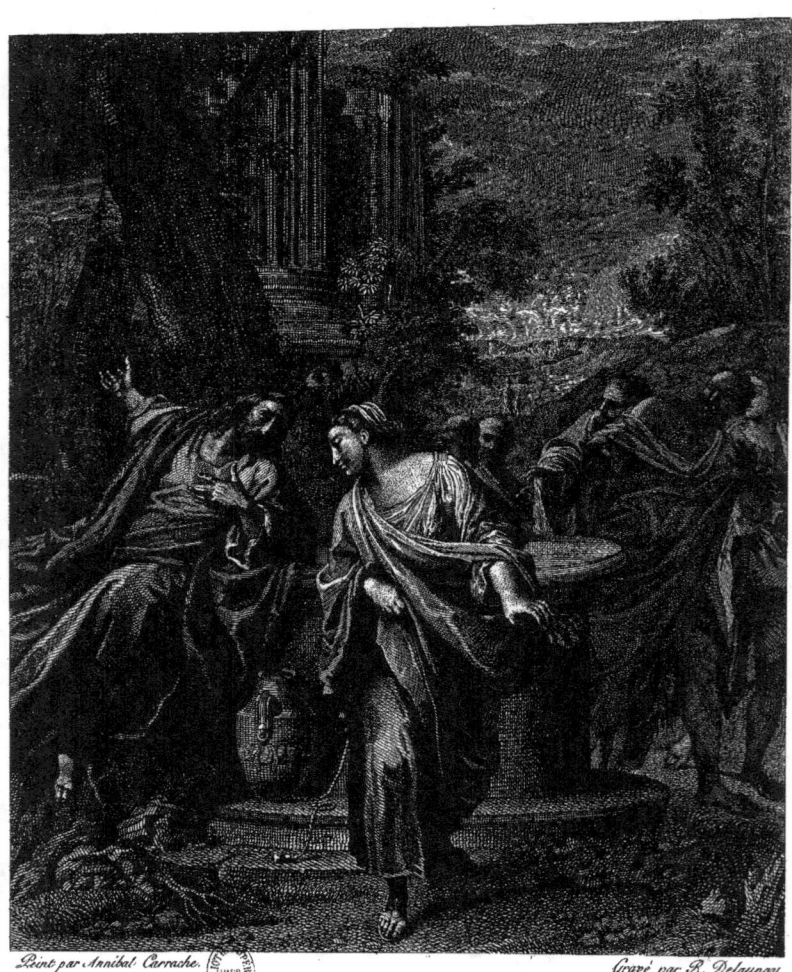

Peint par Annibal Carrache. Gravé par R. Delaunay.

LA SAMARITAINE.

Imp. Chardon ainé, à Paris.

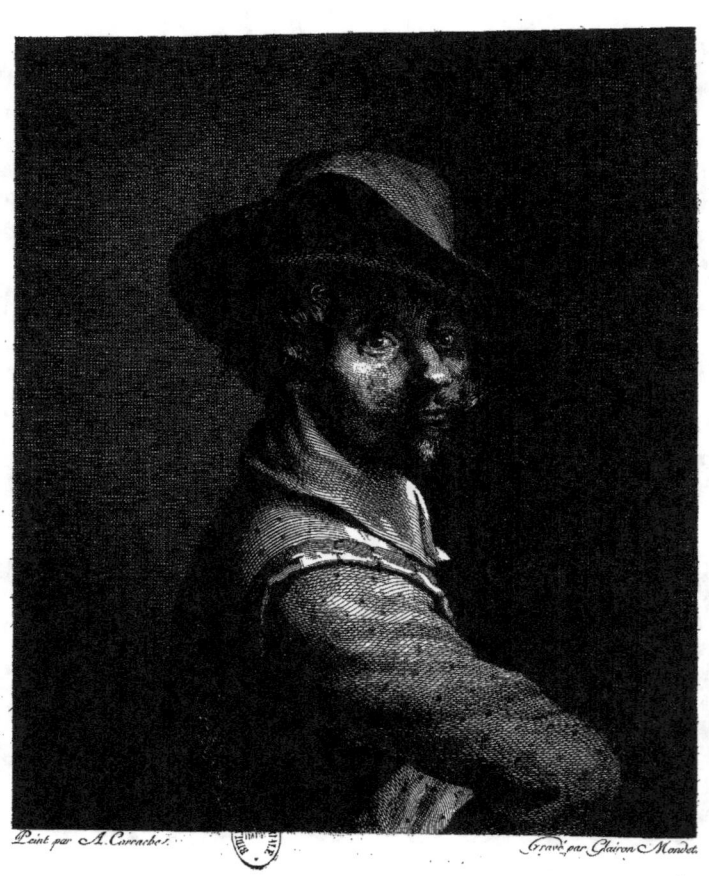

Peint par A. Carrache. Gravé par Clairon Mondet.

ANNIBAL CARRACHE

Imp. Chardon ainé, à Paris

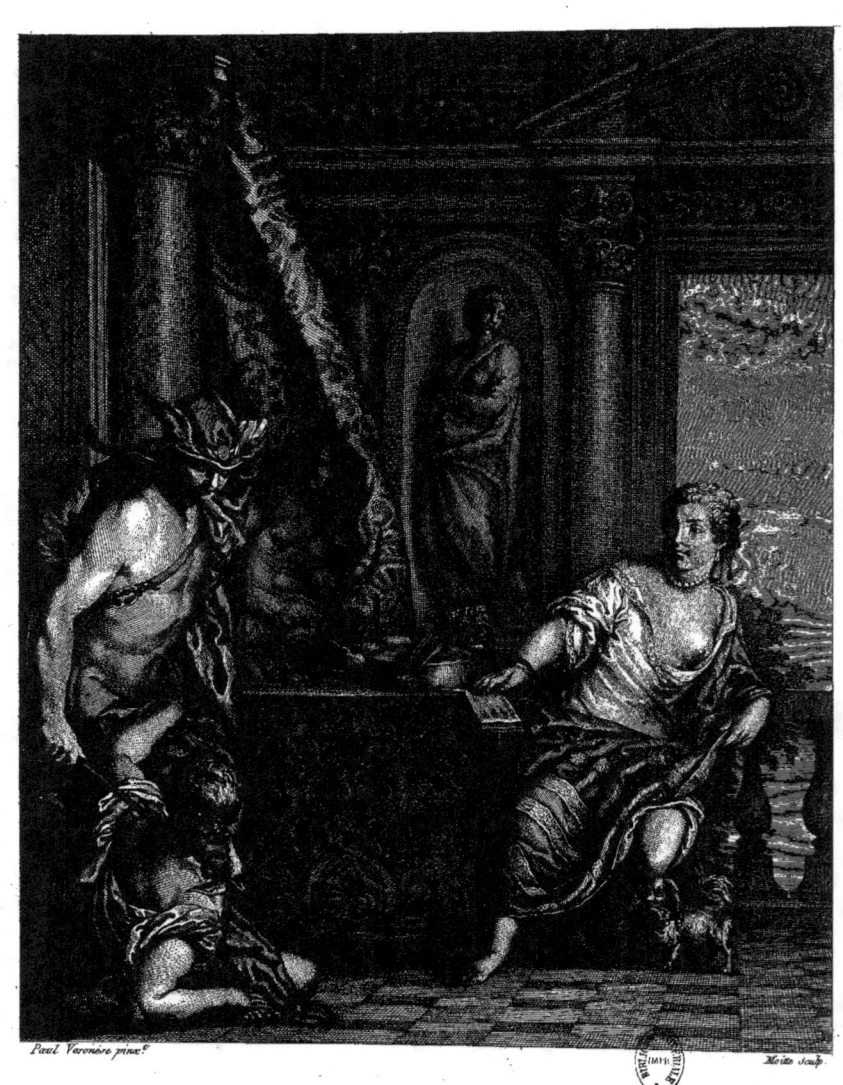

MERCURE, HERSÉ & AGLAURE

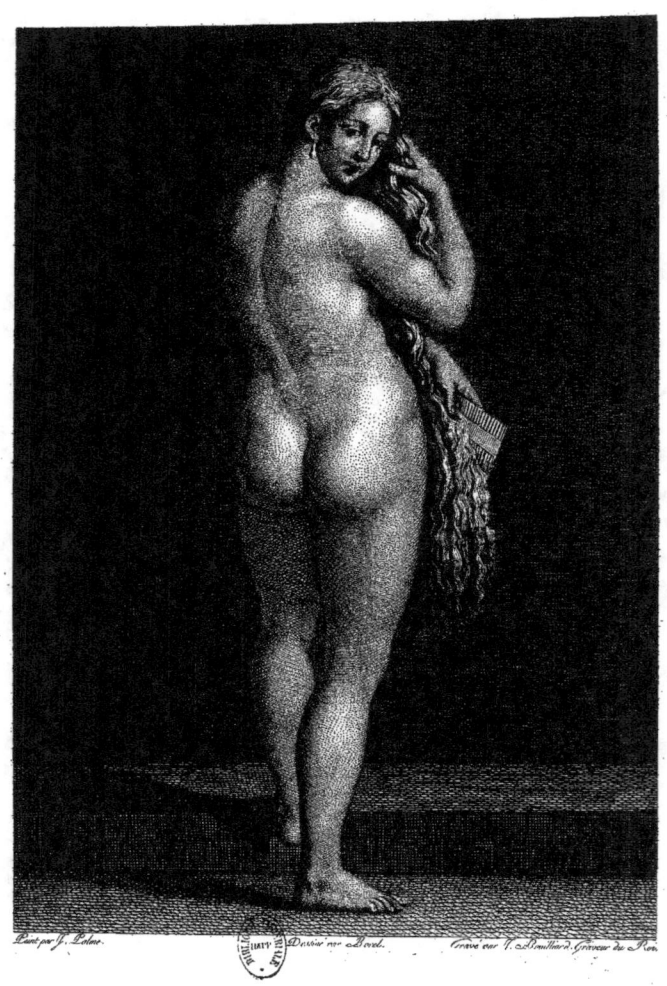

VÉNUS QUI SE PEIGNE

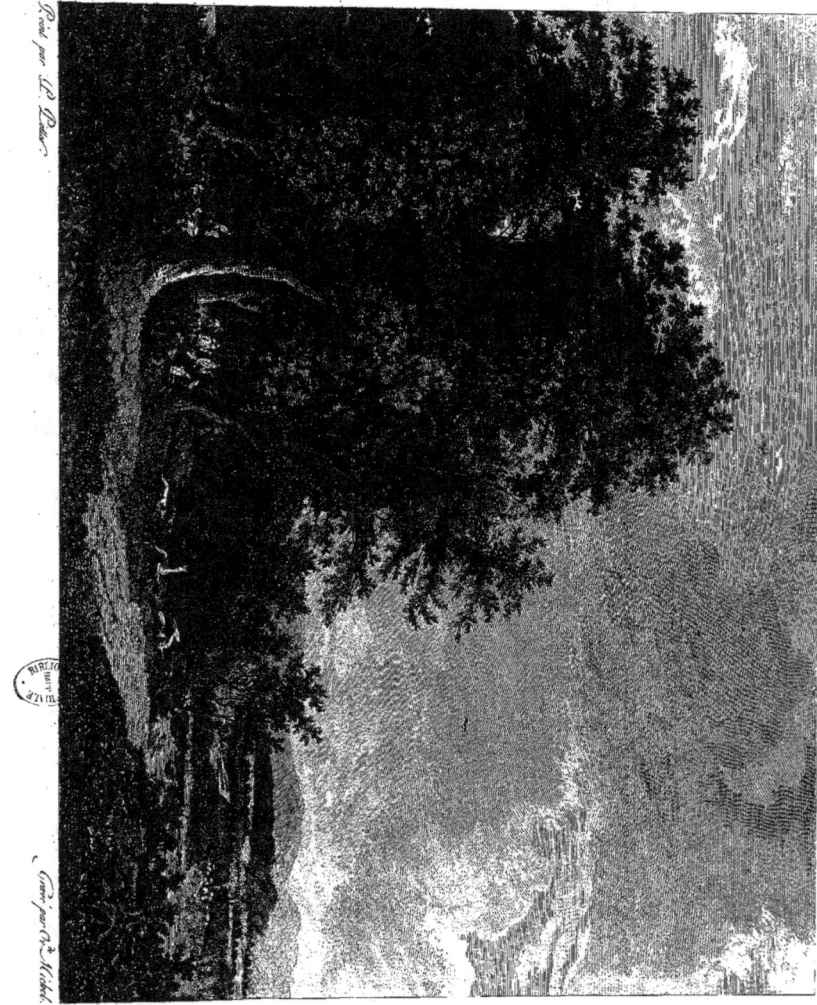

CHASSE AU CERF

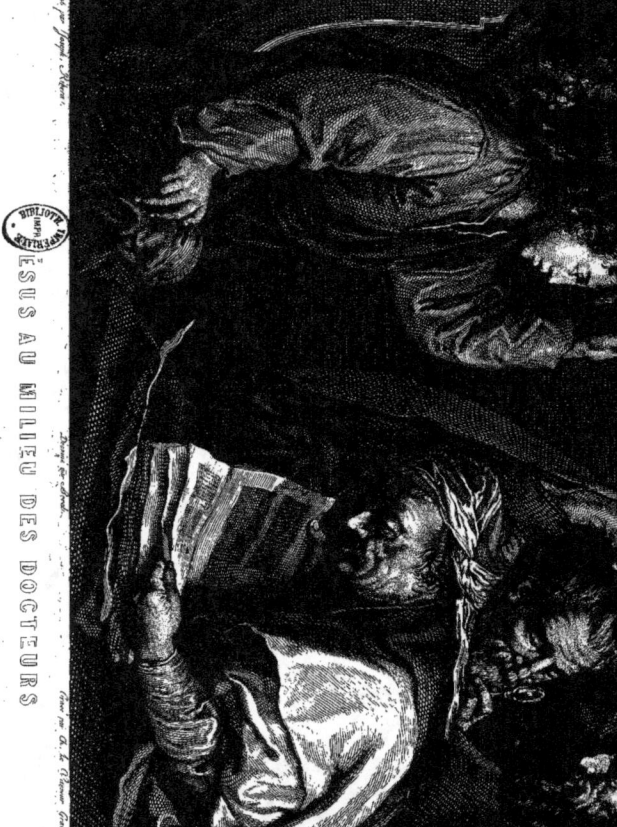

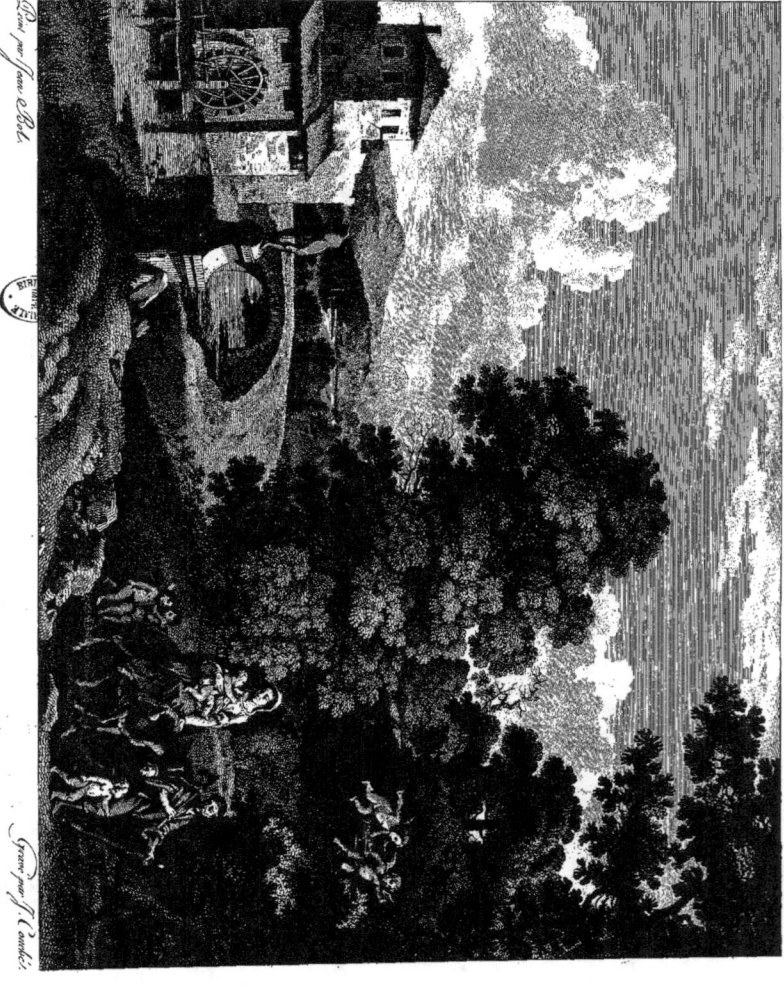

FUITE EN ÉGYPTE.

MOYSE MARCHANT SUR LA COURONNE DE PHARAON.

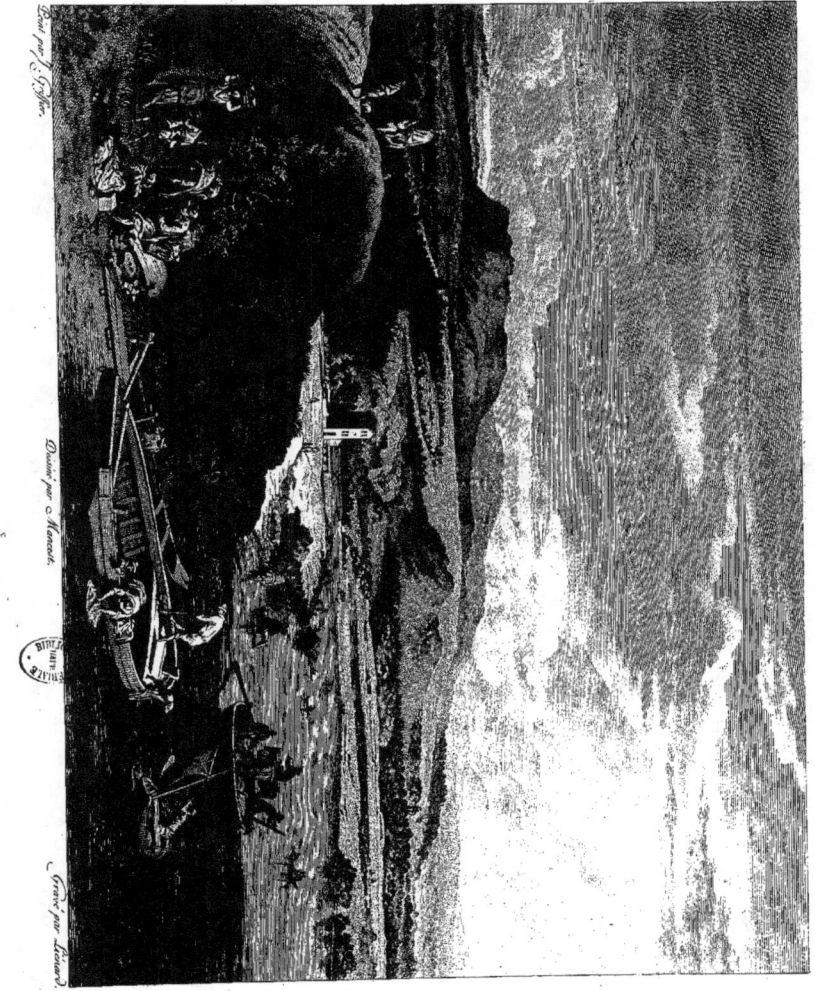

LA BIVORE.

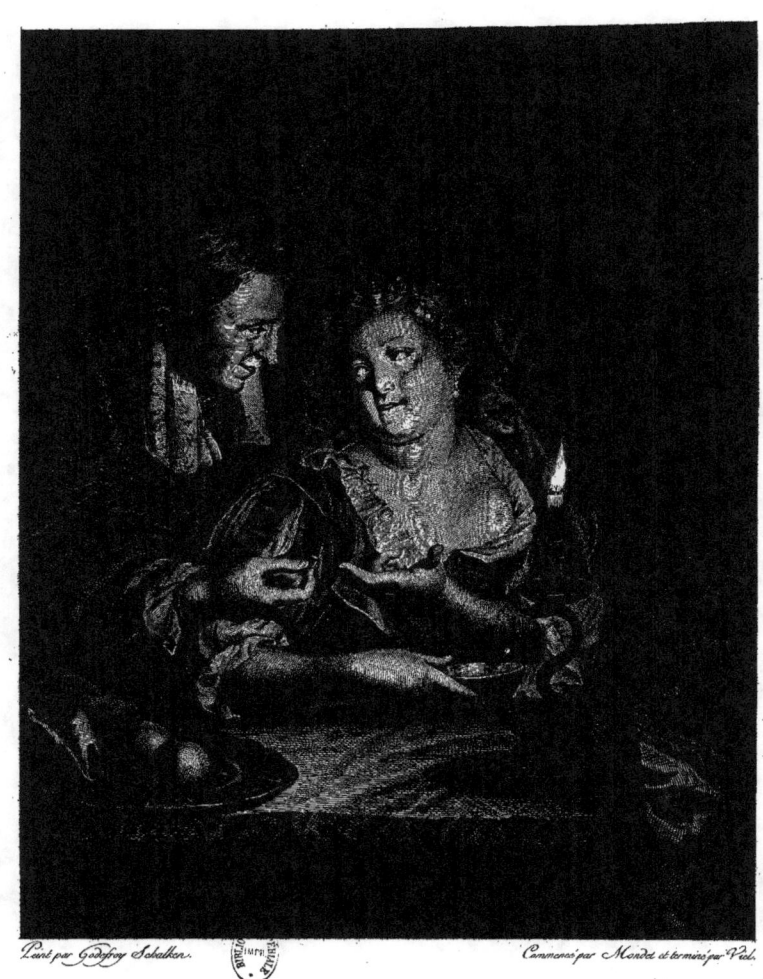

Peint par Godefroy Schalken. Commencé par Mondet et terminé par Vidal.

LA BAGUE

Imp. Chardon ainé, à Paris

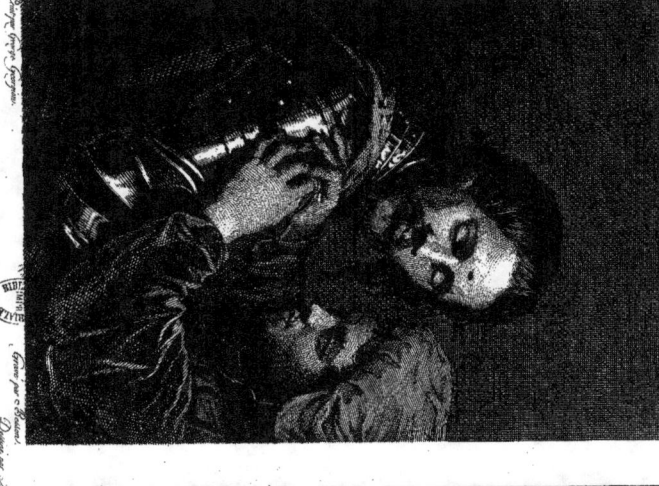

GASTON DE FOIX

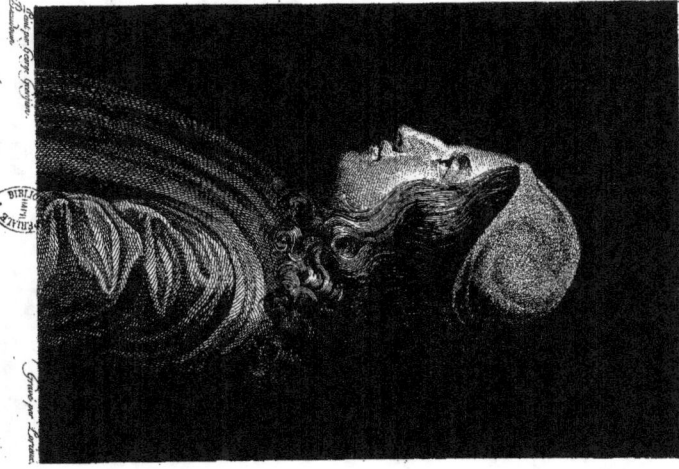

PIC DE LA MIRANDOLE

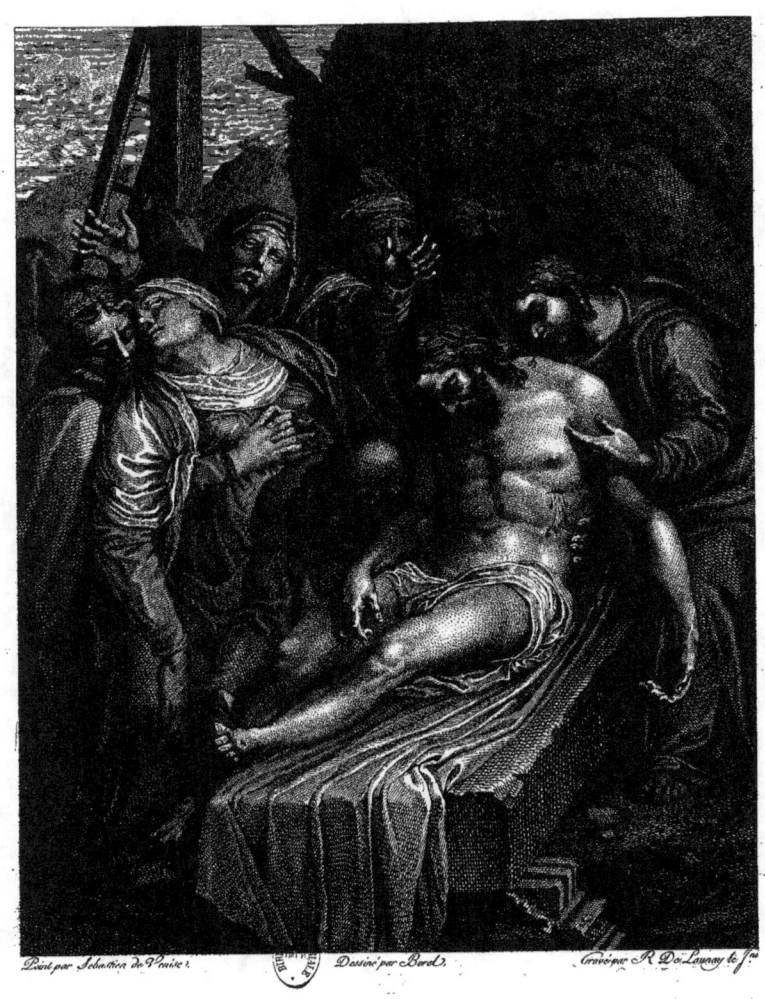

Peint par Sebastien de Venise.   Dessiné par Berol.   Gravé par R. De Launay le f.ils

LA DESCENTE DE CROIX

Imp. Chardon ainé, à Paris

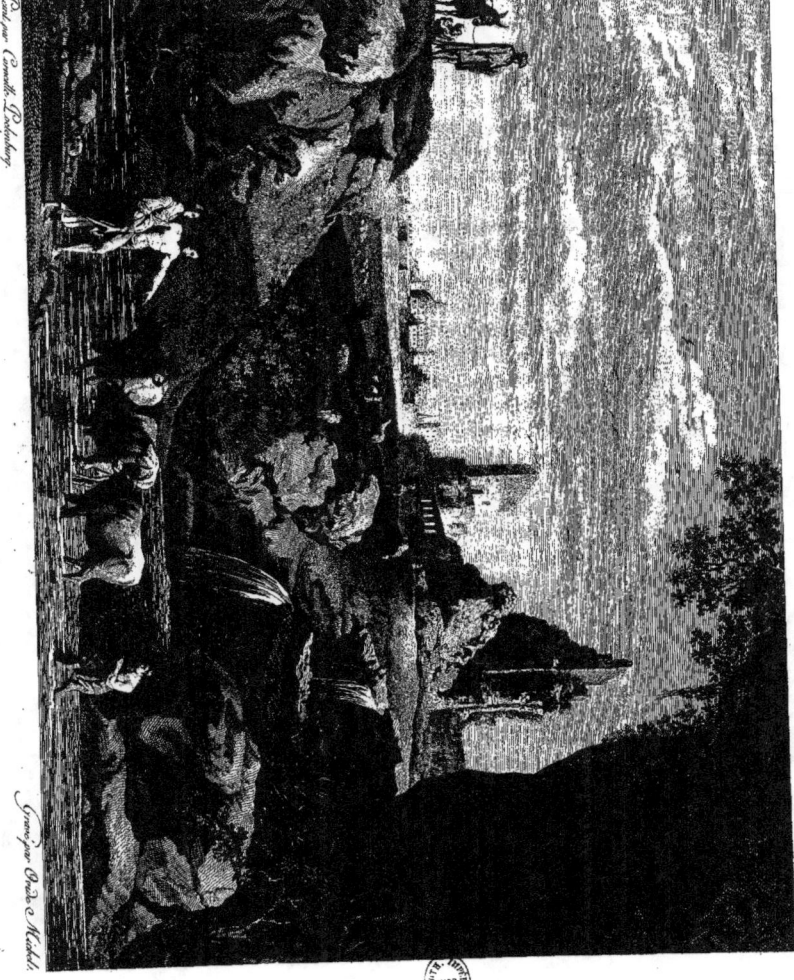

LES VACHES

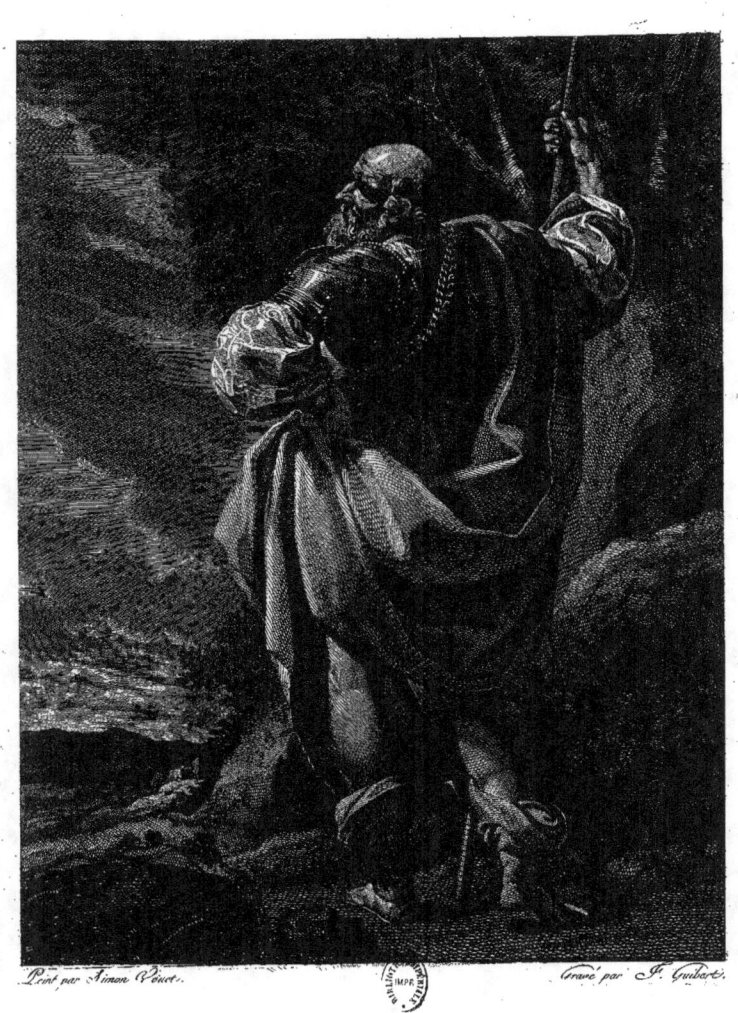

GAUCHER DE CHASTILLON

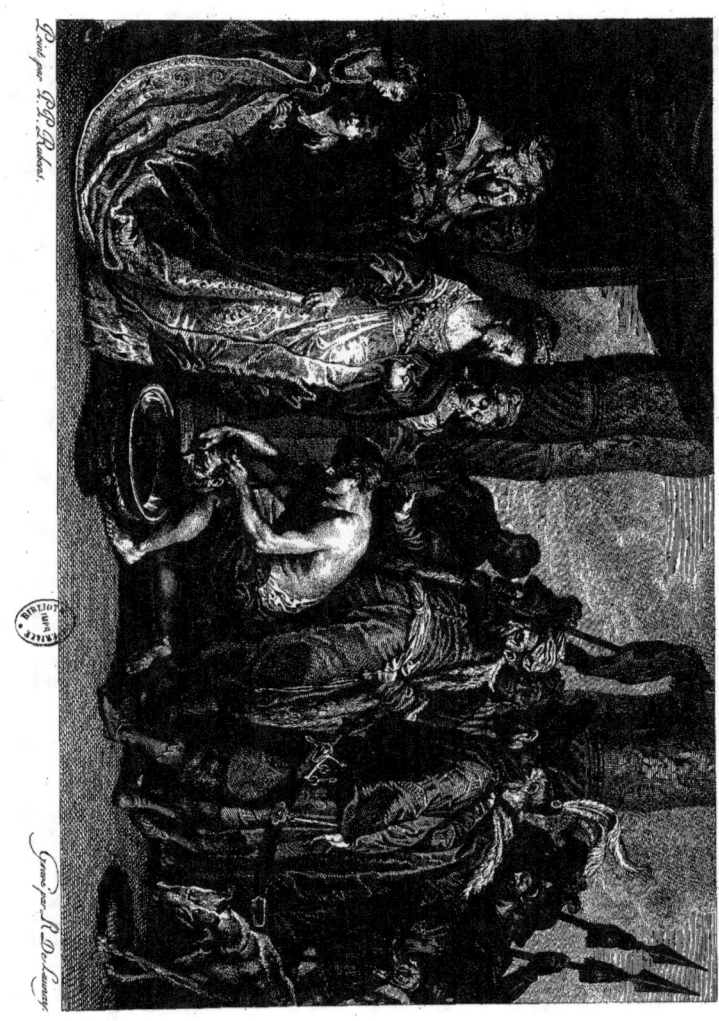

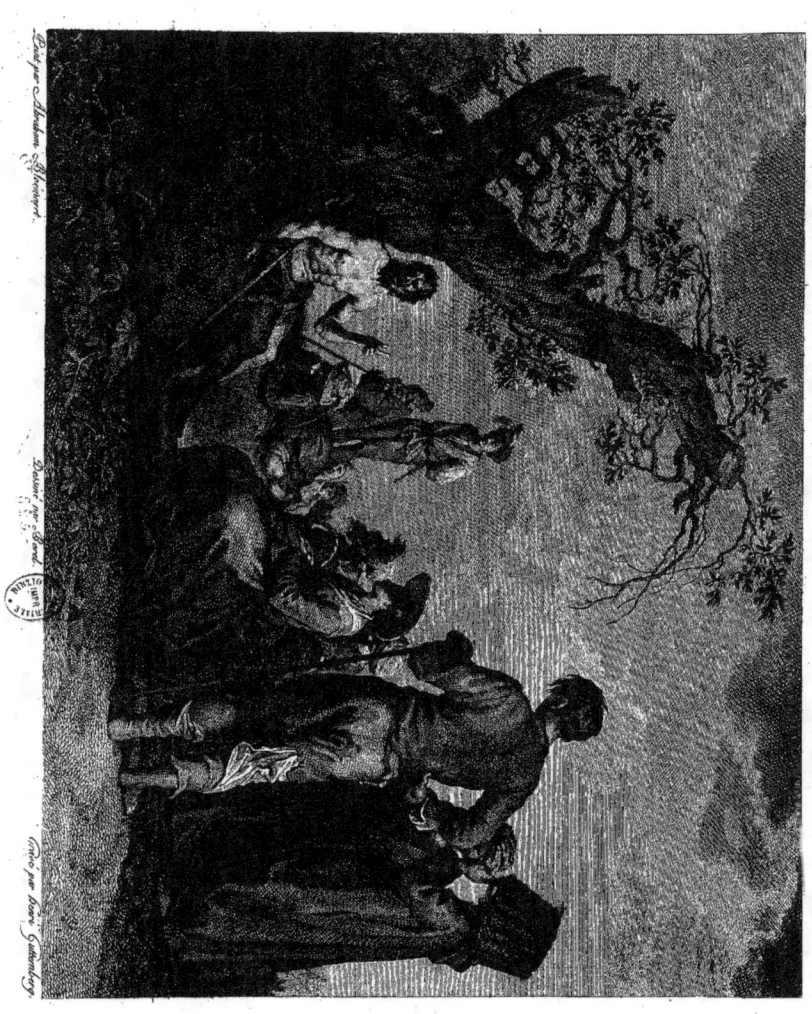

LA PRÉDICATION DE S.T JEAN BAPTISTE

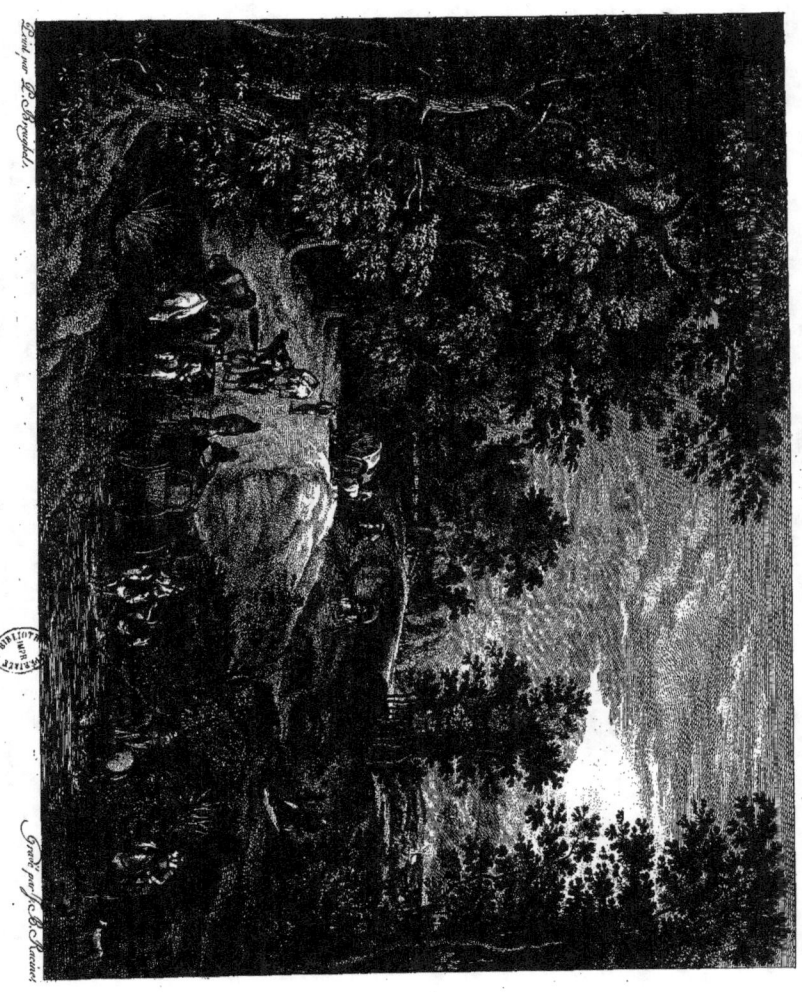

LE GRAND CHEMIN

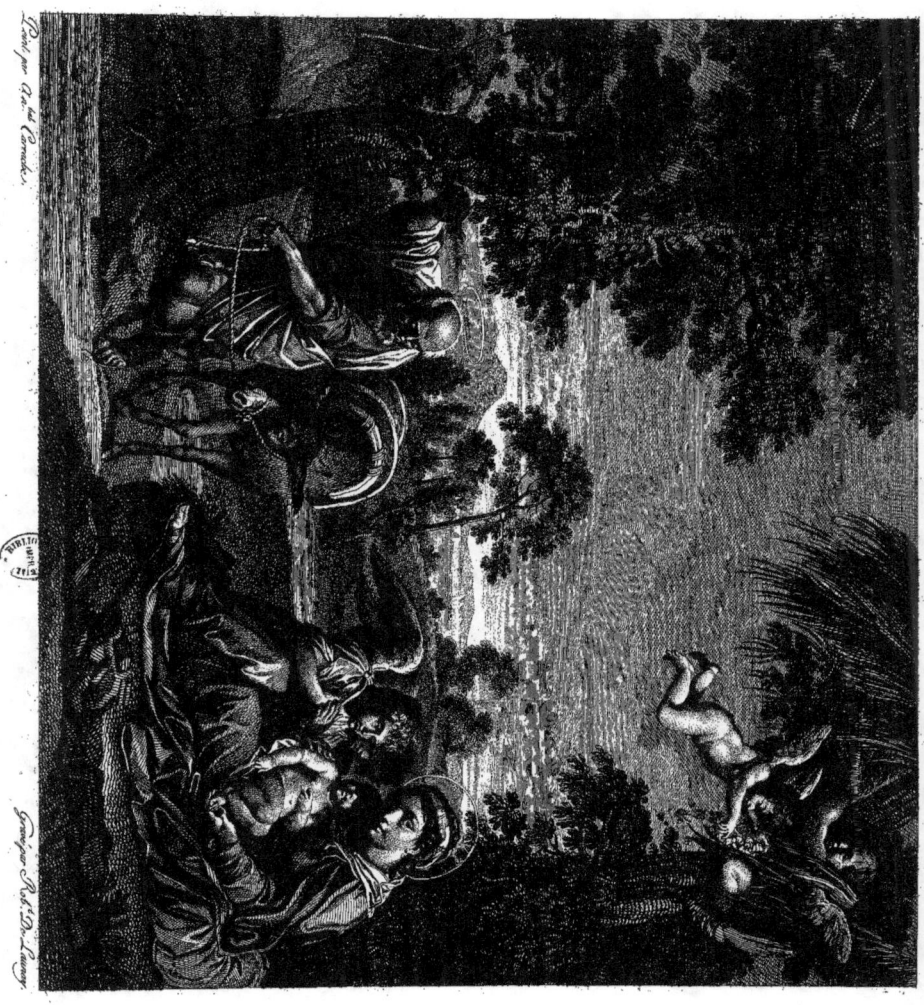

LE REPOS

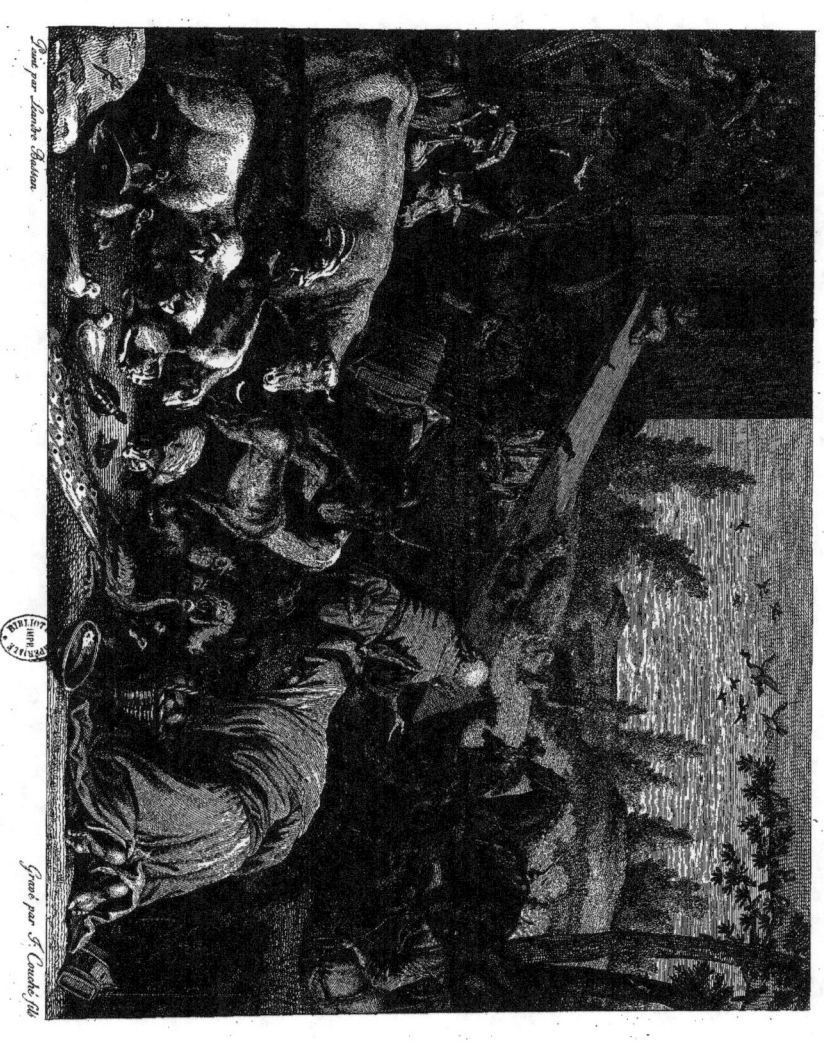

L'ARCHE DE NOÉ

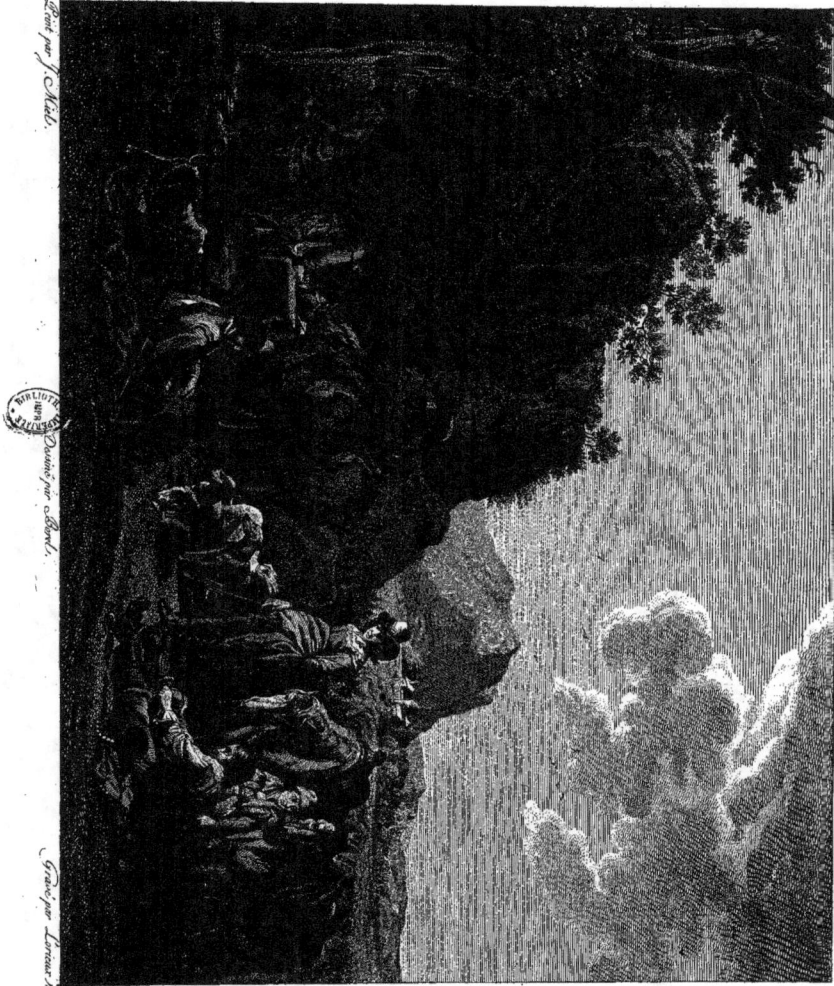

L'ABREUVOIR

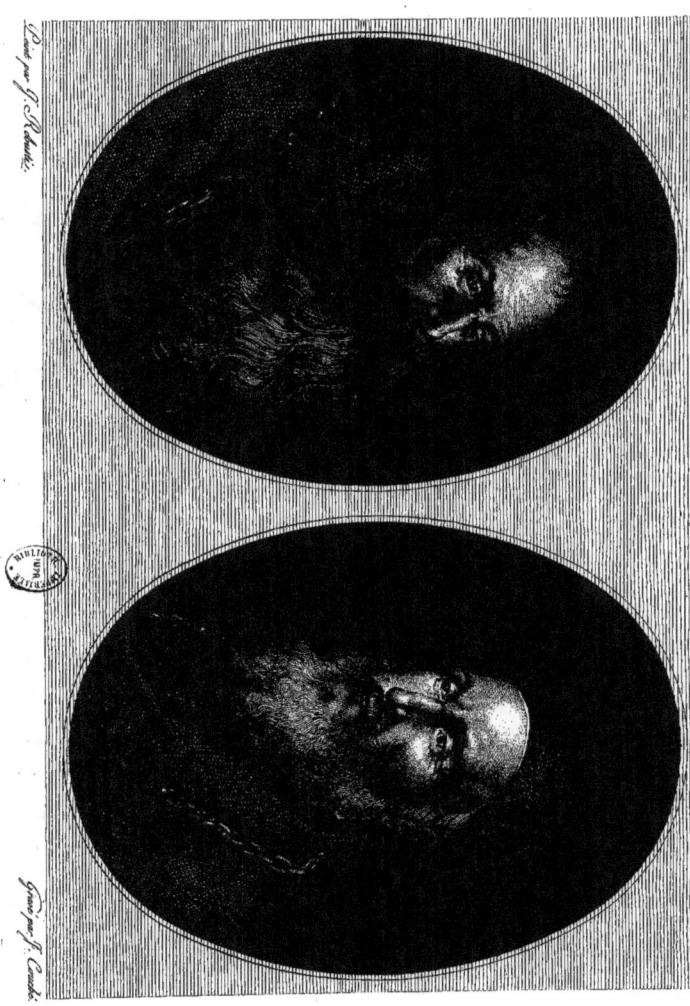

L'ARETIN LE TITIEN

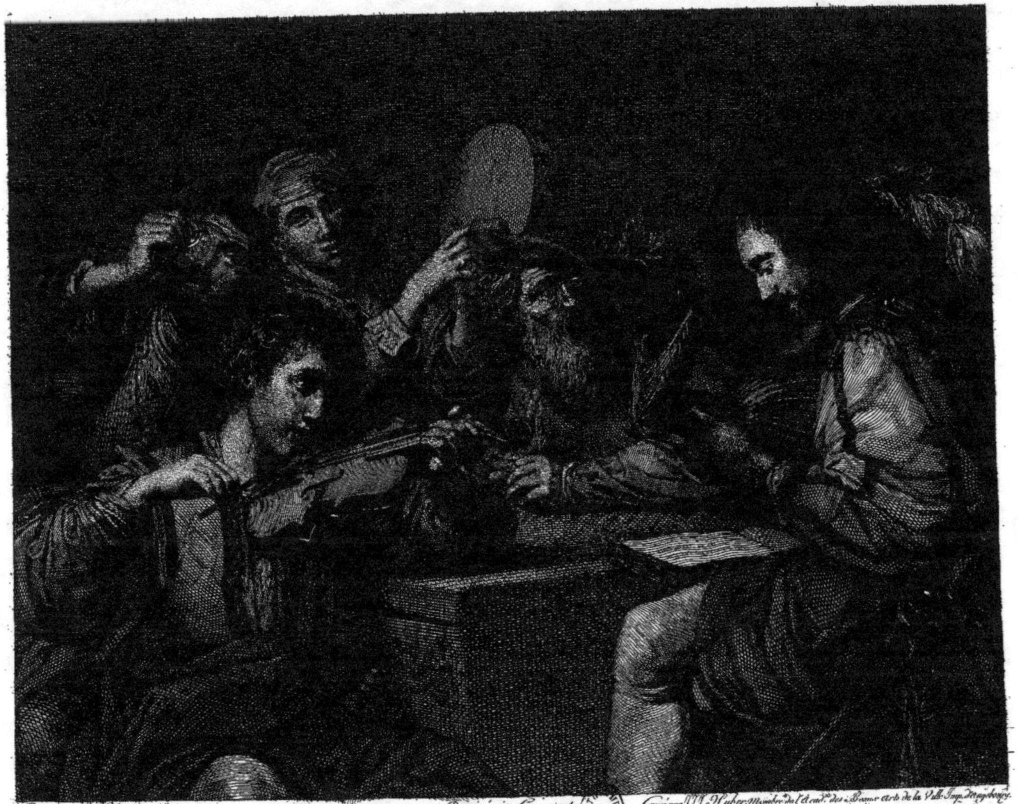

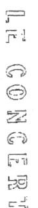

LE CONCERT

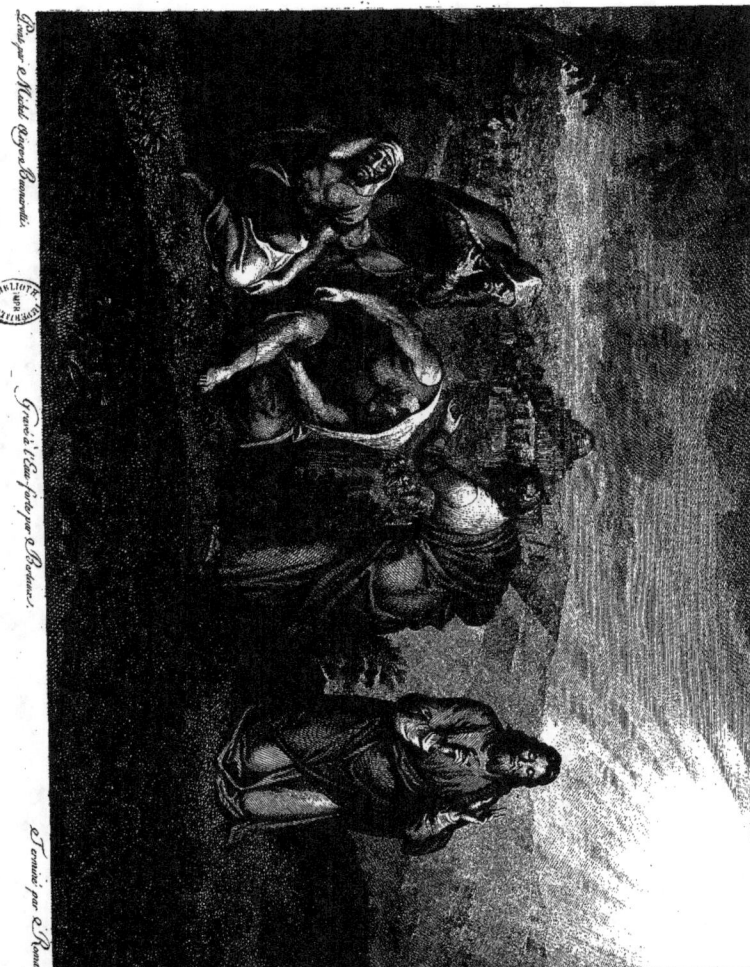

LA PRIÈRE AU JARDIN DES OLIVIERS

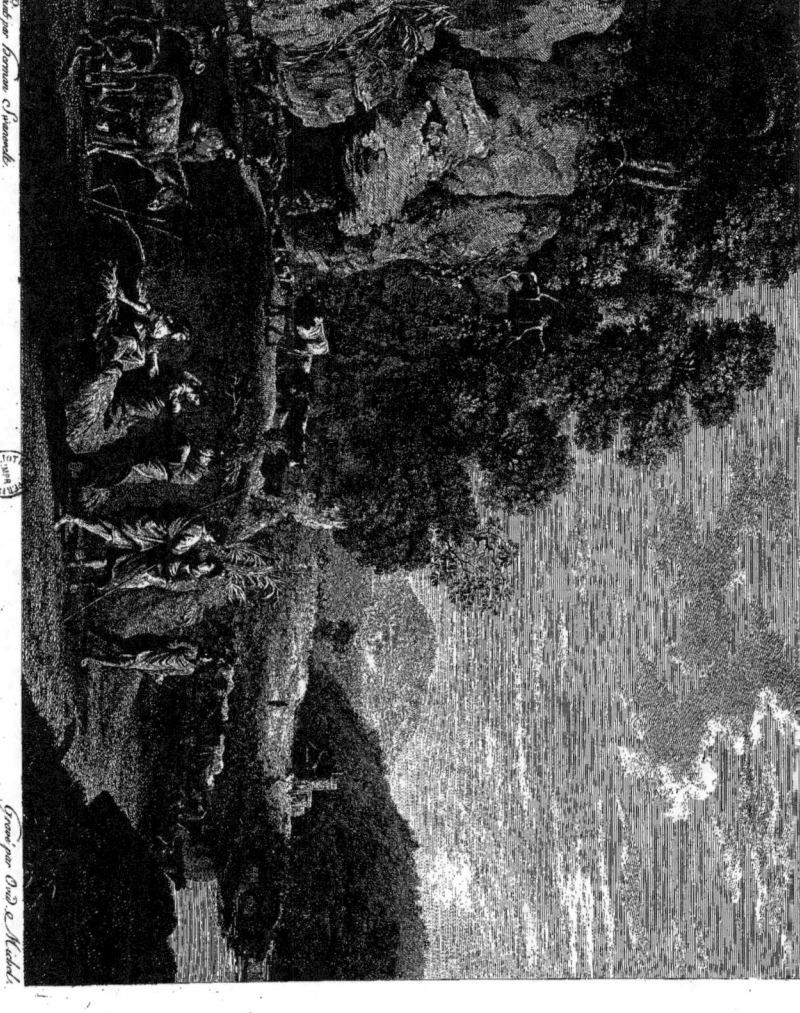

LES BERGERS

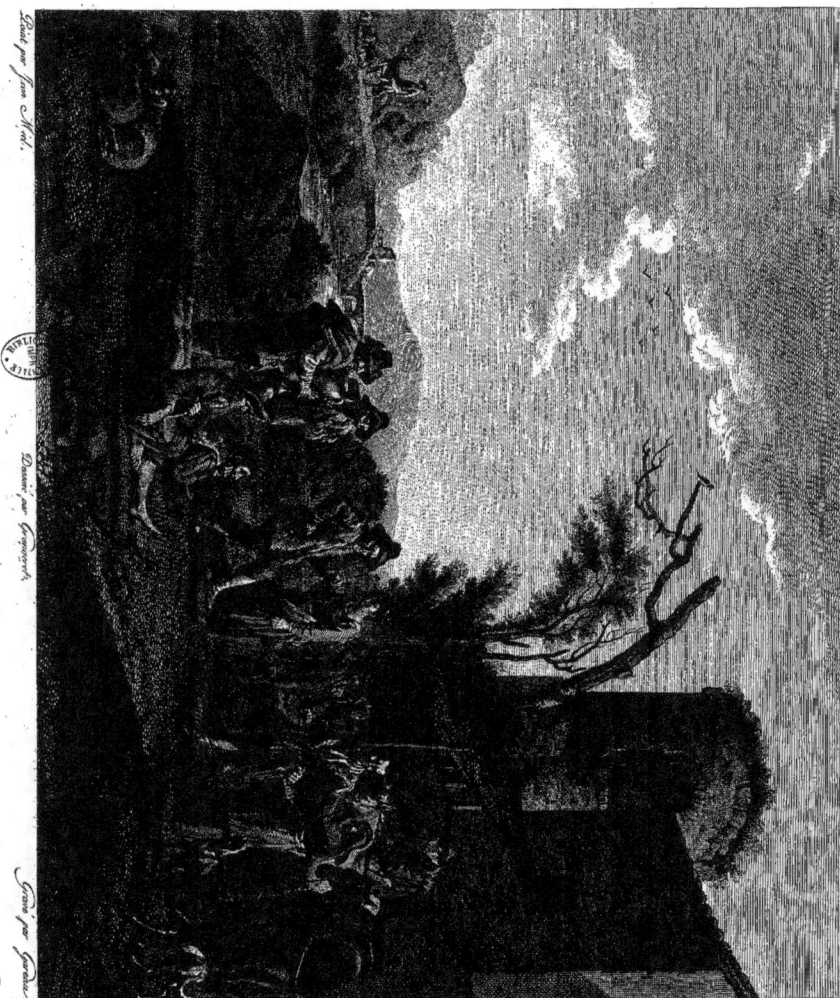

LA DANSE

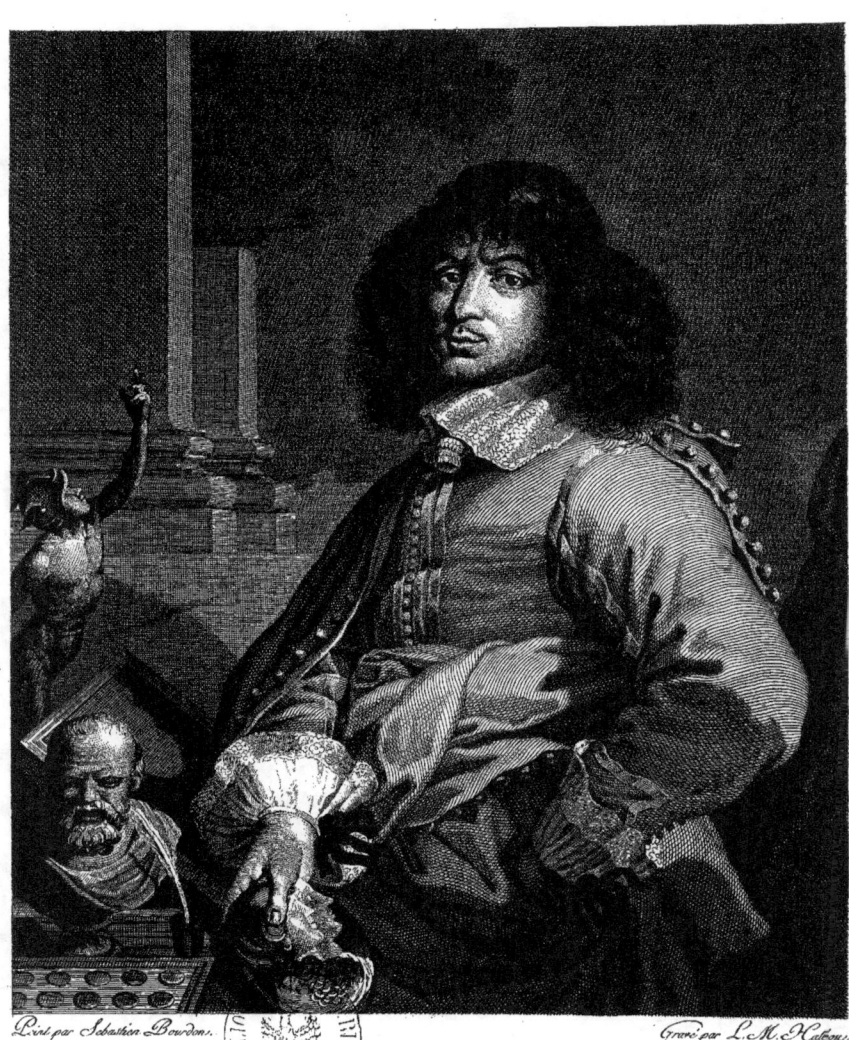

Peint par Sébastien Bourdon. Gravé par L.M.Halbou.

JEAN WARIN

Imp. Chardon aîné, à Paris.

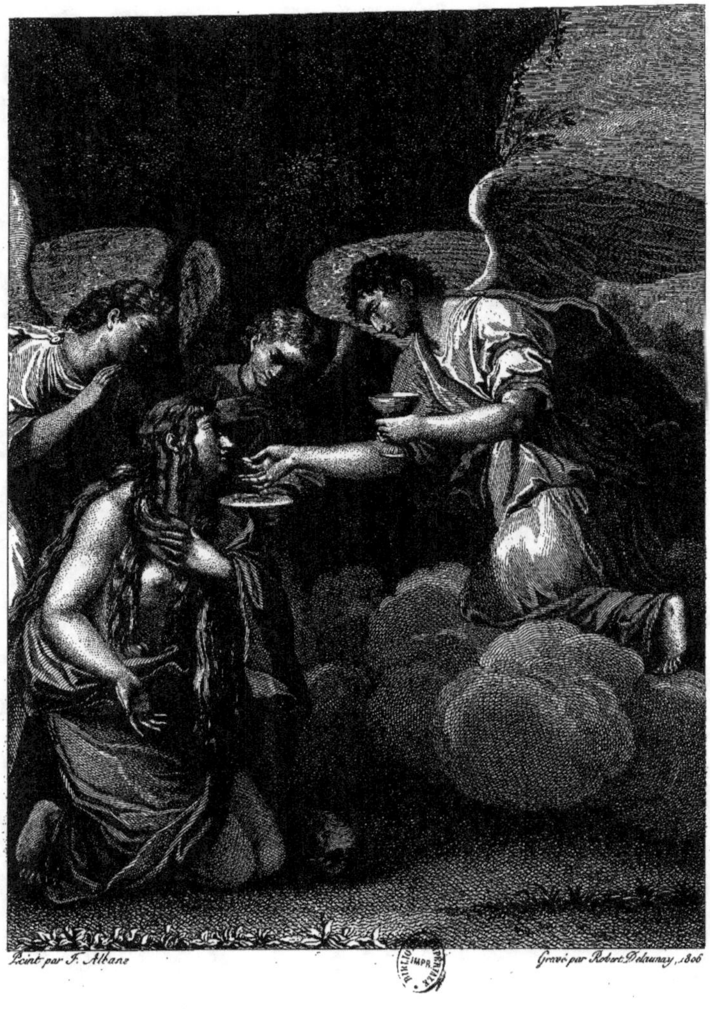

Peint par F. Albane. Gravé par Robert Delaunay, 1806.

LA COMMUNION DE LA MADELEINE

Imp. Chardon ainé, à Paris.

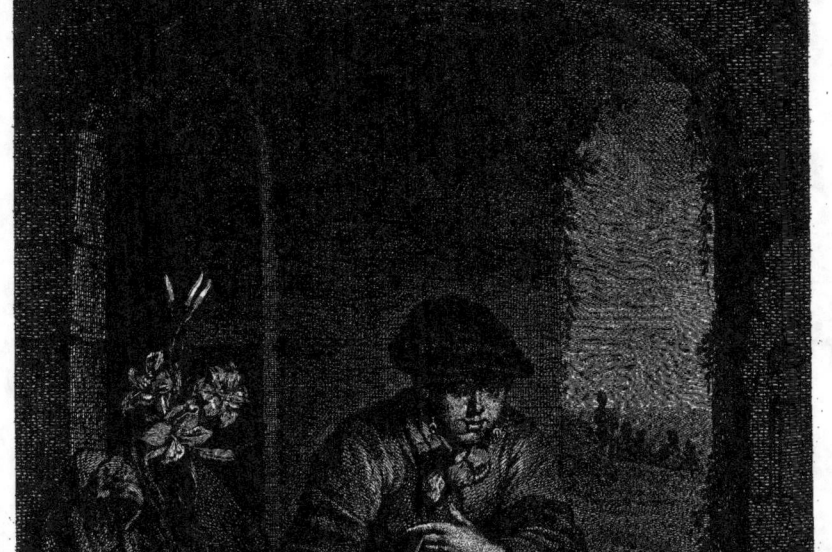

LA VENDEUSE DE MARÉE

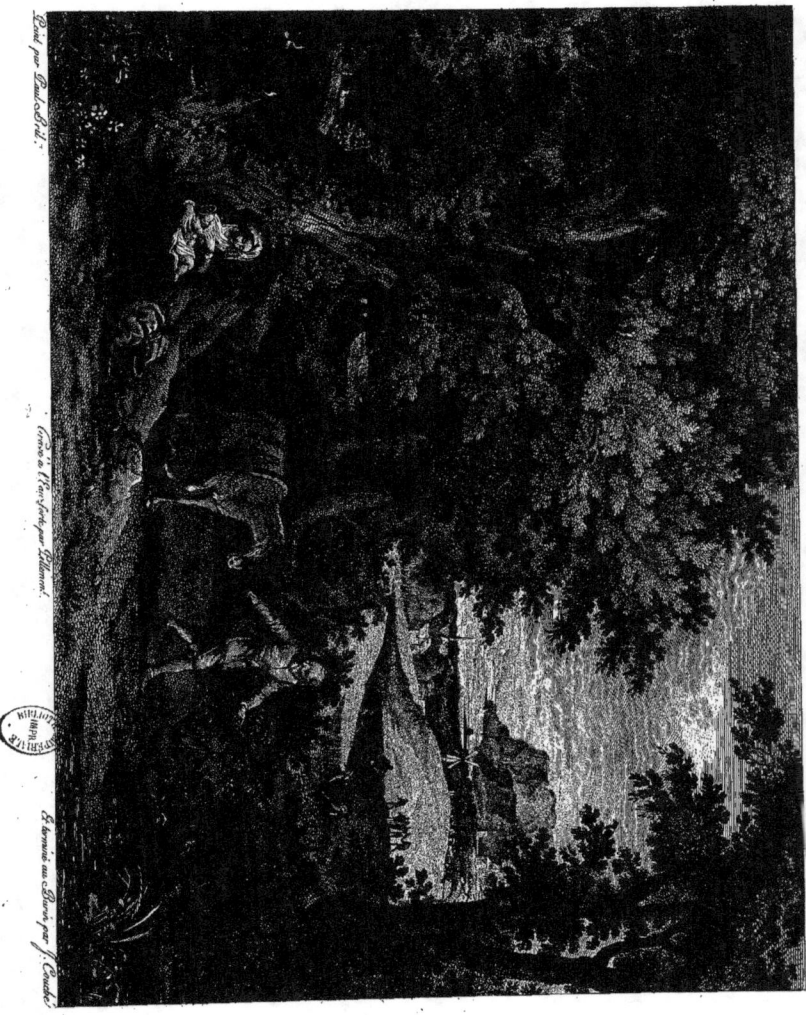

LE REPOS EN ÉGYPTE

Peint par Paul Brill. Gravé à l'Eau-forte par Lallemand. Reprise au Burin par J. Couché.

Imp. Chardon ainé, à Paris.

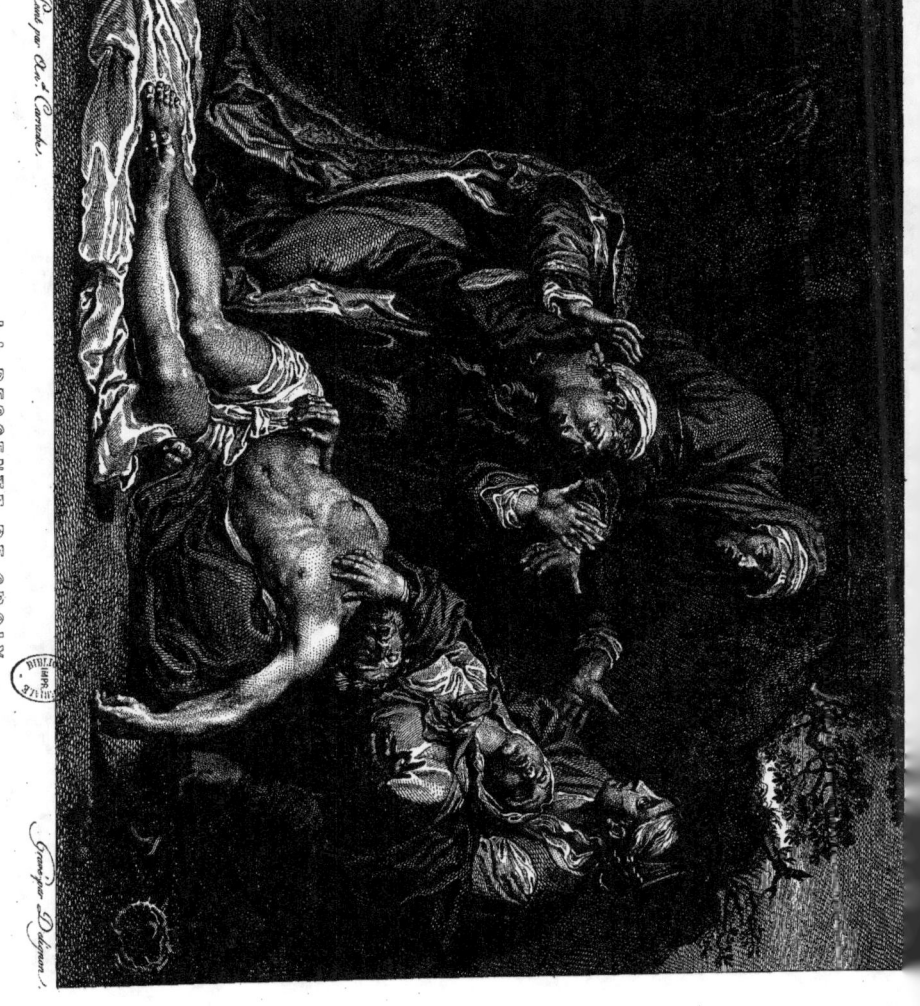

LA DESCENTE DE CROIX

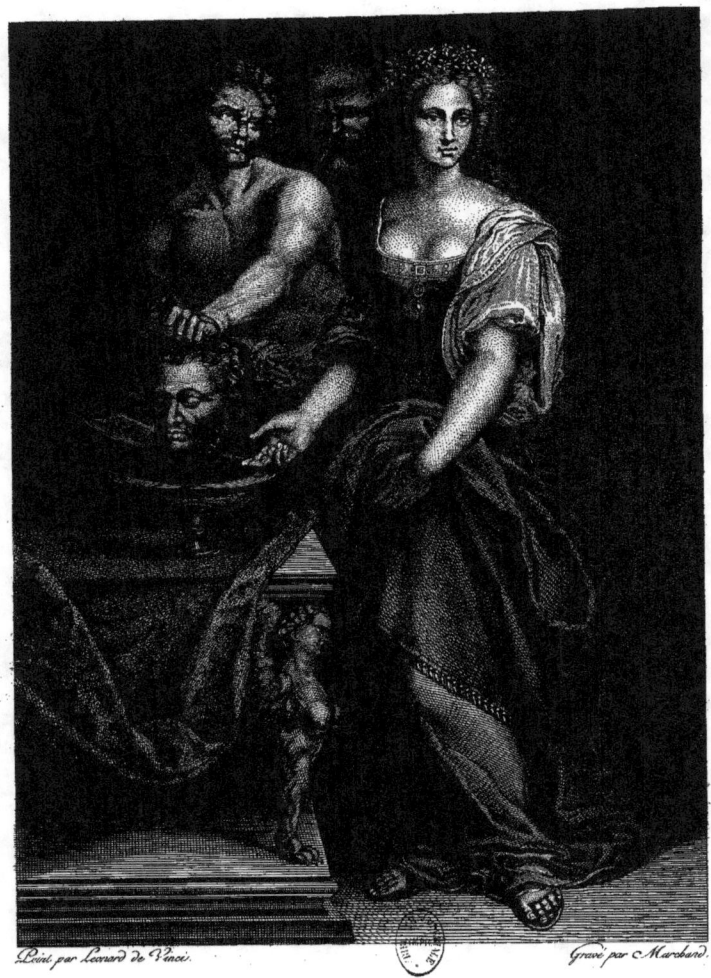

Peint par Léonard de Vinci. Gravé par Marchand.

HÉRODIADE.

Imp. Chardon ainé, à Paris.

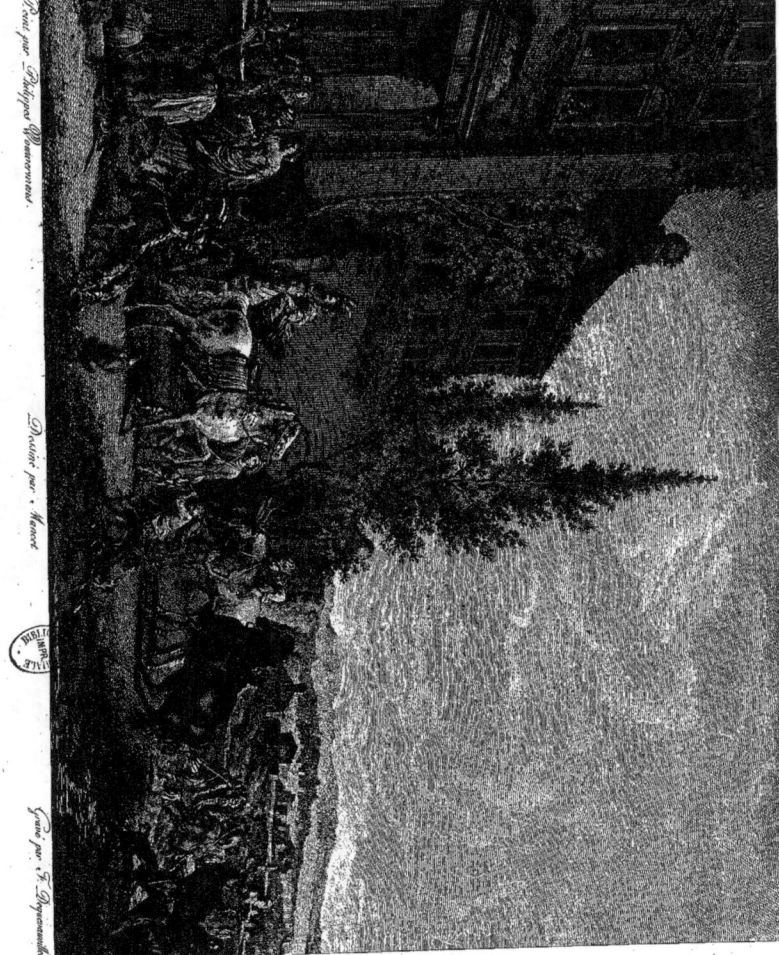

LA CONDUITE DES DAMES POUR LA CHASSE

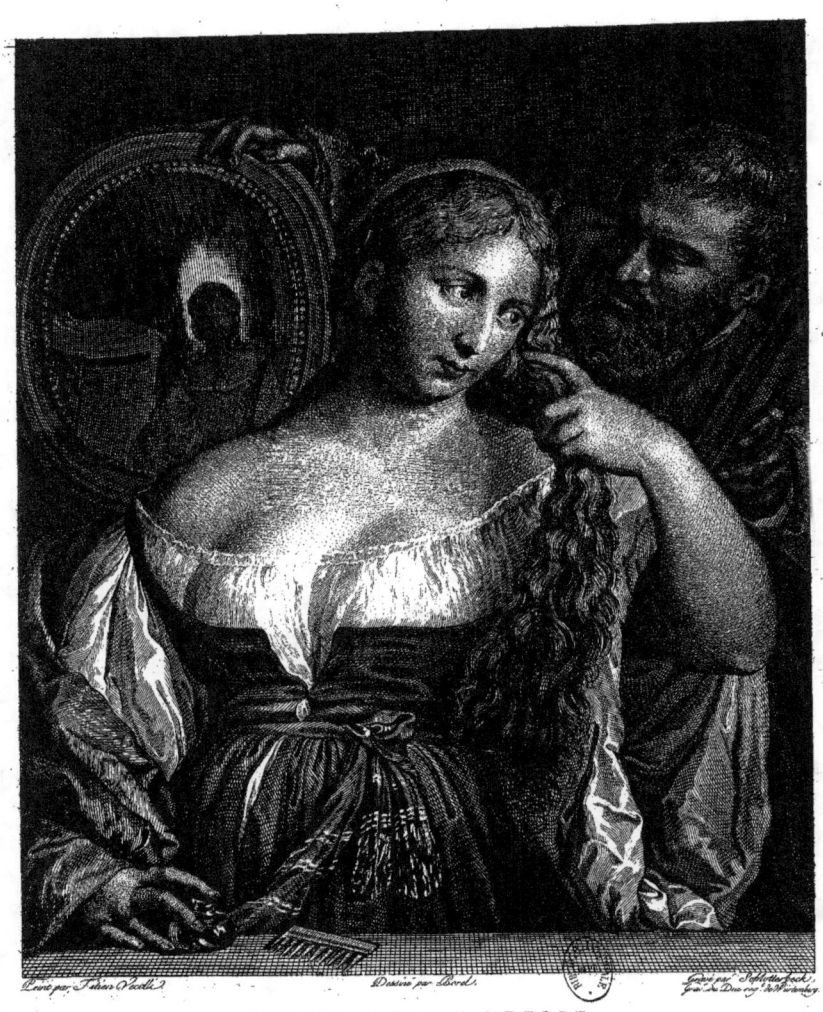

TITIEN & SA MAITRESSE

Imp. Chardon ainé, à Paris.

LE SERMENT D'ANNIBAL

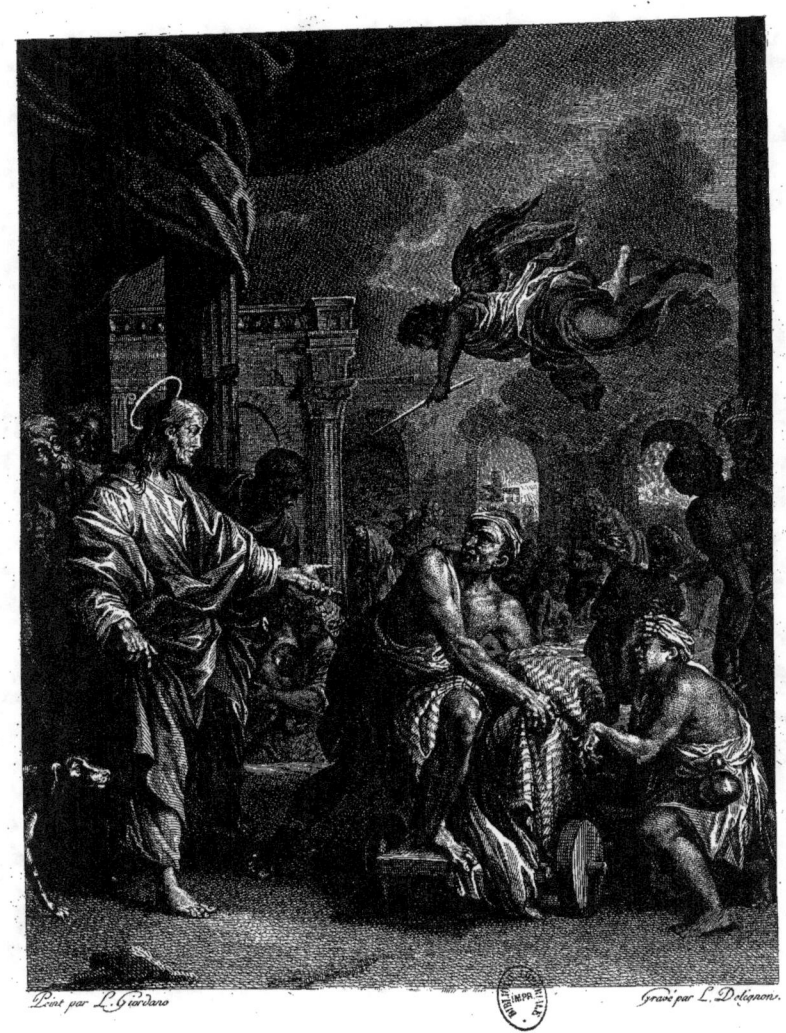

LA PISCINE

LE CABARET

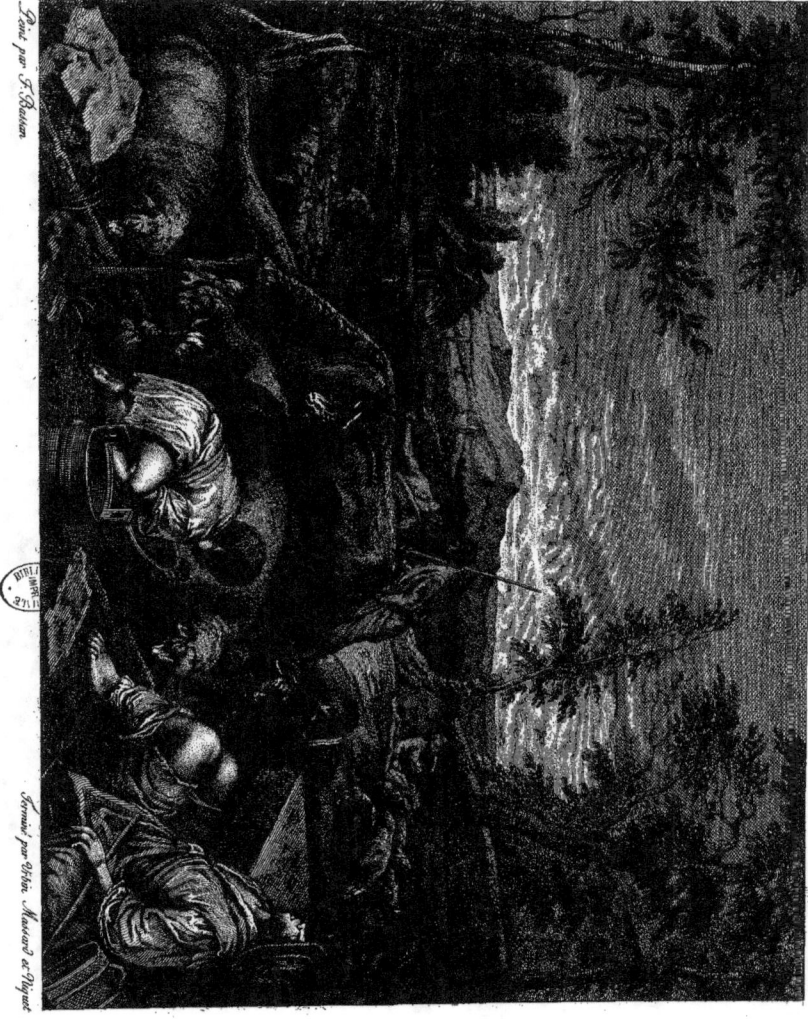

LE MIDI

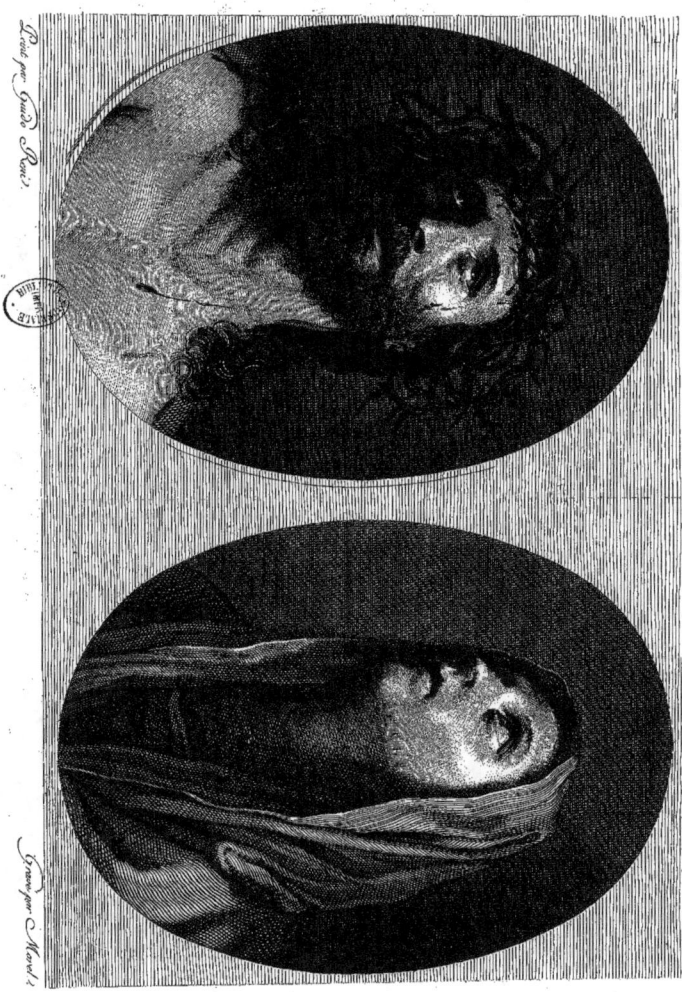

ECCE HOMO   MATER DOLOROSA

SUJETS DE LA PASSION

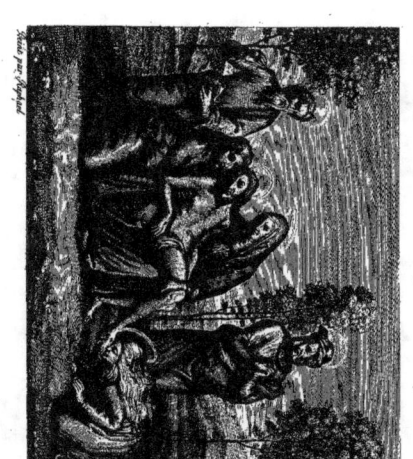

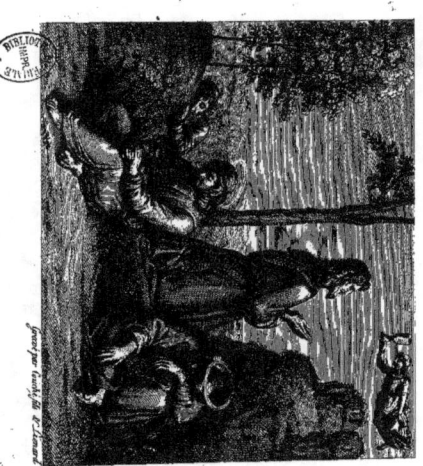

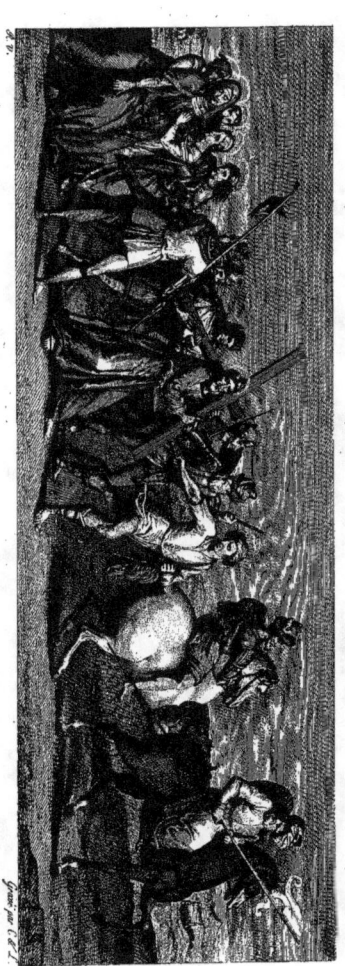

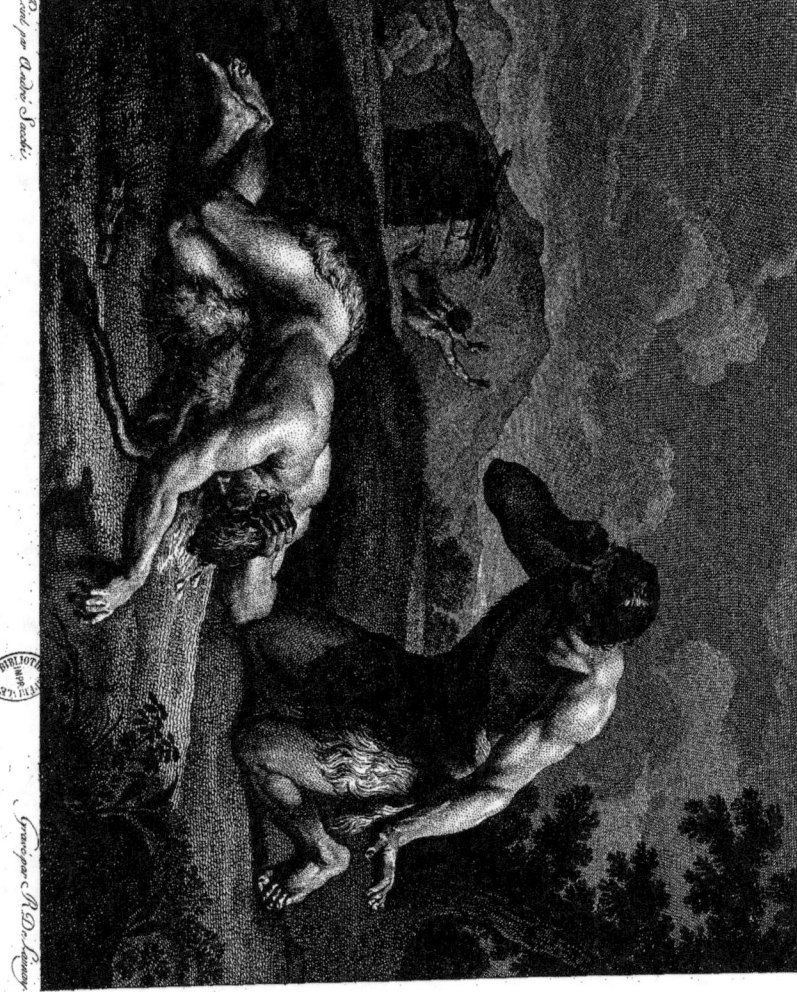

LA MORT D'ABEL.

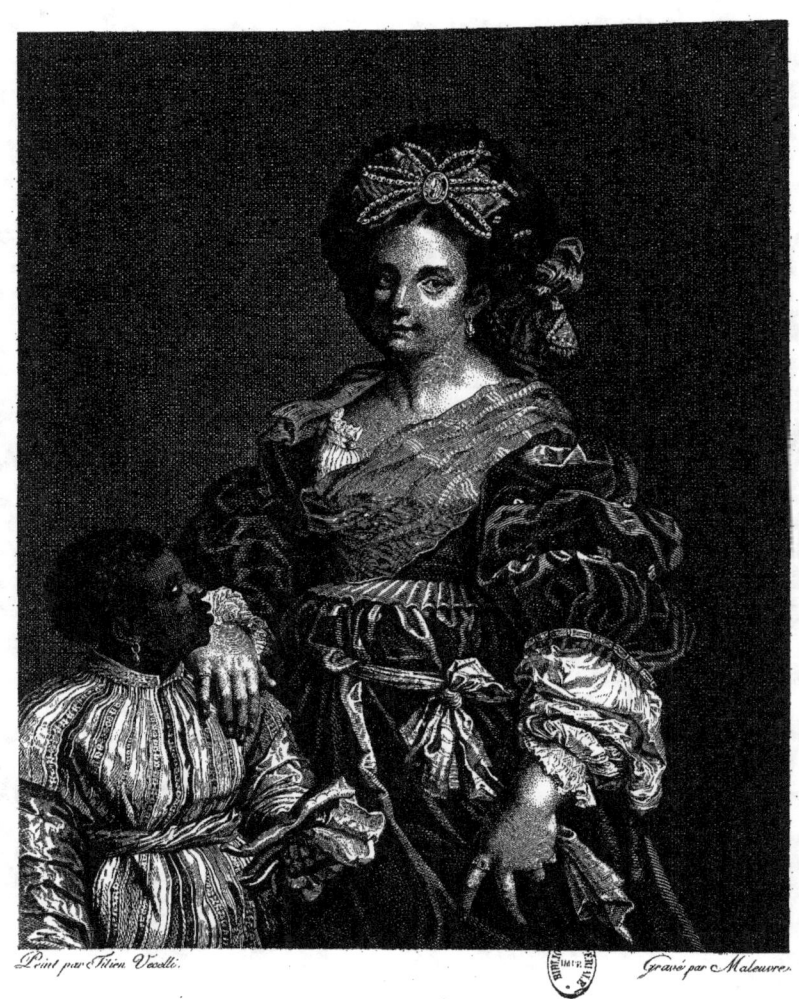

Peint par Titien Vecelli.   Gravé par Malœuvre.

L'ESCLAVONE

Imp. Chardon aîné, à Paris.

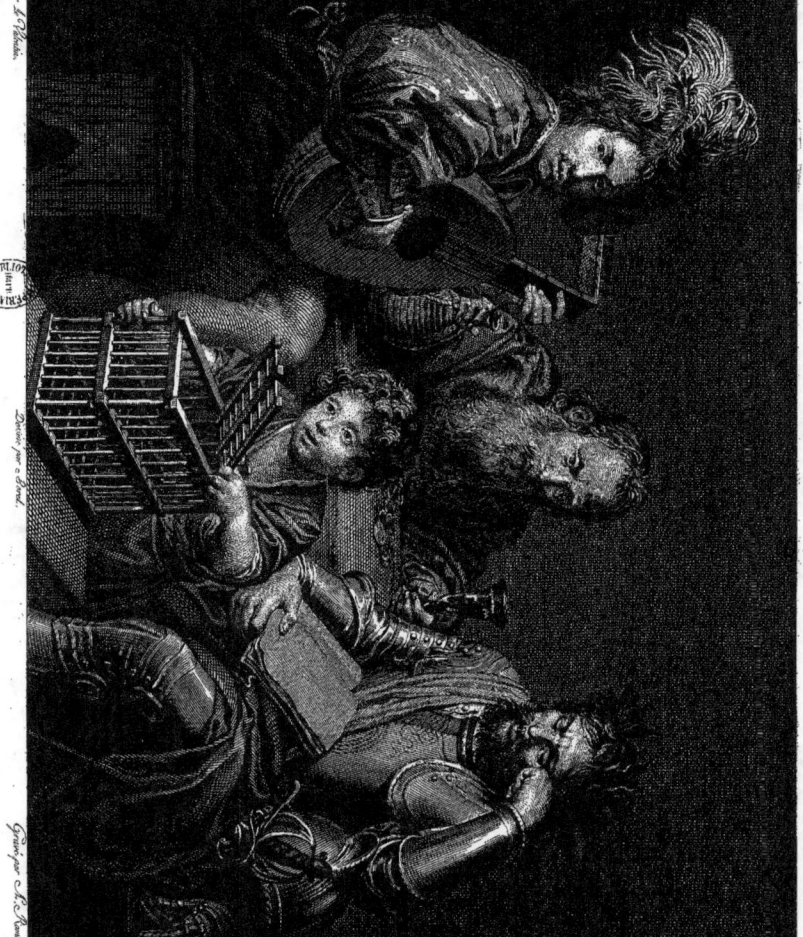

LES QUATRE ÂGES

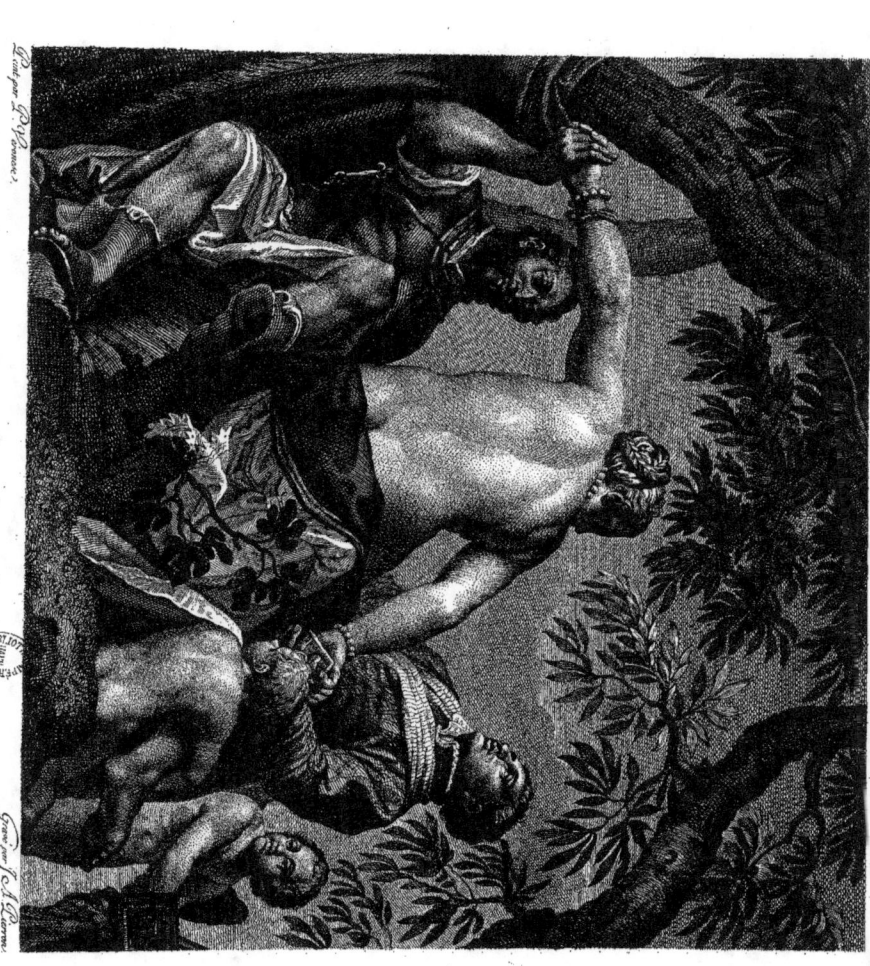

LE DEGOUT

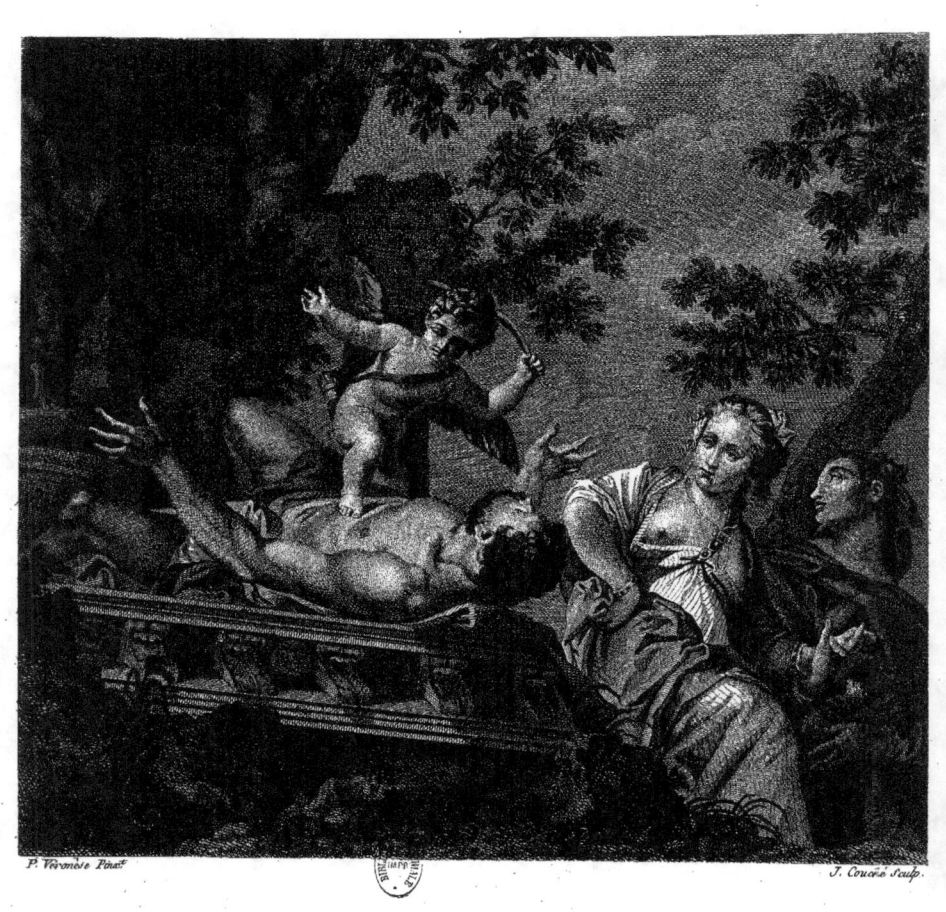

L'AMOUR HEUREUX

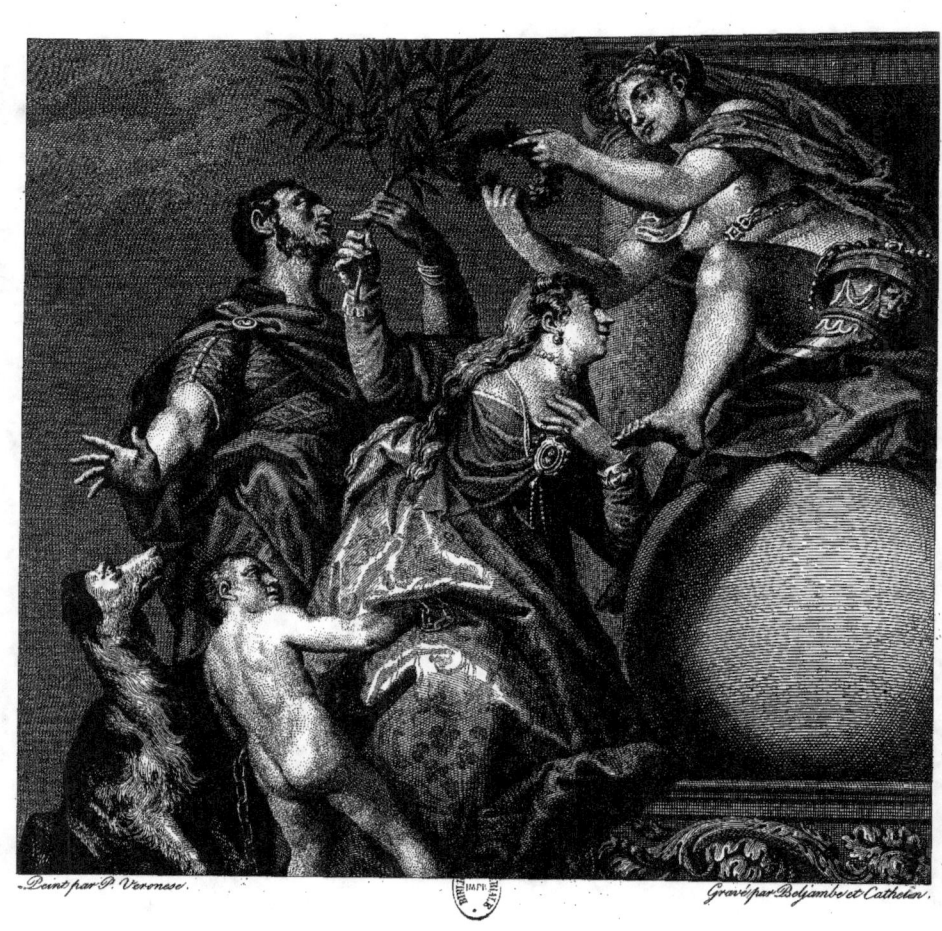

Peint par P. Veronese. Gravé par Beljambe et Cathelin.

L'INFIDÉLITÉ

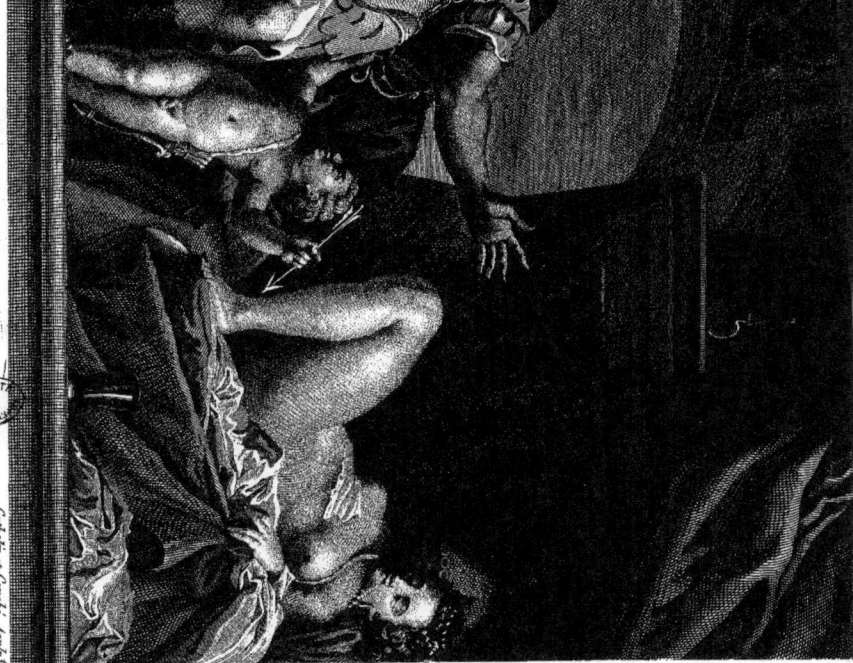

P. Fontaine pinx.^t Cathelin et Cazelet Sculp.

LE RESPECT

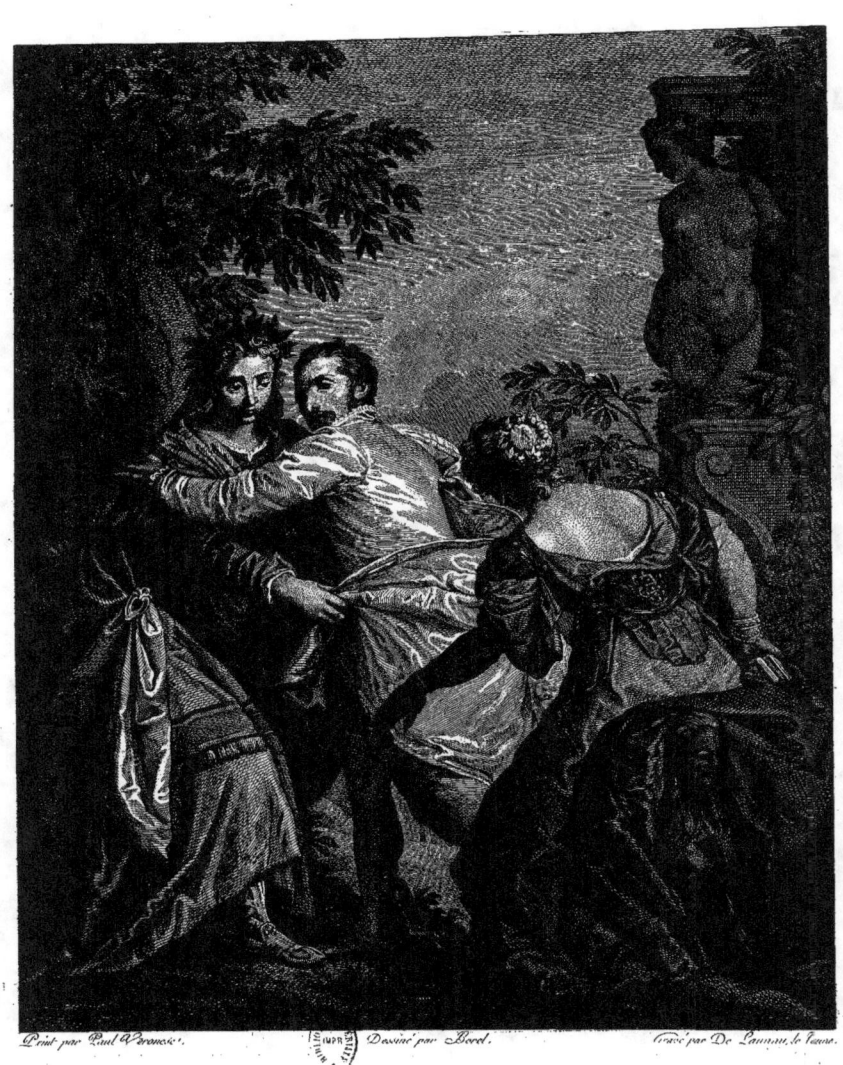

Peint par Paul Veronese. Dessiné par Borel. Gravé par De Launay, le jeune.

L'HOMME ENTRE LE VICE & LA VERTU

Imp. Chardon ainé, à Paris

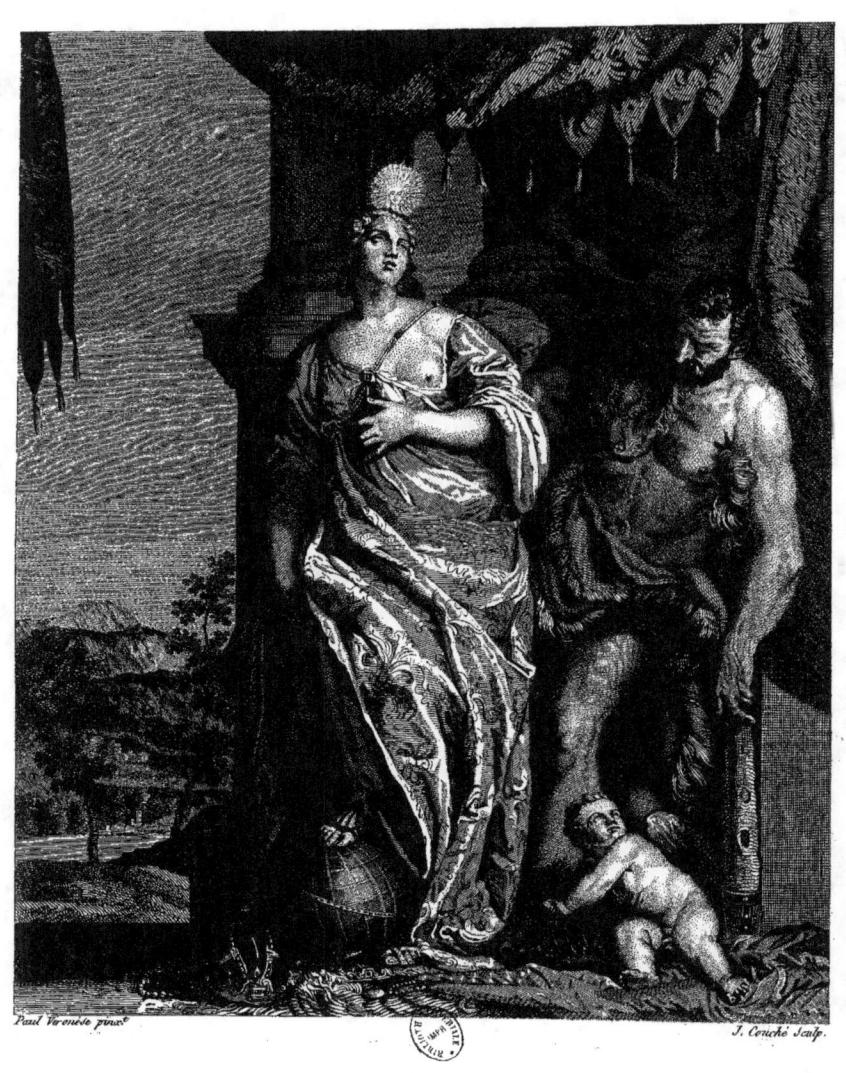

LA SAGESSE COMPAGNE D'HERCULE

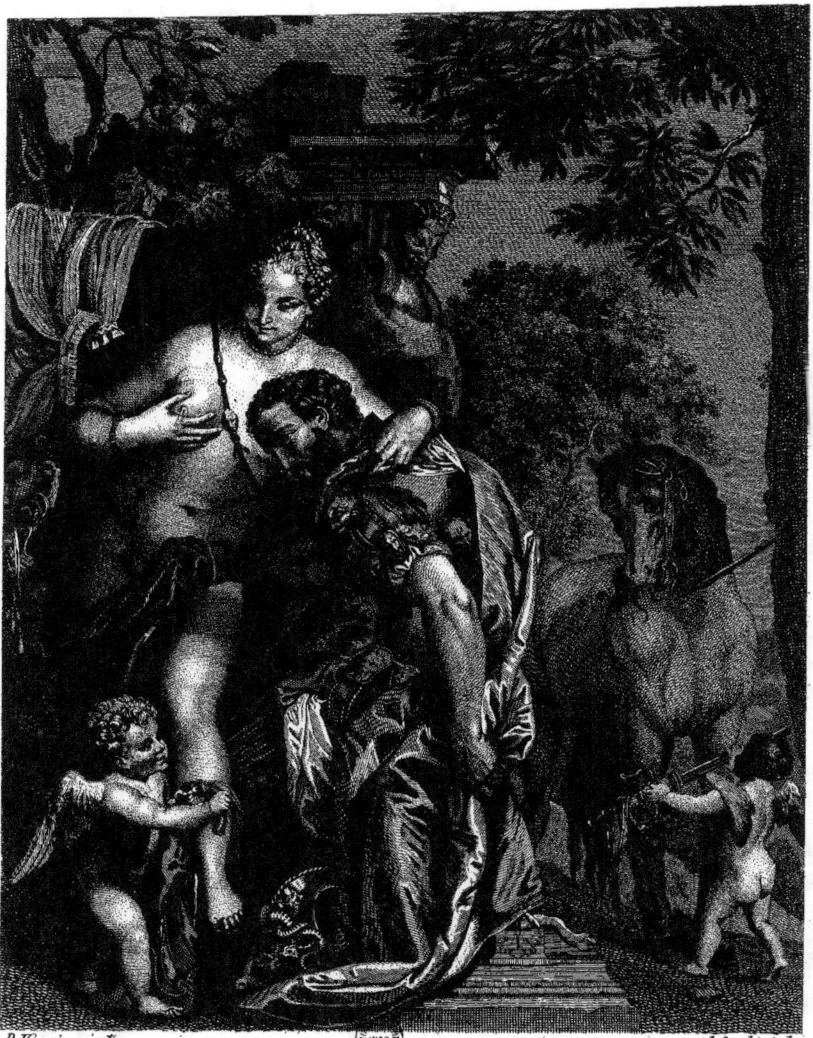

MARS & VÉNUS LIÉS PAR L'AMOUR

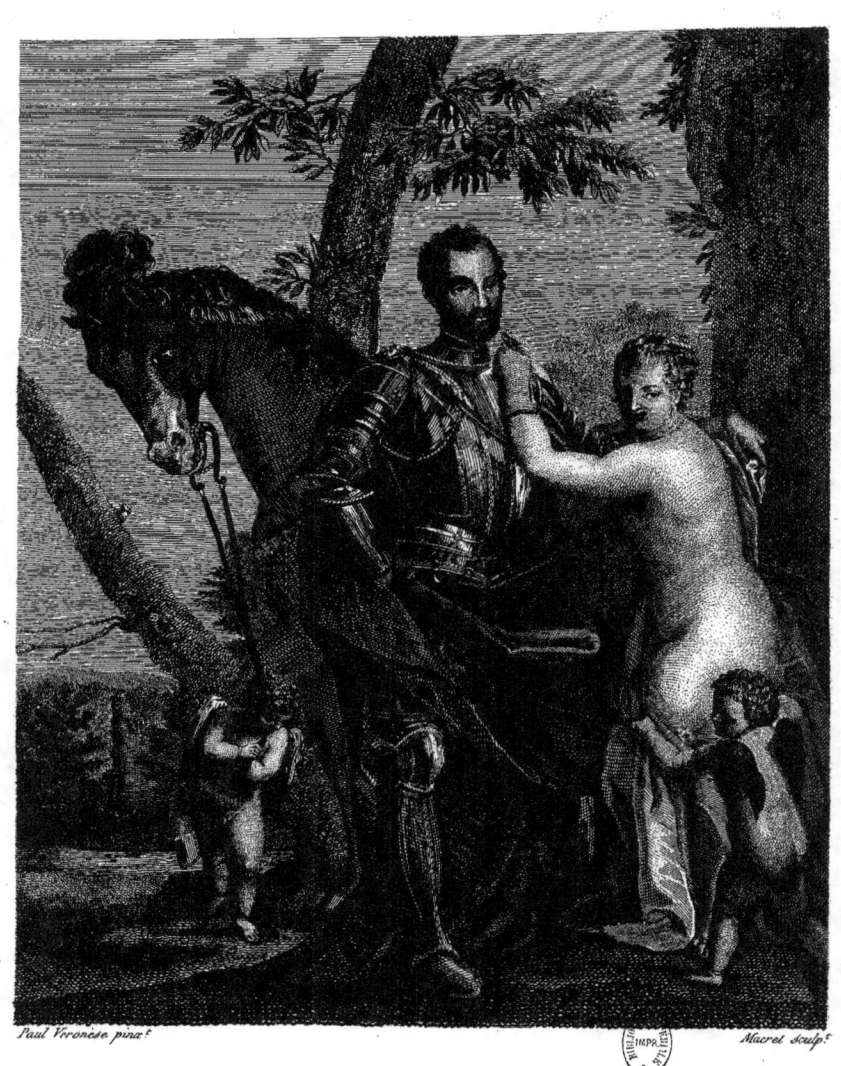

MARS DÉSARMÉ PAR VÉNUS

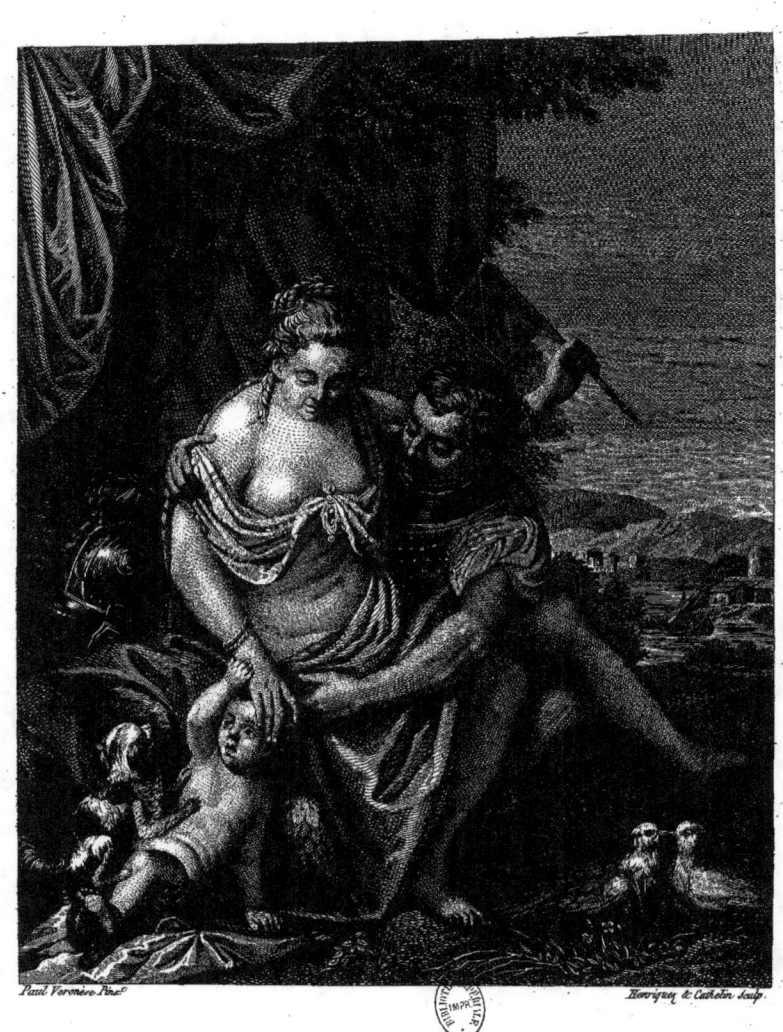

MARS & VÉNUS

www.ingramcontent.com/pod-product-compliance
Lightning Source LLC
Chambersburg PA
CBHW052232220526
45471CB00001B/18